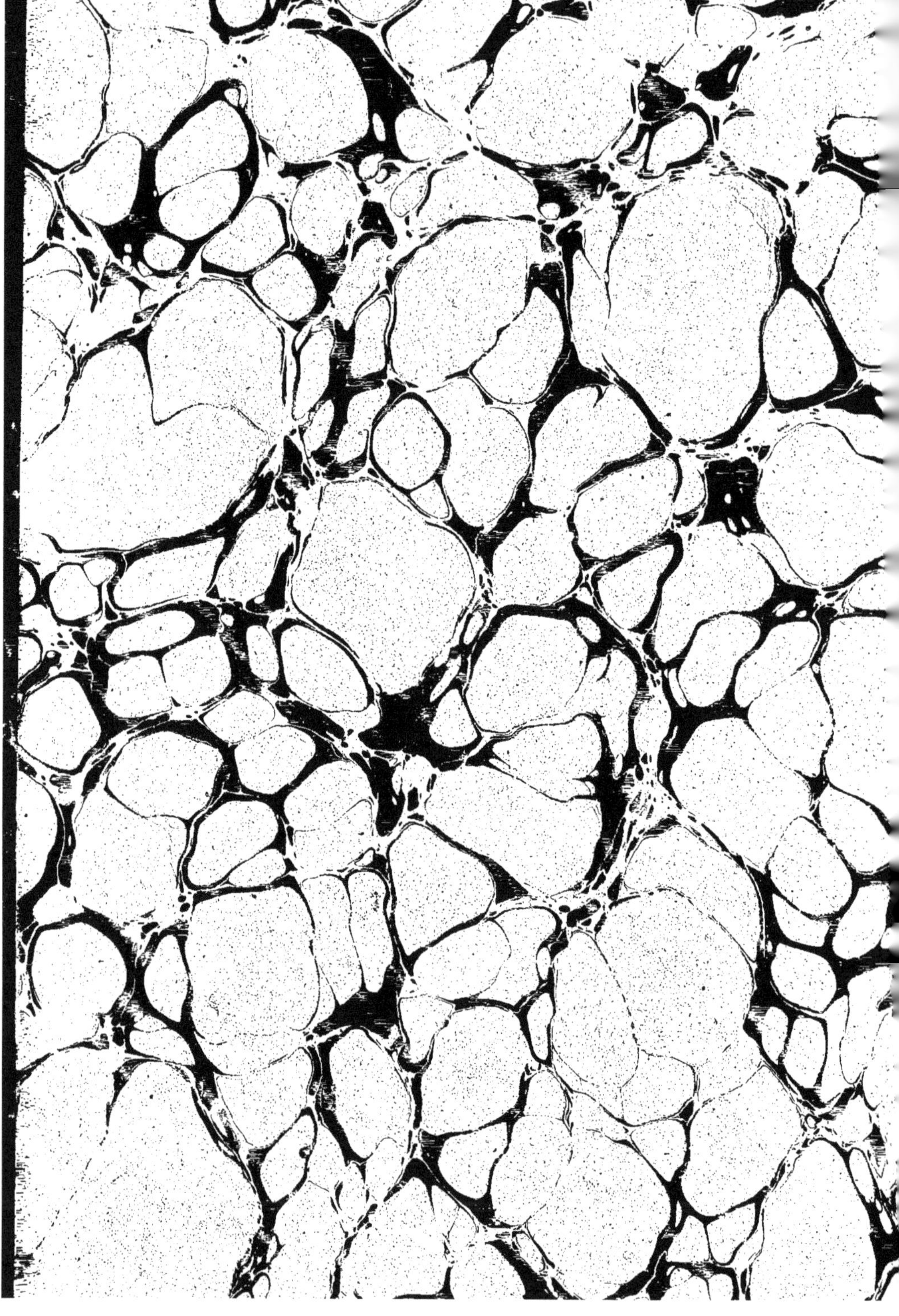

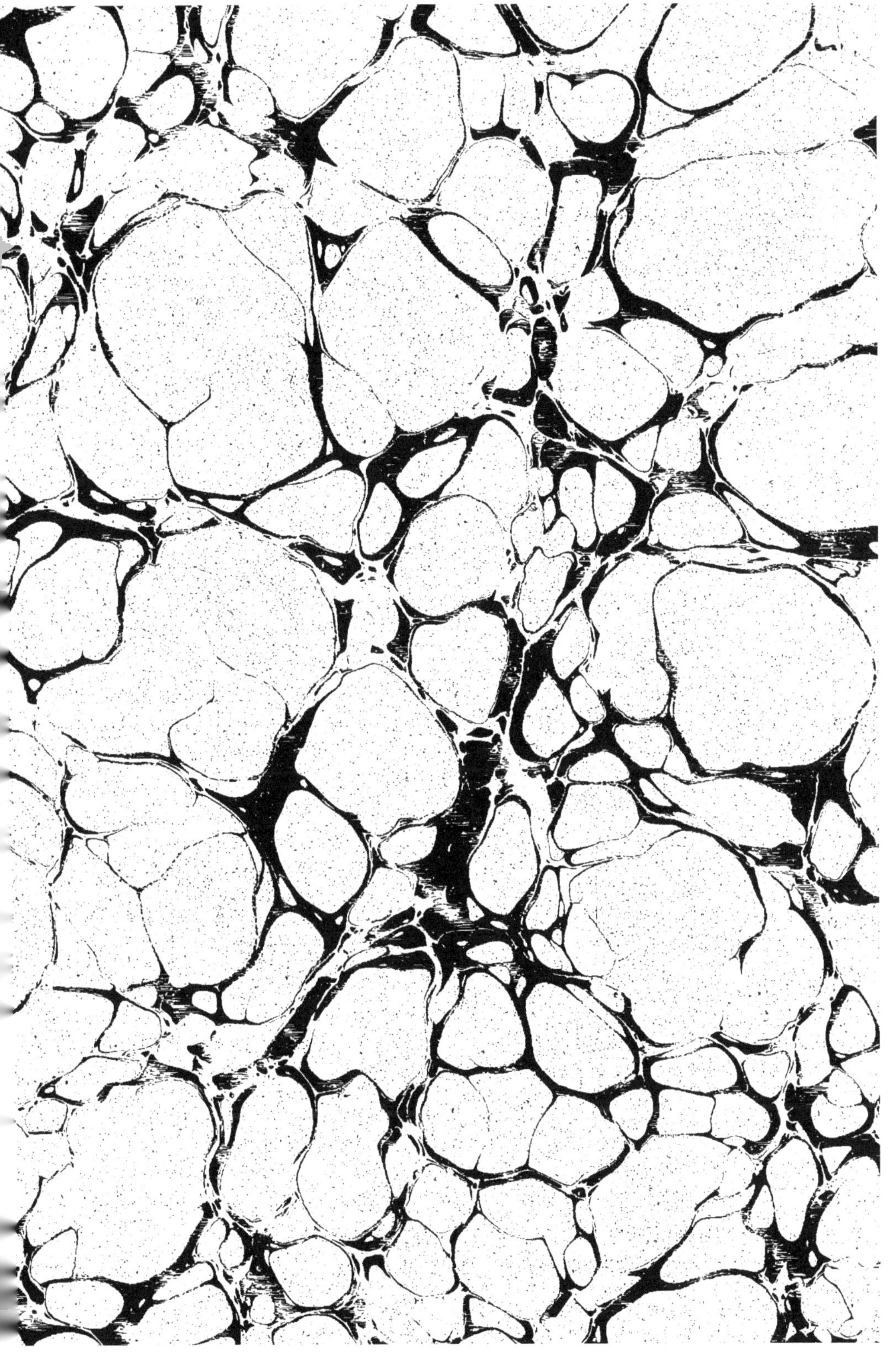

A. de SALINIS, S. J.

LA MARINE AU DAHOMEY

LA NAÏADE

(1890-1892)

PARIS

LIBRAIRIE L. SANARD, ÉDITEUR

174, RUE SAINT-JACQUES, 174

1901

LA

MARINE AU DAHOMEY

CAMPAGNE DE *LA NAÏADE*

(1890-1892)

V. RETAUX et Fils, Libraires-Éditeurs

82, RUE BONAPARTE, 82

DU MÊME AUTEUR :

MARINS ET MISSIONNAIRES

CONQUÊTE DE LA NOUVELLE-CALÉDONIE

10e Édition. — 1 Volume

LA

MARINE

AU DAHOMEY

CAMPAGNE DE " LA NAÏADE "

(1890-1892)

PAR

A. DE SALINIS, S. J.

PARIS
LIBRAIRIE L. SANARD, ÉDITEUR
174, RUE SAINT-JACQUES, 174

1901

CET OUVRAGE EST ORNÉ

DE

DEUX CENT TRENTE ILLUSTRATIONS INÉDITES

D'APRÈS LES CLICHÉS PHOTOGRAPHIQUES ET LES CROQUIS

des lieutenants de vaisseau

D'AMBRIÈRES, BLANCHON, WOLF, DES COURTIS

etc., etc.

LE CONTRE-AMIRAL CAVELIER DE CUVERVILLE

Commandant en chef la division navale de l'Atlantique Nord

PRÉFACE

8 août 1900.

Je devais me rendre, dans le courant de l'année, auprès du Père Dorgère pour lui communiquer le récit de la *Campagne de la Naïade*. Avant de donner à ce livre sa forme définitive, mon désir était de recevoir les conseils de celui qui est le héros de cette page d'histoire. Si quelques inexactitudes avaient échappé à ma faiblesse, il les aurait corrigées.

Déjà nous nous étions rencontrés; j'étais en correspondance avec lui. Mais ces premières entrevues et nos entretiens épistolaires ne me suffisaient pas, et je me réjouissais de revoir l'apôtre du Dahomey, de converser avec lui peut-être pour la dernière fois. Dans un tête-à-tête confiant et amical, l'on se dit des choses qu'une lettre ne saurait traduire. Au milieu d'une conversation, il est aussi plus facile d'arracher doucement à l'âme d'un prêtre et d'un religieux certains détails que volontiers sa modestie laisserait dans l'ombre.

J'avais averti le Père Dorgère que la *Revue du Monde Catholique* venait de publier une série d'articles, première ébauche de mon travail. Dans sa réponse fort aimable, il me confiait que ses voisins n'étant pas abonnés à cette Revue, il n'avait pas eu connaissance de mon récit, consacré en grande partie à son apostolat au Dahomey. Il n'aurait pu me lire que grâce à la charité de ses confrères!

Ce détail révèle une fois de plus l'esprit de pauvreté et le parfait détachement de ce disciple de Jésus-Christ.

Dans les dernières années passées en ce monde, l'ancien plénipotentiaire de la France auprès du roi de Dahomey, le Père Dorgère, chevalier de la Légion d'honneur, vivait volontairement dans une humble bourgade du diocèse de Fréjus, à 13 kilomètres de Toulon, au milieu des montagnes. Son existence solitaire était d'une simplicité tout évangélique. Les faibles ressources dont il disposait, il les employait aux bonnes œuvres de sa paroisse, à la restauration et à l'agrandissement de sa pauvre église, l'église de Sainte-Anne d'Evenos, canton d'Ollioules. Ne pensant qu'aux autres et s'oubliant lui-même, le dénuement de son presbytère prouvait qu'il se sacrifiait toujours pour son prochain et pour son Dieu.

« Ceux qui ont vu son mobilier, raconte un de ses amis, ont pu admirer l'art ingénieux avec lequel il savait transformer les vieilles caisses. Il en tirait tout : armoires, bibliothèques, commodes, tables et bancs. Les seuls meubles qu'il possédât sortis de la main des ouvriers, étaient quelques chaises. Mais pas de fauteuils pour le repos, pas de tableaux pour réjouir le regard, en un mot, afin d'employer ses propres expressions : « rien de ce qui est inutile ! » — « Que me manque-t-il, disait-il en souriant. Je suis comme un prince si je compare mon installation à celle que j'avais au Dahomey ! »

Il devait donc lui paraître encore plus inutile de s'abonner à une Revue qui parlait de lui et racontait son apostolat au Dahomey. La pauvreté volontaire qu'il pratiquait s'y opposait et, sans aucun doute aussi, son humilité s'en effarouchait.

Cependant il avait accepté de revoir les épreuves du livre en préparation et il eut la bonté de m'écrire le petit mot suivant :

« Je me tiens à votre entière disposition. Prière de m'avertir quelques jours à l'avance. A Toulon, place Puget, vous trouverez des voitures qui s'arrêtent à Sainte-Anne. »

Ce billet me comblait de joie : je prenais mes dispositions pour répondre à la gracieuse invitation, lorsqu'un matin, en ouvrant les journaux, je vis avec douleur ces mots lugubres imprimés en gros caractères : « Mort du Père Dorgère. » Pendant plusieurs jours se succédèrent dans les feuilles publiques des articles nécrologiques, tous à la louange du héros qui venait de couronner sa vie de dévouement par un acte de charité sublime ; mais hélas ! c'était la confirmation du malheur qui frappait les nombreux amis du grand missionnaire. Désormais, en allant à Sainte-Anne d'Evenos, je ne trouverais plus qu'une tombe, mille fois glorieuse, mais une tombe muette.

A défaut de ce témoin véridique, enlevé à notre affection à l'heure où son concours aurait été le plus désirable, j'ai eu la bonne fortune de pouvoir consulter son ancien chef, celui qui écrivit à la mère du Père Dorgère, le lendemain de sa mort héroïque, la lettre suivante :

« Crec'h Bleiz-en-Pévenan (Côtes-du-Nord), 1er mars 1900.

« MADAME,

« Je reçois à l'instant la lettre de faire part de la mort du R. P. Dorgère, dont les journaux d'hier relataient l'héroïque dévouement. Ai-je besoin de vous dire combien notre douleur s'associe à la vôtre et quelle part nous prenons au deuil qui vous afflige ? Celui que nous pleurons était, pardessus tout, homme de devoir et de sacrifice, aimant son Dieu et son pays, et ne reculant devant aucune tâche, si pénible qu'elle fût, pour les bien servir. Lors des événements du Dahomey, dont il fut le pacificateur, j'avais pu apprécier tout ce que son cœur renfermait de générosité, de loyauté et de bravoure ; en insistant auprès du gouvernement pour que la croix de la Légion d'honneur récompensât les services éminents que le Révérend Père nous avait rendus, je mettais en relief les traits distinctifs de cette âme d'élite, avide de sacrifice.

« Sa fin, glorieuse aux yeux des hommes, a été précieuse devant Dieu, et ce doit être là, Madame, votre consolation comme elle est la nôtre. Votre foi et vos espérances chrétiennes pourront seules adoucir l'amertume de votre sacrifice ; je sais qu'il est des blessures qui ne se ferment jamais dans le cœur des pères et mères ; mais la certitude de retrouver au Ciel ceux qui nous ont momentanément quittés, l'assurance qu'ils restent avec nous en communion d'affection et de prières, nous aident à accepter avec résignation les arrêts de cette Majesté divine, toujours miséricordieuse, même quand elle nous frappe au cœur...

« Dans ce petit oratoire de Crec'h Bleiz où notre cher martyr a célébré si souvent le saint Sacrifice, la sainte Messe sera offerte à son intention, bien que nous ne doutions pas qu'il n'ait déjà reçu la récompense de son sacrifice.

« Veuillez agréer, Madame, avec mes plus respectueux hommages, l'expression de nos sentiments de vive condoléance et de profonde sympathie.

« VICE-AMIRAL DE CUVERVILLE. »

*
* *

L'amiral de Cuverville a donc daigné apporter, à l'œuvre historique que nous publions, le témoignage de sa haute autorité. Principal acteur dans les événements que nous racontons, personne ne pouvait mieux garantir l'exactitude de notre récit.

Aussi bien les documents inédits que nous avons mis en œuvre sont officiels ou de première main.

C'est une bonne fortune pour l'historien que de pouvoir exploiter des mines aussi fécondes et aussi pures.

L'un des héros de cette histoire, ayant été rappelé par son Dieu et ne pouvant plus faire entendre sa voix, nous remercions la Providence qui nous a permis de recourir aux avis de celui qui associa le Père Dorgère à la grande œuvre de la pacification du Dahomey.

Nous sommes profondément reconnaissants à l'ancien commandant de la

Naïade, devenu chef d'État-Major général de la Marine, d'avoir bien voulu nous faire connaître toute sa pensée sur notre œuvre.

« Laissez-moi vous remercier, nous écrit-il, du véritable monument que vous avez élevé à la *Naïade* et à son chef, en publiant une relation fidèle des faits relatifs à la pacification du Dahomey en 1890-91. Vous avez, en rétablissant la vérité, vengé de leurs détracteurs systématiques ceux qui ne cherchèrent en toute circonstance que la gloire de Dieu, le bien et l'honneur de la Patrie, toutes choses qui ne font qu'une.

« Voilà donc votre travail achevé : il répond à tout ce que nous pouvons souhaiter...

« L'ouvrage que vous allez publier sera un monument élevé à la mémoire du Père Dorgère et fera cesser cette conspiration du silence habilement pratiquée par la secte maçonnique qui veut laisser systématiquement dans l'ombre les services rendus par les religieux, voire même par les catholiques, quels qu'ils soient. »

Fiers de cette approbation, nous présentons à nos lecteurs avec confiance ces pages véridiques. Le haut patronage du vaillant officier général, du loyal chrétien qui a écrit les lignes qui précèdent, celui du martyr de la charité qui vient de recevoir la récompense de son héroïsme, donnera tout le poids désirable à notre véracité historique.

Dans ces temps de suprême ingratitude envers les vrais patriotes, de calomnie à l'adresse des hommes de devoir, de haine pour tout ce qui est grand, noble et généreux, on ne saurait s'entourer de trop de garanties pour faire triompher la cause de la justice et de la vérité.

***

L'amiral de Cuverville signale la conspiration du silence menée par les ennemis de Dieu et de la Patrie. Plût au ciel que les sectaires, renégats de leur foi, se fussent contentés de taire les hauts faits de ceux qu'ils haïssent parce qu'ils ont été dévoués à leur drapeau. Trop souvent ils ont parlé et ils ont parlé pour tenter de souiller par les calomnies les plus basses la mémoire et l'honneur des fidèles serviteurs de l'Église et de la France.

Dans une lettre, que j'ai sous les yeux, le Père Lecron, l'ami et le compagnon du Père Dorgère, écrivait le 23 mai 1893 :

« La haine poursuit son œuvre contre le Père Dorgère. C'est un titre de gloire, c'est un titre d'espérance pour la réalisation de nos projets. La persécution rend les hommes et leurs œuvres plus forts... Le pauvre Père Dorgère est bien vivement attaqué ! La jalousie, la calomnie le poursuivent.

« Il reste calme. Dieu se rit des efforts des hommes pervers et déjoue leurs calculs. Le démon se remue : C'est bon signe pour l'avenir de nos missions. »

Qui le croirait ? Le missionnaire patriote fut accusé de trahir la France. Les menaces les plus odieuses montèrent jusqu'à lui. Une lettre écrite de Paris, le 10 mai 1893, et qui est en notre possession, témoigne qu'on lui a fait entendre qu'il serait expulsé, comme traître à sa patrie, s'il retournait au Dahomey.

Comment le prêtre de Jésus-Christ répondit-il à ces infamies? Écoutons son fidèle ami, le Père Lecron, préfet apostolique du Dahomey.

« Paris, 10 mai 1893.

« Comme vous le dit le Père Dorgère, nous travaillons à nous créer les fonds nécessaires pour la fondation d'une importante ferme-école au Dahomey. Moraliser les noirs par l'habitude du travail est notre premier but. Nous arriverons aussi par là à rendre de grands services à l'Œuvre de la colonisation. Remercions Dieu d'avoir bien voulu ouvrir enfin à l'influence de la parole de Dieu le Dahomey et les peuples qu'il commandait. »

Ainsi les attaques de ses adversaires ne firent que stimuler le zèle de l'apôtre du Dahomey.

Aussi bien s'il avait des ennemis le Père Dorgère trouva sur sa route des cœurs vaillants et sincères pour le soutenir et le seconder.

Le 23 mai 1893, le Père Lecron rendait témoignage au zèle des uns et à la parfaite loyauté des autres.

« Nous avons eu la bonne fortune, écrit-il, presque à notre arrivée à Paris, de rencontrer à Saint-Sulpice où je donnais une conférence, un député catholique, M. de Villebois-Mareuil, occupant à la Chambre une position en vue, qui s'est emparé de notre projet et s'est fait notre avocat partout.

« C'est lui qui nous a présentés à la Chambre des députés, qui nous a fait introduire au groupe colonial où nous avons rallié en notre faveur toutes les opinions. Il a institué un comité d'hommes marquants dont le prince d'Aremberg a bien voulu accepter la présidence. Il se multiplie, se donne entièrement à notre cause.

« Nous avons été reçus hier par M. Étienne, qui nous avait demandé de l'entretenir chez lui de nos projets. Il s'est montré très aimable et nous a assurés de son concours.

« Il a conseillé au Père Dorgère de ne point tenir compte des attaques dirigées contre lui par des journaux « sans poids, sans caractère, qui ne font rien sur l'opinion ». Il nous a quittés en nous disant : « Usez de moi autant que vous voudrez. »

« Que Dieu nous aide à l'accomplissement de notre projet qui est tout pour sa gloire ! »

Toutefois ce n'est pas que l'apôtre, blessé dans ses sentiments les plus chers, tout en rendant le bien pour le mal, ne désirât la confusion de ses détracteurs. Il écrivait à la même époque à son ami l'amiral de Cuverville :

« Fort de mon droit et de ma conscience, je suis prêt à faire la lumière ! »

Ce livre répondra, nous l'espérons, au désir du Père Dorgère haï à cause du nom de Jésus-Christ ; et la lumière sera faite.

***

Nous devons au culte que l'amiral de Cuverville a voué à la mémoire de l'apôtre du Dahomey le bénéfice d'une dernière rectification. Elle porte sur les circonstances de la mort du vaillant missionnaire.

Tout le monde a lu le récit de cette fin sublime. Le Père Dorgère est tombé au champ d'honneur. Mais les journaux qui parlent trop souvent sans être pleinement renseignés ont dénaturé les faits. Est-ce ignorance ? Serait-ce désir immodéré de poétiser l'événement ?

Quoi qu'il en soit, voici ce qu'ils ont raconté :

« Ces jours derniers, une famille de Bohémiens, venant de Marseille, s'arrêtait à Sainte-Anne d'Evenos. Une petite fille tomba malade de la variole noire. L'autorité fit immédiatement partir les nomades, qui abandonnèrent l'enfant sur la route, où elle allait mourir faute de secours.

« Le Père Dorgère accourt, prend l'enfant dans ses bras, la transporte au presbytère et lui prodigue, inutilement, hélas ! les meilleurs soins. La malheureuse succombe à son triste mal et le Père, abandonné de tous les habitants qui craignent la contagion, se trouve seul en présence du petit cadavre.

« Le maire, M. Dutheil de la Rochère, en apprenant le décès, se transporte auprès du Père Dorgère qu'il trouve en prières, près du lit de la morte. Après lui avoir témoigné toute son admiration pour sa conduite sublime, un cercueil est improvisé ; le vénérable ecclésiastique et le maire y déposent les restes mortels de la petite fille, et, avec l'aide du garde champêtre, ils vont l'ensevelir au cimetière.

« Deux jours après le Père Dorgère tombe malade et succombe à la maladie contagieuse dont il avait contracté le germe en prodiguant ses soins à la malheureuse abandonnée mourante sur la route. Il avait 44 ans. »

Le souvenir de Vincent de Paul, le saint populaire, représenté par l'iconographie avec un enfant dans ses bras, qu'il abrite sous son manteau, a-t-il influencé l'imagination des journalistes ? Ils auraient dû plutôt s'inspirer de la mémoire de saint François Régis ou du bon roi saint Louis.

En effet, voici la vérité telle qu'une lettre de l'amiral de Cuverville a bien voulu la faire connaître :

« Le 1er février dernier, nous écrit M. le marquis Dutheil de la Rochère, maire de Sainte-Anne d'Evenos, un pauvre homme mourait de la variole noire, dans sa roulotte, sur la place du village.

« Personne ne se présentant pour déposer le corps dans le cercueil, le Père Dorgère, n'écoutant que son courage, remonta dans la voiture où il avait été déjà réciter les dernières prières, et, aidé du fossoyeur et d'un parent du mort entraînés par son exemple, il accomplit le périlleux travail. Treize jours après, le Père Dorgère ressentait les premières atteintes du mal qui devait l'emporter.

« Cette mort si triste humainement parlant, est belle aux yeux de la foi. J'ai été heureux, en accomplissant mes devoirs de maire, de remplacer auprès de l'ancien missionnaire, pendant les jours de sa maladie, ses parents et ses amis absents. »

La vérité a moins de poésie que la légende, mais elle n'a pas moins de grandeur et la mort du Père Dorgère n'en est pas moins sublime. « Aimer, instruire, soigner, nourrir de préférence des inconnus, des étrangers, des sauvages, des êtres d'une autre espèce et d'une couleur autre que la sienne, parce qu'ils n'ont jamais vu monter vers le Ciel la flamme de la charité ; les élever de leur servitude dégradante à la notion de la dignité humaine : telle fut l'extraordinaire vocation, l'œuvre persévérante du Père Dorgère. » Ainsi parle M. Jules Delahaye et dans son langage épique il ajoute : « Et lui aussi, l'ami des plus déshérités, des plus abandonnés, il est mort ! Il est mort, entends-tu peuple ! Il est mort, nobles et bourgeois !... Il est mort, socialistes qui, chaque jour, offrez votre sang aux exploités, aux opprimés, et qui vivez si grassement du sou quotidien dont ils paient vos belles paroles !

« Quelle existence a mieux mérité d'être proposée en exemple à l'égoïsme de l'élite et de la foule par les prôneurs de la solidarité humaine, comme par les prédicateurs de la charité, que celle de ce chercheur des ignorances les plus épaisses, des douleurs les plus délaissées ? Quelle fin, parmi celles qui ont inspiré les pompes traditionnelles de l'Église et les harangues du socialisme moderne, a été plus simple, plus grandiose, plus digne de celles-ci et de celles-là, que la fin du Père Dorgère, missionnaire, patriote, chevalier de la Légion d'honneur ? »

Sur le bord de cette tombe, prématurément ouverte, le témoignage, arraché il y a peu de jours à M. Constans, a une éloquence capable de convaincre les plus endurcis et les plus farouches.

L'ambassadeur de France à Constantinople, l'ennemi et le spoliateur des Congrégations religieuses, disait récemment : « Nos religieux sont désintéressés et courageux jusqu'à l'héroïsme. Avec quelques centaines de francs, reçues chaque année, nos religieux font des prodiges ! Ils s'entretiennent, ils construisent des écoles, des dispensaires, des asiles ; tous les jours, et de toutes les manières, ils se dévouent sans compter, et leur désintéressement absolu leur concilie l'estime et la confiance. Et en même temps qu'ils font œuvre de prosélytisme religieux, ils font œuvre de bons Français ; ils font connaître et aimer la France.

« Vous êtes peut-être surpris de m'entendre parler de la sorte, mais je rends hommage à la vérité. Je vous dis en toute simplicité et franchise ce que j'ai vu et entendu, ce que j'ai constaté par moi-même. Les religieux et les religieuses nous rendent d'immenses services ; la France se doit à elle-même de les aider et de les protéger ; le jour où elle les abandonnerait, c'en serait fait de son prestige. »

***

Ce livre qui fait suite aux dix éditions de *Marins et Missionnaires*, ouvrage que nous avons publié il y a peu d'années, jettera aussi, croyons-nous, quelque lumière sur la politique coloniale de la « douce » France.

Des esprits chagrins, mal intentionnés ou mal informés, s'imaginent trop facilement qu'en pays barbare les peuples chrétiens agissent comme s'ils n'avaient plus ni foi ni loi. C'est une erreur !

La bienheureuse influence de la morale chrétienne et de la charité évangélique n'accomplit pas seulement des transformations merveilleuses dans l'âme des habitants féroces et sanguinaires du continent noir. Les blancs, à leur insu ou volontairement, subissent l'empire de la foi du Christ. Elle adoucit leurs mœurs, modère leurs convoitises et règle les rapports des nations civilisées avec les peuples barbares.

Nous ne sommes plus au temps où le droit du plus fort légitimait toutes les cruautés et sanctionnait toutes les infamies. Le droit des gens protège les peuplades aux mœurs les plus étranges. L'autorité des monarques qui les gouvernent est sauvegardée, les lois qu'ils dictent à leurs sujets sont respectées, ainsi que les usages et coutumes légitimes. Les droits politiques et individuels sont reconnus. La propriété n'est pas un vain mot.

De là des rapports de courtoisie, des relations diplomatiques entre les nations européennes et les nègres du continent africain, entre les souverains de l'Europe et les chefs ou roitelets de l'Afrique sauvage.

Du moment que les droits légitimes de ces petits potentats sont reconnus, les relations de peuple à peuple entraînent la nécessité de négocier, de discuter, de signer des contrats, des conventions, des traités.

Ce livre, qui est une histoire plutôt diplomatique que militaire, prouve qu'il y a une « diplomatie nègre ». Elle a ses agents, son protocole variable suivant les régions.

C'est la gloire de la France, malgré tout la nation catholique par excellence, la « nation maternelle » comme dit le poète, d'avoir mis dans ses rapports avec les sauvages enfants de la nature une condescendance admirable, une patience toute chrétienne.

Ignorante des brutalités, dont certaines nations européennes moins imprégnées de la charité du Christ ont pu se rendre coupables, elle agit envers les peuples qu'elle veut gagner à la cause de la civilisation avec autant de mansuétude que si elle avait affaire au léopard Britannique ou à l'aigle Teutonique.

Pour les petits et les grands elle ne connaît pas deux poids et deux mesures. En toutes circonstances, à toutes les époques de son histoire elle a été la nation chevaleresque. Elle continue son rôle.

S'il y avait un reproche à lui adresser, ce serait plutôt d'user parfois d'une longanimité voisine de la faiblesse, et d'exposer l'honneur de son drapeau par amour de la conciliation et de la paix.

Respectueuse des droits, toujours majestueuse d'allure, si elle fait une distinction dans la manière de traiter la reine Victoria ou le roi de Dahomey, l'empereur Guillaume ou Sa Majesté Béhanzin, il serait plus juste de dire que la France témoigne plus d'égards au petit souverain de la Côte du Bénin dont elle n'a rien à redouter qu'à sa rivale séculaire ou bien à son vainqueur d'un jour.

Il ne faut pas s'en étonner, les mœurs de la France sont restées chrétiennes. Elle a été marquée trop profondément par le sang du Christ pour que, malgré ses infidélités passagères, et la défection de quelques-uns de ses enfants, elle trahisse son baptême et sa mission civilisatrice.

Qu'il s'agisse du blanc des plaines verdoyantes et des montagnes neigeuses du Septentrion, ou du nègre des sables arides et des rivages brûlants de l'Afrique équatoriale, le vœu du grand Empereur, grâce à Dieu, se réalise à tout âge du monde.

Ta gloire ! oh ! puisse-t-elle, aux époques lointaines,
Croître en s'affermissant comme croissent les chênes,
Offrir l'abri superbe et l'ombre de ton front,
Nation maternelle, aux peuples qui naîtront,
Afin qu'on dise un jour, selon mon espérance :
Tout homme a deux pays, le sien et puis la France !

“ LA NAÏADE ”

LA

MARINE AU DAHOMEY

CAMPAGNE DE *LA NAÏADE*

I

Le Blocus de la côte du Dahomey (1890)

Fautes et remèdes. — L'amiral de Cuverville. — Son ordre du jour à l'équipage de la *Naïade*. — Instructions pacifiques du ministre de la marine. — Les navires et les effectifs du blocus. — Projet d'un plan de campagne et d'une marche sur Abomey. — La *Naïade* arrive à Dakar. — Armements. — Difficultés de la situation. — L'opposition tracassière des Anglais. — La question du passage par Lagos. — La *Naïade*, vaisseau-amiral, rallie à Cotonou les sept navires placés sous les ordres de l'amiral de Cuverville.

Les difficultés, survenues au Dahomey en 1885, à l'occasion du protectorat portugais et du percement de l'isthme de Cotonou, avaient été heureusement aplanies par l'intervention de M. de Cuverville, chef de la division navale de l'Atlantique Sud. Mais il était aisé de prévoir qu'un jour ou l'autre surgiraient de nouvelles complications. Dans un rapport, à la date du 4 janvier 1886, tout un ensemble de mesures avait été recommandé par le chef de division. Il n'en fut tenu, malheureusement, aucun compte, et l'on se lança dans des difficultés nouvelles, sans avoir rien préparé pour y faire face.

Telle était la situation, lorsqu'une dépêche ministérielle, du 8 avril 1890, invita le contre-amiral de Cuverville à quitter les parages où devait s'exercer son commandement, pour se rendre de nouveau dans le golfe de Bénin. Il commandait alors la division navale de l'Atlantique Nord et se trouvait aux Antilles.

Il s'agissait de réparer les fautes commises ; l'amiral devait reprendre en mains les affaires du Dahomey, et recommencer en partie l'œuvre qu'il avait conduite à bonne fin en 1885.

Il écrivait, le 6 janvier 1891, à bord de la *Naïade,* les lignes suivantes, qu'accompagnait une épigraphe suffisamment significative pour qu'il ne soit pas nécessaire d'en donner l'explication : « *Ecce advenit dominator Dominus et regnum in manu ejus, et potestas et imperium.* »

. . . .

« J'avais demandé au ministre que le commandant de la station navale restât chargé des affaires du Dahomey, jusqu'à ce que l'œuvre de pacification et d'apaisement, que nous venions d'accomplir, fût parfaitement assise ; je regrette profondément que cet avis n'ait pas prévalu dans les Conseils du gouvernement, et je décline toute responsabilité pour ce qui pourra en advenir. Les affaires du Dahomey demandent à être maniées avec un tact spécial ; il ne suffit pas d'être administrateur civil pour les mener à bien. Avec l'amiral Fleuriot de Langle, qui commanda en chef dans ces parages la division navale, je dirai : « Il ne faut jamais perdre de vue, quand il s'agit de l'Afrique « occidentale, que nos établissements doivent y être restreints, et dirigés « dans le but unique de protéger notre commerce, j'ajouterai de développer « l'action civilisatrice par la protection donnée aux Missions catholiques.

« Il faut bien nous garder de chercher à imposer par la force nos lois et « nos usages à des populations nombreuses, que nous ne pouvons réduire à « l'obéissance qu'en développant chez elles le sens moral et l'esprit de com- « merce, en observant vis-à-vis d'elles une stricte justice. »

« J'ai lutté jusqu'à la dernière minute, en 1885, pour empêcher le gouvernement français de céder à l'Allemagne Porto-Seguro et Petit-Popo ; depuis lors, le territoire allemand de Togo s'est constitué et a pris des proportions considérables ; la convention conclue par M. Bayol, en 1885, lui a livré tout le territoire très salubre des Atakpamés, qu'on appelle, à juste titre, la petite Suisse du Bénin.

« En 1885, j'avais aussi instamment demandé que la politique de la France visât le protectorat des Egbas d'Abéokouta, et des populations du Yoruba, qui étaient toutes disposées à l'accepter ; j'indiquais les grandes agglomérations d'Abéokouta, d'Illori, de Saraki, comme les futures étapes de notre commerce sur la route du moyen Niger. Quelle a été ma douleur en constatant que la convention du 10 août 1889, signée encore par M. Bayol, livrait tout ce pays à l'influence de l'Angleterre !

« Entre les méridiens, qui délimitent aujourd'hui à l'Est, les zones d'influence Franco-Anglaises, à l'Ouest les zones d'influence Franco-Allemandes, il n'existe plus qu'une bande étroite, comprenant le Dahomey, pays qui pourrait devenir très riche, et qui, dans tous les cas, est une des grandes voies de pénétration de l'Afrique équatoriale ; c'est pour l'influence française une question de vie ou de mort dans ces parages, d'empêcher, coûte que coûte, cette bande de lui échapper. Or, le seul moyen d'y asseoir cette influence, c'est d'entretenir avec Ouidah et Abomey des relations incessantes, et de ne pas permettre que des intrigues étrangères viennent un jour nous surprendre à l'improviste, ainsi que le fit le protectorat portugais, en 1885.

L'ÉTAT-MAJOR DE “LA NAIADE”

« J'ai demandé qu'une mission partant de Grand-Popo se rendît à Say, sur le Niger, faisant ainsi une reconnaissance des territoires sur lesquels nous ne possédons, en ce moment, aucune donnée sérieuse. J'attache à cette mission une grande importance.

« Enfin, le développement et la multiplication des écoles françaises, tenues par la Société des Missions Africaines, la création de colonies agricoles,

L'ÉQUIPAGE DE " LA NAIADE "

établies loin des factoreries, avec de petits esclaves rachetés, sont aussi les mesures qui se recommandent à notre prévoyance...

« Civilisation chrétienne du Dahomey et accès sur le moyen Niger, en partant de nos établissements du golfe de Bénin, tel est le double but à poursuivre. »

En résumé, l'amiral voulait une action ferme en face des envahissements de l'Angleterre et de l'Allemagne, et vis-à-vis du Dahomey, il demandait qu'on procédât sans faiblesse, en déployant largement le drapeau de la Croix, confié aux mains des missionnaires.

***

Le choix fait par M. Barbey, ministre de la marine, de M. le contre-amiral de Cuverville, était des plus heureux. La connaissance approfondie que cet officier général avait de cette partie si importante du continent africain, sa prudence jointe à une rare énergie, son zèle pour étendre l'action civilisatrice de la France chrétienne, son patriotisme ardent, tout le désignait pour cette difficile mission.

Il a pacifié une première fois le Dahomey. L'œuvre est à recommencer : c'est que l'on n'a pas exécuté ses instructions et suivi le plan qu'il avait tracé. Aux jours d'épreuve, le gouvernement est contraint de recourir de nouveau à ses lumières et à son dévouement.

Diplomate habile et loyal, — si la France veut la paix, — il a toutes les qualités désirables pour préparer et conduire des négociations qui contenteront les parties, les réconcilieront sans défiance, sans arrière-pensée. Si la conquête devient nécessaire, sa haute expérience saura prévoir, combiner

PANORAMA DE SIERRA-LEONE

tous les éléments de réussite, et sa main aura la fermeté voulue pour conduire un corps expéditionnaire à la victoire.

Sa pensée et le mobile de ses actes, l'amiral de Cuverville les a indiqués en faisant siennes les aspirations d'un autre marin, comme lui brave officier et chrétien sans reproche.

« Une politique généreuse, qui prendrait pour but principal hautement avoué l'intérêt des nations barbares ou à demi civilisées, — une politique honnête et ferme, sans être irritante, qui s'appuierait sur les grandes vérités prêchées au monde depuis deux mille ans ; — une telle politique, si elle était suivie, avec persévérance, par une nation puissante, ne manquerait pas de chance de succès. Et si, chemin faisant, elle rencontrait la guerre, sans l'avoir provoquée, ni cherchée, il est à croire qu'elle trouverait de nobles champions pour la soutenir, et Dieu ne permettrait pas qu'elle fût vaincue. »

L'amiral de Cuverville ne se contente pas de manifester de nobles désirs. Il est avant tout homme d'action. Et dans sa carrière il n'a cessé de traduire en actes les inspirations de son cœur. Il est tout entier dans l'allocution qu'il prononçait au début de sa campagne, à bord de la *Naïade*, lorsqu'il en prit le commandement à Brest. S'adressant à son équipage, il lui dit :

« Mes amis — et j'aime à vous donner cette appellation qui répond à l'attachement que je porte de longue date à cette vaillante population maritime — en arborant mon pavillon sur la *Naïade*, je confie mon honneur même à votre valeur et à votre dévouement ; car désormais cet emblème aux couleurs nationales se solidarisera avec tous vos actes, avec vos succès comme avec vos revers.

« La valeur d'un équipage dépend sans doute de sa discipline et de son instruction : je puis compter sur vos chefs immédiats pour en assurer le complet développement. Mais il faut joindre le zèle dans l'accomplissement du devoir, l'abnégation et l'esprit de sacrifice, toutes les vertus que résume ce mot : le dévouement ; ce dévouement il nous appartient de le provoquer, nous n'y manquerons pas.

« Ayez confiance dans le commandement ; il ne s'inspirera que de bienveillance et de justice ; reposez-vous sur lui du soin de vos intérêts, et si, au cours de la campagne que nous allons entreprendre, vous rencontrez des heures difficiles, jetez les yeux sur cette devise que j'ai fait placer à l'avant du navire, écrite dans notre vieille langue bretonne :

« *Evit Doué hag ar vrô !*
« Pour Dieu et pour la patrie !

« Depuis quarante ans elle fait ma force ; elle sera la vôtre ! »

*
* *

C'est un marin aux vues si larges et si élevées, qui recevait, au milieu de l'année 1890, le commandement en chef des forces de terre et de mer sur la côte de Bénin.

Le ministre de la marine lui transmit ses instructions en ces termes :

« Cabinet-Mouvements.

« Paris, le 8 avril 1890.

« Le sénateur, ministre de la marine, à M. le contre-amiral, commandant en chef la division navale de l'Atlantique Nord, à bord de la *Naïade*.

Monsieur le Contre-Amiral,

« Les événements, dont nos possessions de Cotonou et de Porto-Novo sont actuellement le théâtre, ont amené le gouvernement de la République à remettre au département de la marine la direction des opérations dans ces parages.

« J'ai chargé provisoirement le commandant du *Sané* d'y exercer, avec toutes les attributions d'un gouverneur, l'autorité supérieure sur terre et sur mer, et je lui ai prescrit de mettre la côte du Dahomey en état de blocus ;

trois avisos de mer : *Ardent*, *Brandon* et *Goëland*, ont d'ailleurs été envoyés à ses ordres, du Sénégal et du Gabon, et le *Roland* a fait route, le 5 avril, sur une invitation, de Saint-Thomas pour Cotonou.

« Mais c'est vous, Monsieur le contre-amiral, que j'ai choisi pour être investi de la haute direction des opérations sur le littoral du Dahomey.

« Vous voudrez donc bien, après la réception de la présente dépêche, faire route le plus tôt possible de la Martinique pour Dakar, où vous ferez compléter les vivres, le charbon et les rechanges de la *Naïade ;* vous continuerez du Sénégal pour Cotonou, où le commandant du *Sane* vous remettra le service.

« Vous exercerez, dès lors, les pouvoirs en ce moment attribués au capitaine de vaisseau Fournier. Vous commanderez l'ensemble des navires

LE CAP MANUEL

réunis sur la côte du Dahomey ; mais votre mission ne devant être que temporaire, vous conserverez, pendant son exécution, votre titre de commandant en chef de la division navale de l'Atlantique Nord. Vous aurez aussi autorité sur les troupes, et les attributions d'un gouverneur.

« Je vous adresserai d'ailleurs, s'il y a lieu, des instructions détaillées à Dakar, où vous les trouverez à votre passage...

« Veuillez m'accuser réception par le télégraphe de la présente dépêche.

« Recevez, Monsieur le contre-amiral, les assurances de ma considération très distinguée.

« Signé : E. Barbey. »

En même temps que le ministre de la marine donnait à l'amiral de Cuverville ces ordres pressants, il écrivait au capitaine de vaisseau Fournier, commandant le croiseur le *Sané* à Cotonou :

« Monsieur le Commandant,

« J'ai l'honneur de vous confirmer mes deux dépêches télégraphiques du 5 avril et celle du 7, dont la teneur est la suivante :

1° « Paris, 5 avril, midi.

« En attendant arrivée amiral Cuverville, Gouvernement vous confère, « avec toutes les attributions de gouverneur, autorité sur commandant des « troupes et sur résident qui devra rejoindre son poste à Porto-Novo.

« Donnez immédiatement communication de ce télégramme qui vous « servira d'ordre (1).

« Accusez réception. »

2° « Paris, 5 avril, 4 h. du soir.

« Formalités blocus sont remplies. Notifiez donc et bloquez immédiate- « ment côte entre limite possessions françaises et allemandes des Popos « (6 degrés, 14 minutes, 45 secondes, latitude nord et 0 degré, 40 minutes, « 36 secondes, longitude ouest) et la limite orientale des possessions fran- « çaises de Porto-Novo, formée par prolongement méridien passant par « crique d'Adjarra.

« Vous devez vous placer là où vous jugez votre présence plus utile. « Laissez au besoin commandement *Sané* à votre second et conservez à « colonel commandement des troupes, sous votre haute direction.

« Toute marche sur Ouidah est ajournée. Votre objectif est de vous « établir fortement à Cotonou et Porto-Novo de manière à n'en pouvoir « être délogé.

« Dites-nous exactement si pouvez faire face à toutes vos obligations avec « troupes actuelles et bâtiments suivants : *Sané*, *Kerguelen*, *Brandon*, *Ar- « dent*, et *Goëland*, auxquels donnons ordre vous rallier et dont vous ne « devez plus vous dessaisir sans mon ordre. »

3° « Paris, 7 avril, 9 h. 45 matin.

« Vous devez avoir reçu instructions télégraphiques. Vous commandez « les bâtiments réunis temporairement, mais il n'y a pas de division navale.

« J'attends avec impatience vos télégrammes. »

« Cette dernière communication répondait à votre dépêche télégraphique du 6. Il est donc entendu que vous avez le commandement de tous les navires réunis, à titre temporaire, sur la côte du Dahomey, mais qu'il n'y a pas de division navale constituée dans l'Atlantique Sud.

« J'ajouterai que le *Roland*, parti le 5 avril, sur mon invitation, de Saint-Thomas (Antilles) pour Dakar et Cotonou, se rangera sous vos ordres dès son arrivée à destination ; le capitaine de vaisseau, Roustan, aura d'ailleurs

(1) Cité par M. Aublet. *La Guerre au Dahomey*, p. 46.

profité de son passage au Sénégal pour compléter ses vivres, son charbon et ses rechanges.

« Le contre-amiral, commandant en chef la division navale de l'Atlantique Nord, qui a fait route le 3 avril des Canaries pour la Martinique, trouvera à Fort-de-France l'ordre de se rendre sans aucun retard, avec la *Naïade*, à Cotonou, où vous lui remettrez la direction du service.....

« Je vais faire expédier à Dakar par la plus prochaine occasion de paquebot, des rechanges largement calculés sur le pied de trois mois pour la *Naïade,* le *Sané* et le *Roland.*

« J'ai d'ailleurs invité par le câble, le 5 avril, le gouverneur du Sénégal, à vous envoyer d'urgence tout ce qu'il pourra de rechanges et de matières

EN RADE DE DAKAR, PLONGEANT POUR UN SOU !

consommables jusqu'à concurrence du nécessaire pour trois mois. Il sera pourvu au remplacement de ces objets dans les magasins de la colonie à l'aide de l'envoi qui va être fait de France pour le *Sané.*

« Enfin des mesures vont être prises immédiatement par les soins des directions du matériel et du personnel, pour approvisionner sérieusement en charbon et en vivres notre possession du Gabon.

« Ainsi que vous l'indique mon second télégramme du 5 avril, il ne sera pas fait, au moins pour le moment, d'expédition contre Ouidah. Vous devez seulement vous asseoir solidement dans les positions que nous occupons actuellement et vous y fortifier de manière à nous en assurer la possession, quels que puissent être les efforts qui seraient ultérieurement tentés par les Dahoméens pour nous en déloger.

« Je vous renouvelle, avec instance, ces recommandations de prudence et je vous invite à vous maintenir strictement dans la voie qui vous est tracée.

« Comme je vous l'ai signalé, les formalités relatives au blocus du Dahomey ont été remplies ; j'ai, en effet, d'accord avec le ministre des affaires étrangères, fait insérer au *Journal officiel* du 6 avril, l'avis nécessaire, et les notifications d'usage ont été faites aux puissances par la voie diplomatique.

« Il est à souhaiter que les mesures prises amènent promptement à résipiscence le roi du Dahomey.

« Je vous autorise d'ailleurs à entrer en pourparlers, soit directement, soit par tels intermédiaires dont l'emploi vous paraîtra de nature à faciliter les négociations et dont vous pourriez reconnaître pécuniairement les services, pour traiter avec le roi Kon-Dô sur les bases indiquées ci-après :

SUR LE PORT, A DAKAR

« Maintien du *statu quo* tel qu'il existe aujourd'hui.

« Restitution des prisonniers français.

« Si vous reconnaissez l'impossibilité d'arriver à une entente dans ces conditions, vous auriez la latitude, pour essayer d'aboutir, de faire les concessions suivantes :

« Transaction sur la question des droits de douane de Cotonou. Nous pourrions consentir, soit à remettre au roi, chaque année, une somme une fois fixée, comme représentant une partie ou à la rigueur la totalité des recettes de la douane, soit même, comme dernière marque de notre désir de conciliation, à lui laisser la faculté de les faire percevoir lui-même par un moyen à définir.

« En terminant cette dépêche, je fais appel à votre tact, à votre habileté et à votre expérience pour conduire, de la manière la plus profitable, les affaires militaires comme les négociations. J'ai du reste une pleine confiance que vous saurez, dans l'accomplissement de votre importante mission, ne pas engager l'action du gouvernement de la République au delà des limites bien définies dans lesquelles nous désirons la maintenir.

« Je vous prie de m'accuser réception par le télégraphe de la présente dépêche.

« Recevez.....

« Signé : E. Barbey. »

Confirmant ces instructions, le ministre de la marine traçait, d'une façon fort nette, à l'amiral de Cuverville sa ligne de conduite. Le gouvernement voulait, par la voie des négociations, arriver à conclure un *modus vivendi*. L'attitude prise en face du Dahomey, dans la circonstance, était inspirée comme les événements le prouveront, par des considérations d'ordre politique secondaire. Le parlementarisme s'opposait à toute entreprise belliqueuse.

Voici dans quels termes M. Barbey traduisait les intentions pacifiques du gouvernement :

« Paris, le 3 mai 1890.

« Le sénateur, ministre de la marine, à Monsieur le contre-amiral, commandant en chef la division navale de l'Atlantique Nord, à bord de la *Naïade*.

« Monsieur le Contre-Amiral,

« J'ai reçu votre télégramme du 28 avril m'annonçant votre départ des Antilles pour Dakar et Cotonou, et je vous sais gré de la promptitude avec laquelle vous avez fait suivre à la *Naïade* sa nouvelle destination.

LE JARDIN BOTANIQUE DE DAKAR

« Ma dépêche du 8 avril : « Mouvements » vous a fait connaître dans quelles conditions vous avez à exercer la haute direction des opérations sur terre et sur mer au Dahomey ; je ne puis que vous confirmer ces prescriptions.

« Il est entendu que, dès votre arrivée à Dakar, vous ferez compléter d'urgence les vivres, le charbon et les rechanges de la *Naïade* ; vous voudrez, en outre, vous concerter avec le gouverneur pour faire embarquer à bord de ce bâtiment tous les envois prêts de personnel ainsi que de matériel, vivres, munitions, etc., à destination du golfe du Bénin, qu'il pourrait recevoir sans inconvénient pendant la durée de la traversée.

« Aussitôt ces opérations terminées au Sénégal, vous ferez route pour Cotonou où le commandant Léopold Fournier vous remettra le service et, à titre provisoire, les archives dont il est détenteur ; vous voudrez bien faire tenir cette collection de documents exactement à jour et vous le reverserez ultérieurement au capitaine de vaisseau Reyniers, nommé au commandement du *Sané* et de la station de l'Atlantique Sud.

« Le croiseur ayant accompli et au delà la période réglementaire de campagne, vous l'expédierez pour Brest sans retard et en prescrivant au capitaine de vaisseau Fournier de faire toute la diligence possible. Vous l'inviterez à ne relâcher, à moins de circonstances exceptionnelles, qu'à Dakar, et pendant le temps strictement nécessaire pour prendre du charbon.

LA FLORE DE DAKAR

« Vous profiterez, d'ailleurs, de cette occasion, pour rapatrier les malades des bâtiments et des corps de troupes employés au Dahomey.

« Vous voudrez bien donner des ordres en conséquence.

« Vous trouverez, dans les documents que vous remettra le capitaine de vaisseau Fournier, toutes les indications nécessaires pour régler votre ligne de conduite, en particulier dans les télégrammes échangés journellement entre cet officier supérieur et le département. La confirmation de mes dernières dépêches télégraphiques est du reste donnée dans la lettre ci-jointe, destinée à cet officier supérieur, et que je vous prie de lui remettre après en avoir pris connaissance.

« Je crois devoir insister tout particulièrement sur l'intérêt que le gouvernement attache à arriver, le plus promptement possible et dans les meilleures conditions, à l'aplanissement, par la voie des négociations, de notre différend avec le roi du Dahomey. Vous voudrez donc bien, tout en agissant avec énergie, ne perdre aucune occasion d'essayer de traiter sur les bases mentionnées dans ma dépêche du 8 avril, adressée au commandant du *Sané*. La réussite dans ce sens serait le résultat dont nous vous saurions le plus de gré, s'il n'a pas été obtenu avant votre arrivée sur les lieux.

« Comme je l'ai d'abord indiqué au commandant Fournier, notre objectif actuel est de nous maintenir à Cotonou et à Porto-Novo, quels que puissent être les efforts tentés par les Dahoméens pour nous en déloger ; mais il ne sera pas fait, à moins d'événement imprévu, d'expédition contre Ouidah. Je vous invite à vous maintenir strictement dans cette voie dont le gouvernement n'entend pas se départir.

« Vous n'en aurez pas moins, après un examen attentif de la situation, et une étude des documents et des informations dont vous disposerez, à me faire part de votre opinion personnelle sur le plan d'expédition éventuelle, présenté par le commandant Fournier, en m'indiquant si les ressources en personnel et en matériel qu'il propose d'y affecter vous paraissent convenablement calculées.

« Il est entendu que vous continuerez le blocus qui a été établi sur la côte du Dahomey.

« Vous disposerez, dans ce but, en plus de la *Naïade*, des navires ci-après :

Roland, *Kerguelen*, *Ardent*, *Brandon*, détachés de la station locale du Sénégal.

Goëland, détaché de la station locale du Gabon ; éventuellement la *Mésange* appartenant à la station locale du Sénégal.

« Enfin, la *Durance*, entrée en armement à Rochefort le 29 avril, sera expédiée vers le 15 mai courant, pour Dakar et Cotonou.

« Cet aviso-transport, qui sera détaché jusqu'à nouvel avis, à la côte occidentale d'Afrique, sera à votre entière disposition et vous pourrez l'utiliser, soit pour faire des transports, soit pour servir de magasin ou d'hôpital.

« Il vous apportera de France :

« Vingt baraques système Deker, représentant un encombrement de 300 mètres cubes et destinées à Cotonou (15 autres partiront par le courrier du 10 juin, si le commandant Fournier le demande) ;

« Les 2.000 fusils Gras, avec munitions, dont vous avez sollicité l'envoi (50 mètres cubes) ;

« Une dizaine de mètres cubes de munitions pour canon de 80.

« Vous pourrez faire l'emploi que vous jugerez convenable des fusils Gras, pour armer, le cas échéant, des auxiliaires noirs et donner ainsi aux populations hostiles aux Dahoméens, les moyens, sinon de se défendre par elles-mêmes, tout au moins de n'avoir besoin de notre appui que dans une mesure de plus en plus restreinte.

« Suivant les recommandations que j'ai faites, le 2 mai, au commandant du *Sané*, vous aurez à vous éclairer, par tous les moyens, sur la politique du roi Kon-Dô, les raisons qui suspendent ses attaques, et les points vulnérables de ses États, ainsi que sur l'attitude des diverses peuplades indigènes vis-à-vis du Dahomey, et le concours que nous pourrions en tirer ; vous me ferez part des résultats de ces investigations dont je n'ai pas besoin de vous signaler l'importance, au point de vue de notre action à la côte des Esclaves. Vous n'hésiterez pas à consentir des sacrifices pécuniaires pour trouver des intermédiaires et vous créer des intelligences.

« En ce qui touche les effectifs blancs à terre, vous aurez toute latitude pour les renforcer à l'aide des compagnies de débarquement ; les bâtiments présents ont provisoirement détaché à Cotonou tous les marins dont ils ont pu disposer, jusqu'à la limite extrême. Vous aurez à aviser à cette situation.

« Je vous recommande de me tenir très exactement au courant des événements par le télégraphe et de me faire parvenir des copies des communications que vous m'adresserez par cette voie, de manière à me permettre de contrôler si aucune erreur ne s'est glissée dans la transmission ou dans le déchiffrement.

UNE PIROGUE A LA VOILE A DAKAR

« Je vous préviens qu'après l'expédition à Dakar, par le paquebot de Bordeaux du 5 mai, les correspondances à votre adresse et à celle du personnel de la *Naïade,* seront dirigées sur Cotonou, comme les lettres pour le *Roland.*

« En terminant ces instructions, je tiens à vous exprimer ma confiance dans votre haute expérience, votre connaissance des affaires de la côte occidentale d'Afrique et votre jugement éclairé pour mener à bien les opérations comme les pourparlers, en ne vous engageant pas au delà de la mesure fixée par le gouvernement. Je suis bien persuadé que tous vos efforts tendront à la conclusion d'un arrangement qui, je le répète, doit être votre principal objectif.

« Veuillez m'accuser réception par le télégraphe de la présente dépêche.

« Recevez...

« Signé : E. BARBEY. »

***

Cependant, comme il fallait prévoir toutes les éventualités, le ministre envisageait le cas où la nécessité contraindrait la France à reprendre les armes. Le gouvernement entrevoyait, dans un avenir plus ou moins prochain, la guerre et la conquête comme inévitables. Aussi, le plan complet d'une expédition, ayant pour objectif une marche sur Abomey, la capitale, était-il demandé à l'amiral de Cuverville, par une lettre qui suivit de près la précédente.

« Paris, le 11 mai 1890.

« Le sénateur, etc., etc.

« Monsieur le Contre-Amiral,

« Pour faire suite à ma lettre du 9 mai, j'ai l'honneur de vous envoyer ci-joint des ampliations des dépêches télégraphiques que j'ai adressées depuis lors au commandant du *Sané*.

« Comme vous le verrez, j'ai fait connaître, le 11 mai, à cet officier supérieur, que la Chambre des Députés avait applaudi au premier succès de ses négociations marqué par la remise entre ses mains des français prisonniers du roi Kon-Dô.

EN RADE DE DAKAR, UN PLONGEON !

« Je vous prie de renouveler ce témoignage au capitaine de vaisseau Léopold Fournier en y joignant la vive expression de ma satisfaction personnelle. Je ne saurais qu'insister sur les recommandations que je vous ai adressées dans ma dépêche du 3 mars, relativement à la ligne de conduite que vous aurez à suivre vis-à-vis du Dahomey.

« Les vues du gouvernement n'ayant pas varié, vous devrez, si, à votre arrivée à Cotonou, un traité n'est pas encore intervenu, chercher par tous les moyens à en assurer la conclusion (1), sans vous départir des mesures militaires susceptibles d'intimider l'ennemi.

« Nous désirons éviter une expédition ; cependant, en prévision du cas où elle deviendrait nécessaire, vous voudrez bien faire, sans perte de temps, une étude approfondie des voies et moyens à employer pour l'accomplir avec rapidité, et en exposant le moins possible le personnel qui y serait affecté. Vous examinerez, en particulier, dans l'hypothèse d'une marche sur Abomey, les ressources en hommes et en matériel qui seraient utiles, l'époque et l'itinéraire à choisir de préférence, etc. Je désire, en un mot, que vous me fassiez parvenir un plan détaillé et complet d'opérations, basé sur vos appréciations personnelles.

SÉNÉGALAISES AU TRAVAIL

« Il est entendu que vous êtes autorisé à créer des corps auxiliaires et à armer les populations indigènes hostiles au Dahomey, à l'aide de 2.000 fusils Gras que vous porte la *Durance*.

(1) Cité par M. Aublet. *La Guerre au Dahomey*, p. 64.

« Je vous informe, à ce propos, que cet aviso-transport a fait route le 18 mai de Rochefort pour Dakar et Cotonou.

« Je vous préviens également que j'ai décidé de vous faire envoyer le plus promptement possible les canons et munitions dont le commandant du *Sané* m'a fait la demande, dans son télégramme du 10 mai, en vue de fortifier les positions que nous occupons au Dahomey.

« Je suis bien persuadé, Monsieur le contre-amiral, que vous emploierez toute votre sagacité, toute votre activité, à poursuivre, suivant le vœu du

LA RADE DE COTONOU VUE DU LARGE

gouvernement, la conclusion d'un arrangement; aucun succès ne saurait vous faire plus d'honneur que la clôture, par voie transactionnelle, de l'incident du Dahomey (1). J'appelle de nouveau sur ce point votre plus sérieuse attention.

« Je vous prie de m'accuser réception par le télégraphe de cette dépêche.

« Recevez...

« Signé : E. BARBEY. »

Ainsi, tout en recommandant la prudence, afin d'arriver, vaille que vaille, à un arrangement, le ministre de la marine demandait à M. de Cuverville un plan de campagne. Il sera dressé et envoyé suivant ses désirs ; et c'est ce plan que suivra plus tard le colonel Dodds.

Cependant, dès qu'il eut reçu les ordres de M. Barbey, l'amiral fit voile pour Dakar, où la *Naïade* arrivait le 22 mai 1890.

La navigation fut heureuse et relativement rapide. Aussitôt l'amiral rassura le ministre de la marine et lui promit de ne rien négliger pour remplir les vues du gouvernement. Mais il lui fit observer que la tâche paraissait fort difficile. En admettant que la France ne fît pas usage de la force, il craignait d'être contraint d'en faire montre, pour arriver à des termes acceptables.

Dès le jour suivant, 23 mai, le colonel Terrillon, le vainqueur de Dogba et d'Atchoupa, arrivait de Cotonou à Dakar par le paquebot *La Ville-de-Maranhao* des Chargeurs-Réunis. Il était remplacé au lendemain d'un triomphe. L'amiral de Cuverville regrettait vivement son départ. Ne pouvant

(1) Cité par M. Aublet. *La Guerre au Dahomey*, p. 64.

utiliser sa bravoure, il mit à contribution son expérience en le consultant sur la situation.

Le brave officier fut d'avis qu'on aurait tort de considérer les noirs du Dahomey comme des adversaires sans conséquence. Il les connaissait et trouvait qu'ils se battaient avec un courage et un acharnement remarquables. Très endurants, ils fournissent des marches de jour et de nuit incroyables : ce qui leur permet de tromper l'ennemi, de se jeter sur lui à l'improviste. On les croit loin et ils sont à vos côtés, rampant dans les broussailles, prêts à bondir sur leur proie ; assimilables, pour les surprises nocturnes, à nos adversaires du nord de l'Afrique, les Arabes.

Les meilleures troupes à leur opposer sont les tirailleurs sénégalais. Le colonel Terrillon rendit à leurs qualités un témoignage des plus flatteurs et

" LA VILLE DE MARANHAO " DES CHARGEURS-RÉUNIS

se félicita des grands services qu'ils lui avaient rendus. Aussi l'amiral de Cuverville déplorait avec lui qu'on eût arrêté leur recrutement au Sénégal, et il demanda au ministre de la marine de le faire reprendre sans retard. Le concours de ces indigènes fidèles et très braves pouvait devenir indispensable.

Avant même l'arrivée de la *Naïade* le blocus de la côte du Dahomey avait commencé. La ville de Ouidah était surveillée de très près : cependant une exception avait été consentie par le gouvernement français au profit du Portugal. L'amiral s'en émut et il écrivit à M. Barbey qu'il aimait à penser que la faveur ne serait accordée qu'aux bâtiments de guerre ; connaissant trop bien les habitudes du commerce portugais, il ne pouvait que redouter l'extension de cette privauté aux navires portugais marchands. Les procédés gracieux de la France à l'égard de cette puissance n'auraient servi qu'à favoriser la traite des esclaves et le trafic des armes de guerre.

En attendant, la *Naïade* hâtait ses préparatifs, et M. de Cuverville espérait pouvoir appareiller pour Cotonou vers le 30 mai.

Un des navires placés sous son commandement, le *Brandon*, se trouvait en rade de Dakar.

*
* *

L'amiral, dès la première heure, s'était mis à l'œuvre pour assurer au corps expéditionnaire les armements nécessaires et les effectifs indispensables. Il avait envoyé son chef d'état-major à Saint-Louis pour s'entendre avec le gouverneur sur toutes les questions de détail. Bientôt il réclamait du ministère de la marine l'envoi de canons-revolvers de 37 $^{m}/_{m}$, avec six affûts roulants. Ces armes sont précieuses pour les opérations coloniales. En raison de

VUE DE COTONOU ET DE LA BARRE (PARTIES OCCIDENTALES)

leur mobilité, malgré les justes critiques qu'on pouvait adresser aux affûts de ce genre, les canons-revolvers étaient très utiles pour la défense des postes. Et deux officiers, alors placés sous les ordres de l'amiral de Cuverville, se souvenaient des services que les canons de ce calibre avaient rendus dans l'expédition du Tonkin. La lutte qui se préparait offrait de grandes analogies avec celle que la France venait de soutenir contre les hordes tonkinoises.

Déjà l'amiral, par dépêche chiffrée du 23 avril, avait sollicité l'expédition de cinq mille fusils-baïonnettes, anciens modèles, avec munitions et fournitures, pour armer les auxiliaires indigènes. Il comptait sur leur concours, et ils étaient capables de seconder les efforts des Européens d'une façon efficace.

En réponse au commandant en chef il fut télégraphié, le 25 avril, 11 h. 50.

« Marine, *Paris*, à Amiral *Naïade*.

« Pouvons envoyer autant fusils Gras que vous voudrez. »

M. de Cuverville demanda d'en diriger deux mille sur Cotonou. En même temps l'amiral s'informait auprès du commandant du *Sané* de l'état des effectifs. Ils lui paraissaient insuffisants pour occuper solidement Porto-Novo, Cotonou et Grand-Popo. Il demandait combien, sans comprendre les effectifs actuels, ni les compagnies de débarquement, le colonel désirait de troupes pour assurer l'occupation tout en se donnant de l'air.

Le colonel Klipfel avait plus de confiance, et, questionné par le commandant Fournier, il répondit qu'il estimait suffisantes les troupes dont il disposait. D'ailleurs, il savait qu'elles allaient être augmentées sous peu de jours par un renfort sérieux : une compagnie de fusiliers marins était annoncée, et il comptait sur une compagnie de débarquement d'une des frégates.

Pour compléter l'artillerie, l'amiral pensait faire venir des canons de 65, avec approvisionnements, et deux brevetés par pièce. Il voulait au moins quatre canons par localité.

Il fut avisé que Grand-Popo était gardé par cinquante tirailleurs : il n'y avait, disait-on, à avoir aucune crainte de ce côté. Quant à Porto-Novo, suivant son désir exprimé, cette région allait être reliée à Cotonou par un câble télégraphique. On étudiait le moyen d'immerger le fil dans la barre.

Le chiffre des effectifs fut transmis : ce qui permit de définir plus nettement la situation. Ils comprenaient mille cent hommes.

* * *

Ces précautions prises, le 27 mai, l'amiral télégraphia à Paris et écrivit en même temps que la *Naïade* serait prête à faire route pour Cotonou dès le samedi 31 mai, après avoir complété, au plein de ses soutes, son charbon, ses vivres et ses rechanges, et reçu tout le matériel que la colonie avait à lui livrer pour le golfe de Bénin.

Et, revenant sur le but de sa mission, M. de Cuverville ajoutait dans sa lettre au ministre de la marine :

« L'objectif principal que je vais poursuivre au Dahomey sera, n'en doutez pas, ainsi du reste que vos instructions le comportent, la conclusion d'un arrangement qui mette fin aux hostilités en cours.

« Mais ne nous le dissimulons pas, maintenant que les coups de fusil ont été échangés, la situation n'est plus ce qu'elle était en 1885. En admettant que le roi Kon-Dô, éclairé sur l'efficacité de notre armement, mais comptant toujours sur le climat et les surprises, vienne à composition, nous devons être suffisamment forts pour l'obliger à respecter ses engagements. »

C'était parfaitement exact. Lorsqu'en 1885 l'amiral de Cuverville pacifia une première fois le Dahomey, les rapports entre la France et la cour d'Abomey étaient bien moins tendus. En 1890, les événements qui motivaient le blocus avaient une plus grande gravité.

Violant les traités, le roi Kon-Dô, dit Béhanzin, qui venait de succéder à son père le roi Glèglé, soutenait une guerre sanglante contre l'allié de la France, Toffa, le roi de Porto-Novo. M. Bayol, lieutenant-gouverneur, envoyé à Abomey pour faire entendre les protestations du gouvernement de la République Française, avait échoué dans ses négociations ; et pour échapper à la captivité ou à la mort, il avait dû s'enfuir. La France venait de débarquer ses troupes et d'occuper Cotonou. Les Dahoméens s'étaient emparés par représailles et par trahison des Européens restés à Ouidah. Parmi ces otages s'était trouvé le R. P. Dorgère, des Missions Africaines, qui subit avec ses compagnons l'horreur de trois mois d'une dure captivité. Bientôt l'armée de Béhanzin tentait d'emporter de vive force Cotonou. Elle avait été repoussée par le commandant Terrillon, qui, lui infligeant de nouvelles défaites à Zobbo, à Dogba, se portait en avant de Porto-Novo et livrait la sanglante bataille d'Atchoupa.

En somme, la guerre était commencée, et les ordres reçus par l'amiral de Cuverville demandaient, qu'au milieu du bruit des batailles, il fît entendre des paroles de paix. La tâche était bien plus difficile. Il ne se le dissimulait pas. Aussi voulait-il être fort et pouvoir parler en maître. De plus l'époque n'était pas favorable ; de là les appréhensions qu'il manifeste et les demandes qu'il adresse au ministre de la Marine dans cette même lettre du 27 mai, datée de Dakar :

« Pendant la saison qui va commencer, nous ne pourrons compter que d'une façon très relative sur le personnel Européen, et j'entrevois bien des invalidations ; les tirailleurs indigènes sont, par excellence, les troupes qu'il nous faut, et je vous prie d'en faire diriger six cents sur Cotonou, en sus de ceux qui s'y trouvent déjà, dès que les circonstances le permettront ; seuls, pendant les orages et les nuits pluvieuses de l'hivernage, ils pourront assurer le service de garde, tant à Porto-Novo qu'à Cotonou et Grand-Popo qu'il ne faut pas perdre de vue. A mon avis, ce dernier point est actuellement très insuffisamment garanti.

« Les compagnies de débarquement ne pourront, du reste, rester à terre indéfiniment sans compromettre le service du bord, eu égard au grand nombre d'exempts de service sur lesquels il va falloir compter ; quelques accès de fièvre suffisent pour rendre les hommes impropres au service pour le reste de la campagne. »

***

Alors l'amiral passe à une question des plus graves : les droits de la France sur Porto-Novo et l'opposition tracassière des Anglais. Il cite une lettre du 24 mai 1864 adressée au ministre de la Marine par M. le contre-amiral Laffon de Ladébat, et il la fait suivre d'observations fort judicieuses.

M. Laffon de Ladébat écrivait :

« L'entrée du *Dialmath* à Lagos, se rendant à Porto-Novo, a causé un tel émoi que le gouverneur *Freeman* en a pris l'alarme. Il ne pouvait me faire à ce sujet aucune objection raisonnable, puisque la chose avait été convenue auparavant, de vive voix et par écrit, sans qu'il fît la moindre observation. Ce n'est qu'au dernier moment et lorsque la porte était fermée, qu'il m'a écrit pour m'annoncer qu'il ne pouvait considérer la présence du *Dialmath* à Porto-Novo comme un précédent autorisant la circulation des bâtiments français dans cette lagune, dont l'entrée et presque tout le parcours appartiennent à l'Angleterre. Il en réfère à cet égard à son gouvernement, et je crois devoir suivre la même marche que lui en soumettant la question à Votre Excellence et en vous priant de vouloir bien la faire résoudre par le département des affaires étrangères.

« Cette question est grave au point de vue du droit. Les principes adoptés par les puissances signataires du traité de Paris en 1856, nous assurent, selon moi, le libre parcours de cette lagune. Au point de vue pratique, la question a une extrême importance... »

En effet, il ne suffisait pas d'avoir des armes et des troupes, mais il était nécessaire de pouvoir les débarquer et les embarquer, de façon à les utiliser sans difficulté. Or ce va-et-vient du bord des navires à terre, et de la terre à bord, ne pouvait s'établir efficacement, en ce qui regardait spécialement la protection et la défense de Porto-Novo, qu'en passant par Lagos, c'est-à-dire par un territoire appartenant à l'Angleterre.

« Les circonstances actuelles, ajoute M. de Cuverville, me conduisent à vous soumettre, Monsieur le ministre, les réflexions qui précèdent ; leur importance ne saurait échapper au gouvernement. Les renseignements qui m'ont été fournis par le lieutenant-colonel Terrillon sur les services rendus par l'*Émeraude*, établissent qu'il serait très désirable d'avoir au moins trois petites chaloupes de l'espèce dans la lagune. Si l'entrée de Lagos était libre, nous pourrions, sans retard, faire venir du Gabon le *Rubis* et la *Turquoise* dont le tirant d'eau, un peu fort, il est vrai, ne serait pas un obstacle à la navigation dans la saison des pluies. Si l'entrée de Lagos nous est fermée, nous devrons chercher à rétablir et à régulariser d'une façon définitive la coupure de l'isthme de Cotonou, opération qui me semble du reste très praticable.

L'ÉGLISE CATHOLIQUE DE DAKAR

« De toutes les façons et si nous voulons hâter la solution des difficultés pendantes, nous devons bien nous garder de prononcer encore le mot *évacuation;* il faut, au contraire, affirmer très nettement dans tous les organes de publicité dont le gouvernement dispose, notre résolution inébranlable d'en finir avec tous les obstacles que l'on nous suscite depuis trente ans ; ces obstacles ne cesseront que le jour où, à Lagos comme à Abomey, on sera convaincu que notre occupation est désormais définitive.

« J'aurai l'honneur de rappeler plus tard les considérations de toute nature qui doivent décider la France à maintenir son drapeau dans cette région de l'Afrique occidentale et à le faire respecter. »

L'amiral de Cuverville faisait entendre dans cette lettre un langage plein de fierté, inspiré par son ardent patriotisme. Personne ne pouvait être mieux informé que lui de la situation. La campagne de l'*Infernet* en 1885, qui avait eu pour résultat de faire reculer le Portugal, l'Allemagne et l'Angleterre, lui donnait le droit de parler haut et ferme.

Il allait se trouver de nouveau en face des rivaux de la France, et les intérêts de notre patrie étaient confiés à des mains vaillantes qui ne sauraient faiblir, surtout en face des Anglais et des Allemands.

***

Cependant certaine presse parisienne semblait peu favorable au choix fait par le ministère de la Marine, de la personne de l'amiral de Cuverville. Différents journaux français, reflétant, à l'occasion, la pensée gouvernementale, le journal *le Temps* notamment, avaient exprimé le regret de voir l'amiral aller au Bénin, alors qu'à leur avis le gouvernement aurait dû laisser le capitaine de vaisseau du *Sané* « achever l'œuvre si bien commencée par la restitution des otages ».

L'amiral avait adressé le 27 mai 1890 un premier télégramme ainsi conçu :

« Amiral à Marine, Paris.

« *Naïade* pourra partir samedi pour Cotonou. »

Le télégramme était resté sans réponse.

Ne voulant ravir aucune gloire, M. de Cuverville, parfaitement désintéressé, mit le ministre de la Marine en demeure de se prononcer de nouveau nettement et il lui envoya le télégramme suivant :

« Amiral à Marine, Paris.

« Dakar — 30 mai — 10 h. matin.

« Je prends vos derniers ordres avant départ pour Cotonou. »

Il lui fut répondu :

« Marine à Amiral de Cuverville, *Naïade*-Dakar.

« Paris — 30 mai — 10 h. soir.

« Partez. »

Le 31, la *Naïade* signifiait au ministre qu'elle se mettait en route, et l'amiral de Cuverville, en annonçant son arrivée au commandant du *Sané*, le priait de prévenir le Résident M. Ballot, pour qu'il prît ses dispositions afin de passer quelques jours à bord de la *Naïade*, dès qu'il aurait jeté l'ancre en face de Cotonou.

La *Naïade* quitta Dakar, faisant route pour le golfe de Bénin, à la marche moyenne de huit nœuds ; allure qui permettait d'économiser un combustible toujours difficile à remplacer dans le golfe, sans retarder toutefois outre mesure l'arrivée du bâtiment sur la côte du Dahomey.

PIROGUE DE DAKAR

La traversée se fit sans incident notable. Les pluies commencèrent sur la côte des Graines, pour ne cesser qu'au cap Saint-Paul, donnant à bord une grande humidité, mais procurant une température relativement peu élevée (25° à 28°).

Le *Kerguelen* restait au Gabon. En passant devant Agoué le *Goëland* fut aperçu par la *Naïade*. Il surveillait la côte de Grand-Popo à Agoué. A Ouidah l'*Ardent* était au mouillage ; et enfin à Cotonou, où la *Naïade* arrivait le 8 juin, à 7 heures et demie du soir, se trouvaient le *Sané* et le *Roland*. La *Mésange*, qui était en station dans l'Est, vint bientôt mouiller à côté du vaisseau-amiral.

Le commandant en chef avait donc sous ses ordres sept navires, sans compter l'*Émeraude*, qui était dans la lagune, et devait être bientôt renforcée d'un petit bâtiment analogue.

L'amiral compléta immédiatement ses renseignements sur la situation et constata qu'il y avait détente notable, non seulement du côté du Dahomey, mais aussi du côté de Lagos. « J'ai bon espoir, écrivait-il, le 10 juin, à une personne amie, d'arriver à conclure pacifiquement un arrangement qui mettra fin à cette folle affaire mal engagée, et cela en sauvegardant tout ce que nous devons sauvegarder. Prions Dieu qu'il en soit ainsi et que les efforts que je vais déployer tournent finalement à sa gloire. Les missionnaires peuvent nous être de fort utiles auxiliaires et j'ai déjà fait appel à leur dévouement. »

LE CONTRE-AMIRAL DE MONTESQUIOU-FEZENZAC

II

Premières tentatives de négociations.
(1890)

Mission du *Sané* à Lagos. — M. Siciliano descend à terre pour négocier avec le roi Béhanzin. — Ordre du jour de l'amiral de Cuverville. — Demande de renforts. — Le gouvernement cherche plutôt à diminuer les effectifs. — M. Ballot à bord de la *Naïade*. — M. de Cuverville demande l'ajournement de la mise en vigueur de la Convention du 10 août 1889. — Béhanzin enlève mille esclaves destinés aux sacrifices. — L'Angleterre autorise le passage des troupes françaises et objets de matériel par Lagos. — Formation d'une flottille sur la lagune. — Projet de construction d'un wharf à Cotonou. — Les Allemands vendent des armes à Béhanzin. — Le roi de Dahomey campe sur la rive gauche de l'Ouémé avec 12.000 hommes. — L'amiral de Cuverville demande une expédition décisive dont il envoie le plan. — Des dissensions s'élèvent entre le roi Béhanzin et son frère Adokonnou. — Défections. — L'amiral de Cuverville en profite pour tenter une dernière fois la voie des négociations.

Toutefois M. de Cuverville donnait des ordres pour que l'on se tînt partout, de nuit comme de jour, sur ses gardes, afin que les Dahoméens fussent convenablement reçus s'ils voulaient tenter l'attaque de nos postes. Ceux-ci paraissaient découragés par les derniers engagements du mois d'avril à Porto-Novo. Pour le moment ils cherchaient à traiter.

Très habiles et pouvant en remontrer à des diplomates européens, il fallait se défier de leurs ruses, et plus que partout ailleurs, en face d'eux, devait s'appliquer la maxime : « *Si vis pacem, para bellum.* »

Sans tarder, M. de Cuverville envoya le *Sané* à Lagos, afin d'entretenir de bons rapports avec les Anglais, nos voisins de l'Est et les portiers de la lagune. L'amiral se rappelait l'accueil très aimable qu'il avait reçu à Lagos en 1885. Il voulut profiter de son arrivée pour confirmer, aux yeux du gouverneur anglais, son désir de renouer les bonnes relations du passé. Il remit au commandant Fournier une lettre qu'il était chargé de porter à Sir Moloney. Le *Sane*, en même temps, recevait l'ordre de ramener M. Ballot, le résident de France. Celui-ci, sur l'invitation de l'amiral, s'était rendu aussitôt de Porto-Novo à Lagos, pour gagner le bord de la *Naïade*, et conférer avec le commandant en chef.

***

Dès le lendemain de l'arrivée de la *Naïade*, M. Siciliano, que l'amiral de Cuverville avait pris à son bord à Dakar, franchissait le brisant et se rendait à Porto-Novo.

Avant de s'embarquer au Havre, M. Siciliano, agent d'une des factoreries françaises à la côte des Esclaves, avait offert au gouvernement d'aller à Abomey et d'y négocier un arrangement avec le roi. Il se disait en bonne relation avec Sa Majesté Béhanzin. M. de Freycinet, alors ministre des Affaires Étrangères, persuadé que l'amitié qui avait existé entre cet agent, inspecteur des maisons Mante et Borelli, de Marseille, et le roi, suffirait pour amener celui-ci à composition, favorisa cette entreprise et accepta les services de M. Siciliano.

Une lettre lui avait été remise pour l'introduire auprès de l'amiral de Cuverville et l'autoriser à entamer des pourparlers sur les bases suivantes :

Cession de Cotonou à la France.

Ouverture du Dahomey aux Européens.

Cessation des sacrifices humains.

Interdiction au roi du Dahomey de céder une partie de son territoire à une autre puissance que la France.

Ce n'était pas une mission officielle qui était confiée à M. Siciliano, et il appartenait au commandant des forces de terre et de mer au Dahomey, qui avait les pouvoirs les plus étendus, de juger si l'intervention de cet agent serait utile, étant donnée la situation.

Pendant la traversée, l'amiral de Cuverville et M. Siciliano eurent de longues entrevues. Le commandant fit connaître clairement au diplomate improvisé ses intentions. Ses volontés furent exprimées dans une lettre destinée au lieutenant-colonel Klipfel. M. Siciliano était chargé de la lui remettre.

L'agent ne manquait pas, assurément, d'activité. Dès la première heure, il se mettait en campagne pour remplir sa mission, et porter au lieutenant-colonel la lettre de M. de Cuverville, qui l'accréditait.

L'amiral invitait cet officier supérieur à faciliter l'action de l'envoyé de M. de Freycinet, sous la réserve absolue que M. Siciliano ne mettrait pas le pied sur le territoire dahoméen, et ne s'exposerait pas à fournir un nouvel otage.

Cette restriction s'imposait ; la plus vulgaire prudence la rendait indispensable.

« Le roi Béhanzin, écrivait M. de Cuverville, le 6 août, retient tous les messagers qu'on lui envoie. Depuis le 31 mai, nous sommes absolument sans nouvelles de ceux qui lui ont été adressés par le capitaine de vaisseau Fournier, avec les cadeaux du Président de la République. En fait de cadeaux, il fallait des obus... Mais le désir de la paix a produit, comme on devait s'y attendre, un effet tout contraire. Les malheureux cadeaux envoyés par mon prédécesseur, au nom du Président, ont produit le plus lamentable effet, et ont permis à Béhanzin de déclarer à son peuple que la France lui demandait pardon d'avoir osé attaquer son territoire. Bref, comme les messagers, porteurs des cadeaux, étaient des gens d'ordre inférieur, le roi ne s'est pas gêné pour les interner, et les chefs noirs ont pu dire qu'il n'y avait pas de précautions à prendre avec la France, « on pouvait marcher dessus... » Pour qui connaît le pays et le parfait mépris dans lequel les indigènes tiennent les blancs, à cause de leur immoralité (je parle du plus grand nombre, et surtout des agents de factoreries), il est évident que le choix d'un envoyé pouvant en imposer à Abomey, connaissant la diplomatie noire et les usages

UNE PIROGUE ET SON ÉQUIPAGE PRÊTE A FRANCHIR LA BARRE

du pays, — assez courageux pour ne pas craindre d'irriter l'autocrate en lui faisant entendre de dures vérités, — un pareil choix, dis-je, était fort difficile. »

M. Siciliano ne remplissait pas ces conditions. Comme son mérite n'en aurait pas imposé au roi nègre, il était inutile d'accroître le nombre des prisonniers que Sa Majesté Béhanzin multipliait à Abomey, contre tout droit et en violation des lois de l'hospitalité.

L'amiral, qui se connaissait en hommes, se méfiait, non sans raison ; et lorsque, plus tard, Sa Majesté Béhanzin lui renverra le bâton de Siciliano, en l'avertissant qu'il a passé un mois en prison, à la place de son propriétaire, il ne sera pas surpris de la mesure.

Cependant, le roi Béhanzin avait des accès de clémence, et il relâchait, de loin en loin, quelques-uns de ses prisonniers. Ayant obtempéré de bonne grâce à une demande du commandant Fournier, tendant à lui faire rendre deux piroguiers minas, des factoreries françaises, retenus captifs à Ouidah, l'amiral, dans sa lettre à M. Klipfel, autorisait le colonel à restituer, de son côté, deux prisonniers dahoméens. Dans l'intention de M. de Cuverville, cet échange devait rétablir, entre le roi et M. Siciliano, des relations nécessaires, afin que le négociateur pût tenter une démarche pacifique. En même temps c'était le témoignage des dispositions conciliantes qui animaient la France.

Dans tous les cas, le commandant secondait, dans la mesure du possible, les agissements de M. Siciliano, qui ne serait pas en droit de se plaindre de n'avoir pas trouvé, auprès de son chef, secours et appui.

***

Sur ces entrefaites, le paquebot *Le Taygète*, récemment venu du Gabon, levait l'ancre, partant pour l'Europe ; il emportait la correspondance de l'expédition.

M. de Cuverville, à son arrivée à Cotonou, avait reçu la dépêche suivante :

« Marine Paris, à *Naïade*, Cotonou.

« Commandant Fournier est nommé commandeur de la Légion d'honneur. »

L'amiral remerciait le ministre de lui avoir procuré le plaisir de communiquer la nouvelle de cette distinction au commandant Fournier. Il transmettait, par la même occasion, au ministère, l'ordre du jour par lequel il avait pris possession du commandement en chef des forces de terre et de mer, ainsi que des fonctions de gouverneur dans le golfe de Bénin.

Voici le texte de cet ordre du jour :

« Officiers, sous-officiers, soldats et marins,

« Appelé à prendre le commandement des forces de terre et de mer, ainsi que la direction des affaires politiques sur la côte du Dahomey, je veux tout d'abord vous féliciter des services signalés que vous avez rendus. Avec de faibles effectifs, vous avez intrépidement gardé et défendu les postes qui vous ont été confiés ; là se bornait votre mission, et vous l'avez remplie à l'entière satisfaction du gouvernement, dont je me fais ici l'interprète. Vous ne vous êtes laissé intimider, ni par le nombre de vos adversaires, ni par une bravoure à laquelle il est juste de rendre hommage.

« Si les Dahoméens spéculent aujourd'hui sur leur climat pour lasser votre vigilance, vous les détromperez. La France est résolue à maintenir son drapeau à Porto-Novo comme à Cotonou et à le faire respecter. Elle peut compter sur vous.

« Honneur à vous, soldats et marins de la première heure ! Honneur au brave lieutenant-colonel Terrillon qui a si vaillamment soutenu, avec une poignée d'hommes, le premier et le plus redoutable choc !

« Honneur enfin au capitaine de vaisseau Fournier, qui a montré autant de clairvoyance que d'énergie dans la conduite des opérations !

« Le roi Kon-Dô connaît aujourd'hui l'efficacité de notre armement et la valeur des troupes que nous lui opposerons, s'il persiste dans une lutte sans raison qui doit finalement entraîner sa déchéance. Le Dahomey a été pendant plus d'un siècle l'ami de la France ; pour y supprimer le trafic des esclaves, nous y avons introduit cette exploitation des produits du sol, qui fait aujourd'hui sa richesse ; — bien des vies de missionnaires ont été volontairement sacrifiées pour procurer à ce pays les bienfaits de la civilisation chrétienne et pour l'amener à renoncer à ses sanglantes coutumes ; nous sommes en droit de compter sur sa reconnaissance et non sur l'ingratitude qui ressort de la violation d'engagements librement consentis. Vos succès

LA BARRE DE GUINÉE

rappelleront ce peuple à la réalité des faits ; mais vous ne ternirez ces succès par aucun acte de cruauté, vous souvenant que les Français ont toujours allié la générosité à la bravoure.

« Le présent ordre sera lu aux troupes à terre assemblées par compagnies formées en carré ; il sera lu également à bord de tous les bâtiments au moment de l'inspection.

« A bord de la *Naïade*, Cotonou, le 7 juin 1890.

« Le contre-amiral commandant en chef les forces de terre et de mer, faisant fonctions de gouverneur dans le golfe de Bénin.

« Signé : CAVELIER DE CUVERVILLE. »

Certes les troupes de terre et de mer, qui avaient défendu dans cette contrée lointaine les droits du pavillon français, méritaient ce témoignage éloquent de satisfaction. Elles avaient été à la peine, il était juste qu'elles fussent à l'honneur. Au service des soldats français et des âmes marquées du sang de Jésus-Christ, les missionnaires avaient souffert héroïquement. M. de Cuverville ne l'oubliait pas, et il saluait le dévouement de ces valeureux enfants de la France et de l'Église.

***

Comme l'amiral le laissait entendre dans son ordre du jour, l'allié le plus terrible des Dahoméens, sur ces plages inhospitalières, c'était la maladie, la fièvre. Le commandant en chef constatait avec joie, à son arrivée, que l'état sanitaire à bord des bâtiments était bon et que sur la côte il paraissait beaucoup plus satisfaisant qu'il n'aurait osé l'espérer. Cependant, il importait de combler les vides : M. de Cuverville demanda au commissaire général du Gabon de recruter, s'il était possible, et d'envoyer à bref délai par le *Kerguelen*, cent cinquante tirailleurs Pahouins, qu'il ferait encadrer, armer et instruire.

Les Pahouins constituent une race guerrière et envahissante qui professe un grand mépris pour les autres populations du Gabon. Bien supérieurs par

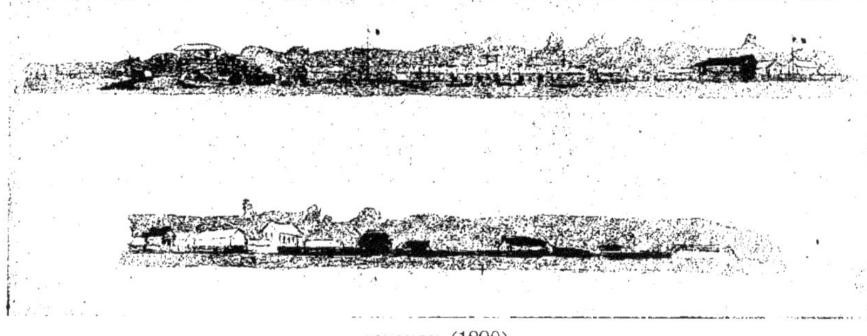

COTONOU (1890)

l'énergie aux Gabonais affaiblis par tous les vices, ils tendent à les supplanter, et leur recrutement donne des soldats de premier mérite.

Malheureusement une dépêche de Libreville, du 13 juin, répondit : « Ne comptez pas sur engagements Pahouins. »

Cela ne faisait pas l'affaire de l'amiral. Il télégraphia pour qu'à la première occasion il lui fût envoyé cent laptots, avec demi-sac. Il n'eut guère plus de succès. Le gouverneur de Saint-Louis câble : « Aucun laptot disponible au Sénégal. » Cependant le gouverneur pensait qu'en un mois on pourrait en recruter une centaine. Il demanda en France des sacs, ainsi que les fournitures nécessaires pour habiller ces hommes, et il annonça qu'une trentaine seulement seraient prêts à partir dans une dizaine de jours.

De fait, le 16 juin, un télégramme prévint que cinquante laptots habillés prendraient le prochain paquebot.

Toutefois le commissaire général du Gabon avertissait qu'il faisait rallier de l'intérieur quarante tirailleurs et qu'il les dirigerait le plus tôt possible sur Cotonou. En échange il proposait de recevoir des prisonniers Dahoméens afin de les utiliser.

L'amiral reconnaissant remercia, en recommandant de tenter tout ce qui serait possible pour lui venir en aide et renforcer ses effectifs.

Sur ces entrefaites, il reçut du ministre de la Marine la dépêche suivante :

« Marine Paris à *Naïade* Cotonou, 18 juin.

« Avez demandé cent laptots Sénégal, ai approuvé, mais désormais veuillez me consulter avant engager dépense. »

A ce télégramme, qui laissait percer un certain mécontentement, le commandant en chef répondit : « Les invalidations sont nombreuses et la situation peut devenir grave. Je maintiens les demandes faites dans ma lettre de Dakar du 27 mai, n° 34. » Ces demandes étaient l'envoi de six cents tirailleurs indigènes qu'il priait de diriger sur Cotonou, en sus de ceux qui s'y trouvaient déjà. « Je ne puis répondre de la sécurité des postes, si vous ne me donnez pleine autorisation pour recruter et armer les indigènes avec les fusils apportés par la *Durance*. Les ressources en argent seront épuisées à la fin du mois. Aucune dépense ne sera faite sans une absolue nécessité. »

La repartie était vive, mais la responsabilité était sérieuse. Il fallait fortifier les points faibles, assurer partout la défense, tout en ménageant les troupes européennes. Or, dans une lettre du 11 juin, le colonel Klipfel, commandant la colonne du Dahomey, rendait compte à l'amiral de Cuverville de l'état sanitaire des troupes occupant le territoire de Porto-Novo, et cet état n'était plus satisfaisant. Deux décès venaient d'avoir lieu récemment ; le caporal Lebert était mort de la dysenterie et le soldat Renaud avait succombé à une affection typho-malarienne. En outre vingt-deux Européens avaient dû être évacués sur Cotonou pour changer d'air et débarrasser l'infirmerie encombrée.

Sur la demande du colonel, par assimilation à ce qui s'était fait en Cochinchine, l'amiral avait été obligé de prendre un arrêté pour améliorer l'ordinaire de la troupe européenne à Porto-Novo, conformément à l'article 95 sur le service des armées en campagne.

Il constatait que les jeunes soldats d'infanterie de marine étaient très éprouvés par le climat et qu'ils n'offraient ni résistance physique, ni énergie morale. Il venait d'écrire au colonel Klipfel que, dans l'appréciation des services rendus, il tiendrait grand compte des efforts tentés par les officiers, les sous-officiers et les caporaux, pour relever le moral de la troupe. Cependant il voyait clairement qu'il ne pourrait pas maintenir beaucoup d'Européens à Porto-Novo ; aussi annonçait-il qu'il s'occupait de la formation d'auxiliaires indigènes.

Il invitait le colonel à lui faire connaître d'urgence le nombre d'officiers, de sous-officiers, de caporaux et de soldats nécessaires pour combler les vides prévus et pour encadrer solidement deux compagnies indigènes. Il lui paraissait indispensable de faire appel à des volontaires, choisis dans les régiments d'infanterie de marine, parmi les hommes faits ayant déjà servi aux colonies : sans quoi il ne pourrait plus répondre de la garde des postes qui lui étaient confiés.

Il fallut bien que le ministère de la Marine se rendît à l'évidence : il céda, mais il entendait que l'armement se fît sans frais. Le 21 juin il répondait aux doléances du commandant en chef: « Vous pouvez recruter autant d'auxiliaires que vous avez de fusils, mais inutile de les payer : ils doivent rester à la charge du roi de Porto-Novo. Le service colonial traite la question argent. »

Le 28 du même mois, l'amiral de Cuverville signalait les vides produits par la maladie et il demandait qu'on les comblât.

Infanterie de marine: Trois sous-officiers, quatre caporaux, 92 soldats.

Tirailleurs sénégalais: Deux capitaines, trois sous-lieutenants, un sergent-major, un sergent fourrier, cinq sergents, un clairon.

Disciplinaires: Deux sergents, trois caporaux, 21 disciplinaires.

Artillerie: Trois maréchaux des logis, trois brigadiers, vingt-trois artilleurs, un artificier, un maréchal ferrant.

Le jour même, de Paris, il lui était répondu : « Demandez à Sénégal le personnel réclamé par télégramme, le 28 juin. Ce personnel sera remplacé au Sénégal par envoi de France. »

Quelques jours plus tard, le 4 juillet, l'amiral télégraphiait au ministère de la Marine : « Le capitaine d'artillerie Decœur, après inspection de son service, d'accord avec le colonel, demande personnel supplémentaire de vingt et un hommes que je transmets Sénégal, et capitaine en second Guittard, qui a déjà fait campagne Haut-Fleuve. Je vous prie accorder cette demande. »

Dans la soirée arrivait la réponse : « Approuve demande personnel artillerie. »

Hélas! l'approbation ne suffisait pas, car le lendemain le ministre de la Marine recevait de Cotonou une nouvelle dépêche : « Sénégal répond impossibilité absolue envoyer un seul homme artillerie. »

Le ministre riposta : « Je vous envoie personnel demandé sans en comprendre la nécessité : il ne s'agit pas de préparer une expédition, mais de se maintenir dans la position occupée. La tendance du gouvernement est plutôt de diminuer les effectifs que de les augmenter. Manœuvrez en conséquence. »

L'amiral de Cuverville, en chef prudent, se préparait à toute éventualité. Ce n'était pas la conquête qu'il avait en vue, mais, suivant les instructions données, il voulait au moins pouvoir défendre et sauvegarder la terre qu'ombrageait le pavillon français.

Il armait et il négociait, tout en veillant sur l'adversaire et sur les menées des rivaux de la France.

*
* *

La campagne diplomatique était commencée. M. Siciliano tentait ce qui était seul raisonnable. Ne pouvant se rendre lui-même en personne à Abomey, il avait envoyé à sa place un moulek, porteur de son bâton. Il espérait une réponse. Elle devait nécessairement se faire attendre. La rapidité, en pareil cas, était contraire aux usages de la chancellerie Dahoméenne. Il fallait patienter. Il se fit annoncer à bord de la *Naïade* pour le 12 juin. L'état du brisant ne lui permit pas de s'embarquer.

M. Ballot, résident de France à Porto-Novo, arrivé de Lagos avec le *Sané*, fut obligé de quitter l'amiral ce même jour et de rallier son poste au plus tôt par suite de l'état grave de son adjoint, M. l'administrateur d'Albéca, atteint d'une hématurie bilieuse. La barre avait été déclarée praticable. La pirogue qui le portait n'en fit pas moins la culbute ; mais cet accident, fort fréquent à cette époque de l'année, n'eut pas de suite fâcheuse.

DOGBA OU FUT LIVRÉE LA CÉLÈBRE BATAILLE

Le commandant Fournier rapportait de Lagos une lettre du gouverneur, extrêmement aimable. Sir Moloney venait de lui faire le meilleur accueil. Ce haut fonctionnaire avait paru très flatté de la visite du *Sané*. Il semblait qu'on pouvait compter sur ses bonnes dispositions pour faire entrer dans la lagune, par Lagos, le personnel qui serait envoyé dans la suite. C'était une inquiétude de moins. On éviterait de douloureux accidents, tel que celui auquel avait donné lieu le débarquement des marins amenés à Cotonou par la *Ville-de-Macéio* : quatre hommes s'étaient noyés, une pirogue ayant chaviré dans le brisant.

Par contre, l'amiral voyait se confirmer une fâcheuse nouvelle.

Le *Sané* emportait le rapport de M. le lieutenant de vaisseau Tracou sur les travaux de délimitation provisoire, auxquels cet officier venait de prendre part, en vue de la mise en vigueur de la convention du 10 août 1889. L'amiral de Cuverville n'avait eu connaissance de cette convention qu'à son arrivée à Cotonou. Il était loin de l'approuver. Les sacrifices consentis en faveur de l'Angleterre étaient considérables : ils obligeaient la France à renoncer à la perspective de s'allier un jour aux Egbas pour maintenir le Dahomey et repeupler les territoires qu'il avait dévastés ; en outre, toutes les grandes agglomérations d'Abéokouta, d'Oyo, d'Ibadan, d'Illori et de Saraki, qui devaient jalonner la route du Niger, échappaient à l'influence française, puisque ces régions se trouvaient à l'est du méridien de la crique Adjarra et au sud du 9me degré de latitude. Le malheur était en partie consommé, mais l'amiral peu résigné demanda au gouvernement de traîner en longueur la délimitation définitive, afin de donner le temps d'en finir avec les affaires du Dahomey. Jusque-là s'imposait la nécessité de vivre en bonnes relations avec la colonie de Lagos. C'était dans ce but que le *Sané* y avait été envoyé. Plus tard il serait temps de revenir sur ces questions importantes, liées étroitement avec la solidité de l'occupation de Porto-Novo par la France.

Dans sa courte visite à bord, M. Ballot avait donné à l'amiral des renseignements sur les incursions des Dahoméens. Les échecs répétés de l'armée de Béhanzin provoquaient dans le peuple un grand mécontentement. Pour sauvegarder leur influence quelque peu compromise, les Féticheurs reprochaient au roi d'avoir livré des combats de jour, en rappelant que toute la puissance du Dahomey avait été édifiée sur des opérations de nuit. Pour se soustraire à des récriminations très vives Kon-Dô se serait retiré au nord d'Abomey, laissant ses troupes massées, partie aux environs de Yoko sur la rive gauche de l'Ouémé, et partie à Allada (N. de Ouidah.)

Cependant M. Siciliano put enfin rentrer à bord, le matin du 13 juin. Il déclara qu'il ignorait où se trouvait actuellement le roi. Toutefois, il affirmait que ses émissaires rejoindraient certainement Sa Majesté dahoméenne et qu'il saurait bientôt comment ils auraient été accueillis par elle.

Décidément l'habileté de Siciliano était en défaut, car les renseignements précis sur les faits et gestes du roi Kon-Dô ne se firent pas longtemps attendre, et dès le lendemain l'amiral était au courant. Il télégraphiait aussitôt à Paris ce qu'il venait d'apprendre ; les nouvelles étaient graves. Il ne fut pas répondu à sa dépêche. Mais, le 2 juillet, arrivait à Cotonou le paquebot *le Taurus* venant de Marseille. Ce navire apportait, avec les différentes correspondances, la dépêche du ministre de la Marine, du 9 juin, dans laquelle M. Barbey insistait de nouveau sur l'intérêt que le gouvernement attachait à la solution pacifique des difficultés pendantes avec le Dahomey.

L'amiral de Cuverville répondit par un exposé qui, disait-il, permettrait d'apprécier dans quelle mesure on pouvait conserver cet espoir de pacification.

« Le 14 juin, écrivait l'amiral au ministre, je vous ai communiqué les informations suivantes : « *Sané* vient partir pour Dakar et Rochefort. J'ap-
« prends à l'instant que le roi Kon-Dô, après levée en masse, a fait un raid
« au nord-ouest d'Abéokouta et enlevé environ mille esclaves pour sacrifices
« prochains. Après ses échecs de Cotonou et de Porto-Novo, il ne pouvait
« rentrer à Abomey sans victimes ; il a été là où il pouvait les obtenir le plus
« facilement ; ainsi s'explique son inaction contre nos lignes. »

« D'autre part, je vous ai adressé hier 2 juillet, un câblogramme en partie chiffré : « Négociations engagées par commandant Fournier n'aboutissent pas.
« Messagers pas revenus. Difficile parvenir au roi, plus difficile encore lui

« faire entendre raison. Kon-Dô est très actif, astucieux, vindicatif, cruel. « Il proclame que France lui a demandé pardon. Aucun fonds à faire sur ses « promesses. Reçoit poudre et armes ; cherche à gagner du temps pour levée « en masse ; je tenterai démarche pacifique si possible, mais il faut sans plus « attendre préparer marche sur Abomey. Opérations devront commencer « 15 septembre pour utiliser cours important Ouémé. Tout bien préparé, « expédition ne pas durer plus de deux mois avec trois mille hommes, troupes « nouvelles, dont donnerai détail. Un résultat considérable sera obtenu. « Objectif vaut effort, sommes d'accord sur marche à suivre, colonel, résident « et moi, et sur nécessité action décisive que avenir rendre beaucoup plus « difficile. »

« L'incursion du roi Béhanzin (ex-prince Kon-Dô ; on donne au roi actuel une foule d'appellations ; celle qu'il a dictée lui-même est, autant que l'oreille a pu la saisir, Béhanzin Ahy-Djéré), sur le territoire des Egbas a provoqué dans la colonie anglaise une émotion très vive que reflète l'article ci-annexé de l'*Iwe Irohin Eko* de Lagos (feuille de propagande imprimée en nagos et en anglais). Le gouverneur a même dit verbalement au commandant de la *Durance:* « Il ne serait pas « impossible que nous fissions avec vous la campagne d'Abomey », et le commandant Thesmar lui a répondu avec à propos : « Ce ne serait pas la « première fois que la France et l'Angleterre marcheraient côte à côte et, « s'il en était ainsi, on n'en pourrait attendre que d'heureux résultats. » Toujours est-il que cette attaque des Dahoméens sur un territoire qui rentre, d'après la convention de 1889, dans la zone d'influence de l'Angleterre, dispose en notre faveur des esprits d'ordinaire jaloux et inquiets ; il faut en profiter et je vais me rendre avec la *Naïade* à Lagos, d'où je compte aller, par les lagunes, à Porto-Novo et à Cotonou, inspecter nos positions. Lagos est remplie d'espions Dahoméens et le libre passage qui nous est concédé ne manquera pas de produire une impression profonde à Abomey. Il en sera de même de la venue des Egbas à Porto-Novo, si nous pouvons enfin les décider à cette démarche. »

VUE DE DOGBA

Ici l'amiral de Cuverville faisait allusion à une question des plus importantes, dont nous avons déjà parlé, le passage par Lagos, seule voie praticable, dans cette saison de l'année, pour le ravitaillement des troupes et surtout pour le transport des baraques destinées à abriter nos soldats. Les dimensions de ces baraques ne permettaient pas de les débarquer par pirogues. En cela, la France était à la merci de l'Angleterre. M. de Cuverville, très habilement, avait envoyé à Lagos le commandant Fournier. Depuis lors, la cordialité des relations entre Français et Anglais s'était accentuée et l'amiral en avait usé pour obtenir que le chargement du *Taurus* profitât des arrangements déjà pris pour la *Durance*. De même pour le *Kerguelen* arrivé du Gabon, le 30 juin, et qui fut envoyé rejoindre la *Durance* afin de hâter le déchargement du paquebot.

A cause de l'état du brisant, sans cet accord avec les Anglais, les paquebots et leurs chargements auraient été inutiles et le ravitaillement des troupes à terre impossible. Singulière situation de la France, sur la côte du Dahomey : elle ne pouvait communiquer avec ses troupes du continent, que suivant le bon plaisir de l'Angleterre et en passant au travers de ses possessions.

La rivalité des deux puissances devait nécessairement engendrer à certaines heures de graves difficultés. L'Angleterre pouvait refuser le laisser-passer. C'est ce qui arriva.

L'amiral de Cuverville fut obligé de télégraphier à Paris, le 1er août :

« Depuis plusieurs jours barre impraticable. J'ai demandé au gouverneur de Lagos l'autorisation de débarquer le matériel d'un paquebot. Le gouverneur a cru devoir en référer à son gouvernement. Nous sommes loin cependant d'avoir usé de la faculté concédée de faire passer par Lagos un petit corps de troupes avec munitions. Cette situation doit être réglée définitivement, ou la convention de 1889 reste pour nous illusoire. »

Peu de temps après arrivait le *Taygète*.

L'amiral télégraphia de nouveau à Paris, le 13 août :

« Le *Taygète* apporte matériel. Nécessaire demander gouvernement anglais passage par Lagos. »

Heureusement, le ministre de la Marine put répondre le même jour :

« Gouvernement anglais a télégraphié à Lagos d'accueillir, sans en référer à Londres, toute demande pour laisser passer troupes et objets de matériel, aussi longtemps que durer les hostilités avec Dahomey. »

L'Angleterre daignait donc accorder une autorisation générale. Pour le moment, la difficulté se trouvait résolue, mais la situation faite à la France était insoutenable. Même avec l'agrément des Anglais, le ravitaillement par Lagos entraînait parfois d'autres servitudes, du genre de celles qu'indiquait l'amiral de Cuverville lorsqu'il écrivait au ministre de la Marine, au sujet de la *Durance* : « Il a été nécessaire d'affréter l'un des petits steamers allemands qui font couramment le trajet de la rade de Lagos à Porto-Novo. » Cependant le *Kerguelen* était envoyé à Lagos afin d'assister la *Durance* dans le déchargement du *Taurus*, et à ces trois navires devaient bientôt s'adjoindre l'*Éclaireur*, qui avait été demandé au commissaire général du Gabon ; sa présence dans la lagune était nécessaire. Le commissaire général avait répondu que, vu l'urgence, on activait son installation et son armement avec six canons-revolvers. Il partit, en effet, le 27 juin : il était attendu à Lagos et, dès qu'il serait entré dans la lagune, on devait l'armer à Cotonou. Il restait rattaché comme annexe à la *Minerve :* le commandant de ce navire ayant pris part à son affrétement et à ses installations.

Le *Taurus* apportait le premier canot à vapeur de 10 mètres, consigné à la maison Mante et Borelli, à Porto-Novo. Un second canot à vapeur devait être débarqué à Lagos. Grâce aux arrangements pris avec le gouverneur, l'amiral pensait que l'entrée de ce canot dans la lagune s'effectuerait sans opposition de sa part.

Pour compléter la flottille, M. de Cuverville demandait, dans le cas où il faudrait opérer contre Abomey, en plus de l'*Émeraude*, de l'*Éclaireur* et des deux canots à vapeur, un aviso type *Cigale,* ne dépassant pas 1^{m}30 de tirant d'eau.

*
* *

Cette dépendance vis-à-vis de la colonie anglaise de Lagos créait un tel embarras, puisque même, pour la formation d'une flottille dans la lagune, il fallait le bon gré du sir gouverneur, que plusieurs projets étaient à l'étude afin d'arriver à y échapper. La France subissait cette situation fausse, mais elle devait en sortir.

Dès le lendemain de son arrivée sur la côte du Dahomey, M. de Cuverville avait constitué une commission chargée d'étudier les différents moyens de communiquer avec la terre.

La commission inclina vers la construction d'un wharf, de préférence à l'établissement d'une communication aérienne. C'était là les deux systèmes proposés.

M. l'inspecteur général des Travaux publics des Colonies fit ressortir les deux points délicats dans l'établissement d'un va-et-vient :

1° La difficulté de fixer exactement l'intervalle qui devrait séparer les deux pylones destinés à supporter le câble et la possibilité d'assurer la fixité du pylone du large.

2° La difficulté qu'on éprouverait à cause de la houle à installer sur bateaux accouplés une plate-forme de manœuvre pour les pieux à vis. Les observations faites pendant les mois de juillet et d'août, qui sont les mois des plus mauvaises barres, montraient que le pylone du large devrait être établi à au moins 200 mètres du rivage pour que l'accostage y fût possible par presque tous les temps. De plus, comme il serait nécessaire de donner à la benne une élévation suffisante, au-dessus de la crête des lames, les difficultés d'installation seraient très grandes et la dépense très onéreuse. Au contraire, l'établissement d'un wharf serait bien préférable. Son exécution paraissait possible et l'amiral de Cuverville écrivait : « Je crois que l'importance commerciale que Cotonou est destiné à prendre comme point d'écoulement de tous les produits de la région de Porto-Novo et du Ouémé, justifierait la dépense... La construction d'un wharf à Cotonou ne tarderait pas à provoquer la construction de wharfs similaires sur tous les points de la côte : à Ouidah, à Grand-Popo, à Petit-Popo... Cette région de l'Afrique est appelée à un développement commercial considérable, et si la compagnie Schmid réussissait (c'est elle qui proposait de construire un wharf pour 65.000 francs), elle recevrait certainement de nombreuses commandes. Il existe sur la côte du Centre-Amérique des wharfs de déchargement qui ont été établis dans des conditions aussi difficiles, sinon plus, que celles qui existent à Cotonou. »

Le projet, pour lequel l'amiral penchait, a été exécuté peu de temps après ; et, aujourd'hui, un wharf s'étendant au delà des barres, permet tout débarquement en parfaite sécurité. Il affranchit la marine française d'une servitude gênante qui aurait pu, à certaines heures, paralyser ses efforts et se changer en une impuissance absolue.

***

Il ne suffisait pas de préparer la lutte ou de chercher à intimider l'ennemi, il fallait savoir, d'une façon précise, quelles étaient ses dispositions, deviner ses projets, le suivre pas à pas, pour pouvoir l'atteindre et l'arrêter au besoin dans ses entreprises. Un service de renseignements était organisé, mais les derniers événements prouvaient son insuffisance.

La marche des forces Dahoméennes sur le territoire des Egbas, à plus de cent kilomètres dans l'ouest du Ouémé, avait eu lieu sans qu'aucun avertissement n'en eût été donné à l'avance ; bien plus, l'agent secret, chargé de surveiller les mouvements de l'armée Dahoméenne, avait écrit d'Abomey, le 31 mai, que Béhanzin était en marche vers le nord-ouest ; or, l'armée Dahoméenne opérait en ce moment dans l'Est contre les Egbas. L'erreur était grossière.

Depuis le départ de M. Bayol, le résident Ballot s'était appliqué à créer de toutes pièces un service de renseignements politiques. Il avait déjà fait ses preuves en évitant les attaques de Cotonou et de Porto-Novo ; mais une pareille organisation de surveillance, réclamée par l'amiral de Cuverville dès 1885, ne se crée pas en un jour.

Les agents dont on pouvait disposer, au commencement de cette nouvelle phase des affaires du Dahomey, étaient d'une timidité excessive et la terreur qu'inspirait le potentat d'Abomey en rendait le recrutement fort difficile.

Le commandant Fournier certifiait que les intelligences des Français dans l'entourage royal étaient absolument nulles. Cet officier supérieur dut recourir, pour se mettre en relation avec le roi, à des agents d'ordre infime ; il était à craindre qu'on n'eût rien à attendre de ceux-ci, pas même leur retour.

Des bruits sinistres circulaient sur le compte de l'un d'eux, le nommé Bernardin Durand. Il aurait eu les oreilles coupées. C'était heureusement

VILLAGE DES POPOS

peu probable. C'est lui qui avertissait de la marche des Dahoméens vers le nord-ouest alors qu'ils s'avançaient dans l'est.

En somme, on éprouvait de grandes difficultés dans ce pays, pour arriver jusqu'au roi, et les messagers y parvenaient-ils, qu'ils se gardaient bien de toute communication désagréable, connaissant par avance le sort qui, en ce cas, leur serait réservé.

Cependant des indications précieuses permirent parfois d'éclairer la situation. Lorsqu'il passa à Agoué avec la *Naïade*, l'amiral de Cuverville avait recommandé au lieutenant de vaisseau de Kergrohen, commandant le *Goëland*, de s'enquérir d'une façon toute spéciale, au moyen d'agents secrets, des expéditions de poudre et d'armes qui pouvaient se faire par l'intérieur.

Les renseignements obtenus demandant confirmation, M. de Cuverville envoya le *Roland* à Quita, et il fut bientôt fixé. Les expéditions, qui avaient été signalées, se faisaient toutes, paraît-il, par Lomé, nouveau centre colo-

LA MAISON FABRE, LA FACTORERIE ALLEMANDE ET LA MAISON RÉGIS (GRAND-POPO)

nial créé par les Allemands, à sept milles dans l'est de Bagida, et communiquant avec l'intérieur du Dahomey, par des routes sûres et faciles, au nord des Popos.

Avec des effectifs suffisants, en occupant Agomé-Séva et Togado sur la rivière d'Agomé (Grand-Popo), il était possible d'entraver ce commerce. Malheureusement il n'y fallait pas songer. Le corps de 2.000 Dahoméens cantonnés à Allada inspirait à la population des Popos, placée sous le protectorat de la France, une terreur telle, qu'un détachement, renforcé cependant par vingt-cinq tirailleurs, ne suffisait pas à lui rendre son sang-froid. Ce poste avait été couvert par des retranchements, et même avec ce supplément de personnel et ces travaux protecteurs, il ne pouvait se tenir que sur la défensive.

Toutefois la connaissance précise des agissements des Allemands qui armaient nos adversaires, put être mise à profit peu de temps après. Non contents de fournir des armes aux ennemis de la France, ceux-ci eurent le front de se montrer mécontents du blocus. Et par l'entremise du consul d'Allemagne au Dahomey, actuellement à Grand-Popo, M. de Cuverville reçut une protestation. L'amiral répondit à ce fonctionnaire tudesque que les notifications du blocus et du bombardement de Ouidah ayant été faites régulièrement par le commandant Fournier, cette protestation n'était pas recevable. « D'ailleurs, ajoutait l'amiral, la sécurité des sujets allemands n'est nullement compromise au Dahomey, et il appartient aux autorités de Ouidah de garantir leur personne et leurs biens. »

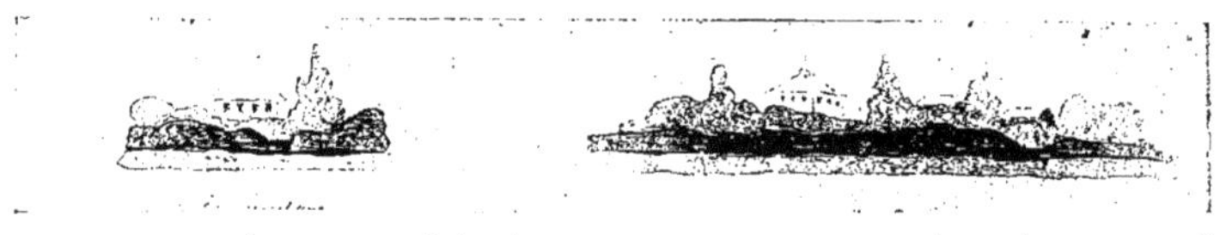

MAISON DU SECRÉTAIRE. — ZÉBÈ RÉSIDENCE DU COMMISSAIRE IMPÉRIAL (GRAND-POPO)

A une seconde lettre émanée de MM. Wolher et Brohm, de Petit-Popo, M. de Cuverville fit une réponse plus complètement motivée. Il leur dit qu'il regrettait vivement de ne pouvoir faire une exception en leur faveur au blocus de Ouidah ; ce blocus serait d'autant plus rigoureusement tenu, qu'il n'ignorait pas que les Dahoméens recevaient à l'heure présente de la poudre et des armes par l'entremise des Allemands.

Si les rapports du corps expéditionnaire avec les Allemands étaient légèrement tendus, par la force des choses, ils étaient plus amicaux avec le Portugal. Dès son arrivée, l'amiral de Cuverville avait fait connaître au gouvernement les services rendus aux otages par le lieutenant portugais Manuel José Ferreira Dos Santos. Et comme cet officier pouvait encore être très utile aux Français, l'amiral déclara qu'il y avait lieu de lui témoigner de la gratitude. Ses compatriotes profitèrent de la cordialité des relations, et il fut permis au commandant de la canonnière portugaise *Mondovy*, M. Jaaô Vellez Caldeira, de ravitailler, en plein blocus, le fort de Saint-Jean-Baptiste d'Ajuda.

***

Cependant le commandant en chef mieux informé savait que les forces Dahoméennes n'avaient pas quitté la rive gauche du Ouémé. Tant qu'elles occuperaient cette situation, il était impossible d'ajouter foi aux protestations pacifiques du roi Béhanzin. Tout ce qui venait de se passer depuis l'ouverture des hostilités, devait l'avoir blessé et humilié profondément. Son caractère vindicatif ne pouvait pardonner ni la capture par surprise des autorités

PETIT-POPO

Dahoméennes de Cotonou, ni les échecs et les pertes subies par ses meilleures troupes.

La conviction générale, partagée par l'amiral de Cuverville, était que le roi n'attendait qu'une occasion favorable pour prendre une revanche de nuit, sinon sur Cotonou dont l'artillerie et les projecteurs électriques des bâtiments français défendaient les approches, du moins contre Porto-Novo dont le périmètre très étendu laisserait passage, entre les forts, à des guerriers braves et habitués aux surprises.

Si le roi Béhanzin attaquait, il faudrait se défendre. Les troupes françaises n'étaient pas en nombre suffisant. On ne pouvait songer à prendre l'offensive, ni à poursuivre l'ennemi après l'avoir repoussé.

Pour protéger même l'enceinte de Porto-Novo, il n'y avait aucun fonds à faire sur les soldats du roi Toffa. Suivant son expression, il commandait à un troupeau de poules.

Où trouver, où recruter des auxiliaires ?

Impossible désormais de compter sur les Egbas. Menacés par le camp de Kétou, tout récemment établi sur les frontières par l'armée de Béhanzin, ils

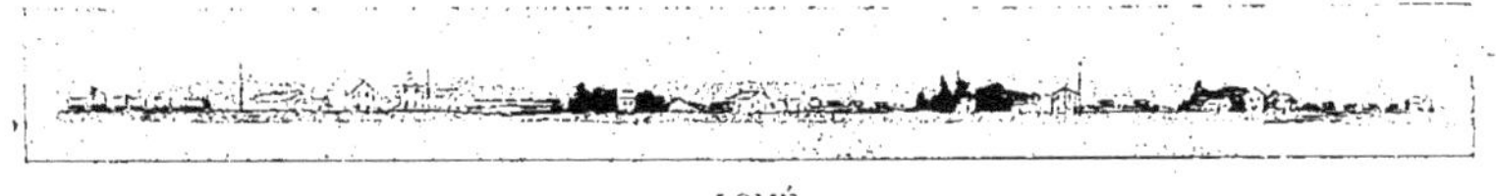

LOMÉ

hésitaient prudemment à s'affaiblir en portant secours aux troupes européennes.

Une seule ressource était indiquée. De la France, du Sénégal, il n'y avait plus rien à espérer : c'était sur place qu'il fallait augmenter les contingents indigènes, en faisant appel aux Haoussas. Ceux-ci s'étaient admirablement conduits, le 20 avril, à la bataille d'Atchoupa. Mais encore l'armement des Haoussas n'était possible qu'avec des subsides fournis par le roi de Porto-

Novo. L'ordre était formel. Toffa devait les entretenir à ses frais : or les coffres royaux se trouvaient vides.

L'embarras de l'amiral de Cuverville était complet. La maladie décimait les effectifs. Le corps expéditionnaire n'était pas proportionné aux forces Dahoméennes. Il pouvait être attaqué à toute heure, et appelé à combattre dans des conditions d'infériorité évidentes, ce qui aurait été commettre la plus grave des imprudences. De quelque bravoure que les troupes d'occupa-

PROFIL DE LA COTE A QUATRE MILLES DANS L'EST DE QUITA

tion fussent animées, il n'était pas permis de s'exposer à expier chèrement une témérité coupable.

Or, aux dernières nouvelles, l'armée Dahoméenne comprenait cinq groupes dont l'importance n'échappait à personne :

1er groupe, près d'Allada, commandé par l'Apologan d'Allada.

2me groupe, près de Kétou, commandé par le roi.

3me groupe, à Badaô, commandé par le Méhon.

4me groupe, à Ouéré, commandé par le Mighan.

5me groupe, à Bahouélé, commandé par le chef Dékamé.

Le camp de Badaô, disait-on, aurait détaché deux mille guerriers à Bahouélé (village situé à environ douze kilomètres de Lakété au nord de Porto-Novo), et deux mille guerriers au camp de Ouéré situé à trente kilomètres environ de Lakété (à moitié distance environ de l'Ouémé et de l'Adjarra). Il devait rester encore quatre mille guerriers à Badaô.

L'armée régulière devait comporter à ce moment-là au moins douze mille

QUITA

hommes, plus une troupe d'élite de plus de deux mille amazones ; et la levée en masse, une fois effectuée, ces chiffres seraient doublés.

Malgré ce nombre considérable, cette réserve, en dehors du courage personnel, ne pouvait pas avoir grande valeur, et comme les points que les Dahoméens auraient à surveiller seraient très nombreux, un effectif de trois mille hommes de troupes entièrement fraîches, paraissait suffisant pour assurer la marche sur Abomey, lorsque l'heure de l'entreprendre aurait sonné.

L'amiral de Cuverville aurait voulu qu'elle sonnât le plus tôt possible.

« En résumé, écrivait-il au ministre de la Marine, l'armée Dahoméenne est toujours menaçante ; bien que, depuis mon arrivée, j'aie soigneusement évité tout acte d'hostilité et suspendu même la reconnaissance du Ouémé, reconnaissance qui ne se fera pas sans échange de coups de fusils ; bien que M. Siciliano ait fait savoir au roi mon désir de hâter une solution pacifique, aucun symptôme d'apaisement, aucun signe de lassitude, ou de désir d'entrer en arrangement, ne se manifestent chez le roi Béhanzin.

« Sans doute son peuple et les peuples voisins accueilleraient comme une vraie délivrance la transformation du régime actuel qui les écrase, mais les dissensions intérieures qui peuvent se manifester dans le pays ne se manifesteront que le jour de la marche sur Abomey ; ce jour-là seulement aussi, les ennemis séculaires du Dahomey se joindront à nous.

« En attendant, notre situation reste précaire, nos contingents européens s'affaiblissent de plus en plus par suite des invalidations, et le Sénégal déclare qu'il ne peut plus combler les vides ; faute de crédits, nous ne pouvons renforcer nos effectifs à l'aide d'auxiliaires indigènes de quelque valeur recrutés sur place. Je déplore cet état de choses, mais je ne l'ai pas créé, et il est de mon devoir de vous le faire connaître sans réticences parce qu'il justifie la demande déjà faite, demande que je renouvelle, *de tout préparer afin d'en finir avec des difficultés sans cesse renaissantes et que le délai d'une action décisive ne pourrait qu'augmenter*.

LE CORPS MÉDICAL DE PORTO-NOVO

« Vous trouverez sous ce même pli un exposé général des opérations à entreprendre ; cet exposé, dressé en exécution de vos instructions du 19 mai (Cabinet-mouvements), sera terminé par câblogramme lorsque tous les détails en auront été élucidés ; le lieutenant-colonel Klipfel et M. le résident Ballot s'en occupent comme moi très activement.

« Le commandement de la colonne expéditionnaire pourra être avantageusement confié au colonel Dodds, qui a ici une partie de ses troupes et dont la valeur personnelle m'est connue ; depuis le commencement des affaires, il s'est tenu bien au courant de la question et se trouve préparé à remplir cette importante mission.

« Les troupes, le matériel et les approvisionnements devront être concentrés à Porto-Novo, pour le 1er novembre. »

Ainsi l'amiral de Cuverville prévoyait qu'avant peu il faudrait substituer à la diplomatie, aux tentatives d'accord, aux négociations, la marche en avant avec de bonnes troupes, et mettre fin aux difficultés sans cesse renaissantes par la conquête du Dahomey. Il désignait au ministre le brave officier qui devait bientôt s'illustrer par une brillante campagne et donner à la France une nouvelle colonie. Le choix du colonel Dodds, le vainqueur de Béhanzin, fut dès lors celui de l'amiral, et l'on sait combien ce choix fut heureux.

*
* *

Pour la composition du corps expéditionnaire M. de Cuverville fournissait les conseils les plus sages, et sa grande expérience rendait à l'avance les plus précieux services aux futurs conquérants du Dahomey.

Il transmettait au ministre de la Marine les observations suivantes :

« Ainsi que vous le verrez par le rapport médical que j'ai fait établir par M. le médecin principal Siciliano, si l'état sanitaire est bon à bord de nos bâtiments, il n'en est malheureusement point ainsi à Cotonou, ni surtout à Porto-Novo où les invalidations atteignent près de 60 % dans l'artillerie et dans l'infanterie de marine. Les fusiliers marins et les compagnies de débarquement sont aussi très éprouvés à Cotonou ; seuls les tirailleurs sénégalais et gabonais résistent admirablement au climat...

VUE DE PORTO-NOVO

« Permettez-moi, à cet effet, d'appeler votre attention sur les conclusions suivantes du rapport médical que je joins à cette correspondance, conclusions partagées par tous ceux qui connaissent le pays.

« Les jeunes soldats ne supportent pas du tout le climat du Bénin ; les « disciplinaires plus âgés et partiellement acclimatés par un premier séjour « au Sénégal, le supportent mieux. En revanche, les tirailleurs sénégalais et « gabonais se portent très bien ; d'où il ressort clairement que notre petit « corps d'occupation devrait être entièrement constitué avec des troupes « noires encadrées par des blancs. Les hommes qui seront appelés à former « ces cadres devront être choisis, autant que possible, parmi les hommes « ayant déjà fait un séjour colonial et âgés d'au moins trente ans. L'expé- « rience démontre, en effet, que ces hommes, dont l'organisme a subi son « plein développement, résistent mieux que les jeunes gens de 20 à 25 ans.

« Si l'on se trouve dans la nécessité d'opérer avec des contingents euro- « péens, il faudrait, autant que possible, les former avec des hommes choisis « et âgés de plus de 25 ans. Il est mauvais de les débarquer longtemps à

« l'avance. Il faut, au contraire, avoir soin de les débarquer quelques jours « seulement avant la mise en marche, autrement c'est s'exposer, au début « d'une action, à n'avoir plus que des hommes déjà affaiblis par le climat et « la maladie. Ce que nous venons d'observer ici en est un exemple frappant. »

En attendant, sous l'énergique impulsion de ses chefs, qui devaient compter avec bien des difficultés, la petite colonne d'occupation luttait péniblement, dans ses cantonnements improvisés, contre les épreuves du climat. Des pluies torrentielles, suivies d'un soleil ardent, l'avaient rendu tout à fait insalubre. Les baraques Deker, apportées par la *Durance* et le *Taurus* et montées aussi rapidement que possible, si imparfaites qu'elles fussent en raison de leur fragilité et de la trop faible épaisseur de leur toiture, procuraient une amélioration réelle à l'installation des troupes. C'était un mauvais modèle qui n'était plus à recommander, mais en les recouvrant d'une seconde toiture en paillotte, formant véranda, il avait été possible d'installer des ambulances à peu près habitables.

A L'ABORDAGE !

L'ennemi se maintenait fort heureusement dans les mêmes positions. Toutefois on affirmait qu'un mouvement de concentration s'opérait du côté d'Abomey où le roi aurait entrepris de grands travaux de défense. Les Dahoméens, disait-on, travaillaient également à établir des barrages en chaînes dans le Ouémé, à hauteur du village de Dogba, et Béhanzin avait l'intention de placer son armée sur les deux rives du fleuve, entre Ké et Oué, pour empêcher les Français d'atteindre Towé ou Agony. Des émissaires furent envoyés pour contrôler ces informations, qui ne dénotaient guère des intentions pacifiques.

D'autre part l'amiral de Cuverville apprit que les esprits étaient très divisés dans le Dahomey ; la paix y comptait un parti considérable, à la tête duquel se trouvait le propre frère du roi, Adokonnou, seul ayant droit de remontrance. Des scènes violentes seraient survenues entre les deux frères, et Adokonnou aurait menacé de quitter le royaume si la paix n'était pas conclue. Quelques chefs Dahoméens avaient pris les devants. Ils commandaient aux environs de Ouidah et déjà ils abandonnaient le roi.

Ces défections venaient à point. Heureuse diversion qui sauvait la situation !

On assurait aussi qu'au retour de sa dernière expédition contre les Egbas, Sa Majesté Béhanzin se serait rendu dans le pays des Mahis (au nord d'Abomey). Il voulait obtenir l'alliance de cette peuplade très guerrière. Les négociations auraient échoué, les chefs mahis déclarant qu'ils ne voulaient pas courir l'aventure d'une lutte contre les Européens.

De plus l'Adjah de Tado (Toun, ville importante sur la rive gauche de l'Agomé), grand chef religieux, qui exerçait dans toute la région des Popos une influence considérable, aurait refusé également son alliance à Béhanzin.

L'amiral de Cuverville avait tout lieu de croire que ces informations étaient exactes. La situation critique où il se trouvait, l'occasion favorable qui se présentait, les résistances que la Cour opposait au roi, l'insuccès de Béhanzin dans ses tentatives d'alliance, la lassitude et le dépit qui devaient en résulter, tout lui fit penser que le moment était venu d'essayer à Abomey une dernière et suprême tentative de conciliation.

L'amiral ne pouvait combattre. L'ordre de traiter était formel. Il n'était pas en force pour agir autrement, et il n'en avait pas le droit. Bien que la nécessité d'une action militaire rigoureuse lui parût s'imposer, il exécuta sa consigne, il obéit.

“ LA NAÏADE ”

III

Un Missionnaire diplomate.

(1890)

Échec de la mission de M. Siciliano. — L'amiral de Cuverville fait appel aux missionnaires. — Il nomme le Père Dorgère, des Missions Africaines, aumônier du corps d'occupation. — Il lui donne l'ordre de se rendre auprès du roi de Dahomey. — Instructions de l'amiral. — Lettre de l'amiral au roi Béhanzin. — Menaces adressées au Yévoghan s'il ne protège pas le Père Dorgère. — Départ du missionnaire pour Abomey. — Ses plans. — La *Naïade* se rend en vue de Ouidah. — L'amiral de Cuverville fait part au gouvernement de la mission confiée au Père Dorgère, du projet de traité avec Béhanzin. — Il demande, pour aboutir sûrement, des renforts et l'occupation de Fanvié. — Réponse du gouvernement : les renforts sont refusés et le recrutement d'indigènes Haoussas autorisé. — Ordre de renoncer à l'occupation de Fanvié. — Regrets et appréhensions de l'amiral.

Le commandant en chef ne pouvait plus compter sur les démarches de M. Siciliano. Les efforts de l'envoyé de M. de Freycinet, afin d'obtenir de Sa Majesté Dahoméenne une transaction honorable, n'avaient amené aucun résultat.

Il est vrai que le choix du diplomate, chargé d'une mission aussi délicate, n'était pas heureux. Aussi peu estimé par les noirs que par les blancs, impliqué à Lagos dans des affaires d'argent qui n'étaient point éclaircies, il avait eu à Ouidah des démêlés fâcheux avec la mission catholique. Ses menaces allèrent jusqu'à vouloir forcer la porte de l'école des Sœurs. Les autorités Dahoméennes avaient été sur le point d'intervenir pour protéger, contre une pareille tentative, l'asile de la jeunesse et de l'innocence.

Pour comble, l'homme de confiance de M. Siciliano n'était autre que l'infâme Candido Rodriguez, ce métis portugais, qui trahit les otages et les livra aux autorités de Ouidah. Le misérable trompa également M. Siciliano en livrant sa correspondance. On apprit ainsi que la dernière lettre du négociateur peu habile, à l'adresse du roi, était conçue dans des termes si grossiers que les autorités Dahoméennes avaient cru devoir la confisquer. Elle n'était donc pas parvenue à Sa Majesté Béhanzin.

Quant au bâton du représentant de la France, porté à Abomey, par un moulek, le roi ne l'avait pas rendu. Béhanzin s'était contenté de promettre de le retourner quand le moment serait venu de donner une réponse. Le roi avait ajouté qu'il n'en voulait pas aux blancs, dont il tenait à rester l'ami, mais qu'il désirait qu'on le laissât régler seul ses affaires avec Toffa (1). Cette déclaration était une fin de non-recevoir.

Dans les instructions remises à M. Siciliano, avant sa descente à terre, l'amiral de Cuverville lui demandait d'utiliser ses relations pour faire parvenir au roi l'annonce de l'arrivée du commandant en chef ; il était chargé de manifester le désir de l'amiral d'en venir à une entente, ou tout au moins à des explications, par l'intermédiaire de chefs ayant pleins pouvoirs pour traiter avec le commandant faisant fonctions de gouverneur dans le golfe de Bénin.

Sa Majesté Béhanzin, sourd à cet appel pacificateur, répondait brutalement qu'il ne reconnaissait pas à la France le droit d'intervenir dans ses démêlés avec le souverain de Porto-Novo. L'insolence du monarque alla plus loin encore, car on sut, plus tard, que le bâton de M. Siciliano fut gardé en prison : le roi, ne pouvant mettre la main sur la personne du négociateur, fit prendre sa place au symbole qui le représentait.

L'échec était complet. M. Siciliano s'abstint de reparaître à bord de la *Naïade*.

La responsabilité de cet insuccès n'incombe pas à l'amiral de Cuverville. M. Siciliano n'était pas l'homme de son choix. Le commandant en chef avait l'expérience des noirs du Dahomey et une connaissance très approfondie de la situation ; aussi ne pouvait-il fonder aucun espoir sur les agissements et la diplomatie d'un personnage trop compromis pour exercer quelque influence sur des barbares, qui, malgré leurs mœurs féroces, savent honorer la vertu. Toute latitude avait été laissée à M. Siciliano, sauf celle de se faire interner par le roi Béhanzin, comme cela venait d'arriver de nouveau à Bernardin Durand. La déconvenue aurait été encore plus fâcheuse si le commandant en chef n'avait eu la prudence d'interdire au négociateur de mettre les pieds sur le territoire Dahoméen et de se livrer à la discrétion d'un monarque peu scrupuleux.

« Je ne connais qu'un seul homme qui puisse, à l'heure présente, faire entendre la vérité », écrivait, sur ces entrefaites, l'amiral de Cuverville au ministre de la Marine.

Et cet homme, le commandant en chef l'avait attaché à sa personne et au service du corps expéditionnaire.

Une dépêche du 20 juin, ainsi conçue, faisait part de ce choix au ministre :

« Le Père Dorgère, otage dont la courageuse attitude a vivement frappé le roi, qui s'en est servi comme secrétaire, est mis à ma disposition. Son concours pour négociations, comme pour assister malades Cotonou et relever moral troupes peut être précieux ; j'avais pris dispositions pour lui assurer

(1) Lettre du R. P. Pied, Supérieur de la mission catholique de Porto-Novo, au T. R. P. Planque, Supérieur général de la Société des Missions Africaines de Lyon.

moyen subsistance à terre, faible dépense. Demande liberté action sur ce point. » Le ministre répondit, aussitôt, dès le lendemain : « Oui, pour Dorgère. »

Quelques jours après, dans son rapport du 3 juillet, M. de Cuverville était plus explicite : « Le R. P. Lecron l'a mis à ma disposition et le Père Dorgère se déclare prêt, au prix de sa liberté, fût-ce même de sa vie, à se charger

" LA NAIADE " PAVILLON EN BERNE

pour le roi Béhanzin de telle communication que nous voudrons bien lui confier. L'heure n'est pas venue de faire appel à un dévouement patriotique dont je suis profondément touché.

« Afin d'avoir le Père Dorgère sous la main, je l'ai installé, avec votre autorisation, comme aumônier provisoire de la petite colonne expéditionnaire, dont les trop nombreux malades réclament son assistance et ses encouragements. En réconfortant le moral de tout ce personnel, il me rend là de précieux services. »

L'amiral de Cuverville avait un si grand désir de s'assurer le concours du vaillant missionnaire que le 8 juin, jour de son arrivée, la *Naïade* venant de Dakar s'était présentée devant Agoué, siège du vicariat apostolique du Dahomey. L'amiral jetait l'ancre en face de l'église catholique, entrait aussitôt en rapport avec les missionnaires et demandait au supérieur, le R. P. Lecron, de vouloir bien placer le Père Dorgère sous ses ordres. « Tel a été mon premier acte, écrivait plus tard ce noble chrétien. Chose curieuse qui montre bien que l'homme s'agite, mais que Dieu le mène — l'installation du Père Dorgère à Cotonou a reçu l'assentiment du ministre, et le gouvernement de la République était cependant avisé des motifs qui m'avaient surtout conduit à l'avoir sous la main. »

Ainsi la mission catholique reçut le premier salut du navire amiral, abordant à la côte du Dahomey, et la première visite du commandant en chef fut pour les prêtres français qui évangélisaient, depuis tant d'années, les peuplades Dahoméennes. M. de Cuverville, par cette démarche significative, se montrait fidèle à la vraie politique chrétienne et civilisatrice, qui a fait la grandeur de la France.

Dans son ordre du jour, adressé aux troupes, pour la prise de possession de son commandement, l'amiral louait l'héroïsme des missionnaires ; mais ce témoignage public ne lui parut pas suffisant. Le R. P. Pied, supérieur de la mission de Porto-Novo, reçut à la même date, 14 juin, la lettre suivante, dictée à son secrétaire par le commandant en chef.

« Mon Révérend Père,

« M. le Résident Ballot m'a informé des services nombreux que vous avez rendus au corps expéditionnaire à Porto-Novo, et je ne veux pas le laisser retourner à son poste sans le charger pour vous de tous mes remerciements.

« Vous n'ignorez pas que nous avons, en ce moment, à Cotonou, un personnel nombreux de soldats complètement privés de secours religieux, je vous serais très reconnaissant si vous pouviez détacher un de vos missionnaires pour y assurer le service religieux ; je ferais en sorte qu'il fût installé le moins mal possible en attendant l'arrivée des baraques qui me sont annoncées de France.

« Cavelier de Cuverville. »

Et pour que les missionnaires connussent, d'une façon plus précise, les nobles intentions du commandant en chef, celui-ci ajoutait, de sa propre main, à la lettre précédente :

« Ai-je besoin de vous dire que tous mes efforts tendent à assurer la liberté de votre apostolat au Dahomey, le respect et la sécurité de vos missions, qui seules peuvent arracher ce peuple à la barbarie et faire des cœurs français en faisant des chrétiens.

« C. de C. »

La requête de l'amiral fut entendue ; il voulait assurer aux malades les secours du prêtre de Jésus-Christ, et donner aux troupes un aumônier qui les fortifiât dans l'accomplissement de leurs devoirs au service de la patrie : le Père Van Pawordt, le même qui fut le compagnon de captivité du Père Dorgère, vint l'aider dans cet apostolat si consolant.

Le supérieur de la mission remercia M. de Cuverville de sa bienveillance. Il lui répondit :

« Monsieur l'Amiral,

« Monsieur Ballot vient de me remettre la lettre que vous m'avez fait l'honneur de m'adresser et dont je vous suis bien reconnaissant.

« C'était mon devoir, comme missionnaire et comme Français, de donner asile à nos malades et à nos soldats ; je voudrais que la mission fût dix fois plus vaste pour les y recevoir tous.

« L'œuvre de pacification que vous venez accomplir primant toutes les autres, vous avez droit, Monsieur l'Amiral, vous et vos soldats, à toutes nos préférences et à tous nos égards. Soyez donc assuré que tout ce que je pourrai faire, dans le but de vous aider à accomplir cette œuvre, je le ferai de grand cœur.

« Permettez-moi d'ajouter que, connaissant vos sentiments, je bénis la Providence de vous avoir confié la direction générale des affaires du Dahomey. Le choix nous est de bon augure. Dieu sera avec vous et bénira vos efforts. »

Ainsi M. de Cuverville promettait sa protection aux missionnaires et leur demandait leur concours, et ceux-ci s'offraient à l'aider dans son entreprise pacifique. Leur dévouement à la cause de la France, comme au service de l'Église, était sans limites. Dans la circonstance, il allait jusqu'à l'héroïsme.

Quel meilleur témoignage que la lettre suivante adressée par le Supérieur de la Mission de Porto-Novo au R. P. Planque, supérieur général de la Société des Missions Africaines de Lyon ?

« Porto-Novo, 23 juillet 1890.

« La semaine dernière, je reçus un billet du Père Dorgère me priant de lui envoyer un remplaçant à Cotonou.

« L'amiral, faisant appel à ses sentiments de prêtre et de Français, l'avait chargé d'une mission difficile et même périlleuse pour le Dahomey. Quel est le but précis de cette mission ? Sans doute de tenter un dernier effort auprès de Béhanzin qui, depuis plus de deux mois, retient Bernardin dont on n'a pas de nouvelles...

« La mission du Père Dorgère sera décisive, car les conditions de l'amiral doivent être claires...

« Je crains que le roi du Dahomey, voyant les blancs décidés à aller de l'avant, ne garde le Père en otage. L'amiral savait à qui il s'adressait. Ce qu'il n'aurait obtenu de personne, il n'a eu qu'à le proposer à un missionnaire pour que celui-ci l'acceptât.

« Le gouvernement doit voir que nous sommes prêts à payer de notre personne pour l'aider à accomplir son œuvre. Cette œuvre est si belle ! L'avenir du pays, dont la Providence nous a confié l'évangélisation, dépend absolument du succès de la campagne entreprise, si bien qu'aucun de nous n'hésiterait à exposer sa tête pour une si noble cause. Le Père Dorgère a fait généreusement le sacrifice de sa vie ; il n'y a pas un d'entre nous qui ne soit prêt à en faire autant pour Dieu et pour la France. »

*
* *

L'heure était enfin venue de faire appel au dévouement du seul homme qui pût agir, dans les circonstances présentes, avec chances de réussite.

Le Père Dorgère évangélisait le pays depuis plusieurs années, environ sept ans. Très sympathique à la population indigène, son caractère était universellement respecté. D'une indomptable énergie, rien ne pouvait le faire plier lorsqu'il avait à défendre la justice ou la vérité. Plus d'une fois, au cours de son apostolat, il dut rompre en visière avec certains Européens pour protéger les jeunes Dahoméennes élevées par les Sœurs dans la foi chrétienne. De là des inimitiés, qui ne troublèrent jamais la fermeté de son âme. Sa charité ne faillit pas pendant la captivité qu'il eut à subir comme otage. Le danger, la maladie même ne purent abattre son courage. Sauvé miraculeusement dans des circonstances graves, il mettait toute sa confiance en Celui qui peut tout pour la conservation des siens.

LE R. P. DORGÈRE, DES MISSIONS AFRICAINES

Cédant à d'odieuses excitations, les autorités de Ouidah, en un jour de vengeance, l'avaient chargé de chaînes. Après avoir subi d'indignes traitements, il était entré à Abomey le carcan au cou. Mais le roi Béhanzin, fasciné par l'attitude énergique de ce prêtre, écouta sa parole persuasive et rendit la liberté aux otages. Comprenant les langues du pays, le Père Dorgère avait su se créer des amitiés solides parmi les hommes influents de l'entourage du roi. Ces liaisons devaient lui être fort utiles au cours de la périlleuse ambassade qui allait lui être confiée. « Voilà l'homme, écrivait l'amiral de Cuverville, auquel j'avais songé dès la première heure pour faire ici l'œuvre du bon Dieu. »

Puisque l'amiral l'entendait ainsi et qu'il voulait, par ses entreprises, seconder la divine Providence, il ne pouvait confier ses projets à de meilleures mains. Il faut des hommes de Dieu pour accomplir les œuvres de Dieu ; ceux qui, par vocation, lui sont consacrés ont une aptitude spéciale à l'exécution de ses volontés.

Le Père Dorgère, en particulier, était tout désigné pour un rôle aussi glorieux. La triple auréole du sacerdoce, de l'apostolat et des souffrances vaillamment supportées, formait autour de sa personne un rayonnement dont l'éclat ne devait pas échapper même aux barbares avec lesquels il recevait l'ordre de traiter.

Dans les instructions qui lui furent remises, le vendredi 18 juillet, il ne s'agissait point « d'aller implorer la paix, mais bien de faire connaître et comprendre au roi la situation, tout en réclamant l'élargissement des messagers si longtemps détenus à Abomey ». Sa mission était une œuvre de lumière, de conciliation et de liberté. Son rôle lui fut tracé avec une netteté qui ne laissait aucune ombre, et avec une fermeté capable de décupler sa propre énergie.

Tous les détails de son ambassade ayant été réglés avec soin, l'amiral de Cuverville lui écrivit le 11 juillet :

« Mon Révérend Père,

« Avec l'autorisation de vos supérieurs ecclésiastiques vous avez bien voulu accepter la difficile mission de vous rendre auprès du roi du Dahomey, pour lui faire connaître mon arrivée sur cette côte, et les instructions que j'ai reçues de notre gouvernement. Je vous en remercie ; je n'attendais pas moins du religieux qui, pendant une captivité douloureuse, a su relever le moral de ses compagnons d'infortune et inspirer à tous respect et admiration.

« Au cours de ce nouveau et pénible voyage, vous serez protégé non seulement par le symbole dont je vous fais porteur, mais aussi par la robe du prêtre, toujours respectée en ce pays dont les sanglantes coutumes tirent leur origine d'un sens religieux dévoyé.

« La lettre dont vous êtes chargé pour le roi expose les vues de la France en termes clairs et précis. Avant de poursuivre les hostilités, je désire écarter tout malentendu, et c'est l'objectif que j'assigne à vos efforts, ainsi qu'à votre dévouement.

« Les traités de 1868 et de 1878 nous confèrent à Cotonou des droits que nous entendons maintenir et exercer : la correspondance que vous trouverez jointe à cette lettre ne laisse aucun doute sur la validité des engagements consentis par le roi Glèglè. Nous ne refusons pas cependant d'accorder au roi les compensations légitimes auxquelles il pourrait prétendre par suite de l'abandon de cette portion du territoire.

« Nous exerçons à Porto-Novo un protectorat dont les indigènes ne comprennent ni le sens, ni les obligations ; la partie la plus difficile de votre tâche sera de les leur expliquer. L'honneur de notre pays est désormais engagé au maintien de ce protectorat, et nous sommes tenus de repousser par la force toute entreprise dirigée contre des populations, d'ailleurs inoffensives, qui ont renoncé aux sacrifices humains pour se rapprocher de notre civilisation.

« Sur ces deux points, Cotonou et Porto-Novo, aucune transaction n'est possible.

« Enfin, nous possédons à Ouidah, depuis près de trois siècles, une situation privilégiée dont le *fort français* est le témoignage ; cette situation doit être maintenue et le fort occupé par une force française que fixera le gouvernement comme garantie de la levée du blocus et de la reprise des affaires.

« Si le roi, convaincu de nos intentions amicales, veut reprendre avec nous les relations du passé, il souscrira avec empressement aux clauses que je viens de résumer ; il vous fera accompagner au retour par un représentant ayant autorité pour les faire exécuter sans retard.

« S'il refuse, la France saura ce qu'elle a à faire.

« Dans tous les cas, après le délai convenu entre nous, si vous n'êtes pas de retour, je vous considérerai comme prisonnier du roi, et, avec les forces dont je dispose, j'agirai en conséquence.

« Quoi qu'il advienne, mon Révérend Père, la mission que vous aurez remplie aura été profitable, croyez-le bien, aux intérêts de l'œuvre que vous poursuivez dans ce magnifique et si malheureux pays.

« Veuillez agréer, avec l'expression de ma vive gratitude, le nouvel hommage de mon plus respectueux dévouement.

« P. S. Nous sommes depuis le 31 mai sans nouvelles des messagers qui ont été envoyés au roi Béhanzin par le commandant Fournier. Je vous serai reconnaissant de vous informer de ce qu'ils sont devenus et de les ramener avec vous. »

Le symbole auquel l'amiral fait allusion, qui doit protéger le Père Dorgère pendant son ambassade et l'accréditer auprès des autorités dahoméennes, était, suivant l'usage du pays, un bâton. Pour la circonstance on avait pris tout simplement la hallebarde du factionnaire des appartements de l'amiral, à bord de la *Naïade ;* elle était ornée d'un pavillon de commandement. Le roi Béhanzin devait admirer beaucoup ce bâton et montrer qu'il n'était pas si ignorant qu'on pourrait le supposer, en faisant remarquer que c'était là un spécimen des anciennes armes.

La lettre remise au P. Dorgère pour Sa Majesté Dahoméenne était ainsi conçue :

« Roi Béhanzin Ahy-Djéré,

« Appelé par le gouvernement français au commandement des forces de terre et de mer stationnées dans ces parages que je connais de longue date, ainsi qu'à la direction des affaires politiques, je désire, avant de poursuivre les hostilités, connaître vos griefs, ainsi que l'origine des difficultés pendantes. Je veux éclaircir les malentendus, s'il en existe, et concourir au rétablissement des relations d'amitié séculaires qui existaient entre la France et le Dahomey. Tel est l'objet de la mission que je confie au Révérend Père Dorgère. Vous connaissez ce religieux qui a tout sacrifié, famille, pays, pour se donner à vous. Il appartient à cette société des Missions Africaines qui se consacre avec un dévouement admirable au bien de votre peuple. Le caractère sacré dont il est revêtu et le symbole dont il est porteur, me garantissent qu'il parviendra en toute sécurité jusqu'à vous. Mais je dois vous déclarer que, s'il n'était pas de retour à Cotonou dans les délais qu'il a lui-même fixés, je considérerais que vous l'avez fait prisonnier, et j'agirais en conséquence avec les forces dont je dispose.

PIROGUE FRANCHISSANT LA BARRE (GRAND-POPO)

« Puisse votre réponse, à ce dernier message, s'inspirer de mon désir très sincère d'éviter une guerre dont l'issue n'est pas douteuse, et de rétablir entre la France et le Dahomey les relations amicales du passé. Le *fondé de pouvoirs*, dont vous ferez accompagner le Père Dorgère à son retour, sera rejoint à Ouidah par le Résident de France auquel je donnerai les instructions voulues pour la conclusion d'un arrangement définitif. »

La garantie la plus grave était à prendre du côté de Ouidah auprès du Yévoghan, intermédiaire indispensable entre l'envoyé de la France et Sa Majesté Béhanzin. Aussi l'amiral de Cuverville écrivit-il à ce personnage une lettre précise, catégorique, si ferme et si menaçante, que le Yévoghan ne pouvait avoir la moindre velléité d'inquiéter le Père Dorgère et de lui marchander sa protection.

« Monsieur le Yévoghan,

« Le Révérend Père Dorgère, accrédité près de vous par mon bâton, dont il est porteur, vous remettra cette lettre par laquelle j'ai l'honneur de vous informer que le Révérend Père a reçu la mission de se rendre à Abomey pour remettre un message au roi.

« Le Révérend Père Dorgère doit être de retour à Cotonou dans un délai convenu entre nous ; le caractère sacré dont il est revêtu et le symbole dont il est porteur, me garantissent qu'il parviendra jusqu'à Abomey en toute sécurité et qu'il reviendra de même dans les délais voulus; s'il devait en être autrement, je vous prie d'inviter le Père Dorgère à renoncer à sa mission, car je dois vous déclarer que, s'il était retenu prisonnier, ou maltraité, j'agirais en conséquence avec les forces dont je dispose. Je vous déclare, en outre, que si cette éventualité se produisait, le bombardement de Ouidah serait immédiatement repris.

« Agréez, monsieur le Yévoghan, l'expression de mon désir très sincère de voir rétablir entre la France et le Dahomey les relations amicales du passé.

« Signé : CAVELIER DE CUVERVILLE. »

***

Le Yévoghan était clairement averti. Le Père Dorgère n'allait pas solliciter la paix, mais éclairer le roi; et sa mission ne devait avoir lieu que sous la condition expresse qu'il serait de retour dans un délai convenu; les hostilités devant être reprises immédiatement par des bombardements effectués sur tous les points accessibles, si cette clause n'était pas remplie.

En somme l'envoyé de la France devait parler au roi du Dahomey d'égal à égal, non pas en vaincu, mais en allié et en ami. Béhanzin méconnaissait la situation. Il allait lui exposer les conditions de la paix, lui expliquer ce que les Français entendaient par un protectorat et lui rappeler les devoirs que celui de Porto-Novo imposait à la France. Le missionnaire se rendait à la capitale pour mettre Sa Majesté en demeure de s'expliquer sur la question de Cotonou, et pour sonder ses dispositions relativement à l'occupation du fort de Ouidah par un détachement de troupes françaises.

Enfin, le but de l'ambassade était encore d'obtenir la mise en liberté immédiate de M. Bernardin Durand, des sept personnes de sa suite et de vingt-sept employés indigènes des factoreries, retenus prisonniers dans la capitale depuis la capture des otages.

Il y avait une certaine audace et un vrai courage, malgré l'estime dont il jouissait auprès du roi, de la part du Père Dorgère, à se présenter seul dans la capitale du Dahomey pour parler fièrement à ce barbare potentat, si jaloux de ses droits, et lui faire entendre des réclamations auxquelles il ne demandait pas mieux de rester sourd.

L'envoyé de l'amiral de Cuverville, quelques mois auparavant, avait paru en otage à Abomey, il n'avait échappé au roi sanguinaire que grâce à un habile subterfuge. Les autorités de la ville de Ouidah, où, en dernier lieu, le Père Dorgère et ses compagnons de captivité avaient été internés, n'allaient-elles pas se souvenir de cette fameuse invitation à dîner au fort portugais, qui préparait une évasion, concertée avec le commandant portugais Santos? Et les sommations humiliantes du brave officier, escortant les otages fugitifs, ne seraient-elles pas châtiées? L'occasion était bonne pour se venger. Le Père Dorgère comprenait la gravité de la démarche. Il savait qu'il courait un grand péril. Mais il offrait généreusement sa vie pour la France, et pour les âmes qu'il était venu évangéliser afin de les donner à Dieu.

C'est à l'enseigne de vaisseau Le Conte, de l'aviso *l'Ardent*, que fut confié le soin d'accompagner le missionnaire depuis Agoué jusqu'à la frontière Dahoméenne (décimère d'Ahro, lagune de Grand-Popo à Ouidah).

Cet officier écrivit, le 27 juillet, à son commandant, le lieutenant de vaisseau Lallemand, pour lui rendre compte de l'exécution des ordres qu'il avait reçus.

« Le 24 juillet, je suis descendu à Agoué et je me suis présenté au Père Dorgère qui m'attendait sur la plage. Nous nous sommes dirigés sur la mission, où les Pères m'ont accordé la plus gracieuse hospitalité pendant toute la durée de mon séjour à Agoué.

« Le Père Dorgère a tenu à me mettre au courant, et je vais essayer de vous rapporter aussi fidèlement que possible ses paroles.

« Je vais aller jusqu'à la frontière dahoméenne d'Adjadénou avec une « pirogue de Grand-Popo, et là doit m'attendre une pirogue de Ouidah. Je « dois y trouver aussi une personne de ma connaissance.

« Je vais au Dahomey. Je ne sais trop quel sera le succès de mon entre- « prise. La lettre du Yévoghan de Ouidah m'assure une entrevue avec le roi, « mais je ne sais pas trop quelle confiance je dois avoir dans les autorités de « Ouidah. Si l'on a cherché à me tendre un piège, il est fort probable qu'on « cherchera à m'assassiner avant Adjadénou. Cela permettra au roi de se « disculper facilement, en disant que j'ai été tué sur le territoire du protec- « torat français et qu'il n'est pour rien dans ma mort.

« Si donc, aujourd'hui samedi, mes piroguiers sont de retour à Grand- « Popo, il est fort probable que j'aurai pu atteindre Ouidah sans encombre.

« J'ai voulu me réserver un dernier moyen de communication avec « l'amiral, et voici ce que j'ai résolu. Je serai à Ouidah entre midi et deux « heures ; à mon arrivée on me mènera à l'Agore et à la maison du roi. Tout « cela durera deux ou trois heures, et on ne me donnera mes bagages que « dans la soirée. Je dirai alors au Yévoghan que j'ai oublié la lettre de « l'amiral ; ce qui est vrai, car je l'ai laissée à dessein à Agoué, et que par « conséquent il m'est impossible de continuer ma mission, à moins que l'on « envoie une personne de confiance, à Agoué, chercher la lettre.

« J'espère que cette personne sera un enfant de la mission de Ouidah, « sur lequel je puisse compter.

« Je lui remettrai, peut-être à son insu, une lettre contenant des rensei- « gnements sur la façon dont j'ai été reçu. Qu'on interroge et qu'on fouille « cet enfant. . . . .

« Si personne n'est arrivé à Grand-Popo ou à Agoué lundi, vous pourrez « être certain que je suis dans l'impossibilité de remplir ma mission et que « je suis probablement prisonnier.

« D'ailleurs je connais l'officier portugais qui commande le fort. Si je « peux le voir, je lui remettrai les signaux de convention qui suivent, et je « suis certain qu'il n'abusera pas de ma confiance.

LE FORT PORTUGAIS HISSE :	SIGNIFICATION :	RÉPONDRE PAR :
Pavillon *oui* du Code	Tout va bien	Pavillon *non*
» *non* »	Je pars pour Abomey	» *oui*
» *H.* »	Impossible de communiquer	» *B.*

« Lundi le *Goëland* doit hisser le pavillon Q signifiant : « Le Père est-il « parti ? » ou : « Est-il en bonne voie pour remplir sa mission ? » Le fort « répondra W, *oui*, ou T, *non*.

« Toutefois je ne pense pas quitter Ouidah avant huit jours ; car il faut « prévenir le roi de mon arrivée et attendre le retour du courrier.

« Donc si, lundi, le *Goëland* n'a pas reçu de communication de moi, vous « pourrez prévenir l'amiral que je suis surveillé et que toute communication « est impossible.

« Je tenterai d'adresser à l'amiral des lettres dont le texte français sera « écrit en caractères grecs.

« Entre les lignes de mes lettres officielles j'écrirai probablement avec « du jus de citron. Les caractères paraîtront en présentant le papier à la « chaleur.

« J'ai aussi une solution de sous-acétate de plomb avec laquelle je tra- « cerai, peut-être, entre les lignes, des caractères que le médecin de la « *Naïade* se chargera de rendre visibles. »

« Nous avons quitté Agoué le 25, à dix heures 30 minutes du soir, ajoute l'enseigne de vaisseau Le Conte. A quatre heures du matin nous étions à Grand-Popo, et à six heures le Père Dorgère partait dans une pirogue de

AGOUÉ. — MISSION. — ÉGLISE. — HANGARS A PIROGUES

Grand-Popo pour Adjadénou. Au dernier moment, il m'a adressé ces paroles que je vous rapporte aussi exactement que possible. « Répétez bien ceci à « l'amiral : Si le 30 septembre je ne suis pas à Ouidah ou à Grand-Popo, « l'amiral peut me considérer comme prisonnier ou tué, et alors qu'il agisse « sans tenir compte de moi. Si je reviens d'Abomey, je rapporterai la paix « et ce ne sera pas une paix boiteuse. Sinon je succomberai à la tâche, mais « mon devoir sera accompli. »

Suivant l'expression dahoméenne, les chemins furent ouverts à l'envoyé de la France ; il put se rendre à Ouidah. De son côté, l'amiral commandant mouillait en vue de la ville, en sorte que le Père Dorgère apercevait distinctement de la maison de la mission la *Naïade* qui, de loin, veillait à sa sûreté.

M. de Cuverville profita de sa présence à Ouidah pour faire savoir au Yévoghan et au Père Dorgère qu'il ne ratifiait pas, pour le retour, la date du 30 septembre ; elle lui paraissait beaucoup trop éloignée. Il fixait au 1er septembre le dernier délai. Ce délai passé, les hostilités seront reprises. L'amiral invitait le Yévoghan à donner immédiatement connaissance au roi de cette résolution.

OUIDAH-PLAGE ET OUIDAH-VILLE

La présence de la *Naïade* à Ouidah était une manœuvre habile ; l'envoyé de la France se sentait appuyé par la présence du pavillon national. Les autorités de Ouidah ne pouvaient manquer d'être pénétrées d'un profond respect envers un négociateur protégé par des canons dont la ville avait déjà expérimenté la précision et la puissance.

Aussi le Père Dorgère fut-il reçu avec les plus grands honneurs. La population, qui désirait vivement la paix, lui fit un accueil des plus sympathiques.

* * *

Le lendemain, 31 juillet, l'amiral quittait Ouidah ; mais il ne voulait pas se contenter de cette démonstration pour favoriser l'ambassade du courageux missionnaire. Il importait d'envisager la conduite à tenir suivant les circonstances qui pouvaient se présenter. Et c'est avec sa fermeté et son énergie habituelles que M. de Cuverville voulut se préparer à toute éventualité.

OUIDAH-VILLE DANS LE NORD-OUEST

Il écrivit au ministre de la Marine : « Si le R. P. Dorgère revient à la date fixée, sans avoir obtenu aucun résultat satisfaisant, vous apprécierez si le *statu quo* est compatible avec la dignité de notre pays et avec le maintien de l'influence légitime qu'il exerce depuis si longtemps dans ces parages. »

Et un peu plus tard, le 6 août, il ajoutait en post-scriptum : « Je reçois, à l'instant, d'une personne résidant depuis longtemps dans le pays et en situation d'être parfaitement informée, les appréciations suivantes :

« Nous déplorons le maintien du *statu quo ;* le Dahomey est aux abois ; « les divisions intérieures le rongent ; les soldats à qui le roi ne donne jamais « rien à manger et qui doivent s'entretenir de tout à leurs propres frais, « murmurent et se mutinent ; ceux qui possèdent, ceux que le roi imposait « déjà si fortement, ceux qui enfin ne vivent que du petit commerce qu'ils « faisaient à Ouidah et dans les autres ports du Dahomey, tremblent devant « l'avenir, en présence des propositions de paix qui ne revendiquent que les « droits anciens, mais qui laisseront le Dahomey plus orgueilleux encore, « parce qu'il n'aura rien perdu, et le rendront plus inexorable dans ses « cruautés, dans ses exactions et dans ses rapines.

« Un noir, négociant de Ouidah, qui a pu s'échapper, il y a quelque temps, « disait, ce matin (4 août) : « L'action de la France contre le Dahomey n'aura « servi aucune cause, elle l'aura simplement rendu plus cruel. » La vendetta

LA MISSION DES PÈRES DES MISSIONS AFRICAINES A OUIDAH (1890)

« est dans les mœurs des noirs. Ils sauront attendre pour mieux surprendre « et mieux se venger. Plaise à Dieu que nous n'ayons pas à déplorer un jour « la surprise de quelque poste. Le roi se refusera probablement à signer un « traité ; s'il le signe, c'est qu'il sent sa ruine complète et il fera de cela sa « planche de salut. Mais cette liberté, que la France lui aura laissée, il s'en « servira un jour contre elle ; à moins que nos voisins de l'ouest, les Alle- « mands, dont j'ai pu suivre les anxiétés au jour de nos victoires contre le « Dahomey, ne fassent bientôt une conquête que nous leur aurons rendue « facile. »

« Je signerais ces réflexions, ajoute l'amiral, parce qu'elles répondent à mes convictions personnelles. En essayant de traiter aux meilleures conditions possibles, j'obéis aux ordres du gouvernement ; mais le gouvernement me rendra cette justice que je n'ai rien négligé pour l'éclairer, une expédition pouvant seule rapporter à la France honneur et profit. »

L'amiral de Cuverville, contrairement aux espérances du Père Dorgère, ne croyait pas que, du vivant de Béhanzin, on pût conclure autre chose qu'une *paix boiteuse*, à moins que le roi n'acceptât, ce dont il doutait, l'occupation du fort français de Ouidah. . . . .

« Ce sera là, croyez-le bien, disait l'amiral au ministre, la pierre de touche des dispositions réelles du roi Béhanzin. Si pour en finir avec la situation actuelle, le gouvernement croyait devoir se départir de cette clause à laquelle j'attache la plus grande importance, il serait contraint, par cela même, tant à Porto-Novo qu'à Cotonou, à entretenir des forces suffisantes pour repousser les agressions qui pourraient se produire au moment où l'on s'y attendrait le moins. Ce serait, en un mot, une *paix armée,* qui finirait par devenir fort dispendieuse, et mieux vaudrait mille fois en finir par une expédition faite dans les conditions exposées dans ma lettre du 3 juillet. »

CASES DAHOMÉENNES

Les missionnaires, dans leur patriotisme ardent et avec l'expérience que leur donnait la connaissance du pays, portaient un jugement identique à celui du commandant en chef. Nous en trouvons la preuve dans une lettre du R. P. Pied au R. P. Planque :

« Tout le monde, dit-il, est fatigué de la longueur des négociations ; officiers et soldats brûlent de marcher en avant. Plus on tarde à agir, plus les difficultés augmentent.

« Pendant toutes ces tergiversations, les Dahoméens ne trouvent-ils pas le moyen de perfectionner leur armement ? ne recevront-ils pas un secours inattendu, ne fût-ce que quelques soldats façonnés à la tactique européenne ? Aux premiers jours, un coup de main aurait suffi. Aujourd'hui le succès est encore relativement facile. Plus tard, après avoir perdu du temps, des hommes et de l'argent, il faudra un déploiement de forces et une dépense de fonds dix fois plus considérables. »

Toutefois l'amiral envoyait à Paris un projet de traité, dont l'article 3 stipulait que le roi du Dahomey, comme gage de ses dispositions amicales, consentait à ce que le fort français de Ouidah fût, à l'instar du fort portugais, occupé par un détachement dont le gouvernement de la République Française fixerait l'importance.

« J'attache à l'acceptation de cette clause, écrivait M. de Cuverville, une importance telle que je déclare que si la paix se faisait en dehors d'elle, cette paix n'aurait aucune solidité, au moins du vivant de Béhanzin. Je ferai donc tous mes efforts pour qu'elle reste inscrite dans le traité. Mais si je me heurtais à un refus catégorique, le gouvernement en serait avisé par le câble, afin qu'il me fasse connaître sa décision finale.

« Le projet de traité que j'ai rédigé contient, à mon avis, tout ce que nous pouvons raisonnablement exiger dans les circonstances actuelles. »

Mais il y avait une seconde alternative : l'échec complet de la mission du Père Dorgère, sa captivité au mépris de tous les droits, et même sa mort.

L'amiral de Cuverville entrevoyait cette hypothèse ; il comprenait la

L'OUÉMÉ

nécessité de la prévenir en intimidant le roi et son entourage ; de même qu'il envisageait l'obligation possible d'avoir à venger une insulte grave, faite au drapeau de la France.

Il joignit à sa correspondance, avec le ministre de la Marine, une lettre par laquelle M. le Résident de France, à Porto-Novo, exprimait ses doutes sur le succès de l'ambassade du Père Dorgère, et l'amiral ajoutait : « Vous verrez que je ne suis pas le seul à penser que l'unique moyen d'amener le roi Béhanzin à composition serait de se montrer fort et d'être prêt à frapper ferme. »

Pour la protection de l'envoyé de la France auprès du roi de Dahomey, pour la réussite de sa mission, comme pour l'honneur du pavillon, il fallait donc agir.

Qu'est-ce que l'amiral désirait faire ?

Il expose ses projets au ministre en ces termes :

« Si le Père Dorgère n'est pas de retour le 1er septembre, ma parole est engagée et à moins d'abdiquer toute influence, dans le présent comme dans l'avenir, le bombardement devra commencer le 2 septembre, non seulement sur Ouidah, mais encore à Godomey, à Abomey-Calavy et sur les points occupés par les forces Dahoméennes à l'embouchure du Ouémé.

« Mais cet acte de vigueur sera insuffisant et il faut que la première partie des opérations décrites dans le plan qui accompagnait ma lettre du 3 juillet 1890 (n° 63. Cabinet-Mouvements), à savoir l'occupation de Fanvié, sur le

OUÉMÉTO

Ouémé, reçoive son exécution. Il est donc prudent de préparer sans retard les moyens d'action voulus, et c'est ce qui me conduira probablement à vous adresser un câblogramme spécial. »

La plus vulgaire sagesse demandait qu'on prévît l'avenir ; il devenait urgent de prendre ses précautions contre un adversaire astucieux, capable de toutes les félonies, et qui ne rendrait les armes que vaincu par la crainte.

***

Que pouvait le commandant en chef pour l'exécution d'un coup de force, s'il devenait nécessaire ? « Nos effectifs sont trop faibles pour tenter une marche en avant, ce que vos instructions ont d'ailleurs formellement défendu. » Ce passage de la dernière lettre de M. de Cuverville au ministre de la Marine, résumait la situation.

Que tenter sans troupes suffisantes ? Que faire sans ordre ? Cependant, en face de la nécessité, dans une situation impérieuse, l'amiral de Cuverville pouvait-il penser qu'il resterait l'arme au bras et qu'on l'obligerait à être le témoin muet d'une bravade ridicule, ou d'une injure sanglante? Dans le cas extrême, le ministère donnerait certainement un contre-ordre. Alors, il faudrait marcher. L'amiral devait donc se procurer à tout prix des renforts. Où les prendre? Sur place, parmi les peuplades rivales de Béhanzin et amies de la France?

M. de Cuverville avait toujours pensé à recourir aux Egbas. Il était dans leur intérêt de demander protection contre un voisin toujours prêt à envahir leur pays. Cette protection, les Egbas l'avaient réclamée. Les efforts tentés pour les amener à la France furent couronnés de succès et aboutirent à des promesses formelles, malheureusement non suivies de réalisation. Onilado, chef suprême d'Abéokouta, avait écrit par deux fois; sa correspondance prouvait que ce chef était personnellement disposé à s'unir aux Français. Mais il y avait lieu de croire que l'influence anglaise s'exerçait très activement pour empêcher les Egbas de mettre leur projet à exécution. De plus la présence des forces Dahoméennes, habilement échelonnées sur la rive gauche du Ouémé, contribuait à les intimider. Au 4 août, les contingents promis par ce vaillant petit peuple n'avaient pas encore paru. Toutes les dispositions étaient prises cependant pour bien recevoir ces nouveaux alliés.

VUE DE FANVIÉ

Ces espérances déçues rendaient urgent l'emploi d'autres moyens pour fortifier le corps d'occupation qui pouvait devenir d'un jour à l'autre un corps expéditionnaire.

L'amiral acculé se décida à recourir de nouveau au gouvernement, et, le 7 août, il télégraphia à Paris:

« Pour aboutir, je demande occupation Fanvié et cinq cents hommes légion étrangère autant que possible. »

La réponse ne se fit pas attendre: c'était un refus. Elle arriva le surlendemain, le 9 août:

« Impossible envoyer cinq cents hommes. Ne cherchez pas à vous étendre. Renoncez à Fanvié. Recrutez et formez bataillon Haoussas ou autres noirs qui seront payés et nourris par colonies. Accusez réception par télégraphe. »

L'amiral de Cuverville câbla aussitôt : « Je suivrai vos instructions ; ma correspondance vous expliquera mes regrets et mes appréhensions. »

Le refus était amer. Il ressemblait à un cruel abandon.

M. de Cuverville ne dissimula pas ses sentiments. Avec une franchise respectueuse, suivant ses procédés de parfaite loyauté qui ne se démentaient jamais, il écrivit au ministre de la Marine la lettre suivante :

« L'occupation de Fanvié, position importante qui commande d'ailleurs le cours inférieur du Ouémé et la route d'Abomey à Porto-Novo, nous permettait, tout en assurant à l'avenir la protection de ce dernier point, d'exercer une forte pression sur le roi Béhanzin et de l'amener très probablement à composition. C'était un moyen de sortir, à frais réduits, d'un *statu quo* que les noirs considèrent comme un aveu d'impuissance. L'avenir dira ce qu'il nous aura coûté !

« Le Dahomey est un magnifique pays, extrêmement fertile ; sous un régime autre que celui qui l'écrase et le déshonore, il serait très riche et donnerait lieu à d'importants échanges. En outre, c'est une magnifique voie de pénétration au sein de cette Afrique devenue le champ clos des puissances européennes. Par là nous arrivions aisément au moyen Niger, et, nous reliant avec son cours supérieur sur lequel flotte déjà notre drapeau, nous devenions les maîtres de la plus grande partie de cette artère, importante pour le commerce comme pour la civilisation.

PAYSAGE A FANVIÉ

« Le haut pays du Dahomey est très sain et constituerait pour les traitants de la côte un vrai sanatorium.

« Par nos traités de 1886 avec l'Allemagne, de 1889 avec l'Angleterre, traités qui ont fait à ces deux puissances une si large part, nous paraissions nous être réservé le Dahomey comme zone d'influence : en nous exonérant des devoirs que cette situation nous impose vis-à-vis d'un despote cruel, qui vit de pillage aux dépens de ses voisins ; en laissant subsister un régime odieux, qui est une véritable tache pour la civilisation, ne craignons-nous pas d'abdiquer, aux yeux des puissances qui nous surveillent et nous jalousent, les avantages moraux et matériels que devaient nous assurer les sacrifices, comparativement peu dispendieux, d'une expédition entreprise à l'époque de l'année où les complications européennes ne sont guère à redouter ? Plaise à Dieu qu'il n'en soit rien !

« Cette lettre, Monsieur le Ministre, est mon testament africain; aussi me pardonnerez-vous la liberté de mon langage; j'ai passé de longs mois sur la côte et j'aurais forfait à ma conscience en vous taisant ce que je crois être la vérité. »

Ainsi, pas de secours à espérer des Egbas, pas de renforts à attendre du Sénégal ou de la France ; comme suprême ressource, le recrutement des Haoussas ! Toutefois il y avait un progrès : ce n'était plus la caisse vide du roi Toffa qui devait faire les frais de l'équipement des Haoussas ; le ministère des Colonies s'en chargeait.

LA SORTIE DE LA MESSE A AGOUÉ

L'amiral de Cuverville, qui ne se laissait jamais abattre et ne reculait devant aucun obstacle, s'occupa sans retard de l'enrôlement de ces soldats auxiliaires et de leur organisation en bataillons, à quatre compagnies. Il indiqua que les cadres devaient être recrutés, par voie d'engagement volontaire, dans les régiments d'infanterie de marine, et parmi les sous-officiers, ayant déjà servi aux colonies, âgés de trente ans au moins.

Singulière situation d'un commandant en chef qui est contraint de lever lui-même ses troupes en terre lointaine, d'encadrer ses soldats novices, de les former au maniement des armes, en face et sous l'œil de l'ennemi, à la veille peut-être d'entrer en campagne !

Le recrutement était très difficile en temps ordinaire ; dans la circonstance, il devenait presque impossible. Et s'il avait fallu agir sur l'heure, marcher en avant sans retard, il aurait été de nul effet. Plus de six semaines après, le ministère de la Marine ayant demandé par dépêche : « Où en êtes-vous du recrutement des indigènes ? Peut-on émettre un décret à ce sujet ? Avez-vous besoin qu'on vous envoie cadres ? » l'amiral de Cuverville fut obligé de répondre : « Le recrutement indigène marche lentement, à cause de l'opposition cachée de la colonie de Lagos. J'espère néanmoins réussir. Je demanderai les cadres quand le moment sera venu ; en attendant, j'utiliserai ceux dont je dispose. Vous pourrez émettre un décret, sans assigner une date fixe pour l'organisation complète. »

De fait, M. le résident Ballot, qui s'était mis gracieusement à la disposition du commandant en chef, avait envoyé sans retard des recruteurs dans le pays ; mais il dut patienter de longs jours avant d'être fixé sur les ressources à attendre des Haoussas. Les premières recrues furent des noirs d'Abéokouta. Le colonel les fit habiller; on eut pour eux les plus grands égards, afin de s'en servir comme amorce. Ils retournèrent dans leur pays pour y faire d'autres prosélytes. L'opération fort lente donna quelques résultats. Les recrues, assez rares, furent versées successivement dans les cadres des compagnies de tirailleurs sénégalais. M. le capitaine Boutegourd, qui avait rempli au Cambodge, avec le plus grand zèle, des fonctions analogues, s'était chargé de la formation des nouveaux bataillons.

Il faut donc ajouter qu'aux difficultés, inhérentes aux circonstances, venait s'adjoindre le mauvais vouloir des Anglais. Leur opposition sourde, plus ou moins avouée, montrait combien il était nécessaire, avant qu'il fût donné libre cours à la convention franco-anglaise de 1889, de stipuler de la façon la plus expresse qu'en aucun cas l'Angleterre ne mettrait obstacle au recrutement par la France d'une force indigène parmi les Egbas ou parmi les autres peuplades de la Côte des Esclaves.

En somme, dans une certaine mesure, il dépendait du bon plaisir des Anglais que le corps d'occupation pût recourir efficacement aux habitants du pays pour compléter ses rangs ou les accroître.

La situation était fâcheuse. Le commandant en chef se trouvait engagé dans une impasse ; d'un côté, le refus formel du Gouvernement d'envoyer de nouvelles troupes, d'autre part, les éternels rivaux de la France déjouant ses tentatives d'enrôlement sur place.

L'amiral de Cuverville se serait contenté, alors, de l'envoi de cinq cents hommes, pour parer à toutes les éventualités. Deux ans après, il faudra expédier au Dahomey près de quatre mille hommes, dépenser plus de dix millions, verser le sang de nombreux serviteurs de la patrie, et par de grands sacrifices, qu'il aurait été facile d'éviter, réparer les conséquences néfastes d'une politique de paix à outrance.

VILLAGE DAHOMÉEN

IV

L'ambassade à Abomey.

(1890)

La presse anglaise et ses conseils perfides. — La presse catholique. — Les sentiments du ministère de la Marine. — Réception du Père Dorgère à Ouidah. — Récade du roi. — Ambassade du Père Dorgère à Abomey. — Réception triomphale. — Pourparlers avec le roi Béhanzin. — Le roi tombe d'accord avec le Père Dorgère sur la cession de Cotonou et le protectorat de Porto-Novo. — Il ne consent pas à l'occupation de Ouidah. — Lettre du roi Béhanzin à l'amiral de Cuverville. — Délivrance des prisonniers. — L'amiral s'oppose à l'évacuation du fort portugais de Ouidah. — Projet de palabre à Ouidah pour la signature d'une convention. — M. de Cuverville demande la croix de la Légion d'honneur pour le Père Dorgère. — Le patriotisme et le dévouement du missionnaire sont mis à l'ordre du jour. — Départ de la *Naïade* pour le Gabon.

Cependant, la presse européenne s'occupait des opérations du corps expéditionnaire français au Dahomey.

Les Anglais annonçaient des projets belliqueux, et commentaient l'information en donnant des conseils de prudence au gouvernement de la République.

On lisait dans la correspondance parisienne du *Times* : « J'apprends de source sûre que l'on fait des préparatifs ici pour une importante expédition au Dahomey. Des turcos seront envoyés à Dakar, et l'entreprise ne sera terminée qu'après la soumission du roi du Dahomey. Les expéditions coloniales sont pour la République un risque plus grand que ne l'a jamais été le boulangisme, mais comme la chose a été décidée, ce serait prêcher dans le désert que de signaler le danger qui est doublement fatal, attendu qu'on va au-devant sans nécessité, et que le Dahomey n'offre aucune des compensations que le Tonkin présente ou présentera. »

A ces sentiments de commisération, par trop intéressés, le *Temps*, journal officieux, répondait :

« Il n'est pas exact qu'on fasse des préparatifs pour une importante expédition au Dahomey ; le gouvernement s'est engagé devant le Parlement à ne rien entreprendre dans ce pays sans son assentiment et tiendra sa parole. Actuellement, nous gardons nos positions de Cotonou et de Porto-Novo et les seuls mouvements de troupes à signaler sont les remplacements des soldats d'infanterie de marine par des troupes indigènes. Il était facile de prévoir que les blancs ne tiendraient pas cette région, une des plus malsaines du monde, et qu'installés comme ils l'étaient, ils seraient plus fréquemment à l'hôpital qu'à leur poste de combat ; néanmoins, on a renvoyé là-bas de l'infanterie de marine, et, l'expérience faite, on reconnaît qu'on a fait mauvaise route et l'on revient sur cette mesure.

« Il paraît aussi qu'on cherche toujours à traiter avec le roi Béhanzin. Les premières dépêches reçues après son avènement l'appelaient Badazin. Béhan-

AVRÉKÉTÉ

zin est, paraît-il, très fin, très intelligent ; il se dit toujours l'ami des blancs et déclare à qui veut l'entendre qu'on a trompé le gouvernement français au début des opérations. Il manifeste en toute occasion le désir de vivre en bonne intelligence avec nous et se dit prêt à nous céder solennellement le territoire de Cotonou, mais il ne veut pas entendre raison sur le Porto-Novo. Son cousin Toffa, le roi de Porto-Novo, occupe le trône grâce au concours militaire donné autrefois par le Dahomey, et Béhanzin, bien qu'intelligent, ne sait pas qu'on ne doit pas compter sur la gratitude des chefs d'État.

« En réalité, il voudrait avoir toute latitude pour mettre à sac le Porto-Novo, et c'est ce que nous ne pouvons permettre.

« Quoi qu'il en soit, la situation du Dahomey n'est pas brillante, le commerce est complètement arrêté, les transactions nulles, et, ce dont se plaignent et à juste titre nos nationaux, cette situation semble devoir se prolonger. Nous entretenons au Bénin un effectif tout juste suffisant pour garder nos positions, et nous dépensons ainsi beaucoup d'argent sans chance d'aboutir. Tout compte fait, quelques campagnes, comme celle que nous faisons actuellement, nous coûteront aussi cher en hommes et en argent qu'une démonstration sérieuse. »

Cette dernière observation était relevée par un journaliste catholique, dont le patriotisme éclairé déplorait le système des petits paquets, mis en œuvre parce qu'on n'avait pas la franchise de parler net à la Chambre.

« Pourquoi, disait-il, ne pas fournir à l'amiral commandant l'expédition, les moyens de faire promptement ? Ce n'est pas assez dire que la méthode contraire nous coûtera aussi cher en hommes et en argent ; elle nous coûtera plus cher, et notre prestige, au lieu de grandir par le fait d'une action rapide, puissante et décisive, sera finalement entamé auprès des populations auxquelles il faut apprendre le respect du nom français... Et puisque, de l'avis de tous les hommes compétents, l'amiral qui commande en ces parages est celui dont l'intelligence et l'énergie peuvent le mieux mener à bien l'expédition dahoméenne, qu'on ne marchande pas à l'amiral de Cuverville, comme la note du *Temps* indique qu'on le fait, les moyens d'en finir promptement avec le monstre qui règne sur les Dahoméens. »

Cet avis était inspiré par la sagesse. Mais la politique intérieure de la France ne permettait pas de le suivre. Il fallait compter avec le parlementarisme. Un officier général, témoin oculaire des agissements des hommes auxquels alors étaient confiées les destinées de la France, et bien à même de connaître leurs intentions, écrivait, le 10 août, à l'amiral de Cuverville :

« Je voudrais vous dire des choses agréables et encourageantes, mais le moment ne m'en paraît pas venu. Nous avons beau prêcher votre cause comme

PALMIER ISOLÉ ENTRE GODOMÉ ET AVRÉKÉTÉ

nous la comprenons, il est impossible de convertir ceux qui tiennent le gros bout dans cette affaire et qui se refusent absolument à employer les moyens pour en finir vite et bien. Le ministre Barbey a épuisé inutilement toute sa rhétorique, et nous ne pouvons que constater une fois de plus les bienfaits du parlementarisme en matière de guerre. On croit toujours qu'on va traiter. Or, on ne traitera que lorsque le roi du Dahomey sera sur ses boulets, et, dès qu'il n'y sera plus, il sautera à pieds joints sur le traité.

« J'aurais voulu que, dès le mois de juillet, on nommât le chef de l'expédition et son état-major, qu'ils se missent immédiatement au travail, qu'on préparât tout dans les plus petits détails, de manière à tout débarquer au moment voulu dans de très bonnes conditions et à faire l'expédition complète en un mois ; en un mot, imiter ce qu'ont fait les Anglais chez les Ashanties. Mais nous en sommes bien loin et il est déjà trop tard pour préparer quelque chose. D'ailleurs personne n'y songe. On se contente de se promener. »

On n'y songeait pas, en effet, et le refus d'envoyer les cinq cents hommes demandés confirmait clairement les intentions du gouvernement. Les hautes influences de l'heure présente voulaient traiter et se dérobaient devant tout acte belliqueux.

Le département de la Marine ne doit pas être rendu responsable de cette ligne de conduite. M. de Cuverville le savait, car un ami bien renseigné lui écrivait : « Je puis vous affirmer que le ministre et moi voyons bien les choses comme elles sont. Depuis longtemps, il n'y a pas de jour où nous ne sollicitions une décision, en démontrant la nécessité absolue d'une expédition bien préparée arrivant au moment voulu et agissant rapidement. Peine entièrement perdue ! Le président du Conseil, ministre de la Guerre, ne veut à aucun prix entendre parler d'expédition, et le ministre des Affaires Étrangères l'appuie, se berçant de la vaine illusion de traiter avec le roi du Dahomey. Et pendant ce temps, vos forces s'épuisent, et nous n'avons rien pour les remplacer. Le Sénégal n'arrive plus à recruter les tirailleurs et l'infanterie de marine n'a aucune résistance.

JEUNE NAGOTE

« Aujourd'hui (8 août), Barbey doit causer de toutes ces affaires avec les ministres. Il va s'efforcer d'amener une solution. Mais cela me paraît aussi difficile que parler à des mannequins. Votre télégramme demandant l'occupation de Fanvié (position importante qui commande le cours du fleuve Ouémé, grande route d'Abomey), et 500 hommes de la légion étrangère, vient de nous parvenir. Puisse-t-il avoir du succès ? Il sera présenté aujourd'hui au Conseil des ministres. »

La demande fut donc repoussée. La politique de conciliation à tout prix est de nouveau confirmée, le 17 août, par le télégramme suivant adressé à l'amiral de Cuverville :

« Les membres du Gouvernement espèrent toujours que vous traiterez, pour peu que les conditions soient avantageuses. »

Plus tard, une autre dépêche devait ajouter :

« Grand intérêt à faire aboutir négociations avant vingt octobre », c'est-à-dire avant la rentrée des Chambres.

L'épreuve était cruelle ; l'amiral de Cuverville la supporta avec énergie et en chrétien. Voici dans quels termes il épanchait alors le trop plein de son cœur :

« Conformité complète de ma volonté propre avec celle de celui qui dirige tout ici-bas pour notre plus grand bien ! Voir partout l'action providentielle et s'y soumettre dans la certitude qu'elle s'exerce au mieux de nos intérêts, si nous sommes hommes de bonne volonté ! Combien, pour mon compte personnel, je suis heureux de m'être habitué de bonne heure à pratiquer cette philosophie chrétienne. Les circonstances dans lesquelles je me trouve actuellement placé, me rendraient bien malheureux, si je n'y voyais l'action divine; tous mes efforts pour déterminer le gouvernement à une action prompte et décisive ont échoué. »

Généreusement soumis, l'amiral se résigna. Il avait préparé les voies pour aboutir, suivant les ordres reçus, à un accord quelconque. Toutefois, il fit entendre ce cri de fierté bien légitime : « Ma demande a été repoussée. J'ai reçu l'ordre de traiter. Mais je ne suis pas de ceux qui traitent à tout prix ! » Ne pouvant agir énergiquement, il parlera ferme.

Ne doit-on pas se demander ce qui serait arrivé si les négociations n'avaient pas été couronnées de succès; si la mission du P. Dorgère avait échoué? La réponse est claire. Le drapeau de la France aurait été gravement compromis. Cela ne fait aucun doute.

***

Par bonheur, l'amiral de Cuverville avait confié les graves intérêts en jeu à un vaillant missionnaire dont l'intelligence et le courage ne furent pas au-dessous de la tâche. Le rôle du P. Dorgère fut d'autant plus glorieux qu'il alla seul au-devant du despote africain : et seul, sans l'appui d'une démonstration victorieuse, il triompha de l'orgueil du monarque sanguinaire.

Les cabécères étaient venus à sa rencontre jusqu'à Aho, et pendant cinq jours, les autorités donnèrent en son honneur, à Ouidah, des fêtes splendides. Il attendit les lettres qu'il avait volontairement oubliées à Agoué et, le 29 juillet, il écrivait de la mission catholique au commandant en chef :

« Le neveu du roi, Zizi-Dogué, est venu avec sa troupe et sa musique faire le tour de la mission en dansant, puis il s'est mis à genoux dans la cour ainsi que tous les agorigans.

« Voici son récade (message du roi).

« Le roi du Dahomey a été très heureux d'apprendre que Monsieur l'Amiral vous avait choisi pour venir traiter les questions en litige. Il vous connaît et n'a jamais douté de votre parole. Votre présence ici le prouve, et voilà pourquoi il a ordonné à ses chefs et à son peuple de vous recevoir avec tous les honneurs qui vous ont été rendus ces jours-ci. De plus, comme vous êtes son hôte, il envoie pour votre table quatre cabris, deux moutons et des poules et, comme votre temps est limité, il vous attend dans le plus bref délai.

« Le cabécère est alors entré dans la mission et nous avons « *pris* » votre santé, Monsieur l'Amiral, puis celle du roi, la mienne et enfin nous avons bu à l'amitié qui a toujours régné entre la France et le Dahomey et au succès de ma mission.

« Hier, plus de quatre cents personnes sont venues me visiter. Du matin jusqu'au soir, la mission est continuellement remplie de monde. La ville est absolument pleine comme au temps de la paix. »

Cependant un différend assez grave s'éleva entre le P. Dorgère et le Cussugan (Guédor, première autorité de Ouidah). Il avait gardé chez lui une lettre que le commandant du *Goëland* adressait au missionnaire. Le P. Dorgère se montra très ferme. Il fit dire au Cussugan qu'il tenait absolument à ce que toutes les lettres venant du bord lui soient envoyées sans aucun retard, lui déclarant qu'il ne voulait être soumis à aucune méfiance de la part des autorités, et que, s'il s'apercevait qu'une lettre eût été ouverte, il ne la recevrait pas, dût-il par cet acte provoquer la guerre.

DEUX NAGOTES

Le Cussugan fit faire aussitôt toutes les excuses possibles au P. Dorgère. Il y avait eu, paraît-il, erreur.

A onze heures, le 30 juillet, les autorités reçurent l'envoyé de la France au portail de la grande Gore (siège de la préfecture). On y entra avec les cérémonies accoutumées pour recevoir le *bâton du roi* qui doit accompagner le Père à la capitale. Le départ fut fixé au samedi, 2 août, de bon matin.

Le soir, le P. Dorgère recevait, vers dix heures, la lettre de l'amiral de Cuverville ordonnant son retour pour le 1er septembre.

« Je vais chez le Cussugan, écrit le missionnaire, pour le prévenir de la date que vous avez fixée pour mon retour. Il me fait observer d'abord que le roi, ayant été averti de la première date (30 septembre), il ne fallait pas lui faire connaître la nouvelle détermination. Sur ma réponse, qu'une pareille manœuvre était absolument impossible et que pour rien au monde je ne la ferai, il s'est incliné.

« J'ai profité de cette occasion pour lui montrer à nouveau qu'une politique toute de mensonges ne pouvait amener aucun résultat sérieux ; que je comptais beaucoup sur lui pour qu'il m'accompagnât à Abomey ; que, homme intelligent comme il l'était et fait aux usages des blancs, il devait comprendre mes raisons ; qu'il était parfaitement inutile de trafiquer de ma tête, attendu que, suivant une formule du pays, « je l'avais remise au roi de France ». Enfin que cette tête était de peu d'importance ; cependant, le jour où elle tomberait, nombre de pères, de mères et d'enfants verseraient des larmes pour toute leur vie. »

ESCLAVE DAHOMÉENNE

Sur ces entrefaites, arrivait de la capitale un personnage méprisable entre tous, le fameux Carvalho, mulâtre brésilien et courtier du roi pour la vente des esclaves au Portugal, de plus, l'ami de Candido Rodriguez, personnage de même acabit, qui avait servi d'intermédiaire à M. Siciliano et l'avait trahi.

Le Père Dorgère signalait sa présence à l'amiral, en ajoutant que les intrigues et la mauvaise foi de ce misérable le faisaient mépriser de tous; les noirs eux-mêmes ne se cachaient pas pour dire ce qu'ils en pensaient. Que venait-il faire à Ouidah? Était-il attiré par la nouvelle de la mission importante que le Père Dorgère allait remplir au nom de la France auprès du roi Béhanzin?

Quoi qu'il en soit, le Père reçut, le 3 juillet, un nouveau bâton du roi pour monter, le samedi, à la capitale.

Avant son départ, il avertissait l'amiral qu'il avait déjà sondé le terrain et qu'il était fort incliné à croire que, s'il y avait une difficulté, elle porterait seulement sur les troupes que le gouvernement français mettrait à Ouidah. . . . .

*
* *

Le voyage du Père Dorgère fut un véritable triomphe. Voici dans quels termes il en rendit compte à l'amiral de Cuverville.

« Dahomey-Abomey, 9 août 1890.

« Monsieur l'Amiral,

« Parti de Ouidah le 2 août, à cinq heures du soir, je suis arrivé à la capitale le 7 du même mois, vers dix heures du matin. Je suis resté dans une maison, près du palais de Jimi, jusqu'à six heures et quart. De là je suis allé au portail du roi, et, vers sept heures, un cabécère, du nom de Inaï, m'a remis un nouveau bâton de Sa Majesté, me souhaitant la bienvenue et me priant de me rendre dans une maison désignée, l'heure étant trop avancée pour être reçu au palais.

« Hier 8, grande réception à quatre heures du soir.

« Assis au milieu d'une des grandes places de la capitale, tous les hauts dignitaires, accompagnés de leurs soldats et pavillons, ont fait successivement trois fois le tour de moi, puis chaque troupe a tiré en mon honneur. D'après les comptes donnés par les soldats, il a été tiré 7.900 coups de fusil et cent coups de canon. Le défilé des cabécères se monte à 90.

« Cette sorte de ronde terminée et chaque cabécère ayant dansé à son tour, l'on dresse une table avec diverses boissons, et, à ce moment même, une salve de douze coups de canon fut tirée en mon honneur, par ordre du roi.

« De là je fus conduit sur la place même où siégeait le roi entouré de ses amazones. Les guerriers, au nombre de certainement plus d'un millier, étaient rangés en ordre, chaque troupe ayant son drapeau. Je fis trois fois le tour de la place suivant la coutume, et m'arrêtai enfin à quinze mètres du roi.

« Après les compliments d'usage, le roi prit la parole, descendit de son trône, et, le sourire sur les lèvres, franchit la limite qui le sépare du peuple et des grands et vint à moi. Il me demanda des nouvelles de la santé du roi de France, de la vôtre, Monsieur l'Amiral, puis fit dresser une table avec toutes sortes de liqueurs.

MÈRE ET FILLE NAGOTES

« Je bus à sa santé, et il fit résonner de nouveau le canon. Il donna l'ordre alors à ses amazones de commencer les danses, puis il fit défiler trois troupes de ses guerriers, qui dansèrent également.

« Comme il me vantait le courage de ses troupes, disant qu'elles ne craignaient absolument rien et que tous les guerriers étaient prêts à mourir sans crainte et sans frayeur, je répondis qu'il était du devoir de tout bon soldat de combattre jusqu'à la mort pour son prince, et que le soldat qui reculait devant l'ennemi devait être traité de lâche. J'ajoutai que, bien que n'étant pas soldat, je ne connaissais pas la peur.

« Ce discours fut répété à haute voix à tout le peuple présent.

« Enfin, vers huit heures et demie ou neuf heures, je demandai congé à Sa Majesté qui me l'accorda aussitôt, disant hautement que j'étais un homme de cœur et de parole, et que du reste ma physionomie seule indiquait la franchise et l'homme sérieux. (Je vous demande pardon de ces détails, mais je tiens à tout vous dire.)

« Il ajouta qu'il m'appellerait le plus vite possible pour traiter en particulier de ma mission, car il ne voulait pas me retenir longtemps à la capitale.

« Il ordonna à ses cabécères et soldats de m'accompagner jusqu'à ma maison et fit tirer le canon jusqu'à ma rentrée.

« Voici, Monsieur l'Amiral, le résumé exact des faits jusqu'à ce jour. Bien entendu, je passe sous silence les réceptions reçues sur le parcours et surtout à Kana où le cabécère Imaro m'a reçu au nom du roi, tirant 880 coups de fusil.

« Au moment où j'allais vous expédier cette lettre, Sa Majesté a envoyé le cabécère Imaro pour me faire une autre fête. Le roi m'a offert, en cadeau, un bœuf superbe, trente poules, dix chèvres, quarante piastres cauries, trois paniers d'ignames. Le cabécère avait ordre de Sa Majesté de tirer des coups de fusil, jusqu'à ce que moi-même je dise : « Assez. »

« J'ai laissé tirer pendant près d'un quart d'heure, puis j'ai fait cesser le feu.

« Vous voyez, Monsieur l'Amiral, la bonne disposition du roi vis-à-vis de la France et de moi. »

Après la lecture de cette lettre, M. de Cuverville télégraphiait à Paris (14 août) :

« Reçu nouvelles Abomey. Père Dorgère accueilli avec honneurs princiers. Cent coups de canon, dix mille coups de fusil ; défilé chefs et troupes ; attitude simple, loyale et ferme du Père, paraît avoir vivement impressionné roi qui le comble de prévenances et de flatteries... »

Faisant part de sa joie plus intime à une personne amie, l'amiral écrivait (6 août) :

« Après avoir été reçu en triomphe dans ce même Ouidah, où il avait été indignement traité, après avoir reçu les courbettes et les génuflexions de ces mêmes chefs indigènes, qui l'avaient en quelque sorte martyrisé, après avoir distribué le 1er août la sainte communion à plus de quatre-vingts personnes et reçu plus de quatre cents visites à la mission catholique de Ouidah où il était en maître avec son bâton de commandement, symbole de sa mission,... le P. Dorgère est parti pour Abomey le 2 août, à deux heures de l'après-midi, escorté des plus hauts dignitaires et refaisant, en grand chef, ce même parcours qu'il avait fait il y a quelques semaines en prisonnier ! « Jusqu'ici tout « va pour le mieux ; le roi a donné l'ordre partout de m'accueillir avec les « honneurs qu'il vous aurait donnés à vous-même, » telles sont les dernières lignes que le Révérend Père m'ait écrites.

« Je n'ai pas besoin de vous dire que l'enfer va rugir... Les critiques ne me sont pas ménagées, de ceux-là même dont on devrait les attendre le moins ; mais grâce à Dieu, j'ai le caractère trempé et ce que je veux, Dieu aidant, je l'obtiendrai.

« Ainsi il sera dit qu'au moment où le gouvernement de la République persécute en France les ordres religieux, un religieux est allé à Abomey, après avoir fait généreusement le sacrifice de sa vie, pour y faire entendre au roi un langage de nature à relever la dignité nationale compromise par d'imprudentes démarches et des concessions hâtives.

« Les noirs verront en quelle estime un officier général de la marine française, commandant les forces de terre et de mer, gouverneur, etc., tient ces religieux, si attaqués par cette clique de commerçants, au fond de laquelle il n'y a que de la pourriture. Quoi qu'il advienne de cette mission, la gloire de Dieu en sortira ; c'est là ce que j'ai voulu.

« Et maintenant la *Lanterne*, qui illumine tous les antres de la Franc-Maçonnerie, peut s'en donner à cœur joie contre le « Bondieusard » ; seul, jusqu'ici, il a fait respecter la dignité de la France et contraint les noirs du Dahomey à compter avec elle, en accordant à ses messagers les égards et les honneurs qui leur sont dus !

« Le Roi est prévenu que si le Père Dorgère n'est pas de retour le 1er septembre au plus tard, quelle que soit d'ailleurs sa réponse, je bombarde Ouidah et tous les points accessibles à nos bâtiments et à nos canonnières.

« J'ai demandé au ministre de ne pas m'en tenir là et d'occuper résolûment des positions que je lui ai indiquées ; mais pour le faire avec sécurité, il me faudrait des renforts qui me seront sans doute refusés. Le département de la Marine est actuellement en possession de tous les renseignements qui lui permettent d'agir ; j'ai exposé un plan complet et détaillé des opérations à entreprendre successivement, en indiquant les moyens de les exécuter presque sans pertes.

UNE ÉLÉGANTE DU MARCHÉ DE COTONOU

« Si le gouvernement le veut, en deux mois, je le répète, à partir du 15 septembre, l'affaire du Dahomey sera réglée ; un seul acte de vigueur suffirait probablement pour que la mission du Père Dorgère mît Béhanzin à nos genoux. Aura-t-on assez de clairvoyance pour nous donner les moyens d'action qui nous manquent ? J'en doute.

« Et maintenant, toute la meute radicale et franc-maçonne peut aboyer après moi. Je me rappelle la promesse : *Dentibus suis fremet et tabescet; desiderium peccatorum peribit.* Prions pour qu'il en soit ainsi, et pour que mon passage en ce pays, auquel je croyais bien avoir dit un éternel adieu, tourne au profit de la Sainte Église de Jésus-Christ, et par cela même, parce que c'est tout un, à la gloire de la France. »

***

Malgré tout, il ressort de cette lettre que l'amiral ne se faisait pas illusion. Ces manifestations plus que courtoises ne l'aveuglaient pas. Il terminait sa dépêche du 14 août par cette déclaration : « Jusqu'à présent, je ne crois pas à la paix. »

Assurément la présence du Père Dorgère à Abomey, où il était conduit naguère en prisonnier, avait produit la plus vive impression. Les ovations empressées d'une population ardemment désireuse d'en finir avec les hostilités, ne manquaient pas de sincérité. La mission de l'envoyé de la France était un symptôme de paix aux yeux du peuple. Mais la pensée secrète de Sa Majesté Béhanzin était pour la guerre.

Dès le 29 juillet, des guerriers dahoméens avaient réussi à pénétrer en armes dans Porto-Novo et ils s'y tenaient cachés. La panique se répandit et une partie de la population prit la fuite. Après quelques heures de recherches, deux de ces guerriers furent découverts et le roi Toffa les fit décapiter. Le lendemain les autres furent arrêtés. Quelles étaient leurs intentions? Toutes les suppositions sont permises.

Plus tard, à l'heure même où le monarque noir traitait royalement le Père Dorgère, des groupes armés attaquaient les lignes de Cotonou. Les sentinelles françaises durent se défendre et faire feu. On était au 12 août; l'attaque se produisait entre une heure et trois heures du matin. Les projecteurs des navires la *Naïade* et le *Roland* éclairèrent le terrain. Quelques feux de lignes, contre lesquels l'ennemi dirigea son tir sans résultat, fouillèrent la campagne. Ce fut tout. Le lendemain, au jour, un blessé fut relevé; c'était un noir, et il avoua la présence de Dahoméens armés et embusqués pour tenter un coup de main.

Le roi Béhanzin se montrait là, tel qu'il fut toujours, perfide et capable de toutes les trahisons.

Bien que le Père Dorgère ne lui eût pas parlé d'affaires, dans les premiers jours de sa présence à Abomey, le roi connaissait cependant les clauses de la convention.

Par l'intermédiaire d'agents sérieux et dévoués, le missionnaire avait fait traiter en sous-main les questions pendantes. Déjà, il savait quelles étaient les intentions du roi et il les communiquait à M. de Cuverville.

« Pour l'affaire de Cotonou, lui écrivait-il, il n'y aura aucune difficulté, seulement le roi désire fixer lui-même l'indemnité qu'il touchera pour remplacer les droits abandonnés.

« Le roi demande qu'on laisse à Cotonou les cabécères qui y étaient auparavant, mais ces cabécères n'auront absolument rien à démêler avec les Européens. Ils se gouverneront entre eux et ce sont eux qui toucheront l'indemnité.

« L'affaire concernant Porto-Novo est déjà réglée.

« Pour un débarquement de forces à Ouidah, il ne peut consentir. Il croit que c'est un acte de possession. Il dit que si moi-même je suis à Ouidah, la considération acquise, le respect et l'amitié qu'ont le peuple pour moi, est une sauvegarde absolue ; qu'il est absolument impossible qu'aucun Européen ne veuille pas s'établir de nouveau dans cette ville sans troupes, voyant que la Mission est forte, protégée, aimée. (Réponse à un argument que j'ai fait valoir). Que si Sa Majesté manquait à ses contrats, vos canons suffisent, comme il en a eu des preuves, pour les faire respecter.

« Son peuple, voyant des troupes nouvelles, croira à une invasion et que le dessein caché de la France est de faire une fausse paix, attendant l'heure de la conquête définitive. Il a donné des ordres pour que ses chefs et son peuple traitent mieux les Blancs qu'ils ne l'ont fait jusqu'à ce jour.

« Voici, Monsieur l'Amiral, l'état de la question, et je vous serai très reconnaissant de bien vouloir me donner vos instructions à ce sujet, pour Dieu et pour la Patrie ! »

Le roi, qui avait promis au Père Dorgère de le revoir pour traiter les affaires qui étaient le but de sa mission, tint parole. L'envoyé et le représentant de la France fut reçu trois fois en particulier par Sa Majesté Dahoméenne : chose inouïe dans les annales de ce peuple dont le souverain est fort peu prodigue d'audiences.

TYPE NAGOT

Les chefs eux-mêmes ne lui laissèrent pas un instant de repos. « Il était devenu leur chose », depuis le moment de son arrivée jusqu'à celui de son départ.

L'importance de l'ambassade du Père Dorgère s'accrut grandement par suite de l'intimité qui s'établit entre le missionnaire catholique et le grand Féticheur ; ce personnage tout-puissant ne quittait presque jamais le roi ; Béhanzin n'agissait que d'après ses conseils. Extrêmement intelligent, à physionomie très douce, il était partisan de la paix. Il s'éprit d'amitié pour le Père et fournit au missionnaire les moyens de s'adresser à lui en cas de difficultés.

Cette circonstance donna enfin à l'amiral de Cuverville l'espoir d'une issue favorable aux négociations engagées.

Cependant, la lettre adressée par le roi à l'amiral et dictée au Père Dorgère par Béhanzin lui-même, ne pouvait pas dissiper pleinement les appréhensions. Elle contenait certaines exigences, dans le genre de celles qui avaient fait télégraphier à Paris, le 14 août dernier, cette dépêche ferme et catégorique signée par M. de Cuverville :

« Diplomatie noire habile s'efforce obtenir pour Cotonou concessions, en apparence inoffensives, que je refuse net ; parce que si elles sauvegardent amour-propre immodéré du roi, elles placent France vis-à-vis Dahoméens dans posture de vaincue. »

Voici la lettre du roi, dans son style passablement exotique :

« Palais d'Abomey, ce 18 août 1890, 4 h. du soir.

« A Monsieur l'Amiral Cavelier de Cuverville.

« Monsieur l'Amiral,

« Sa Majesté le roi Béhanzin Ahi-Jéré vous fait saluer et souhaite que votre santé soit parfaite. Il offre également ses hommages à M. le Président de la République.

« Sa Majesté dit qu'elle est ici tranquille sans faire de mal à personne et que ce sont les Européens qui sont venus troubler la paix de son royaume.

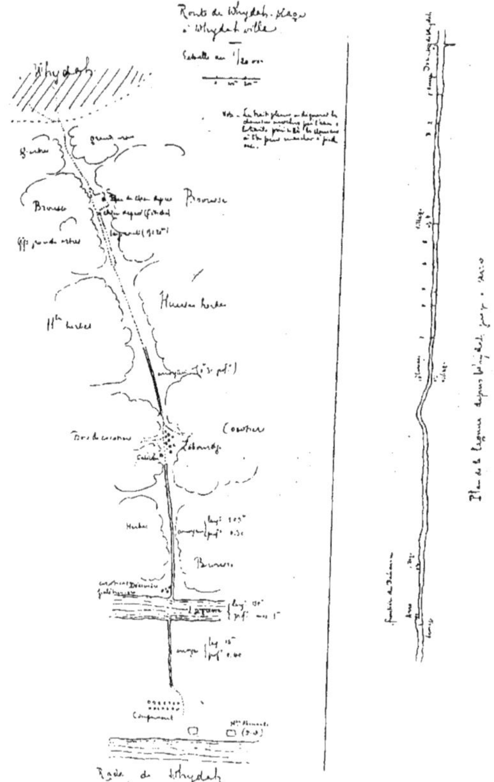

ROUTE DE OUIDAH-PLAGE A OUIDAH-VILLE ET DE OUIDAH-VILLE A ARRO

« Elle dit que Dieu dans le principe a créé le noir et le blanc, chacun pour habiter la terre qui leur a été désignée. Le blanc s'occupe du commerce et le noir doit faire le commerce avec le blanc. Que les noirs ne font aucun mal aux blancs et que de même les blancs ne doivent faire aucun mal aux noirs. Que lorsque M. l'Amiral rentrera en France, il veuille bien parler avec le Gouvernement, afin que les Français ne recommencent jamais de telles actions, et que Sa Majesté soit toujours l'amie de la France, comme Dieu le veut.

« Lorsque deux personnes sont amies et qu'il s'en rencontre une qui les divise, il ne faut pas envoyer une telle personne ici, et pourtant voilà ce qu'a fait M. Jean Bayol. Ainsi, en France, il y a de très bonnes gens, de même au Dahomey, et il a suffi de M. Jean Bayol pour tout perdre.

« Les rois du Dahomey, depuis le principe de leur royaume, n'ont jamais donné leur territoire, ils ne le peuvent pas, c'est impossible. Les Européens peuvent rester à Cotonou, s'ils en ont besoin, moyennant une indemnité chaque année.

« Il dit que de même que les Pères travaillent pour Dieu et tiennent la

RÉJOUISSANCES MACABRES

parole de Dieu, ainsi les rois du Dahomey travaillent pour leur territoire et ne peuvent le laisser.

« Il dit que les autorités qui sont à Cotonou retourneront à leurs maisons, mais elles n'auront plus de palabres avec les blancs. Lorsqu'elles auront besoin des Européens (Français), elles s'adresseront à eux. Quand une personne commettra un crime et se réfugiera à Cotonou, les autorités françaises la remettront au Dahomey. De même le Dahomey fera la même chose vis-à-vis de la France.

« La France paiera au roi par année :

« En £ 1.500 (mille cinq cents livres sterling) en or, ou 7.500 piastres en argent (sept mille cinq cents piastres argent). C'est le compte que le roi reçoit chaque année des décimères.

« C'est Toffa qui a commencé les intrigues. Puisque les Français ne veulent pas que Sa Majesté leur fasse la guerre, qu'ils veuillent bien prendre le soin que Toffa reste tranquille et ne cherche pas de querelles. Alors le roi du Dahomey ne l'attaquera plus, surtout maintenant que le roi du Dahomey est l'ami de la France, car ce serait une honte pour lui.

« Au sujet de la ville de Ouémé (1), le roi du Dahomey ne cessera jamais la guerre, parce que, depuis les temps anciens, le roi de Ouémé a toujours fait la guerre au Dahomey, depuis le temps du roi Acabo. Le roi de Ouémé qui a porté la guerre au Dahomey s'appelle Iaaze. Il a brûlé la maison même du roi, et le roi du Dahomey l'a tué. Cette ville de Ouémé est près du Dahomey et n'est pas sur le territoire de Porto-Novo.

« Lorsque le roi de Dahomey est mort, Toffa n'a envoyé aucun présent pour les funérailles. Toffa ensuite a envoyé un homme, appelé Pandonou, et le roi lui a donné beaucoup de présents pour Toffa. Les autres rois de Porto-Novo envoyaient toujours des présents lorsqu'un roi meurt au Dahomey et que cette chose qu'a faite Toffa est très mal. Lorsque les rois de Porto-Novo meurent, les rois du Dahomey envoient toujours des cadeaux pour les funérailles.

« A Ouidah, Godomé, Abomey-Calavy, Avréquété, les blancs peuvent faire le commerce comme auparavant. Dans les factoreries de Ouidah, le roi a mis une personne pour les garder, ainsi qu'à Avréquété, Godomey, Abomey-Calavy. Lorsque les Français ont bombardé Ouidah, alors les habitants et les gardiens des factoreries de Godomey sont retournés à Ouidah pour faire la guerre. Les gens de Ouémé (alors plus loin qu'Awansouri) vinrent à Godomey-ville et à Godomey-plage et volèrent tout ce qu'il y avait dans les factoreries. Lorsque les soldats de Ouidah l'apprirent, ils envoyèrent du monde pour prendre les voleurs, mais ceux-ci se sauvèrent et les soldats ne purent saisir que deux personnes à qui ils coupèrent la tête. Les têtes sont à Godomey.

« Tout ce qui était à Cotonou : cauris, fusils, poudre, etc., a été pris, ainsi que Sa Majesté l'a entendu dire. Tous les bons, livres, papiers au sujet des décimères, ont été brûlés.

« Sa Majesté ne veut absolument pas que des soldats viennent habiter le Fort Français. Ce n'est qu'à cause de M. J. Bayol que les Français ont été pris.

« Sa Majesté, afin d'éviter tout malentendu et intrigues fera retirer les soldats du Fort Portugais par ses cabécères, aussitôt mon arrivée à Ouidah. Ainsi donc, dit-elle, le gouvernement Français voit qu'il n'y a pas lieu de mettre des troupes au Fort Français.

« Tous les blancs seront bien traités et jamais il ne leur arrivera quoi que ce soit.

« Et si le roi permet aux soldats de débarquer, alors c'est que le roi a perdu la confiance des Français, et le peuple dira que si le roi traite bien les blancs, c'est à cause des soldats et non à cause de l'amitié qui a toujours existé entre la France et le Dahomey.

(1) Il n'y a pas de ville de Ouémé. Il s'agit évidemment du pays qui est situé sur les bords du fleuve Ouémé, entre le royaume de Porto-Novo et le royaume du Dahomey.

« Les Français feront un contrat comme quoi jamais ils ne feront de guerre au Dahomey et les Dahoméens en feront un de même, et ainsi jamais les Français ne tueront un Dahoméen. De cette façon les deux peuples seront éternellement amis.

« Je vous salue bien, monsieur l'amiral.

« Le roi du Dahomey,
« Signé : BÉHANZIN AHY-DJÉRÉ.

« Écrit par moi sous la dictée même du roi et suivant ses propres paroles et style.

« Signé : A. DORGÈRE,
« Missionnaire apostolique, aumônier du corps expéditionnaire en mission spéciale au Dahomey. »

Cette lettre fut accompagnée de cadeaux du pays, « qui ne séduiront pas ma conscience, écrivait M. de Cuverville, mais qui sont une preuve de bon vouloir ».

Parti de Ouidah le 2 août, à cinq heures du soir, le Père Dorgère était de nouveau à Ouidah, le 24 août, à la même heure. Il avait été accompagné dans

LA BOUCHE DU ROI

son voyage, par le Cussugan, première autorité de Ouidah, et par Zizi-Dogué, grand cabécère, neveu du roi. Sa Majesté fit cadeau à chacun de ses chefs d'un cheval, distinction d'autant plus appréciée qu'elle est plus rare en ce pays.

Au retour, les deux cabécères escortèrent le hamac du Père Dorgère, pendant que le pavillon de l'amiral de Cuverville était agité, aux acclamations de la foule, en tête du cortège, par un noir marchant au pas de course. Le pavillon français déployé fit ainsi, pour la première fois peut-être, le trajet d'Abomey à Ouidah.

Le cortège comprenait trente-cinq prisonniers, ainsi que Bernardin Durand, auquel le roi rendait la liberté à la demande du Père Dorgère. « Jamais, écrivait l'amiral de Cuverville, jamais dans le pays on n'avait vu une ovation pareille à celle qui a été faite à cet humble religieux à l'aller comme au retour. »

***

Bien que très fatigué, le vaillant missionnaire se proposait de revenir à Cotonou, en passant par Avrékété ; mais les autorités dahoméennes, qui avaient des forces assez considérables échelonnées dans cette région, arguèrent que les chemins n'étaient pas libres et le Père dut rentrer à Agoué par Grand-Popo.

Malheureusement ce voyage triomphal se termina par un accident qui aurait pu avoir d'irréparables conséquences. En voulant passer la barre d'Agoué par un temps douteux, pour se rendre à bord de la *Mésange* qui devait le ramener à Cotonou, le P. Dorgère fit naufrage. La pirogue qui le portait chavira. Le missionnaire se donna une entorse et il fut obligé de s'arrêter. Il fallut attendre sa guérison. L'amiral fut privé des commentaires dont la lettre du roi devait être accompagnée. Il ressortit des explications données à M. de

ENTRE OUIDAH ET LA BOUCHE DU ROI

Cuverville par le sieur Bernardin Durand, que les esprits étaient fort divisés dans l'entourage du roi. Le prince Topa, l'un de ses frères, remplissant les fonctions importantes de Méhou (chef de la justice pour les blancs et les mulâtres), était un partisan résolu de la paix. A part un petit groupe de chefs, qui y trouvaient sans doute leur intérêt, tous souffraient plus ou moins de la guerre et l'influence du blocus se faisait fortement sentir à Abomey où tout avait doublé de prix.

La mission du P. Dorgère apportait dans la situation une très grande détente. La lettre que le roi adressait à l'amiral de Cuverville et la libération des trente-cinq prisonniers, retenus à Abomey, en étaient des preuves manifestes.

Les leçons que la France avait infligées aux troupes dahoméennes à Cotonou, à Dogba, à Atchoupa ne devaient pas être oubliées. Il était douteux que l'armée du roi s'exposât à de nouvelles défaites. Les Dahoméens savaient d'ailleurs que Ouidah, Godomey, Abomey-Calavy, n'étaient pas à l'abri d'un bombardement.

L'amiral de Cuverville transmit ses impressions au ministre de la Marine en ces termes : « La lettre que le roi m'adressait doit donc être lue entre les lignes, et puisque le Gouvernement ne croit pas devoir en finir par une action décisive qui aurait été facile et prompte, une paix armée peut être conclue, si nous savons tenir compte, d'une part, de l'orgueil immodéré du roi actuel, et de l'autre, de son désir bien légitime de ne pas être humilié aux yeux de son peuple. Par contre, l'influence que nous devons exercer désormais dans ces parages exige de notre part une certaine dignité, exempte de raideur vis-à-vis des autorités Dahoméennes ; il importe que les concessions que nous pourrons être amenés à consentir soient mises au seul compte de la générosité.

« Vous remarquerez, dans la lettre du roi, ajoute l'amiral, l'habileté avec laquelle Sa Majesté traite l'occupation militaire du fort de Ouidah : après avoir fait valoir des raisons de sentiments, elle déclare qu'elle donne des ordres pour faire évacuer le fort portugais afin de nous enlever tout prétexte à occuper le nôtre. Je me suis empressé de mettre le holà. J'ai fait savoir au roi que loin de nous être agréable, la violation du droit d'autrui nous blesserait profondément. J'ai averti le lieutenant Dos Santos, commandant le fort portugais d'Ajuda, l'assurant qu'il pourra au besoin compter sur mon appui.

« Je me suis donné à cette occasion la satisfaction de rappeler qu'en 1885, alors que le pavillon portugais avait été indûment arboré sur la plage de Cotonou, par ordre de l'un de ses prédécesseurs, le gouverneur Borja, m'obligeant ainsi à user de mesures rigoureuses pour le faire amener, j'avais déclaré que la France et le Portugal avaient mieux à faire en ce pays que de se livrer à des luttes déloyales. J'ai fait remarquer au gouverneur de San-Thomé que ma conduite actuelle restait conforme à mes anciennes déclarations.

DANSES DAHOMÉENNES

« Pour en finir avec une situation qui ne saurait se prolonger indéfiniment sans de graves inconvénients de toutes sortes, voici le plan que j'ai adopté :

« Je vais me rendre au Gabon pour y ravitailler la *Naïade,* soit une absence de douze jours. Pendant ce temps, le *Roland* va aller mouiller à Ouidah, accompagné d'un aviso. Le capitaine de vaisseau de Montesquiou entrera en pourparlers avec le Cussugan, sur les bases indiquées dans le projet de traité que je vous ai fait parvenir par le dernier courrier. Il connaît la situation et sait quelles sont les vues du gouvernement. Son caractère très bienveillant et très patient convient admirablement aux palabres avec les noirs. Bref, il a tout ce qu'il faut pour préparer le terrain à l'arrangement définitif qui sera conclu à mon retour de Libreville.

« Mais il importe essentiellement, Monsieur le Ministre, d'ici-là, de ne point toucher aux effectifs actuels, et cela d'autant moins que désormais nous n'avons plus à compter sur les Egbas qui connaissent nos négociations ; par suite, tant des résistances occultes des autorités britanniques, que de la concurrence des autorités belges de l'État du Congo, nous éprouvons dès lors les plus grandes difficultés à recruter des Haoussas.

« Telle est, Monsieur le Ministre, la situation au moment où je vous écris.

Avec de la prudence et une grande circonspection, on peut aboutir à la paix, mais à une paix précaire et à une paix armée du vivant du roi actuel, ainsi que je n'ai cessé de le déclarer.

« Je fais étudier par le capitaine d'artillerie Decœur, sous la direction du lieutenant-colonel Klipfel, les moyens de défendre Cotonou et Porto-Novo avec des effectifs réduits.

« Si, malgré tout notre bon vouloir, les négociations n'aboutissaient pas, nous n'aurions plus qu'à nous emparer de la plage de Ouidah de vive force ; c'est une opération relativement facile, qui peut se faire dans le mois d'octobre avec les forces dont je dispose. Elle nous donnera la clef du Dahomey et servira d'amorce pour infliger à l'armée dahoméenne des pertes qui achèveront de la désorganiser. »

*
* *

Cependant le R. P. Dorgère, surmontant ses souffrances, s'était fait transporter sur la *Mésange* à travers une barre assez mauvaise. Il arrivait le 10 septembre, à bord de la *Naïade*. On dut l'y porter à bras. Il donna enfin à l'amiral des renseignements détaillés sur son voyage.

Tant d'intrépidité méritait la reconnaissance de l'amiral et du gouvernement. M. de Cuverville avait télégraphié, dès le 30 août, à Paris, en ces termes :

« Père Dorgère a rempli sa mission avec autant de courage que abnégation. Je demande pour lui Légion d'honneur. »

Et quelques jours après, 5 septembre, il écrivait au ministre de la Marine : « Je vous ai demandé par le câble et à l'insu du R. P. Dorgère, la croix de Chevalier de la Légion d'honneur. J'insiste pour l'obtention de cette récompense, qui le contrariera peut-être, mais qui servira grandement à la mission pacifique que vous m'avez confiée. »

Le 10 septembre, par une nouvelle dépêche, l'amiral rappelait sa demande, désirant beaucoup « obtenir cette récompense si méritée ».

Il y revient le lendemain 11 septembre, dans une lettre au ministre de la Marine : « Et maintenant, Monsieur le Ministre, vous vous expliquerez l'insistance que j'ai apportée à obtenir, pour le R. P. Dorgère, une distinction bien méritée, qui aura d'autant plus de mérite qu'elle aura été accordée sans délai. Cette décoration me sera d'ailleurs fort utile, en donnant au Père un relief qui en fera aux yeux des Dahoméens une sorte d'arbitre dans les discussions qui vont s'engager entre le commandant du *Roland* et les deux cabécères que le roi a envoyés d'Abomey pour négocier avec moi. »

Le gouvernement ne répondit d'abord qu'en faisant cette question : « Quelles étaient les conditions apportées par le P. Dorgère ? Quel est le résultat de sa mission ? »

M. de Cuverville n'attendit pas que la croix d'honneur fût attachée officiellement sur la poitrine du courageux missionnaire, pour lui donner un témoignage public de sa gratitude.

Il publiait, le 5 septembre, l'ordre du jour suivant :

« Le contre-amiral, commandant en chef les forces de terre et de mer, faisant fonctions de gouverneur dans le golfe de Bénin, est heureux de porter à la connaissance des troupes et des divers services relevant de son autorité, la conduite patriotique et le courageux dévouement avec lesquels le R. P. Dorgère, aumônier de la colonne expéditionnaire, s'est acquitté du message dont il était chargé pour le roi du Dahomey.

« Quelle que puisse être l'issue finale d'une mission qui n'avait point pour objet d'implorer une paix que nous pouvons dicter, mais bien celui d'éclairer le roi sur une situation qu'il semblait méconnaître, deux résultats importants ont été obtenus :

HABITATIONS DAHOMÉENNES A SO-TANCOUÉ

« 1° La mise en liberté immédiate des messagers du commandant Fournier, et celle de vingt-sept agents indigènes des factoreries, retenus prisonniers depuis le 26 février.

« 2° L'affirmation de notre vieille loyauté française, qui est la meilleure des diplomaties; car rien n'est habile comme la droiture.

« Le contre-amiral commandant en chef rend également hommage à la fidélité avec laquelle le sieur Bernardin Durand a rempli la mission qui lui a coûté un si long internement.

« A bord de la *Naïade*, Cotonou, le 5 septembre 1890.

« Le contre-amiral, commandant en chef les forces de terre et de mer, faisant fonctions de gouverneur dans le golfe du Bénin.

« *Signé :* CAVELIER DE CUVERVILLE. »

Suivant le plan qu'il avait exposé au ministre de la Marine, l'amiral se rendit au Gabon avec la *Naïade*. Il mouillait à Libreville le 18 septembre. Par suite de nombreux versements faits aux avisos, l'approvisionnement de charbon du vaisseau-amiral se trouvait presque entièrement épuisé. Il était devenu nécessaire de ravitailler la *Naïade*.

En quittant le golfe de Bénin, le 14 septembre au soir, l'amiral de Cuverville laissait la *Durance*, sur rade de Cotonou, pour centraliser la correspondance, et le commandant du *Roland* à Ouidah, pour y entamer des pourparlers, dans les conditions et sur les bases indiquées par les instructions qui lui avaient été remises.

Le point sur lequel M. de Cuverville voulait que M. de Montesquiou insistât, c'était l'occupation du fort de Ouidah par un détachement.

L'amiral avait demandé, par le câble, au ministre de la Marine, l'autorisation de lever le blocus quand il jugerait le moment venu ; il était libre de le faire, si cette mesure devait favoriser les négociations. M. de Cuverville voulait, en offrant aux Dahoméens la perspective d'une reprise immédiate des affaires, les décider à l'acceptation d'une clause qui, en faisant flotter le drapeau de la France sur le fort de Ouidah, affirmerait le succès des négociations engagées.

C'était bien là, au commencement des négociations qui allaient se poursuivre, la volonté expresse du commandant en chef. Dans une lettre datée de Libreville, 20 septembre, il communique sa pensée intime : « J'ai tenu, dit-il, à ce que la clause qui nous permettra d'occuper militairement le fort français de Ouidah (établissement fort ancien qui date de 1690), fût acceptée par le roi Béhanzin, et c'est là, en ce moment, le seul point en litige. Mais à moins que M. de Freycinet... auquel nous sommes redevables de la perte de notre influence sur l'Égypte, ne m'en fasse donner l'ordre formel, je ne céderai pas ; l'occupation militaire de Ouidah doit, en effet, prouver à tous que nous ne nous retirons pas en vaincus de cette aventure, mais en vainqueurs modérés et généreux. »

LE MARCHÉ A DAKAR

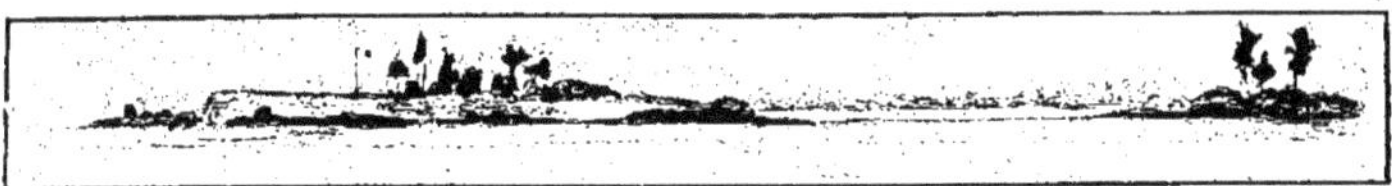

V

Les conférences de Ouidah.

(1890)

Le commandant de Montesquiou et ses compagnons se rendent à Ouidah, à bord du *Roland*. — Ils franchissent la barre en pirogue. — Réception enthousiaste. — Présentation du bâton du roi. — Premier palabre à la Gore. Lecture du projet de traité. — Les représentants du roi Béhanzin s'opposent à l'occupation du fort français de Ouidah. — Dépêche ministérielle conseillant de céder sur cette clause, si elle est un obstacle. — Intervention du Père Dorgère qui menace les Dahoméens d'une invasion allemande. — Second palabre. — M. de Montesquiou rappelle les droits de la France, en s'appuyant sur les traités antérieurs. — Recours au roi. — M. de Montesquiou écrit à Béhanzin. — Texte du projet de traité. — Les cabécères demandent que les intentions des puissances étrangères à l'égard du Dahomey soient explicitement définies. — Le Père Dorgère écrit à ce sujet au Grand Féticheur. — M. de Montesquiou, d'accord avec l'amiral de Cuverville, se décide à ne pas exiger l'occupation du fort de Ouidah, pourvu que le droit de la France soit reconnu. — Réponse du roi : il ne veut pas de l'occupation du fort de Ouidah. — M. de Montesquiou demande un résident à Ouidah. — Refus des Cabécères. — Arrivée de la *Naïade* en rade de Ouidah. — Lettre de l'amiral confirmant la renonciation à l'occupation immédiate du fort de Ouidah.

L'amiral de Cuverville avait alors meilleure confiance, et à cette question posée par le ministre de la Marine (19 septembre) : « Pouvons-nous espérer négociations aboutir ? », il répondait (20 septembre) : « J'ai bon espoir dans le succès des négociations, avec occupation militaire du fort de Ouidah. »

Et cependant il connaissait la duplicité et la rouerie de ces barbares, plus faciles à vaincre sur le champ de bataille qu'à amener à composition par la diplomatie la plus habile.

Les négociateurs de la France, M. le capitaine de vaisseau de Montesquiou-Fezenzac, commandant du *Roland*, M. le capitaine Decœur, M. Joseph d'Ambrières, aspirant de marine, le Docteur Bachelier et le R. P. Dorgère lui-même, eurent fort à faire pour remplir leur mandat et aboutir à un résultat acceptable.

Ce n'est pas seulement l'entêtement et l'astuce qui sont à redouter, quand on traite loyalement avec ces sauvages, mais la plus mauvaise foi. Ils sont capables de tout ; la vie même de ceux qui se fient au respect des droits de l'hospitalité, est en péril. Ces natures barbares peuvent passer brusquement des témoignages d'amitié les plus éclatants à la haine la plus féroce et se laisser entraîner par elle au crime, au meurtre.

Les délégués de la France n'avaient pas d'illusions; cependant, avec un courage patriotique digne d'admiration, ils allèrent au-devant des envoyés du roi Béhanzin. Ils descendirent à terre, et se mirent intrépidement à la merci du premier coup de main.

Le commandant de Montesquiou, parti de Cotonou le samedi 13 septembre, à une heure de l'après-midi, mouillait le soir même à cinq heures, à Ouidah. Suivant les instructions qu'il avait reçues de l'amiral de Cuverville, il hissa aussitôt à bord du *Roland*, croiseur de 1re classe qu'il commandait, son numéro du code commercial, et il l'appuya d'un coup de canon. Le *Goëland* était sur rade.

PALMIER A PORTO-NOVO

Aucune pirogue ne vint à bord. Le rivage resta muet. Le numéro, demeuré ballant jusqu'au coucher du soleil, ne fut pas aperçu, et les relations avec la terre ne s'établirent point. Le *Roland*, il est vrai, était en avance.

Le Père Dorgère avait averti le commandant de Montesquiou qu'il ne serait à Ouidah, en état de le recevoir, que le lundi 15 septembre, au matin. A moins d'un nouveau message du missionnaire, ou d'une occasion favorable, le commandant ne pensait pas se rendre à terre avant ce jour-là. Cependant la barre était bonne, et il n'y avait pas à compter qu'elle fût toujours aussi favorable.

Le dimanche 14, la factorerie allemande se mit enfin en communication. Elle demanda si le *Roland* avait des lettres pour la mission. Il lui fut répondu affirmativement. Elle envoya une pirogue. A son bord se trouvait un noir parlant bien le français. Il annonça au commandant que le Père Dorgère était arrivé à Ouidah, et que le missionnaire le ferait prendre le lundi matin.

Mais c'était compter sans la barre. Dès le soir même, elle devint mauvaise. Le lendemain, au jour dit, après des efforts infructueux, la pirogue, envoyée pour conduire à terre M. de Montesquiou, dut renoncer à sa tentative. Elle ne put parvenir à bord du *Roland*.

Le mardi 16, de bonne heure, bien que la barre ne fût pas meilleure, une pirogue essaya de passer. Elle réussit enfin à déposer sur le rivage le commandant, le capitaine Decœur et l'aspirant d'Ambrières.

L'amiral avait recommandé de grandes précautions pour le moment de la descente à terre. Elles furent observées.

Les officiers du *Roland* étaient attendus par une escorte de hamacaires, qui les emportèrent de la plage vers la mission. La course se fit sans difficultés. Après un arrêt en route, les négociateurs arrivaient à Ouidah. Il était onze heures du matin : le trajet avait duré une heure et demie.

Dans l'après-midi, eut lieu la réception officielle préparée par les autorités de la ville. Elle fut enthousiaste.

Les envoyés de la France se rendirent en un lieu situé à cinq cents mètres des habitations. Ils furent installés sous une grande paillote construite exprès pour la circonstance. Là ils reçurent la visite de tous les Cabécères de l'endroit et du Cussugan faisant les fonctions de Yévoghan.

Pendant la cérémonie, les Français se tinrent assis gravement sur des chaises. Un large parasol les abritait contre les ardeurs du soleil.

Chaque chef arrivait successivement avec sa troupe, de quarante à soixante hommes, invariablement composée de musiciens, de porteurs de fétiches et de miliciens ou soldats. Tous faisaient trois fois le tour de la paillote, en saluant leurs hôtes; puis ils exécutaient des danses au signal du chef, et celui-ci daignait y prendre part lui-même. Les danses finies, le chef venait serrer la main des Français et prendre des nouvelles de chacun d'eux, surtout du P. Dorgère, pour lequel tous témoignaient une déférence particulière. Le vaillant missionnaire, malgré son état de souffrance, car il n'était pas encore remis de son entorse, n'avait pas voulu quitter un seul instant ses compatriotes.

EN RADE DE COTONOU

Cette première partie de la réception étant achevée, on se mit en marche dans la direction de la ville. Sur la place du gouvernement, deux envoyés du roi attendaient les officiers français. Des soldats dahoméens accroupis, et toute la population réunie, entouraient les représentants de Sa Majesté le roi Béhanzin : robustes gaillards, d'une taille gigantesque, au visage intelligent. Une barbe blanche frisée, fort respectable, leur donnait un aspect imposant.

Une table avait été préparée. Elle était servie et chargée des liqueurs variées que fournit la traite. Les envoyés de la France y prirent place, et les danses recommencèrent dans le même ordre que précédemment.

Quand elles furent terminées, des guerriers allèrent chercher le bâton du roi et l'apportèrent avec le plus profond respect. Il était en argent repoussé et d'une longueur de cinquante centimètres environ. Il affectait la forme d'un marteau, que couronnait une tête de requin, le symbole adopté par Béhanzin.

Lorsque son porteur l'eut sorti gravement de son étui, le bâton du roi fut présenté au commandant de Montesquiou. Celui-ci le prit. Pendant qu'il le tenait dans ses mains, eut lieu l'échange ordinaire de compliments et de vœux pour la santé des souverains, le roi Béhanzin et le roi de France.

Pendant ce temps, la population entière était à genoux. Les grands chefs se tenaient le nez dans la poussière et se couvraient de sable, tout en récitant des itanies lugubres. Le bâton du roi étant rentré dans son enveloppe, les libations commencèrent. On but, et des vivats enthousiastes retentirent de tous côtés.

Ces démonstrations fort longues remplirent la première journée. Les délégués français et dahoméens en restèrent là. Après avoir pris congé des envoyés royaux, les officiers français, précédés du bâton du roi et escortés par les troupes, furent portés triomphalement jusqu'à la mission. Les grands chefs Cabécères et le Cussugan les accompagnaient.

Pendant tout le temps de la réception, commencée à deux heures et terminée à six heures, les Dahoméens firent des décharges incessantes de mousqueterie. Le délire de la foule semblait aller toujours croissant. Cette population pouvait être estimée au nombre de huit mille âmes, sur lesquelles il fallait compter environ cinq cents soldats.

Au lendemain était fixée la cérémonie de la présentation du bâton de l'amiral de Cuverville. On le porta toute cette première journée, dans son étui, devant le commandant de Montesquiou.

Il fut réglé également qu'à deux heures, le second jour, se tiendrait la première conférence avec les envoyés de Sa Majesté le roi Béhanzin.

Dès le matin du 17 septembre, M. de Montesquiou reçut la visite des deux Cabécères, qui présentèrent les cadeaux du roi. Ils furent apportés avec le cérémonial d'usage. Ils consistaient en un bœuf, deux cabris et vingt poulets. Il n'y avait pas de cauris. Cette omission est une marque de respect et d'honneur, et prouvait que les Dahoméens faisaient le plus grand cas des envoyés français.

*
* *

Dans la soirée, comme il était convenu, eut lieu le premier palabre avec les représentants du roi, accompagnés du Cussugan, des Cabécères et de quelques autres personnages. Ils étaient environ une vingtaine.

La réunion se tint à la Gore. Elle débuta par la présentation du bâton de l'amiral. Ensuite le commandant de Montesquiou lut le projet de traité en entier.

Les Dahoméens écoutèrent religieusement et sans interrompre. Le commandant put même ajouter quelques explications.

Lorsqu'il eut terminé, le Cussugan et Zizi-Dogué prirent successivement la parole. Ils étaient surpris, disaient-ils, de trouver tant d'articles dans le projet de traité. Ils n'avaient eu connaissance jusqu'alors que de trois points : la question de Porto-Novo, celle de Cotonou et celle de Ouidah, c'est-à-dire le protectorat de la France sur Porto-Novo, la cession de Cotonou et l'occupation, par les troupes françaises, du fort de Ouidah.

Le roi a promis d'accepter ce que les blancs demandent concernant Porto-Novo et Cotonou, mais quant à l'occupation du fort français de Ouidah, il n'en voudra à aucun prix.

Ils déclarèrent qu'on leur couperait les jambes par morceaux et en douceur, plutôt que de consentir à ce dernier point.

Le commandant de Montesquiou répondit qu'il se contentait, pour le moment, de la lecture du traité. Il avait encore des explications à donner, mais pour cette première journée, il désirait s'en tenir à ce qu'il avait lu et dit.

Les envoyés du roi voulurent insister pour que la clause de l'occupation de Ouidah fût supprimée immédiatement : c'était aller vite en besogne. Le

PIROGUIERS MINAS

commandant para le coup et répondit que son désir était qu'ils écoutassent ses raisons : un rendez-vous leur serait assigné pour les développer devant eux, le vendredi ou le samedi, 19 ou 20 septembre.

Pour la question d'argent, c'est-à-dire les 20.000 francs donnés en échange du droit de douane que la France exercerait à Cotonou, avec un désintéressement réel ou feint, les Dahoméens déclarèrent qu'ils n'avaient pas d'objections à opposer, que c'était chose secondaire. Mais l'occupation de Ouidah leur tenait au cœur, ils y revinrent plusieurs fois, retardant jusqu'à six heures du soir avant de faire servir à boire au commandant, ce qui est le signal de la fin de la conférence.

Le Cussugan, assis à une table, avait devant lui des noix de palme, au nombre de trois. Elles représentaient les trois questions en litige. Il retirait sans cesse deux noix, ce qui signifiait qu'il accordait deux des clauses du traité, mais la troisième noix, symbolisant l'occupation de Ouidah, il la maintenait sur la table ou la repoussait loin de lui. Cette mimique, qu'il renouvela cent fois, indiquait qu'il ne céderait jamais.

Il était donc à craindre que les représentants du roi ne se butassent sur cette question. C'était l'opinion du P. Dorgère. Les Dahoméens semblaient être sans pouvoir pour la résoudre, et ils la défendaient comme ils auraient défendu leur tête.

Pendant ce temps-là, le ministère de la Marine correspondait de Paris avec la *Naïade*, mouillée à Libreville. Il demandait si l'on pouvait espérer voir aboutir les négociations. L'amiral de Cuverville, plein de confiance, répondait de nouveau : « J'ai bon espoir dans le succès des négociations, avec l'occupation militaire du fort de Ouidah. » Toutefois le ministre télégraphiait le même jour : « Heureux de la bonne nouvelle. J'espère qu'elle sera confirmée prochainement. Si l'occupation militaire de Ouidah rendait le traité impossible, se résoudre à y renoncer. »

PIROGUES A L'ACCOSTAGE

Quant aux diplomates, chargés de défendre les intérêts du roi de Dahomey, cette affaire les touchait si fort que, dès le lendemain matin du premier palabre, Zizi-Dogué vint trouver le Père Dorgère. Il fallait absolument que la question de l'occupation de Ouidah fût retirée. Les envoyés du roi ne pouvaient accepter qu'elle fût mise en discussion. Zizi-Dogué insista vivement pour qu'il n'en fût même plus parlé.

Le Père Dorgère était fort embarrassé. Il chercha inutilement à calmer Zizi-Dogué. L'incident allait tourner fort mal, lorsque le Père eut un éclair de génie, c'est l'expression de M. de Montesquiou dans son rapport à l'amiral de Cuverville.

Le missionnaire se souvint de diverses affaires où, dans les derniers temps, les Allemands avaient joué un rôle assez louche. Zizi-Dogué savait vaguement ce qui s'était passé : tout au moins il avait connu le sens général des événements. Le Père fit si bien que le Cabécère fut retourné. Il commença à craindre l'invasion allemande, et il comprit que la protection de la France était préférable. Après une longue audience il partit en disant : « Mais il faudrait que le roi sût cela. Vous devriez lui écrire. »

Il ne restait plus qu'à tirer le meilleur parti possible de cette bonne disposition.

La liberté dont jouissaient les officiers français à Ouidah était fort limitée. Toute la journée, ils avaient à leur porte des hamacaires, prêts à offrir leurs services, dans le cas où ils voudraient sortir. C'était un voisinage fort gênant, sinon un esclavage. Les relations journalières avec le *Roland* ne souffraient pas de ces difficultés ; ils communiquaient rapidement et en sécurité ; mais la surveillance exercée autour d'eux sans relâche, les obligeait à agir avec la plus grande circonspection.

Ils profitèrent de leurs loisirs pour visiter, sous la conduite de M. Santos, les factoreries de Ouidah. Le commandant portugais en avait les clefs. C'est ainsi qu'ils inspectèrent le fort français, objet du grave litige entre eux et les représentants du roi de Dahomey.

Le fort, devenu la maison Régis, était en très bon état, à part une dizaine de mètres de murailles tombées, qu'on avait remplacées par des paillotes. Sur le devant s'élevait une maison dont les murs mesuraient un mètre d'épaisseur.

Les Français allèrent aussi à la maison Fabre, qui servit de refuge aux otages : construction moins importante, avec des dépendances plus restreintes.

Le guide aimable qui dirigea cette reconnaissance intéressée des établissements européens à Ouidah, M. Santos, déjeuna ce jour-là avec les officiers français ; et ceux-ci promirent, pour le dimanche suivant, de répondre à son invitation au fort portugais.

***

Le second palabre eut lieu le 19 septembre. Les Cabécères firent demander au Père Dorgère d'y prendre part. Celui-ci déclina la proposition. Il suivait en cela la direction de l'amiral de Cuverville, qui l'avait prié de se tenir à l'écart de toutes les discussions et de n'intervenir que si son arbitrage était réclamé par les deux parties. Une seconde fois, les Cabécères revinrent à la charge et le Père crut devoir refuser de nouveau. Il ne céda qu'après une troisième démarche, et il se rendit à la conférence en compagnie des officiers français.

Le commandant de Montesquiou prit la parole et exposa aux envoyés du roi toutes les raisons qui motivaient les clauses de la convention. Il s'appuya spécialement sur les traités de 1851, de 1868 et de 1878. Le traité de 1851 consacrait, par son article 9, notre droit de propriété sur le fort de Ouidah. « Pour conserver l'intégrité du territoire appartenant au fort français, disait cet article, tous les murs ou bâtiments, construits en dedans de la distance réservée (15 brasses à partir du revers extérieur des fossés d'enceinte), seront abattus immédiatement et il sera défendu par le roi d'en construire de nouveaux. » En vertu d'une autorisation spéciale, le fort français de Ouidah était occupé par les représentants d'une maison de commerce de Marseille, mais cette autorisation ne devait pas avoir de durée fixe, et l'État français pouvait à tout moment reprendre possession du fort pour un service public, sans indemnité. Le traité de 1868 disait : « La cession du territoire de Cotonou est considérée comme d'ores et déjà définitive et irrévocable » ; et celui de 1878, confirmant le traité précédent, contenait cette déclaration : « S. M. le roi Glégié abandonne, en toute propriété, à la France, le territoire de Cotonou, avec tous les droits qui lui appartiennent, sans aucune exception ni réserve. »

Les envoyés du roi écoutèrent attentivement. Ils répondirent qu'ils ignoraient beaucoup des détails que le commandant venait de donner en rappelant les droits de la France. Ils demandèrent un mémorandum, portant surtout sur la question de savoir si d'autres nations européennes avaient des vues sur leur territoire.

L'audience, accordée le matin par le Père Dorgère à Zizi-Dogué, portait ses fruits, et la crainte de l'Allemagne rendait ces diplomates barbares plus

LE R. P. DORGÈRE, CHEVALIER DE LA LÉGION D'HONNEUR

sages et plus dociles. Le commandant résolut de rédiger, avec le concours du Père Dorgère, une note aussi explicative que possible sur cette question.

La conférence prit fin et M. de Montesquiou emportait une impression favorable. Il croyait avoir gagné du terrain. Mais il avait été occupé tout le temps à parler et à lire, et il n'avait pas pu suivre, sur les visages, les sentiments qui s'y peignaient clairement. Ses compagnons, libres de leurs actes, MM. Decœur, d'Ambrières et le docteur Bachelier, le Père Dorgère lui-même, tirèrent un mauvais augure de l'attitude des Dahoméens. L'expression de leur physionomie, leurs questions pressantes, leur va-et-vient, donnèrent à craindre aux amis du commandant que ces barbares ne leur fissent un mauvais parti.

Ils communiquèrent leurs appréhensions à M. de Montesquiou. Il les traduisait ainsi, en écrivant à M. de Cuverville : « Ce sont des brutes et des sauvages, et il faut nous attendre, — c'est possible — à ne pas sortir d'ici comme nous y sommes entrés. Il faudra user de ruse, mais ils sont fins et bien malins aussi. »

Au lieu de la note demandée, après réflexion, et sur le conseil du Père

LE CONTRE-AMIRAL DE MONTESQUIOU-FEZENSAC

Dorgère, le commandant se décida à envoyer, si les Cabécères y consentaient, une lettre au roi, avec une copie du traité. M. de Montesquiou fit pour la circonstance quelques modifications au texte, mais elles ne portaient pas, bien entendu, sur les points importants.

Les représentants de Sa Majesté Béhanzin discutèrent longuement et finirent par autoriser le commandant à recourir au roi.

Il ne faut pas s'étonner de la nécessité de cette autorisation, car, sans leur assentiment, le message n'aurait jamais pu arriver jusqu'à la personne du roi. D'autre part, ils n'auraient jamais consenti à parler directement à

Sa Majesté de la cause du litige, de crainte de lui déplaire. Ils savaient qu'ils auraient payé de leur tête le mécontentement royal.

La lettre devant partir le dimanche matin, il était à présumer que la réponse arriverait le mercredi soir.

Dès que cette décision eut été prise, le commandant de Montesquiou télégraphia (23 septembre) à l'amiral de Cuverville :

« Butés sur la question Ouidah : nous décidons recourir au roi. Négociations douteuses.

« Je vous envoie, ci-joint, copie de :

« 1° Le traité presque complet, mais sous forme compréhensible pour le roi ;

« 2° La lettre que j'écrivis au roi. »

Dans sa correspondance explicative, le commandant ajoutait : « Il est possible que nous réussissions comme cela, mais je crois que c'est la dernière corde de notre arc. Tout cela va être bien pesé, bien discuté ici, et avant d'être lu au roi. Je n'ai pas besoin de vous dire que tout est du Père Dorgère. C'est un étrange pays, où il n'est pas facile de rien comprendre. »

M. de Montesquiou pensait que ce serait le premier des envoyés du roi qui porterait la lettre et ferait valoir les raisons.

En cela le commandant se faisait peut-être illusion. Car, après coup, les plénipotentiaires français se sont toujours demandé si la lettre avait été même envoyée à Sa Majesté Béhanzin. Elle était ainsi conçue :

« Majesté,

« Sur les rapports faits par le Révérend Père Dorgère à l'amiral, commandant en chef des forces de terre et de mer, et le reçu de votre honorée lettre, l'amiral nous a envoyés à Ouidah, afin de nous entendre avec vos deux Cabécères, Alladaka et Modiémé, pour conclure définitivement la paix.

« A cet effet, il nous a tracé les instructions que nous devions suivre et munis d'un projet de traité ; seul un article nous divise, c'est celui qui dit que la France mettra vingt-cinq hommes à terre au Fort Français, actuellement occupé par la maison Régis.

« Comme nous connaissons votre grande amitié pour la France, et que la France, de son côté, a le plus ferme désir de renouer ses vieilles relations amicales avec le Dahomey, nous vous adressons copie de ce traité, fermement convaincus que vous l'approuverez en tout.

« Nous attendons donc, avec confiance, votre décision définitive, qui pour toujours unira deux nations qui ont été sur le point de se diviser.

« Je salue Votre Majesté et je souhaite qu'elle soit en bonne santé.

« De Montesquiou. »

Le projet de traité suivant accompagnait cette lettre :

Projet de traité entre la France et le Dahomey.

« Monsieur le contre-amiral Cavelier de Cuverville, commandant en chef des forces de terre et de mer, après avoir entendu le R. P. Dorgère, et pris connaissance de la lettre que Sa Majesté Béhanzin Ahi-Djéré lui a adressée, a

LE DOCTEUR BACHELIER

vu que les plaintes de Sa Majesté portaient sur la conduite de M. Jean Bayol vis-à-vis du Dahomey.

« Pour donc empêcher que pareils faits se renouvellent et que personne ne vienne troubler la paix entre la France et le Dahomey, les deux peuples acceptent les points ou articles suivants :

« Art. I. — Le roi de Dahomey ne fera jamais plus de guerre à Toffa, ni à Porto-Novo et aux pays qui appartiennent à Porto-Novo ; alors la France veillera à ce que Toffa ne fasse rien contre Sa Majesté.

« Art. II. — Les Français resteront éternellement à Cotonou, et ils paieront tous les ans au roi, vingt mille francs en or ou en argent. Les Cabécères de Cotonou pourront y retourner sans avoir rien à faire avec les Européens

« Art. III. — Pour donner une preuve de haute amitié et confiance à la France et montrer que Sa Majesté honore autant la France que le Portugal, elle permettra de mettre vingt-cinq soldats au Fort Français ou maison Régis, et la France protégera le Dahomey contre tout ennemi qui se présenterait ; voilà les trois conditions sans lesquelles on ne pourra faire un vrai traité de bonne amitié entre les deux peuples.

M. J. D'AMBRIÈRES, ENSEIGNE DE VAISSEAU

« Tous les articles précédents étant arrêtés et consentis, l'amiral, — voulant justifier encore cette amitié et se rappelant les plaintes justes adressées par Sa Majesté : 1° que les blancs le visitaient rarement ; 2° qu'il ne fallait envoyer que des officiers sûrs et non un autre M. Jean Bayol, — a arrêté qu'un Européen pourrait résider auprès du roi ou à Ouidah. Ce résident recevrait les plaintes des autorités contre les blancs et des blancs contre les autorités. Ce serait un médiateur, et, de temps en temps, il pourrait visiter le roi à la capitale. Naturellement le roi ne pourrait l'obliger à assister aux sacrifices humains, car l'amiral demande à Sa Majesté de bien vouloir faire tous ses efforts pour tâcher de supprimer ces cérémonies, si opposées aux mœurs des Européens.

« Comme le roi promet que la France pour le commerce sera toujours la mieux partagée, que les Français ne seront ni contrariés, ni maltraités, qu'ils feront le commerce librement, — alors :

« 3° La France, pour remercier Sa Majesté et lui prouver son amitié, lui enverra des officiers distingués et sûrs qui iront le saluer à Abomey de temps en temps. Maintenant il est naturel que le roi ne demande jamais le protectorat à aucune autre nation que la nation française.

« Si le roi voulait demander un protectorat autre que le nôtre, nous demandons, de notre côté, qu'il laisse les douanes pour la France, pendant tout le temps qui serait nécessaire pour recouvrer les dépenses faites par les Français pendant la guerre et que le gouvernement fixerait.

« Tout ceci consenti, le blocus est levé et on enverra le traité au Président de la République pour qu'il le signe. »

*
* *

Comme l'avait prévu le commandant de Montesquiou, ces textes devaient être lus et relus, avant leur envoi, examinés et critiqués, et trouvés imparfaits. Le 21 septembre, au soir, les négociateurs français furent informés que la lettre au roi n'était pas assez explicite, et qu'il fallait définir les intentions des puissances étrangères vis-à-vis du Dahomey.

Déjà les représentants du roi avaient fait une insinuation de ce genre. Décidément le coup droit du Père Dorgère portait : Zizi-Dogué et ses collègues étaient dans l'inquiétude.

Le commandant répondit qu'il n'avait pas les moyens de spécifier, que l'amiral seul était en état de répondre à cette question. Mais l'amiral étant absent, il faudrait attendre son retour du Gabon.

Sur les instances des Cabécères, le Père Dorgère écrivit à ce sujet à Boconou, le grand féticheur, ce personnage dont il avait conquis l'amitié, et qui avait l'oreille du roi.

L'original de la lettre était en portugais. En voici la traduction :

« Ouidah, le 22 septembre 1890.

« Très Illustre Monsieur Boconou,

« Comme je suis arrivé une autre fois à Ouidah, je désire profiter de l'occasion de ce messager pour vous envoyer mon souvenir et mes compliments.

« Nous sommes ici, à Ouidah, cinq Européens, moi, M. le colonel de Montesquiou, un capitaine, un aspirant et un docteur. Ces messieurs ont été envoyés par le très illustre M. l'Amiral pour se rencontrer avec les deux Cabécères de Sa Majesté et régler entièrement la question actuelle.

« Monsieur le Colonel envoie aujourd'hui un porteur, avec le contrat qui doit définitivement se remettre au roi.

« Dans un article du contrat, on parle de mettre à la maison Régis vingt-cinq soldats. Je sais que Sa Majesté ne le désire pas. Mais je vous parle franchement que ce sera une bonne chose pour le roi.

« Je ne suis point négociant, je ne suis point militaire, je suis un Père, et de cette façon, n'ayant aucun intérêt à la chose, il me reste plus de liberté pour parler. Le Dahomey est environné de deux nations qui ont les yeux sur lui. En diverses circonstances, les Allemands m'ont dit qu'ils voulaient faire la conquête du Dahomey ; je connais des faits particuliers qui le prouvent. Dernièrement, en Europe, les Anglais et les Allemands ont fait un contrat au sujet de la délimitation de l'Afrique.

« Le gouverneur anglais a dit clairement, au sujet de la guerre que le Dahomey a faite aux Egbas ou Nagos, que, si la guerre actuelle n'était pas faite par la France, il serait déjà à Ouidah.

« Enfin, je vois un très grand danger pour le Dahomey, s'il refuse cet article, sans lequel on ne pourra pas faire la paix.

« Ce que je vous dis, naturellement, est une chose qu'il ne faut pas divulguer.

« Si M. le Colonel avait entre les mains certains papiers qui sont au Gabon, je ne doute pas qu'il vous enverrait des copies, comme il le dit.

« Très Illustre Seigneur, j'achève cette lettre, demandant à Dieu que tout demeure en paix pour le bien de tous ; bonne santé je vous souhaite, daignez accepter mon souvenir.

« DORGÈRE. »

En transmettant à l'amiral de Cuverville la copie de cette lettre, le commandant de Montesquiou ajoutait : « Tout dépend de la réponse du roi, mais si elle est négative, nous sommes en mauvaise voie. Jusqu'à présent, le secret de nos correspondances a été respecté ; mais comme il ne faut pas toujours y compter, je suis obligé d'être sobre. »

Les négociateurs attendirent cette réponse. Ils l'espéraient à partir du jeudi matin. Toutefois ils doutaient de l'efficacité de leur diplomatie et ils pensaient que l'amiral lui-même ne la trouverait pas fort remarquable.

Les affaires au Dahomey ne se traitent pas comme ailleurs.

Ils notaient qu'on devait deviner les choses qui ne s'écrivaient point.

D'ailleurs, les Dahoméens parlaient le moins possible. C'est le pays du mystère et de la délation : en sorte qu'il fallait surtout tirer ses conclusions du sens des événements.

Leur opinion était que les envoyés du roi et leurs conseillers, dans leurs discussions longues et secrètes, avaient fini par se convaincre, en majorité, des avantages du traité. Mais en référer au roi, ils ne le pouvaient pas, puisqu'ils agissaient contrairement à ses ordres. Autoriser les négociateurs français à le faire, c'était déjà beaucoup ; désirer qu'ils le fassent, c'était plus encore.

Ces procédés permettaient à la mission française de compter, quoique faiblement, sur un plein succès. Les représentants de la France pensèrent que ceux qui les avaient poussés dans cette voie avaient des influences à Abomey et sauraient en user. La lettre au grand féticheur semblait favorablement accueillie et n'être pas pour leur déplaire.

Les Dahoméens n'écrivent pas, mais ils ont une mémoire extraordinaire. Aucun détail ne leur échappe, ils classent tout dans leur tête. Parfois ils semblent n'avoir rien compris et tout à coup ils lancent une observation qui révèle une intelligence surprenante.

Le 26 septembre, la réponse du roi n'était pas arrivée. Elle tardait bien à venir. Cependant M. de Montesquiou écrivait à l'amiral que cela ne lui paraissait pas être un mauvais signe ; mais en même temps, au sujet des suppressions que lui et ses collègues avaient jugées opportunes, il manifestait sa pensée, et il croyait qu'il ne serait plus possible de les rétablir.

Prévoyant le cas où le roi refuserait de signer le projet qui lui était soumis, le commandant proposait de modifier ainsi la rédaction de l'article second :

« Sa Majesté reconnaît les droits de la France sur le Fort Français de Ouidah ; mais nous consentons, sur sa demande expresse, à n'y pas mettre de troupes, à moins que d'un commun accord, on en sente la nécessité. »

C'était l'avis de l'amiral de Cuverville qui avait télégraphié de Libreville, le 23 septembre :

« Amiral *Naïade* à commandant *Durance*, Cotonou,
pour *Roland*, par aviso.

« Pourvu que notre droit déjà ancien d'occuper fort Ouidah soit reconnu, je suis disposé à la rigueur à ne pas en user, si toutes les autres clauses sont acceptées. »

*
* *

Les envoyés du roi arrivèrent enfin, le 27 septembre, à onze heures du matin. La mission fut prévenue que les deux récadères, qui avaient porté le message de Béhanzin, étaient de retour et précédaient les deux Cabécères Brincho et Tapeto. Ils les avaient laissés à Tori, à cinq heures de marche de Ouidah. Il était probable qu'on convoquerait le jour même la mission française à la Gore.

LE " ROLAND "

En effet, à quatre heures, les officiers français furent avertis qu'on les attendait. Le commandant de Montesquiou et le capitaine Decœur prirent le chemin de la Gore. L'aspirant d'Ambrières était souffrant d'un accès de fièvre, il ne parut pas.

Ne voyant pas le P. Dorgère, les Dahoméens le réclamèrent, déclarant qu'ils ne parleraient pas hors de sa présence : une partie de la réponse du roi le concernant spécialement.

Le commandant fit prévenir le Père, qui arriva aussitôt.

Avant de se rendre à la Gore, le vaillant missionnaire, peu rassuré, fit ses adieux au malade, et dit à M. d'Ambrières : « J'espère que nous ne serons pas crochés pendant que vous serez au lit. Je vous enverrai un petit avis pour vous faire savoir comment tourne l'affaire. Si, à cinq heures, vous ne recevez pas un mot de moi, c'est que nous serons coffrés. » Et il partit. On le voit, il n'était pas sans appréhensions.

Alors eut lieu, sur la place publique, une nouvelle répétition des danses, comme pour la première conférence. Les deux Cabécères étaient escortés

LE LIEUTENANT D'AMBRIÈRES A BORD DE LA "MÉSANGE"

par une soixantaine de guerriers. La cérémonie de la présentation du bâton du roi couronna la fête. Le tout dura deux bonnes heures.

Après ces longs préambules, la mission française fit son entrée dans la Gore.

Les deux Cabécères, le nez dans la poussière, transmirent le message verbal du roi, en patois du Dahomey. Le Cussugan le traduisit dans la langue de Ouidah. Candido le répéta en portugais et le Père Dorgère enfin en donna la traduction française.

Voici quelle était cette réponse :

« Le roi a reçu la lettre qui lui a été adressée, il en prend bonne note. Il ne veut point de chemin de fer, ni de wharf, à Ouidah. » — Cette clause n'était pas dans le traité envoyé au roi. Il lui en a été parlé verbalement : il répond de même. — « Le roi ne veut pas de troupes à Ouidah, ni son peuple ni ses ministres n'en veulent. Le roi n'accepte pas cette clause imposée par la force. Lorsque deux amis se font des concessions, il faut que ces concessions proviennent de leur bon vouloir, mais ne soient pas dictées de l'un à l'autre par la force. Dans ce cas, celui qui est obligé d'accepter conserve toujours un sentiment dans son cœur, qui empêchera l'amitié d'être véritable. S'il avait voulu l'accorder, il l'aurait accordé de bonne volonté. » Suivaient les doléances au sujet de M. Bayol.

« Le Père a porté trois articles au Dahomey, le roi en a accepté deux, mais il ne veut pas du troisième.

« Le roi a eu connaissance de la lettre écrite à Boconou, le grand féticheur. Il remercie. Quand on est amis, on se doit de se prévenir des dangers

EN GARDE !

dont on est menacé. Le roi a songé à envoyer un émissaire aux Allemands et aux Anglais pour connaître leurs intentions contre lui. »

Tout cela, raconte M. de Montesquiou, était dit dans un style semblable à celui de la lettre écrite précédemment par le roi à l'amiral de Cuverville, c'est-à-dire avec des formes doucereuses en apparence, mais sauvages dans le fond.

Le lendemain 28 septembre, vers quatre heures et demie du soir, Zizi-Dogué se présenta au moment où les officiers français faisaient leur promenade quotidienne. On les chercha, les prévint et ils retournèrent à la mission.

Zizi-Dogué prit à part le Père Dorgère, et lui répéta à peu près tout ce qui avait été dit la veille. Il ajouta qu'il avait hâte d'en finir. « Le roi est sous l'influence de la guerre, il n'y a rien à en tirer, dit-il. Plus tard, il deviendra plus confiant et finira par accorder, sans y être contraint, l'occupation du fort de Ouidah, ainsi que les appontements. Quant au chemin de fer, il ne concédera que ce qui est nécessaire au commerce, mais jamais ce qui semblerait avoir un but stratégique, comme de relier Grand-Popo avec Ouidah, puis avec Cotonou. »

Les représentants de la France prirent rendez-vous pour le lendemain soir lundi. Ils se préparèrent à faire passer la nouvelle rédaction de l'article 2,

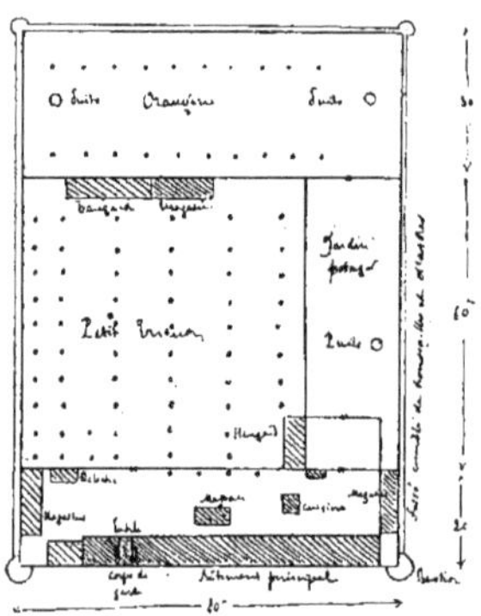

FORT FRANÇAIS (MAISON RÉGIS)

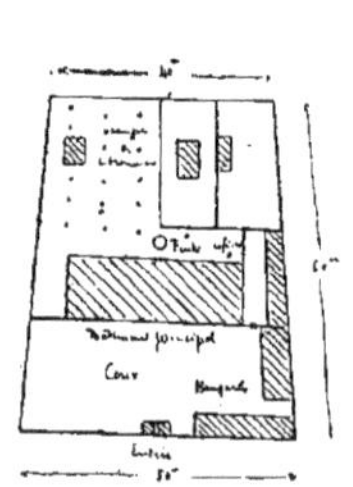

FACTORERIE FABRE A OUIDAH

qui reconnaissait les droits de la France sur le fort de Ouidah, mais différait l'occupation militaire. En même temps, ils écrivaient à l'amiral de Cuverville pour lui demander ses instructions, voulant savoir si la nouvelle rédaction de cet article et le reste, tel qu'il avait été présenté au roi, lui paraissait suffisant. Le commandant de Montesquiou déclarait que, pour le moment, il ne serait pas possible d'obtenir davantage.

Cette lettre n'aurait pas été nécessaire, si le télégramme envoyé de Libreville, le 23 septembre, par l'amiral, était arrivé à Ouidah. L'amiral y annonçait qu'il était disposé, à la rigueur, à ne pas user du droit d'occupation du fort de Ouidah, pourvu que ce droit fût reconnu et que les autres clauses fussent acceptées. Évidemment les officiers français n'avaient pas reçu cette dépêche. Une lettre du même jour, 28 septembre, à M. Charnoz, capitaine de frégate, second du *Roland*, prouve que les communications étaient devenues difficiles.

« Envoyez-moi, je vous prie, à Cotonou, écrivait M. de Montesquiou, toutes les lettres de l'amiral qui sont prêtes. Je vous en envoie aujourd'hui une assez longue. Vous l'expédierez avec les autres, si cela ne doit pas retarder l'aviso. L'amiral ira, je pense, d'abord à Cotonou ; mais si par hasard il venait droit à Ouidah, vous lui remettriez mon cahier de correspondance.

« Nous n'avons pas regardé vos signaux, auxquels fort heureusement (?) la lune faisait concurrence... Si nous les avions regardés, nous les aurions interprétés, je n'en doute pas. Nous avons reçu, sans exception, tout ce qui a été annoncé. »

C'est dans cette lettre que M. de Montesquiou faisait part d'une singulière nouvelle. « Le courrier vous apportera un objet important. C'est la canne de Siciliano revenant d'Abomey, où elle a passé, à la place de son propriétaire, dix mois en prison. Elle doit être renvoyée à la case de Siciliano à Cotonou ; on l'adresse à l'amiral avec cet avis. »

Quoi qu'il en soit de l'amabilité des Dahoméens, qui daignaient rendre la liberté à M. Siciliano symbolisé par sa canne, les envoyés français songeaient, par une nouvelle concession, à gagner les représentants du roi.

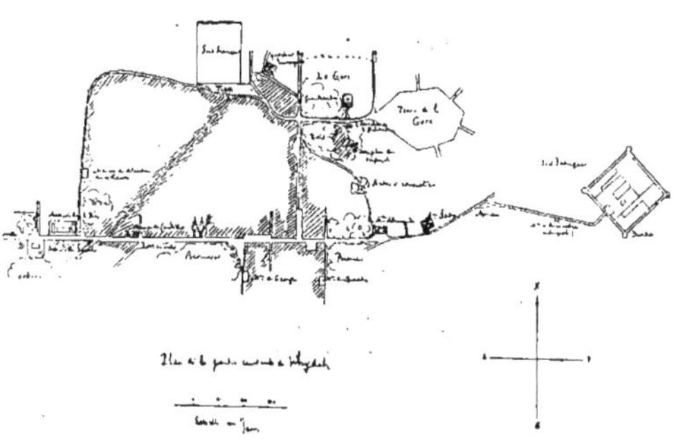

PLAN DE LA PARTIE CENTRALE DE OUIDAH

Modifier l'article 2 c'était faire un pas en arrière. Toutefois l'article 4, également transformé, atténuait la libéralité du précédent. Il était proposé sous cette forme : « Afin de prévenir dorénavant tout malentendu pouvant altérer les bonnes relations qui sont rétablies, la France pourra entretenir un résident à Ouidah. »

Le lundi soir, à la demande de M. de Montesquiou, une nouvelle séance se tint à la Gore. Ce n'est pas que la mission française eût grand'chose à dire. Elle n'avait pas reçu de nouvelles instructions. Elle ne pouvait rien décider, mais elle voulait sonder les envoyés du roi et voir s'ils accepteraient les modifications apportées à l'article 2.

Ils s'y opposèrent de la façon la plus absolue, déclarant qu'ils ne sortiraient pas des limites tracées par la lettre que le roi avait envoyée. M. de Montesquiou revint à la charge, en employant toutes les formes ; il ne put rien obtenir. Aucune rédaction, quelle qu'elle fût, ne leur convenait. Ils ne voulaient pas sortir de la lettre du roi.

M. de Montesquiou prévint aussitôt l'amiral de Cuverville par une lettre écrite partie en clair, partie en chiffres.

« Tout ce que je pourrai donc obtenir, dit-il, ce sera le traité déjà un peu tronqué, tel qu'il a accompagné ma lettre au roi, dans lequel il faudrait encore supprimer tout ce dont le roi ne veut pas, c'est-à-dire pas de résident à Abomey, pas de troupes à Ouidah, sans possibilité de rien ajouter.

« Je ne vois plus, d'après ce que je vous dis, de chances de paix. Si vous voulez rompre, laissez-nous nous ingénier pour partir. Nous y avons déjà pensé avec le Père et posé nos jalons. »

Le commandant exposait comment les voies étaient préparées : il avait dit aux envoyés de Béhanzin qu'il était obligé, lui et ses collègues, d'aller rendre

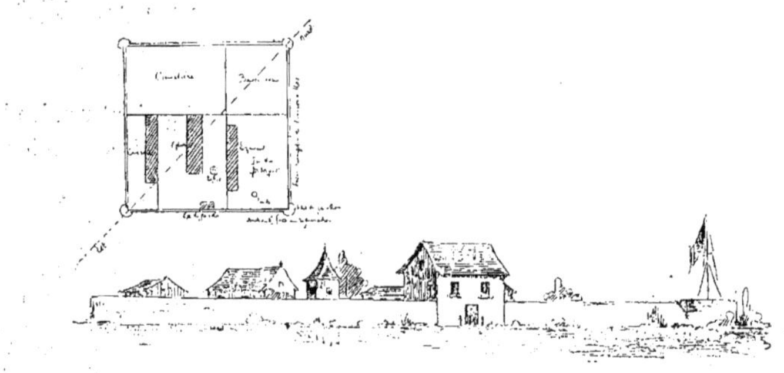

FORT PORTUGAIS DE OUIDAH (1890)

compte de leur mission à l'amiral ; que, d'ailleurs, dans ces conditions, lui et ses compagnons pensaient qu'ils ne seraient pas appelés à signer la paix, et que l'amiral enverrait M. Ballot, etc.

Le terrain était ainsi déblayé pour faciliter la retraite. Toutefois, une dernière lueur d'espoir restait, et, dans un post-scriptum, M. de Montesquiou l'indiquait :

« Si on leur donnait tout écrit le traité, tel qu'ils le demandent et contenant l'article 2, tel que je vous l'ai proposé, comme ultimatum, ça les gênerait. Je crois qu'ils auraient de la peine à brouiller les cartes pour ce seul motif. »

*
* *

Malgré tout, la mission française était acculée ; elle ne conservait guère d'espoir d'arriver à un arrangement. De plus, la maladie s'était abattue sur ses membres. M. de Montesquiou, dans la lettre qui vient d'être citée, disait que le soir du lundi 29 septembre, il était seul à la Gore, avec le jeune aspirant d'Ambrières. Celui-ci, atteint lui-même par la fièvre depuis plusieurs jours, allait seulement un peu mieux. Quant au capitaine Decœur, il était en proie à un fort accès, et le docteur Bachelier n'était pas plus vaillant. Le Père Dorgère ne se soutenait qu'en luttant avec une rare énergie.

La situation était critique, presque désespérée, lorsque, le 30 septembre, l'amiral de Cuverville, de retour du Gabon, ayant ravitaillé la *Naïade,* mouilla en rade de Ouidah.

A LA PERCHE

Le commandant en chef avait passé par Cotonou, sans s'y arrêter autrement que pour prendre les dépêches, et notamment la volumineuse correspondance dans laquelle M. de Montesquiou rendait compte de ses efforts laborieux et sans résultat.

Le commandant en second du *Roland,* capitaine de frégate Charnoz, en quelques mots, avait mis l'amiral au courant. Tout allait mal à terre; les discussions n'aboutissaient qu'à irriter les esprits, à ce point que, les négociateurs français, ne se croyant plus en sûreté avaient fait donner l'alarme, par un de leurs noirs, à Grand-Popo où se trouvait un détachement.

Un signe grave motivait ces craintes. Depuis quatre à cinq jours la ville était déserte. Les habitants de Ouidah, voyant que les pourparlers n'en finissaient pas, avaient fait cette réflexion : « Le traité ne marche pas. C'est la guerre. Filons. » Et ils avaient filé.

Dès qu'il eut jeté l'ancre, en face de Ouidah, l'amiral de Cuverville, pressé d'en finir, écrivit au commandant de Montesquiou la lettre suivante :

« Mon Cher Commandant,

« Ce matin à mon arrivée sur rade de Cotonou, le commandant de la *Durance* m'a remis la correspondance que vous avez bien voulu me faire parvenir du 13 septembre au 28 septembre inclus, concernant les négociations que vous poursuivez si laborieusement à Ouidah. J'ai pris connaissance de vos rapports avec un très grand intérêt et je donne mon complet assentiment à la marche que vous avez suivie.

« Je tiens à me montrer généreux vis-à-vis du Dahomey et à gagner pour la France la confiance de ce vaillant petit peuple.

« Comme je vous l'ai télégraphié, le 23 septembre, avec l'assentiment du gouvernement, je n'insiste pas pour l'occupation immédiate du fort de Ouidah, parfaitement certain que les Dahoméens seront un jour les premiers à la réclamer, la France étant et devant rester leur meilleure protectrice. Mais il est bien entendu que je n'abdique aucun des droits que nous tenons d'une situation séculaire, et que les concessions faites par générosité ne sauraient être considérées par personne comme l'abdication de notre droit.

« Dès que cette nouvelle rédaction sera acceptée par les autorités dahoméennes, le blocus sera levé et la paix conclue. Il me faut une réponse à bref délai, je l'attends ici avec la *Naïade*.

« P.-S. — Je désire que vous donniez lecture de cette lettre aux autorités dahoméennes ; elle restera d'ailleurs annexée au traité. Vous voudrez bien faire savoir aux autorités du Dahomey que les concessions importantes, que

EN ROUTE PAR PIROGUE !

j'ai été amené à consentir dans une pensée d'apaisement et de conciliation, sont dues principalement à l'intervention bienveillante du Révérend Père Dorgère, des Missions Africaines. »

Ainsi l'amiral de Cuverville se montrait doublement généreux ; une première fois en accordant, à un adversaire incapable de comprendre des procédés aussi loyaux, des concessions très larges, et une seconde fois en attribuant au missionnaire catholique le mérite de cette conduite désintéressée.

Le commandant en chef mettait à profit les circonstances pour en faire bénéficier la cause de la foi et de la civilisation chrétienne. Car sa générosité était imposée. Les ordres formels qu'il avait reçus de Paris ne lui permettaient pas d'être exigeant. « Continuez à faire tous vos efforts pour traiter », télégraphiait le ministre de la Marine, le 12 septembre. « Si occupation de Ouidah rendait traité impossible, se résoudre à y renoncer. » C'était clair. Cette dernière dépêche était arrivé le 20 septembre. L'amiral prit son parti.

Un autre motif dicta ce désintéressement : « Pour éteindre les ressentiments et dissiper toutes les méfiances, écrit-il à un intime, j'abandonnai l'occupation du fort de Ouidah. A la réflexion, je m'étais dit que, dans les temps que nous traversons et à en juger par ce que nous avons sous les yeux, il serait difficile de trouver, parmi les administrateurs coloniaux de M. Étienne, des gens ne donnant aux Dahoméens que de bons conseils et de bons exemples ; en outre, il eût fallu mettre dans le fort des tirailleurs sénégalais, et Dieu sait à quels excès ils se livrent. »

Plus tard, l'amiral se félicitera, à un autre point de vue, de n'avoir pas insisté pour mettre garnison au fort. La France, représentée à Ouidah par ses soldats, aurait été dans l'obligation amère d'assister, témoin impuissant, aux opérations coupables des négriers portugais. Il fallait que, par une conquête, s'imposant comme maîtresse de la plage et de la ville, et forte de son droit, elle mît fin à ce commerce scandaleux ; sinon, il était préférable qu'une situation fausse ne l'exposât pas à être accusée de complicité, et qu'elle attendît l'heure où elle pourrait agir, sans entraves, en libératrice.

LA " MÉSANGE "

VI

Ultimatum et traité.

(1890)

Allures inquiétantes des Dahoméens. — Nouveau palabre. — Ultimatum de l'amiral de Cuverville. — Demande d'un traité d'extradition. — Dernière conférence. Lettre menaçante de l'Amiral au Cussugan. — La convention du 3 octobre est signée. — Retour de la mission française à Grand-Popo. — Télégramme et lettre de l'amiral de Cuverville au ministre de la Marine. — Cadeaux du roi Béhanzin. — Nouvelle lettre de l'Amiral au Cussugan et au roi Béhanzin. — Don à Sa Majesté de vins fins, de liqueurs et de la photographie de l'Amiral. — Dédicace au Sacré-Cœur. — Actions de grâces. — *Te Deum* à bord de la *Naïade*. — Salves et illuminations. — La politique coloniale de l'amiral de Cuverville.

La décision de l'amiral de Cuverville, donnant l'ordre de ne pas réclamer l'occupation immédiate du fort français de Ouidah, causa une agréable surprise à M. de Montesquiou-Fezenzac, chef de la mission française. Cependant les négociateurs n'osaient pas se flatter encore de toucher au but. Ils craignaient de ne pas arriver à bon port, bien que l'amiral eût décidé de faire de grands sacrifices.

Les autorités Dahoméennes se montraient inquiètes. Leurs allures étaient peu rassurantes. Elles ne faisaient plus saluer les officiers français comme à l'ordinaire. Elles témoignaient de grandes prétentions ; si bien que, sur le soir, elles envoyaient dire qu'elles avaient attendu vainement l'amiral pendant toute la journée. Elles comptaient, dans leur naïve fatuité, que le commandant-gouverneur viendrait s'entendre avec elles. Elles faisaient demander quand il descendrait à terre.

Cependant un nouveau palabre fut fixé pour le lendemain, à trois heures, à la Gore.

Le commandant de Montesquiou avertit l'amiral que cette conférence, qui ne commencerait qu'avec du retard, finirait bien avant dans la soirée. L'heure avancée le mettrait dans l'impossibilité de lui en communiquer, le jour même, le résultat. En conséquence, il le priait d'envoyer le jeudi, 2 octobre, de grand matin, une pirogue : elle lui transmettrait ce qui aurait été décidé et elle rapporterait aussitôt la réponse.

Il espérait que, si les débats marchaient à souhait, on pourrait terminer le tout le jour même et quitter aussitôt la terre ferme : les préparatifs de départ étant déjà faits à l'avance.

Mais le commandant ajoutait :

« La séance d'hier, si dure, me laisse des doutes. Nous parlons à des brutes obstinées, craintives, méfiantes. Le moindre mot leur fait dresser l'oreille. Quant à raisonner, c'est comme si on le faisait avec des brutes.

« Si j'avais un fourrier qui pût me mouler un joli traité, en quatre feuilles bien écrites, avec la signature à la septième page, entamée bien entendu, on pourrait en tirer parti. Je n'ajoute rien.

« Je serai certainement épluché avec la plus grande méfiance, et bien que le traité, fort peu tronqué, ait été placé sous les yeux du roi, qui m'a fait dire en avoir pris connaissance, le libellé même est d'acceptation plus que douteuse.

« Nous allons concerter avec le Père notre séance de demain et faire tous nos efforts. »

Tout était prêt pour la journée du 1er octobre. On livrait, on le sentait, la dernière bataille. M. de Montesquiou devait aller seul à la Gore avec l'aspirant d'Ambrières pour lire aux représentants du roi l'extrait qu'il avait fait des instructions de l'amiral. Il était réglé qu'il transigerait sur la question du résident à Ouidah. Les termes dans lesquels la question était posée par les envoyés de Béhanzin ne permettaient plus de s'attarder à la discuter.

LA POPOTE DES OFFICIERS

Il fallait céder lorsque, tout à coup, entre trois heures un quart et trois heures et demie, au moment où la mission française allait se rendre à la Gore, arriva une lettre du commandant de la division qui modifia tous les plans. Par sa fermeté elle tranchait toutes les difficultés. L'amiral de Cuverville posait un ultimatum. Ce fut un vrai coup de théâtre. En quelques minutes, les officiers français se préparèrent à une joute nouvelle. Le Père Dorgère décida qu'il viendrait à la Gore, et il s'y rendit avec le commandant de Montesquiou.

Les envoyés du roi étaient loin de s'attendre à cet acte de vigueur. Le Cussugan, l'orateur de la bande, fut démonté et démasqua ses batteries. Il se mit à épiloguer sur les mots, qui, d'après lui, n'avaient pas, en certains points, de traduction, ou bien étaient insuffisants. Il ajouta que le Yévoghan de

Cotonou, Zonouhoucou, — c'était son nom, — demandait un certificat pour se rendre à son poste. Il fallait que ce certificat constatât nominativement qu'il y était autorisé, ainsi que sa suite ; se réservant d'habiter ensuite le lieu qui lui serait ultérieurement désigné.

De plus, le Cussugan exigeait un traité d'extradition. Il paraissait toutefois devoir se contenter d'une lettre de l'amiral l'informant qu'il donnait l'ordre aux autorités françaises de Cotonou de s'entendre avec le Yévoghan pour l'échange des criminels qui viendraient se réfugier sur les territoires respectifs de la France et du Dahomey.

Une longue discussion s'éleva ensuite au sujet de l'Ouémé. Ce fut le Père Dorgère qui la soutint et la dirigea en langue portugaise, sur la demande du commandant de Montesquiou. Les Dahoméens prétendaient que l'Ouémé, suivant la lettre du roi qui rappelait son histoire, n'appartenait pas au Porto-Novo. Le Père Dorgère, fort habilement, fit tomber la question à l'eau : ce sera au roi Toffa à prouver, s'il le veut, que le territoire d'Ouémé lui appartient.

Les envoyés du roi allèrent enfin chercher la lettre que Béhanzin avait écrite à l'amiral de Cuverville. Elle était la base de tous les arguments exposés par ses représentants. On y trouva les termes de tout ce qui avait été la matière des discussions.

Afin de terminer ces négociations laborieuses et ne pas traîner en longueur, le commandant de Montesquiou écrivit à l'amiral de Cuverville ce même jour, 1er octobre, le priant d'ajouter sur les trois instruments proposés par lui, en laissant de la place pour le plus grand nombre de signatures que les Dahoméens voudraient donner, à la suite des mots « jouissance pleine et entière de Cotonou », ces mots : « vu que les rois du Dahomey, depuis le principe de leur royaume, n'ont jamais donné leur territoire. »

Avec cette addition M. de Montesquiou espérait que l'arrangement serait enfin signé.

Il demandait, en second lieu, à l'amiral, de faire faire une double expédition du certificat réclamé par le Yévoghan de Cotonou et dans les termes qu'il proposait ; — ajoutant que la signature du chef d'état-major serait amplement suffisante, sans qu'il fût nécessaire d'avoir celle de l'amiral lui-même.

Enfin, en s'excusant d'exercer la patience de l'amiral, il le priait d'adresser une lettre au Cussugan, pour l'extradition des criminels, en évitant toutefois d'employer le mot que les Dahoméens n'ont pas besoin de connaître.

On sentait dans ces dernières communications du chef de la mission française au commandant en chef, que la patience de M. de Montesquiou commençait elle-même à se lasser. « Je ne sais si ma correspondance vous donne une idée de ce que c'est que la Gore, ces réunions et ces sauvages. Nous avons eu des séances de deux heures et demie où l'on n'a pas fait un pas en avant, mais où l'on a fait germer dans leurs têtes les méfiances les plus fantastiques. Il ne faut discuter avec ces gens-là que des choses toutes faites. »

En viendrait-on cette fois à une conclusion ? C'était un espoir et non une certitude.

M. de Montesquiou demanda que la pirogue, qui porterait sa correspondance à l'amiral, arrivât de bonne heure et attendît la réponse, afin de tenter d'en finir au plus tôt.

Son désir ne fut pas réalisé. Cinq heures du soir avaient sonné lorsque les dernières instructions de l'amiral arrivèrent à Ouidah. L'heure était beaucoup trop tardive pour tenir séance à la Gore.

PIROGUE VUE DU NAVIRE

Il fallut remettre la conférence au lendemain 3 octobre. Les autorités Dahoméennes furent prévenues.

Pendant ce temps, elles ne s'étaient pas reposées. Le Père Dorgère avait reçu ce jour-là même, 2 octobre, au matin, la visite de Zizi-Dogué, qui était accompagné d'un envoyé de Boconou, le grand féticheur. Le Cabécère Zizi-Dogué se présentait pour se plaindre, au nom du roi, d'un manque de procédé. Sa Majesté était surprise que l'amiral n'eût pas répondu à la lettre qu'elle lui avait écrite.

Cette démarche tardive ne manquait pas d'habileté. Au moment solennel où les pourparlers allaient se terminer par la signature d'un arrangement, ces sauvages, plus roués que les plus fins diplomates, venaient se dire offensés, et tentaient de mettre le bon droit de leur côté, profitant de toutes les circonstances pour les exploiter à leur profit.

La force seule pouvait les réduire, et elle allait parler par la bouche de l'amiral commandant en chef qui adressait au Cussugan la lettre suivante :

« *Naïade*, Ouidah, le 2 octobre 1890.

« Monsieur le Cussugan,

« Je suis arrivé sur cette côte avec les intentions les plus conciliantes et je vous en ai donné des preuves manifestes.

« Après avoir pris connaissance des négociations par trop laborieuses qui se poursuivent depuis quinze jours entre les autorités Dahoméennes et le commandant du *Roland*, j'ai été à la limite des concessions possibles en vous faisant proposer hier un arrangement, entièrement conforme, d'ailleurs, aux désirs qui m'avaient été manifestés par Sa Majesté le Roi, dans sa lettre dont vous avez eu connaissance. Cet arrangement, destiné à être placé sous les yeux du Gouvernement français, ne peut être modifié. Si vous l'acceptez, c'est la paix ; si vous le repoussez, c'est la guerre.

« J'ai pris l'engagement de laisser les anciennes autorités de Cotonou s'établir à proximité de la ligne française, sur un territoire qui sera ultérieurement délimité. Je remettrai au Yévoghan Zonouhoucou les autorisations nécessaires pour se mettre à l'abri de toute éventualité. Vous devez croire à ma parole.

« J'accepte de joindre à l'arrangement un traité d'extradition : vous le trouverez ci-joint.

« C'est là, je le répète, la limite extrême des concessions que je puis vous faire, et je les accorde avec la pensée d'éteindre tous les ressentiments, d'écarter toutes les défiances et de rétablir entre la France et le Dahomey les bonnes relations du passé.

« Cet arrangement devra être signé demain, 3 octobre, au plus tard. Quoi qu'il advienne, M. le commandant du *Roland*, M. le capitaine Decœur et M. l'aspirant d'Ambrières devront être conduits à Grand-Popo, samedi, 4 octobre ; des ordres y sont donnés pour m'informer de leur arrivée.

« Si ces messieurs n'étaient pas à Grand-Popo à la date fixée, je les considérerais comme ayant été retenus par violence et trahison ; je reprendrais immédiatement les hostilités.

« Recevez, Monsieur le Cussugan, avec l'expression de mon très vif désir de voir la fin de nos dissentiments, l'assurance de mon bon vouloir et de l'intérêt que je conserve au peuple Dahoméen.

« Signé : CAVELIER DE CUVERVILLE. »

Un traité d'extradition accompagnait cette lettre qui n'admettait pas de réplique et mettait fin à toute temporisation.

Il était ainsi conçu :

« Le contre-amiral Cavelier de Cuverville, commandant en chef les forces de terre et de mer, faisant fonctions de gouverneur dans le golfe du Bénin, consent, sous réserve de l'approbation du Gouvernement français, à ce qu'un traité d'extradition soit conclu entre la France et le Dahomey. Aux termes de ce traité, tout criminel de droit commun se réfugiant du territoire français au territoire Dahoméen et *vice versa*, sera livré à l'autorité dont il relèvera.

« A bord de la *Naïade*, Ouidah, le 2 octobre 1890.

« Le contre-amiral, commandant en chef les forces de terre et de mer, faisant fonctions de gouverneur dans le golfe de Bénin,

« Signé : CAVELIER DE CUVERVILLE. »

***

C'était un dernier coup et un coup droit. Impossible de l'éviter et de ne pas se rendre, sans témoigner la plus insigne mauvaise foi et sans folie.

Après avoir montré la plus parfaite condescendance, et accordé tout ce qu'elle jugeait bon dans sa générosité, la France prétendait bien avoir le dernier mot.

La mission française et les autorités dahoméennes se réunirent à la Gore de bon matin, le 3 octobre. La conférence fut encore très longue. Toutes les

Gouvernement Français.

Fait à Whydah le trois Octobre, mil huit cent quatre vingt dix

Aladaka + Dodédje +

Cussugan + (Faisant fonctions de yévoghan à Whydah) Zizidogué + H. Decoeur, Capitaine d'Artillerie, chef de l'Artillerie et du génie

Kononhoncon + Aïnadou + H. de Montesquiou, Capitaine de vaisseau, Commandant le Croiseur le Roland.

Les témoins. Candido J. Rodriguez. Alexandre.

Les témoins. C. d'Ambrières, aspirant de 1re classe. Dorgère, Supérieur de la Mission Catholique de Whydah

Pour Copie Conforme : Le Contre-Amiral Commandant en Chef les forces de terre et de mer faisant fonctions de Gouverneur dans le Golfe de Bénin, Cavelier de Cuverville

MARINE FRANÇAISE SERVICE A LA MER

COPIE CONFORME DES SIGNATURES DE LA CONVENTION DU 3 OCTOBRE

pièces et la lettre au Cussugan furent lues, retournées, commentées, relues et vérifiées. C'était à croire qu'on n'en finirait pas encore. Enfin, à dix heures et demie, le commandant de Montesquiou et ses collègues sortirent de la Gore avec les ratifications des deux envoyés du roi, assistés du Cussugan, de Zizi-Dogué, du Yévoghan de Cotonou et du trésorier de la Gore. Ne sachant signer, les autorités Dahoméennes avaient apposé une croix en face de leur nom. Les témoins Candido y Rodriguez et Alexandre avaient écrit leur nom : interprètes pour les envoyés du roi, ils étaient plus érudits et savaient tenir une plume. Pour la France, les témoins qui signèrent furent M. Joseph d'Ambrières, aspirant de 1re classe, et le R. P. Dorgère, supérieur de la mission catholique de Ouidah.

L'amiral avait visé juste. Sa fermeté triomphait. Grâce à son énergique *ultimatum,* en trois jours, à partir du moment où il avait repris en main la barre du gouvernail, tout avait été réglé à la satisfaction générale. Malgré des hésitations pour la forme, les envoyés du roi, en somme, s'exécutaient de bonne grâce.

L'arrangement conclu entre la France et le Dahomey était ainsi libellé :

« En vue de prévenir le retour des malentendus qui ont amené entre la France et le Dahomey un état d'hostilité très préjudiciable aux intérêts des deux pays,

« Nous soussignés,

ADALAKA, DODÉ-DJI, messagers du roi,

« Assistés de :

CUSSUGAN, faisant fonctions de Yévoghan,

ZIZI-DOGUÉ, ZONOUHOUCOU, Cabécères ;

AINADOU, trésorier de la Gore ;

désignés par Sa Majesté le roi BÉHANZIN-AHY-DJÉRÉ ;

et

Capitaine de vaisseau de MONTESQUIOU-FEZENSAC, commandant le croiseur *le Roland ;*

Capitaine d'artillerie DECŒUR ;

délégués par le contre-amiral CAVELIER DE CUVERVILLE, commandant en chef les forces de terre et de mer, faisant fonctions de gouverneur dans le golfe de Bénin, agissant au nom du Gouvernement français,

« Avons arrêté, d'un commun accord, l'arrangement suivant qui laisse intacts les traités ou conventions antérieurement conclus entre la France et le Dahomey.

I

« Le roi du Dahomey s'engage à respecter le protectorat français du royaume de Porto-Novo et à s'abstenir de toute incursion sur les territoires faisant partie de ce protectorat.

« Il reconnaît à la France le droit d'occuper indéfiniment Cotonou.

II

« La France exercera son action auprès du roi de Porto-Novo pour qu'aucune cause légitime de plainte ne soit donnée à l'avenir au roi de Dahomey.

« A titre de compensation pour l'occupation de Cotonou, il sera versé par la France une somme qui ne pourra en aucun cas dépasser vingt mille francs (or ou argent).

« Le blocus sera levé et le présent arrangement entrera en vigueur à compter du jour de l'échange des signatures. Toutefois, cet arrangement ne deviendra définitif qu'après avoir été soumis à la ratification du Gouvernement français.

« Fait à Ouidah, le trois octobre mil huit cent quatre-vingt-dix.

ADALAKA +, DODÉ-DJI +, CUSSUGAN +, faisant fonctions de Yévoghan à Ouidah, ZIZI-DOGUÉ +, AINADOU +, ZONOUHOUCOU +.

Les Témoins : CANDIDO Y RODRIGUEZ, ALEXANDRE.

H. DECŒUR, capitaine d'artillerie, chef de l'artillerie et du génie, DE MONTESQUIOU, capitaine de vaisseau, commandant le croiseur *le Roland.*

Les Témoins : J. D'AMBRIÈRES, aspirant de 1re classe. DORGÈRE, Supérieur de la mission catholique de Ouidah. »

Il y avait une clause secrète ainsi conçue :

« Le roi du Dahomey s'engage vis-à-vis de la France, tant pour lui-même que pour ses successeurs, à n'accepter à l'avenir d'autre protectorat que celui de la France. En cas de violation de cet article, il reconnaît à la France le droit de disposer des douanes du pays jusqu'à concurrence de la somme qui aura été fixée par le gouvernement français comme indemnité de guerre ; cette indemnité n'est abandonnée que sous expresse réserve. »

M. de Montesquiou quitta la mission catholique de Ouidah, ce même jour, 3 octobre, à midi et demi, laissant le Père Dorgère avec le docteur Bachelier ; il était accompagné du capitaine Decœur et de l'aspirant d'Ambrières. Les voyageurs se rendirent par la lagune à Grand-Popo, où ils arrivèrent à onze heures du soir.

L'HABITATION DES OFFICIERS

Au terme de leurs travaux, les négociateurs faillirent être victimes d'une grave méprise. Ils n'avaient pas pu prévenir de leur arrivée. Le poste de tirailleurs sénégalais, qui surveillait les abords de Grand-Popo, ne les reconnaissant pas, fut sur le point de les recevoir à coups de fusil. Ils pensaient avoir affaire à des ennemis. Les officiers français eurent de la peine à les détromper.

Pendant ce temps, le *Roland* faisait lui-même route de Ouidah à Grand-Popo et se trouvait à huit heures du matin au rendez-vous. Le commandant de Montesquiou était à son bord à neuf heures. Après avoir attendu deux fusiliers et quatre laptots, réclamés par l'amiral, et qui n'arrivèrent qu'à une heure, il appareilla pour Ouidah, où il mouillait dans l'après-midi.

Le capitaine Decœur, assez souffrant pour n'avoir pas pu assister à la dernière conférence, avait signé à l'avance le traité. Il dut renoncer à l'inspection qui lui avait été demandée par l'amiral et rentrer à Porto-Novo pour remettre sa santé fort éprouvée.

MAISON DE M. MARTINAUD A GRAND-POPO

Avant de prendre congé des envoyés du roi, signataires de l'arrangement intervenu entre la France et le Dahomey, le chef de la mission française leur fit remettre un cadeau de douze livres anglaises en marchandises prises dans les factoreries. De leur côté, ceux-ci annonçaient, de la part du roi, des présents à l'amiral, comprenant un bœuf, des cabris et des volailles.

Quant au Yévoghan de Cotonou, après y être revenu jusqu'à vingt fois, il pria encore, au moment de son départ, le commandant de Montesquiou de vouloir bien demander à l'amiral quel jour il pourrait retourner à Cotonou. Il avait quelques craintes, qui n'étaient pas fondées ; il voulait être rassuré contre toute éventualité.

***

Le jour même de la signature de l'arrangement, l'amiral de Cuverville télégraphiait à Paris pour annoncer la bonne nouvelle au ministre de la Marine.

« Amiral *Naïade* à Marine, Paris.

« Ouidah, 3 octobre (par *Goëland* pour Cotonou et Paris).

« La paix est conclue, le blocus levé et un arrangement signé, sous réserve approbation du gouvernement français. Nous nous sommes montrés généreux pour éteindre ressentiments et préparer la conquête de ce peuple à la civilisation. Arrangement stipule Cotonou et Protectorat Porto-Novo seront désormais respectés. Tous traités antérieurs restent en vigueur. Pour raisons ci-dessus je n'ai pas insisté pour occuper militairement Ouidah. »

Le ministre de la Marine répondit le lendemain, 4 octobre, par une dépêche qui n'arriva à l'amiral que le 6 octobre.

« Nouvelle que vous annoncez sera accueillie avec plaisir par gouvernement. Vous exprime toute ma satisfaction. Soyez prudent afin d'éviter tout retour en arrière. Assurez situation acquise et conservez forces à votre disposition jusqu'à ratification complète. Présents du Président de la République au roi produiront-ils bon effet ? »

M. de Cuverville rassure aussitôt le ministre : « Soyez sans inquiétude, aucun retour en arrière n'est à craindre. » Et en chef sage et prudent, sou-

L'ÉTAT-MAJOR AU REPOS

cieux de la santé et de la vie des braves soldats confiés à sa garde, il demande, sous sa responsabilité, que le ministère veuille bien confirmer l'ordre qu'il a donné de renvoyer, par un paquebot, la compagnie de fusiliers-marins que le climat avait fortement éprouvée. Son désir était de soustraire ses troupes, le plus vite possible, à la température meurtrière de Cotonou et de les faire arriver à Toulon avant les froids de l'hiver. Cette mesure fut approuvée et étendue à tous les Européens, les plus débilités, faisant partie des troupes de la marine.

Toutefois il était bon de jeter un regard en arrière et de juger les faits accomplis. Le commandant en chef, dans une longue lettre au ministre de la Marine, datée du 5 octobre, expose avec sa franchise habituelle sa pensée tout entière. Il dégage sa propre responsabilité, et ne dissimule pas que les ordres formels qu'il a reçus ont modifié sa ligne de conduite et amené un résultat dont il ne se félicite que modérément.

« *Naïade*, Ouidah, le 5 octobre 1890.

« MONSIEUR LE MINISTRE,

« Je suis heureux de vous confirmer le câblogramme par lequel je vous ai fait connaître que la paix avait été conclue avec le Dahomey. Vous trouverez sous ce pli le texte de l'arrangement qui met fin aux hostilités ; cet arrangement ne sera définitif que lorsqu'il aura reçu l'approbation du gouvernement de la République.

PROMENADE EN COSTUME LÉGER

« Si vous voulez bien parcourir le dossier qui accompagne cette lettre, et dans lequel se trouve reproduite la correspondance du capitaine de vaisseau de Montesquiou, vous verrez que les négociations ont été fort laborieuses. Quinze jours de palabres avaient amené entre les autorités Dahoméennes et mes représentants une tension de rapports qui a pu faire supposer à quelques-uns de ces derniers que leur sécurité personnelle pourrait bien être compromise. L'arrivée de la *Naïade* a mis fin à cette situation.

« Me conformant à vos instructions et aux désirs du gouvernement de la République, qui voulait avant tout éviter une expédition, je me suis résolu aux sacrifices nécessaires, en assurant toutefois la sécurité du présent et sauvegardant absolument l'avenir, aussi bien que nos droits anciens. J'ai fait préparer trois expéditions du document qui consacrait ces résultats ; il résumait tout ce que nous pouvions obtenir sans recourir à la force ; je les ai envoyées aux négociateurs Dahoméens sous forme d'ultimatum, leur donnant vingt-quatre heures pour les signer.

« Avant que ce délai ne fût expiré, la paix était conclue, les expéditions signées et nos négociateurs français en route pour Grand-Popo...

« Sous la forme que je lui ai donnée, l'instrument de paix que je soumets au gouvernement n'est pas un traité ; c'est un arrangement qui, je le répète, sauvegarde tout ce qui doit être sauvegardé et nous assure tout ce que nous pouvions obtenir sans recourir de nouveau à la force ; c'est aussi une œuvre d'apaisement qui rétablira la confiance du Dahomey dans la loyauté de la France, dans sa générosité, et qui éteindra, je l'espère, tous les ressentiments, pour ne laisser au cœur de cette population, d'ailleurs fort intéressante, qu'un sentiment de gratitude.

« Aussi bien l'heure n'est-elle pas favorable à la négociation d'un traité proprement dit, et ici je suis, à mon très grand regret, obligé de signaler au gouvernement quelques-unes des fautes qui ont été commises à l'origine, ne fût-ce que pour en prévenir le retour.

« 1° M. Bayol s'est emparé des autorités de Cotonou par trahison, en les appelant à la factorerie Mante et Borelli, sous prétexte de palabre, et les faisant arrêter par le commandant Terrillon ;

« 2° Il a laissé exécuter des prisonniers d'une façon barbare ; lorsque je suis arrivé, le 8 juin, et que j'ai voulu en faire délivrer deux pour me mettre en relation avec le roi, il m'a été déclaré qu'à l'exception des autorités de Cotonou, qu'on avait eu bien de la peine à sauver, il n'avait pas été fait de prisonniers ;

« 3° Le Yévoghan et les autorités de Cotonou ont été si indignement traités, après leur capture, que ces malheureux étaient réduits à l'état de squelettes, lorsque le commandant Fournier les a échangés contre les otages.

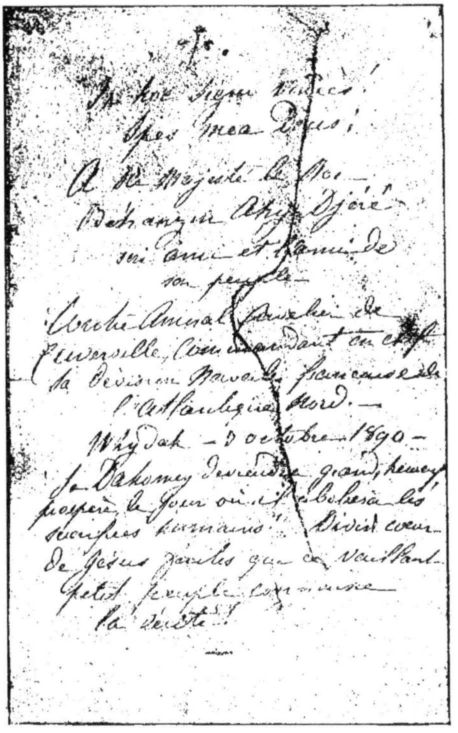

In hoc signo vinces !
Spes mea Deus !
A Sa Majesté le Roi
Béhanzin Ahy Djéré
son ami et l'ami de
son peuple —
Contre-Amiral Cavelier de
Cuverville, Commandant en chef
la Division Navale française de
l'Atlantique Nord. —
Whydah — 9 octobre 1890 —
Le Dahomey deviendra grand, heureux,
prospère le jour où il abolira les
sacrifices humains !! Divin cœur
de Jésus faites que ce vaillant
petit peuple connaisse
la vérité !!

FAC-SIMILE DE LA DÉDICACE DE L'AMIRAL DE CUVERVILLE

« Ces faits expliquent, Monsieur le Ministre, la capture des otages de Ouidah, les mauvais traitements dont ils ont été l'objet de la part des chefs Dahoméens et l'irritation profonde produite contre nous dans ce pays, irritation qui s'était accrue de toute l'humiliation des échecs du 4 mars et du 20 avril. Tel était l'état des esprits lors de mon arrivée.

« A vrai dire, le beau rôle était du côté du roi qui avait, lui du moins, parfaitement traité nos compatriotes avant de les échanger.

« Depuis que je suis entré en relations personnelles avec le roi Béhanzin, les choses ont bien changé ; les relations entre Abomey et le commandant en chef sont devenues, grâce à la mission du Révérend Père Dorgère, courtoises et même amicales.

« Ma politique avait du reste pour principal objectif de rétablir tout d'abord la bonne renommée de notre pays, et de prouver à ce vaillant petit peuple qu'*en France loyauté passe tout.* Si nous voulons amener le Dahomey à notre civilisation, il faut bien nous garder d'imiter sa barbarie et son astuce. La paix qui vient d'être conclue ne sera durable qu'à cette condition.

« Le roi m'a fait exprimer le désir de ne plus avoir affaire aux administrateurs, mais bien à des officiers de marine investis de la confiance du gouvernement. Il est certain que les fautes commises ont compromis, pour longtemps, l'action bienveillante des administrateurs à la cour d'Abomey, et je crains que, même avec toutes les qualités qui les distinguent et auxquelles je rends pleinement hommage, ni M. Ballot, ni même M. Ballay n'y soient vus en ce moment d'un bon œil.

UN CANONNIER

« Le parti le plus prudent serait, à mon avis, de laisser le commandant de la station navale chargé exclusivement des affaires du Dahomey jusqu'à consolidation des bonnes relations qui viennent d'être rétablies.

« Félicitons-nous, Monsieur le Ministre, de l'heureux dénouement d'une affaire si mal engagée, et puissions-nous profiter de l'expérience acquise ! Le peuple Dahoméen est brave, discipliné, entièrement dans la main de son roi ; il défendra énergiquement son indépendance, et les leçons militaires que nous lui avons données ne seront pas perdues. Avec 3.000 hommes, la conquête eût été aujourd'hui facile ; il n'en sera plus ainsi dans quelques années. Mais je reconnais que la conquête morale serait infiniment préférable à la conquête matérielle ; efforçons-nous donc, par une politique prévoyante, prudente et généreuse, de conserver des sympathies dont le commerce français doit largement profiter...

« Pour éviter toute cause nouvelle de mésintelligence, le roi m'a demandé un traité d'extradition, afin que les criminels de droit commun, qui viendraient chercher asile sur l'un ou l'autre territoire, soient livrés à la justice de leur pays.

« Le traité étant la confirmation expresse de nos titres d'occupation et ne paraissant présenter aucun inconvénient sérieux, puisque dans la pratique il est à désirer qu'on laisse les Dahoméens régler leurs affaires entre eux, je n'ai fait aucune difficulté pour l'accorder, sous réserve toutefois de l'approbation du gouvernement.

« Le roi Béhanzin m'avait fait exprimer également le regret que je n'eusse pas répondu à sa lettre du 18 août, qui était, me faisait-il dire, « une lettre d'ami ». Je lui ai écrit au lendemain de l'arrangement qui mettait fin aux hostilités, lui disant que j'avais tenu à lui prouver, par des actes et non par des paroles, la générosité de la France et l'intérêt qu'elle porte à son pays.

« J'ajoutais que, désireux d'effacer tous les ressentiments et d'écarter toutes les défiances, j'avais renoncé aux garanties que nous aurions pu demander, confiant dans sa parole pour la protection efficace de tous les Européens en général et des Français en particulier.

« Je terminais par ces paroles : « Je fais des vœux pour que Dieu vous « éclaire et vous inspire. Votre fidèle conseiller Boconou (le grand féticheur « tout-puissant à Abomey) peut beaucoup pour le bonheur, la grandeur et « la prospérité de votre Royaume ; ces biens seront assurés le jour où vous « aurez aboli les sacrifices humains. »

« Nous sommes encore bien loin de là, mais je ne désespère pas de l'action bienfaisante des missions catholiques ; le Dahomey, qui est aujourd'hui une tache, peut devenir un puissant agent de la civilisation pour cette région de l'Afrique.

« Si le gouvernement n'a aucune objection sérieuse à la conservation intégrale du libellé de l'arrangement que j'ai l'honneur de lui soumettre, je lui demande de n'y rien changer, attendu que tous les termes en ont été traduits aux autorités Dahoméennes, et qu'une modification quelconque entraînerait de nouvelles discussions, qu'il y a intérêt à éviter.

« En terminant cette correspondance, j'ai le devoir, Monsieur le Ministre, d'appeler votre bienveillance sur le capitaine de vaisseau de Montesquiou et sur le capitaine d'artillerie Decœur qui l'a assisté dans des négociations bien laborieuses. Quant au R. P. Dorgère, auquel le succès est entièrement dû, je ne puis qu'attendre, avec la plus entière confiance, la récompense que j'ai par deux fois sollicitée pour lui. »

Enfin, dans une seconde lettre, datée du 6 octobre, l'amiral rassurait pleinement le ministre, comme il l'avait déjà fait par dépêche : « Aucun retour en arrière n'est à redouter. L'œuvre que nous venons d'accomplir est basée sur la justice, la loyauté et la générosité ; elle ne laisse subsister aucun ressentiment, et pour peu que nous soyons prudents, cette œuvre sera durable. »

⁂

L'amiral de Cuverville ne tarda pas à recevoir les cadeaux du roi Béhanzin. Déjà, à son retour d'Abomey, le Père Dorgère lui avait remis, de la part de Sa Majesté, un pagne, sorte de bande en étoffe du pays, qui ne manquait pas de cachet. Cette fois, le missionnaire lui annonçait l'envoi d'un bœuf, de dix poules et de quatre chèvres. Le Père ajoutait : « J'ai reçu un message de Boconou, le grand féticheur, celui qui, à vrai dire, dirige tout ce pays, me remerciant de tout ce que vous avez fait pour le peuple Dahoméen. Il fait cependant une petite plainte, la voici : Le roi vous a écrit une lettre comme ami et vous n'avez pas répondu. Soyez donc assez bon, je vous prie, pour écrire quelques lignes au roi. Autre chose : Cussugan a été surpris de la lettre un peu forte que vous lui avez envoyée hier. Seriez-vous assez bon pour lui envoyer un petit mot aimable. »

Ce petit mot aimable, l'amiral de Cuverville l'adressa au Cussugan. « Je désire, lui dit-il, au lendemain de la conclusion de la paix, qu'aucun nuage, aucun dissentiment ne subsiste entre nos deux pays. Abdiquez donc toute défiance et voyez en nous non des conquérants désireux de s'emparer de votre pays, mais bien des amis de longue date ardemment désireux de l'amener à la vraie civilisation. Le Dahomey deviendra grand, puissant, prospère, le jour où, connaissant la vérité, il aura aboli les sacrifices humains. Voilà pourquoi les missionnaires catholiques ont toujours été sont et resteront les amis de votre vaillant peuple. Vous n'avez pas voulu de résident. Peut-être avez-vous eu raison, car, en ces temps troublés, un pareil choix était difficile à faire, et la France ne devait placer sous vos yeux que de bons exemples.

EN RECONNAISSANCE SUR LA LAGUNE DU GRAND-POPO

« Ainsi que je l'écris à Sa Majesté le Roi, le meilleur des résidents, son plus utile conseiller dans les relations avec les Européens, sera toujours le chef de la mission catholique de Ouidah.

« Oublions, Monsieur le Cussugan, nos dissentiments ; et puisque je ne puis aller vous serrer la main avant le départ de la *Naïade*, permettez-moi de vous envoyer du vin de France (champagne) pour fêter le rétablissement des bonnes relations et pour boire à la santé de tous ceux qui ont contribué à cet heureux résultat. »

Par cette lettre, l'amiral affirmait de nouveau sa conviction de pacificateur éclairé, à savoir que « la civilisation du Dahomey sera plus sûrement acquise par l'appui donné aux missions catholiques que par les armes ».

Quant à son royal correspondant, M. de Cuverville avait attendu pour lui écrire que la paix fût certaine, cette circonstance devant lui procurer la possibilité de lui tenir un langage utile.

La lettre au roi, à laquelle il fait allusion dans son rapport au ministre de la Marine, partit dès le 4 octobre. Une caisse de champagne et de cognac l'accompagnait.

Elle était ainsi conçue.

« *Naïade*, Ouidah, le 4 octobre 1890.

« Roi Béhanzin Ahi-djéré,

«Le Révérend Père Dorgère, des Missions Africaines, m'avait remis, à son retour d'Abomey, le message amical dont vous l'avez chargé pour moi ; j'en avais été profondément touché, et je m'étais empressé de le transmettre au gouvernement français en faisant ressortir la noblesse des sentiments avec laquelle Votre Majesté exprimait ses regrets d'un état de choses profondément déplorable.

POSTE DE TIRAILLEURS

« Avant de vous remercier par écrit, puisque je ne pouvais le faire verbalement, je tenais à conclure la paix et à vous prouver par des actes la loyauté et la générosité de cette France, dont je suis ici en ce moment le représentant.

« Désireux d'effacer tous les ressentiments, d'écarter toutes les défiances, j'ai renoncé à toutes les garanties que nous aurions pu demander, j'ai déclaré au gouvernement français que j'avais foi dans votre parole pour la protection efficace de tous les Européens en général et des Français en particulier.

« Désormais, j'ose l'espérer, aucun nuage ne s'élèvera plus entre la France et le Dahomey ; les bonnes et anciennes relations qui unissent les deux pays sont et resteront à jamais rétablies. A cet effet, que Votre Majesté me permette de lui demander de vouloir bien considérer, à l'avenir, la Mission catholique française de Ouidah comme son meilleur conseiller dans ses relations avec les Européens. Si, contrairement à mes prévisions et malgré les précautions que je prendrai, quelques difficultés venaient à surgir après mon départ, que Votre Majesté n'hésite pas à s'adresser au supérieur de la Mission catholique ; il recevra des instructions en conséquence.

« Et maintenant, alors que je vais quitter dans quelques jours cette terre africaine, à laquelle je conserve un si profond intérêt, laissez-moi vous dire, en vous envoyant cette photographie, combien je fais des vœux pour que Dieu vous éclaire et vous inspire ; votre fidèle conseiller Boconou peut beaucoup pour le bonheur, la grandeur et la prospérité de votre royaume ; ces biens seront assurés le jour où vous aurez aboli les sacrifices humains.

« Je remercie Votre Majesté de ses cadeaux qui m'ont été fidèlement remis. Elle est plus aimable que le roi Toffa, qui ne m'a pas donné signe de vie depuis ma venue sur cette côte, et qui n'a même pas répondu à la lettre par laquelle je lui annonçais l'arrivée de la *Naïade*. Vous voyez que vous n'êtes pas seul à vous plaindre, mais patience ; cet état de choses ne durera pas éternellement et un jour viendra où les rois du Dahomey et de Porto-Novo redeviendront amis, comme ils l'étaient jadis et comme doivent l'être les membres d'une même famille.

« Puisque je n'ai pas la bonne fortune de pouvoir aller à Abomey, Votre Majesté voudra bien accepter de boire à l'union de nos deux pays avec les vins de France que je lui envoie par le messager qui lui portera cette lettre. — Ici je porte Sa Santé et La prie d'agréer la nouvelle expression de mes plus dévoués sentiments. »

En outre des bouteilles de champagne et de cognac, l'envoi comprenait donc une photographie : c'était la photographie de l'amiral. Ce dernier cadeau avait un sens tout particulier, incompréhensible pour le roi barbare du Dahomey, car au verso on lisait :

†

In hoc signo vinces !
Spes mea Deus !
« A Sa Majesté le roi Béhanzin Ahy-Djéré,
« Son ami et l'ami de son peuple,

« Contre-Amiral Cavelier de Cuverville, commandant en chef la division
« navale française de l'Atlantique-Nord.

« Ouidah, 3 octobre 1890.

« Le Dahomey deviendra grand, heureux, prospère, le jour où il abolira « les sacrifices humains ! — Divin Cœur de Jésus, faites que ce vaillant petit « peuple connaisse la vérité ! »

***

Il ne faut pas s'étonner de cette dédicace, qui commence par une croix et finit par une invocation au Cœur de Jésus. L'amiral de Cuverville, avec sa foi ardente de chrétien, est là tout entier. Il avait une confiance inébranlable dans le cœur de son Dieu, et c'est à Lui qu'il consacrait toutes ses entreprises.

Au début de cette campagne, à peine la *Naïade* a-t-elle mouillé à Cotonou, que, donnant de ses nouvelles aux siens, il dit : « Heureusement, ma santé résiste bien, et il serait incroyable qu'elle fût aussi bonne si le Sacré-Cœur ne me protégeait manifestement ; il faut l'en remercier », et il ajoute : « Nos marins chantent son cantique à la messe le dimanche ! » On sent que c'est pour lui une grande joie. Pendant la campagne, tous les vendredis la sainte messe fut célébrée dans le salon de l'amiral, en l'honneur du Sacré-Cœur. M. de Cuverville choisit le vendredi pour remettre au Père Dorgère, à la veille de se rendre à Abomey, les instructions concernant son ambassade. Ce jour étant consacré au Sacré-Cœur, il veut ainsi attirer ses bénédictions sur l'entreprise. Il annonce la paix conclue en ces termes : « *Te Deum laudamus !* hier vendredi, 3 octobre (premier vendredi du mois), la paix a été signée avec le Dahomey ; le blocus est levé ; tout le monde à terre est en fête et dans la joie... C'est l'œuvre du Sacré-Cœur, aussi elle m'inspire confiance... Ce n'est pas moi qui ai fait cela, je ne suis, je le répète, que l'instrument du Sacré-Cœur, auquel j'avais, dès le premier jour, confié la direction et l'inspiration de tous mes actes. Je puis dire que je n'ai été qu'un instrument docile entre les mains de Celui qui dirige toutes choses ici-bas pour le plus grand bien des nations comme des individus, quand ils ne cherchent que sa gloire et sa justice.. »

DON ROYAL

Une circonstance explique et confirme cette affirmation de l'amiral de Cuverville : « J'avais tout confié au Sacré-Cœur, écrit-il, tout placé sous son égide, si bien que les documents, emportés à Abomey, étaient enveloppés dans l'un des fac-simile des oriflammes de Patay dont j'ai remis au Père Dorgère la plus grande partie, en en conservant quelques-uns pour la Martinique. »

Voilà pourquoi le Père Dorgère adressait à M. de Cuverville la demande suivante : « En plus des oriflammes du Sacré-Cœur que vous m'avez donnés, je vous demanderai, amiral, de me permettre de garder celui qui enveloppait les lettres et traités. Je le garderai pour moi en souvenir de vous. »

Et pour couronner cette entreprise placée sous la protection du Cœur de Jésus, une cérémonie imposante eut lieu dans la pauvre église des missionnaires de Ouidah, le dimanche 5 octobre. On vit entrer sous son toit délabré toutes les autorités païennes, venues pour remercier Dieu du bienfait de la paix. Après s'être prosternées, on les vit se lever et saluer la statue du Sacré-Cœur avec la main. Spectacle édifiant qui ne manquait pas de grandeur.

Pendant ce temps, l'équipage de la *Naïade*, ayant à sa tête l'amiral de Cuverville et son état-major, célébrait pieusement la signature de la paix. Après la messe, dite par M. l'abbé Darieux, aumônier du bord, ce prêtre zélé adressa une allocution à l'équipage pour lui expliquer le sens du *Te Deum* qu'on allait chanter. Au moment où il commençait le cantique d'action de grâces, la *Naïade* salua de vingt et un coups de canon.

ESCLAVE CHRÉTIENNE

Le P. Dorgère, la veille, avait écrit à l'amiral :

« Laissez-moi vous importuner jusqu'à la fin. On désire une salve de canons et une projection électrique pour cimenter la paix. »

Le commandant en chef répondit de bonne grâce à ce désir légitime. Le soir, la plage fut éclairée par les projecteurs électriques des navires. Cette fois les Dahoméens purent contempler sans crainte les feux éclatants de ces engins, dont l'usage les avait frappés, pendant la période des hostilités, plus encore que la précision et la longue portée de l'artillerie.

La fête eut son bouquet. Elle se termina par l'embrasement de la *Naïade* à l'aide de feux de Bengale et par une pluie étincelante de fusées.

Le lendemain, à six heures du matin, la *Naïade* quittait Ouidah pour se rendre au mouillage de Cotonou.

« Elle laisse à Ouidah, écrivait l'amiral de Cuverville, la paix, la joie et de bonnes impressions... et emporte les bénédictions des chrétiens, heureux d'un dénouement qui est dû principalement à leur pasteur, ce que les autorités dahoméennes n'oublieront pas... Nous avons rétabli dans ce pays la vieille et bonne renommée de la France et prouvé à ces pauvres sauvages plus à plaindre qu'à blâmer, et d'ailleurs bien intéressants, que notre pays est toujours le pays de la générosité et de la loyauté... Je n'ai cherché, il est vrai, que le royaume de Dieu et sa justice, ce qui ne satisfait pas les gouvernants du jour ; mais si la France n'est pas aveugle, elle comprendra maintenant ce que vaut l'action d'un simple missionnaire... Elle verra que la robe d'un religieux a produit au Dahomey l'effet que n'avait pas obtenu une expédition de guerre, c'est-à-dire la pacification des esprits et le retour aux sympathies françaises sans ressentiment. »

L'amiral ajoute que cette paix sera durable, car elle est entièrement l'œuvre du Sacré-Cœur. « Conclue le vendredi 3 octobre, fondée sur la générosité et la justice, ayant eu pour instrument principal le Révérend Père Dorgère des Missions africaines, et devant assurer par-dessus tout l'action bienfaisante des missions pour amener ce peuple à la civilisation... Si le roi Béhanzin devenait un nouveau Clovis, quel bien il en résulterait pour toute cette partie de l'Afrique ! Malheureusement, ici, les Clotilde sont rares et les amazones ne les remplacent pas. Enfin, il n'est pas dit que le divin Cœur de Jésus, auquel nous avons consacré, à son insu, ce vaillant petit peuple, ne l'amène pas à la vérité. Intelligent, discipliné, entièrement dans la main de son roi qui déteste l'islamisme, il opposerait à ce fléau une barrière et deviendrait le meilleur auxiliaire de l'apostolat de nos missionnaires. Amen ! Et c'est sur cette espérance que je quitterai l'Afrique équatoriale ! »

HABITATION SUR PILOTIS

A son retour de la campagne de la *Naïade*, l'amiral offrit à la basilique du Sacré-Cœur de Montmartre, à Paris, la hallebarde portant son pavillon de commandement, celle qui avait servi au R. P. Dorgère de bâton-accréditeur. Elle était accompagnée d'un extrait du journal de bord, prouvant que le vendredi avait été, pendant toute cette campagne, le jour des grâces et bénédictions spéciales pour la frégate et pour son chef.

C'est dans cette circonstance que le supérieur des chapelains du Sacré-Cœur écrivit à l'amiral de Cuverville la lettre suivante :

« 8 avril 1891.

« Église du Vœu national du Sacré-Cœur, Paris-Montmartre.

« MONSIEUR L'AMIRAL,

« J'ai reçu hier, des mains de M. le baron de Montesquiou, le souvenir que votre foi chrétienne et patriotique envoie à l'église du Sacré-Cœur.

« Le bâton, qui rappelle la sagesse prudente du pacificateur du Dahomey, en même temps que l'héroïque dévouement du R. P. Dorgère, restera dans notre église avec tant d'autres trésors que la piété des marins français a légués au sanctuaire du Vœu National.

« En lisant avec émotion le compte rendu de la campagne du Dahomey... nous avons béni la Providence qui s'est servie de vous pour faire pénétrer au centre même de la sauvagerie et de la superstition l'image du Sacré-Cœur de Jésus.

« Veuillez agréer, Monsieur l'Amiral, avec mes remerciements, l'expression de mes respectueux hommages et l'assurance de tout mon dévouement en N.-S. et M. I.

« A. Voisin,

« Supérieur des chapelains du Sacré-Cœur. »

Dans les lettres qui viennent d'être citées en partie, l'amiral de Cuverville développe des idées lumineuses et élevées sur l'œuvre de civilisation chrétienne qui est la mission principale de la France dans le monde. Il avait formulé sa manière de voir d'une façon plus brève, à Libreville, lorsque dans un toast à Mgr Le Berre, évêque des Deux-Guinées, aux missionnaires et aux sœurs, il s'était écrié : « Ma politique coloniale est bien simple. Elle se résume dans cette maxime : « Cherchez avant tout le royaume de Dieu et « sa justice ; le reste vous sera donné par surcroît ! »

C'était bien aussi la politique du Révérend Père Dorgère, si toutefois il peut être permis d'employer ce mot, lorsque le dévouement et l'héroïsme des missionnaires du Christ sont en question : leur politique, c'est l'abnégation !

A LA PORTE DE L'ÉGLISE CATHOLIQUE

VII

La Levée du Blocus.

(1890)

Le Père Dorgère est décoré. — Ordre du jour de l'amiral de Cuverville annonçant la levée du blocus. — Dislocation de la colonne expéditionnaire. — Rapatriement des troupes européennes. — Recrutement d'indigènes Haoussas. — Opposition des Anglais de Lagos. — Incident du passage de l'*Eclaireur* à Lagos. — L'amiral de Cuverville proteste contre le mauvais vouloir de l'Angleterre et les concessions qui lui ont été accordées par la convention du 10 août 1889. — Commentaires malveillants du *The Lagos Weekly Times*. — Critiques de M. Ballot. — Avertissements de l'amiral de Cuverville à M. Ballot. — Lettre publique de l'amiral au colonel Klipfel. — Réponse de M. de Cuverville à une lettre de M. Ballot. — Réconciliation de l'amiral et du Résident de France.

Les services que le R. P. Dorgère venait de rendre à la cause de l'Église et de la France, l'amiral de Cuverville lui avait toujours dit que « le bon Dieu seul pourrait les récompenser ». Cependant, le commandant en chef comptait bien obliger les hommes qui dirigeaient les affaires publiques en France, à joindre leur témoignage de satisfaction aux faveurs et récompenses divines. Il y tenait avec une certaine malice, bien permise. « Et maintenant, écrivait-il, toute la meute radicale et franc-maçonne peut encore aboyer après moi ; je vois d'ici tous ces diables se débattant dans le bénitier dans lequel je les ai fourrés malgré eux. Je me rappelle la promesse : *Dentibus suis fremet et tabescet; desiderium peccatorum peribit.* »

Deux fois, trois fois même, l'amiral insiste pour que le missionnaire catholique, le prêtre de Jésus-Christ, auquel, sans verser une goutte de sang, on doit la solution du difficile problème dans lequel la France s'est trouvée si inconsciemment engagée par le docteur Bayol, soit récompensé, selon ses mérites, par la croix de la Légion d'honneur.

Des jours, des semaines s'écoulent, sans que M. de Cuverville reçoive la réponse à sa demande. « Le gouvernement de la République Française, écrit-il, est évidemment furieux de devoir le succès à un religieux. Je comptais, à mon arrivée à Cotonou, pouvoir donner au Père Dorgère la surprise de la décoration à laquelle, du reste, il ne s'attend pas du tout, car je l'ai laissé dans l'ignorance de ma démarche. Mais, pour cela, il ne faudrait pas avoir un gouvernement de sectaires et de persécuteurs de l'Église ! Enfin, quoi que fasse le gouvernement pour tenir cachés la mission et les succès du Père Dorgère, la vérité finira par être connue et la France verra ce que vaut l'influence d'un seul missionnaire ! »

Ce retard, fort explicable, ne lasse pas la patience du grand chrétien. Il revient à la charge. Comment résister à une virile énergie que rien ne saurait réduire, animée qu'elle est par la pensée du devoir et par l'amour de la justice ? C'est l'amiral de Cuverville qui écrivait dans ces circonstances : « Ah ! comme on est fort quand, en ne cherchant que la gloire du divin

LE LIEUTENANT BLANCHON

Maître, on se compte pour rien ici-bas. On peut demain me casser, que m'importe ? La vieille maxime *Spes mea Deus* dominera toujours de très haut les injustices et les amertumes de l'heure présente ; et si je ne laissais à mes enfants d'autre héritage que celui de leur avoir montré jusqu'au bout que « noblesse oblige » et que « fais ce que dois, advienne que pourra », je serais consolé par la pensée de leur avoir donné la clef de la paix et du bonheur même ici-bas. »

Il avait fait ce qu'il devait, il advint que la décoration fut enfin accordée. « Victoire bien assurée ! s'écrie-t-il. Je reçois à l'instant du ministre le télégramme, par le câble, en chiffre secret : « Décoration demandée, « approuvée par le Conseil des ministres, va être soumise à la signature du « Président de la République... » Allons ! ajoute-t-il, ils sont moins mauvais qu'ils n'en ont l'air et je retire mes appréciations. Le Père Dorgère, qui est toujours à Ouidah, va être bien surpris. »

Ce fut longtemps après, le 25 novembre seulement, que la remise solennelle de la croix eut lieu, par les soins du lieutenant-colonel Klipfel, chargé de cette douce mission par l'amiral de Cuverville. La croix avait été envoyée à l'amiral, avec les pouvoirs voulus pour recevoir dans l'Ordre de la Légion d'honneur le vaillant missionnaire.

Le colonel Klipfel procéda à cette cérémonie à Porto-Novo, en lui donnant toute la solennité qu'elle pouvait comporter.

Les officiers et fonctionnaires civils, le Résident de France en tête, étaient présents, ainsi que les Pères de la Mission et une grande partie des notables de la ville. Cette petite fête fut très touchante et impressionna vivement, même les incroyants.

Le Père Dorgère regagna ensuite sa mission de Ouidah. Sa première visite fut pour la chapelle. Il déposa sa croix aux pieds de la statue de saint Joseph et n'y toucha plus. Et M. de Cuverville, racontant le fait, ajoute : « Voilà le religieux ! »

L'amiral n'eut garde, dans la même occasion, d'oublier ses compagnons

TIRAILLEURS HAOUSSAS A L'EXERCICE

d'armes. Au moment d'abandonner la direction des opérations sur la côte de Bénin, il appela la bienveillance du gouvernement sur les services rendus par le personnel qui l'avait secondé avec tant de dévouement, dans une tâche difficile. Il envoya au ministre une liste des noms les plus méritants entre tous ceux qui étaient déjà compris dans les propositions de décorations : insistant vivement pour que ces récompenses, qui pourraient faire l'objet d'une demande spéciale au Parlement, fussent concédées sans retard.

Il proposa en même temps le lieutenant-colonel Klipfel, commandant les troupes au Bénin, et le capitaine d'artillerie Decœur, chef du service de l'artillerie et du génie, pour l'inscription au tableau d'avancement, et il renouvela sa demande.

Pour conserver le souvenir des actions glorieuses de Cotonou (4 mars), de Dogba (28 mars), d'Atchoupa (20 avril), et pour récompenser l'abnégation et la fermeté d'âme avec lesquelles soldats et marins avaient supporté les dures épreuves d'une campagne pénible et d'un climat insalubre entre tous, il demandait qu'une médaille commémorative fût instituée, à l'instar de celle de Madagascar. Il revint à la charge, disant que la réalisation de son projet permettrait de reconnaître des services qui ne peuvent être récompensés autrement.

Une des premières conséquences de la signature de la paix fut la levée du blocus. Le ministre de la Marine télégraphiait, le 10 octobre, que le gouvernement de la République Française avait l'intention de notifier officiellement la nouvelle aux puissances. Il demandait à l'amiral s'il y voyait quelque inconvénient, et il le priait de préciser la date de la fin du blocus. M. de Cuverville répondit aussitôt que la notification aux puissances était utile et que le blocus se trouvait levé de fait, depuis le 3 octobre.

Le commandant en chef, dans l'ordre du jour suivant, en avait donné connaissance aux troupes.

« Le contre-amiral commandant en chef les troupes de terre et de mer, faisant fonctions de gouverneur dans le golfe de Bénin, est heureux de porter à la connaissance des forces de terre et de mer et des services placés sous ses ordres, que la paix a été signée le 3 octobre, entre la France et le Dahomey ; le blocus est levé. Aux termes d'un arrangement soumis à la ratification du gouvernement français, tous les traités antérieurs conclus entre la France et le Dahomey restent en vigueur. Le roi du Dahomey s'est engagé à respecter le Protectorat français du royaume de Porto-Novo et à s'abstenir désormais de toute incursion sur les territoires faisant partie de ce protectorat. Il reconnaît à la France le droit d'occuper indéfiniment Cotonou.

« Au moment où les forces militaires et maritimes en service au Dahomey vont être disloquées, le commandant en chef tient à les féliciter de l'abnégation avec laquelle elles ont supporté de longs mois d'épreuves ; il considère que les mérites n'ont pas été moindres en supportant courageusement les atteintes d'un climat malsain, sans avoir les émotions de la lutte, qu'en affrontant les balles d'un ennemi imparfaitement armé. Il s'efforcera de faire récompenser tous les services rendus.

« La Compagnie des fusiliers-marins va être immédiatement rapatriée et le commandant en chef, en lui adressant ses adieux, est heureux de s'associer aux appréciations flatteuses dont elle a été l'objet, le 30 août, de la part du lieutenant-colonel inspecteur délégué, si bon juge en pareille matière.

« Le présent ordre sera lu aux troupes à terre, assemblées par compagnies, formées en carré ; il sera lu également à bord de tous les bâtiments au moment de l'inspection.

« Bord, *Naïade,* Cotonou, le 6 octobre 1890.

« Le contre-amiral commandant en chef les forces de terre et de mer, faisant fonctions de gouverneur dans le golfe de Bénin.

« *Signé :* CAVELIER DE CUVERVILLE. »

***

Désormais l'activité de l'amiral va se porter tout entière sur la mise à exécution des conventions signées, sur la reconnaissance par le Gouvernement français de l'acte consenti, la réconciliation du roi Béhanzin et du roi Toffa, la préparation de l'ambassade qui doit se rendre à Abomey, et, à la fois, la dislocation du corps expéditionnaire et la défense de Porto-Novo et de Cotonou ; ayant toujours en vue que la paix, qui vient d'être signée, est une paix armée, et que, si les droits du passé ont été sauvegardés, il faut prévoir et préparer l'avenir.

Avant tout, ce que M. de Cuverville avait le plus à cœur, c'était d'arracher à ce climat meurtrier les troupes européennes, dont la présence devenue inutile ne pouvait être prolongée sans exposer les braves défenseurs des droits de la France à des épidémies et à des contagions trop souvent meurtrières.

Le ministre de la Marine, au moment le plus critique des négociations, avait télégraphié que la tendance du gouvernement était de diminuer les effectifs plutôt que de les augmenter : la maladie les avait alors déjà réduits à soixante pour cent ; maintenant que la paix était signée et le blocus levé, le lendemain de l'heureux dénoûment, au 4 octobre, il câblait : « Soyez prudent, afin d'éviter tout retour en arrière. Assurez situation acquise et conservez forces à votre disposition jusqu'à ratification complète. » Ces prescriptions étaient en opposition trop absolue avec la sollicitude affectueuse que l'amiral témoignait aux hommes qui servaient sous ses ordres, pour qu'il n'essayât pas de les faire modifier. « Ces pauvres gens ! écrit-il le 7 octobre, on ne voulait pas me les donner quand j'en avais besoin, et maintenant qu'ils ne sont plus indispensables, on fait des difficultés pour des mesures qui doivent leur conserver la santé et la vie. On m'a tout laissé sur le dos pendant la période critique, et on me prêche la prudence quand tout est fini !.. Je vais préparer la dislocation de la colonne expéditionnaire, en ne conservant que les noirs et les cadres européens strictement nécessaires ; tout sera fait avec prudence et le ministre peut dormir. » L'amiral de Cuverville répondit en conséquence, sans retard : « Je vous demande, sous ma responsabilité, de confirmer l'ordre déjà donné de renvoyer par paquebot la compagnie des fusiliers-marins, fort éprouvée par le climat. » Dès le lendemain, le désir du commandant en chef était satisfait et la mesure sanctionnée.

Dans une lettre du 9 octobre au ministre, il soumet son plan de dislocation de la colonne expéditionnaire, après entente avec le lieutenant-colonel commandant les troupes. Il conserve, tant pour Porto-Novo que pour Cotonou et Grand-Popo, un effectif de six cents tirailleurs sénégalais avec les cadres complets. Il renvoie en France ou au Sénégal tout le personnel européen, en dehors du personnel d'artillerie strictement nécessaire pour l'entretien du matériel relativement considérable. Ce matériel sera emmagasiné à Porto-Novo dans des conditions de nature à en assurer la conservation. Le chef de bataillon Schneider prendra le commandement de ce bataillon, dont l'effectif sera réduit par des envois successifs de tirailleurs sénégalais de Saint-Louis, au fur et à mesure que les Haoussas en formation pourront entrer dans le rang. Le capitaine d'infanterie de marine Boutegourd, qui s'est occupé avec une entente toute spéciale du recrutement des Haoussas, restera à la tête de ce service très important. Le corps médical sera réduit en proportion, ainsi que le service administratif.

Cette opération du rapatriement n'était pas des plus faciles, dans les conditions imposées par la fameuse barre, dont les caprices contrecarraient les

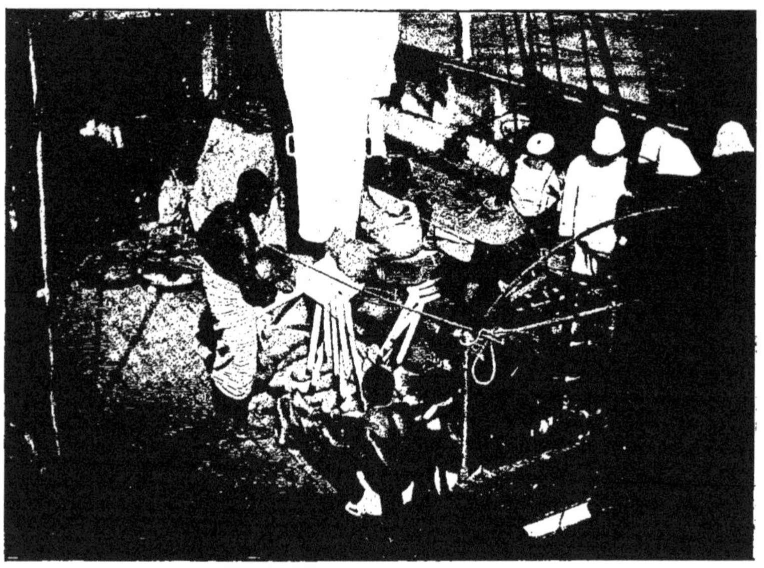

PIROGUIERS AU REPOS A BORD DE LA « MÉSANGE »

meilleures dispositions. Le 9 octobre, au matin, l'amiral écrivait : « La barre a été mauvaise presque toute la journée d'hier et nous n'avons pu faire passer avec sécurité qu'une cinquantaine d'hommes. Une pirogue a chaviré. Aucun accident de personne, mais deux caisses de fusils perdues. Heureusement, le Sacré-Cœur veillait. Mais que de peines nous donne cette vilaine barre qui change d'un instant à l'autre sans qu'on puisse savoir pourquoi, et qui est vraiment le pouls de l'océan. Heureusement les requins ont disparu. Ce matin nous avons fait passer une quarantaine d'hommes, qui nous sont arrivés sous la pluie, et trempés d'eau douce et d'eau salée. Ils vont se sécher et se chauffer dans la machine et je prescris à tous les bâtiments de leur faire distribuer du vin chaud. Heureux qu'ils sont, bien heureux de ma décision, ils ne se plaignent pas de l'heureuse issue de cette affaire si imprudemment engagée. »

Enfin, le 10 octobre, l'opération est terminée : « Voici tous mes fusiliers-marins, plus de trois cents soldats plus ou moins malades et débilités, qui ont franchi la barre heureusement, et qui attendent sur nos bâtiments l'arrivée du *Taygète* qui les répartira à Marseille et à Toulon. Voilà donc près de trois cents Européens que je renvoie en France, en les soustrayant à ce malheureux climat. »

Le paquebot, arrivé du Gabon dans la nuit du 11 octobre, partit le jour même avec les fusiliers-marins et soixante-dix-sept hommes de troupes.

La veille, l'amiral avait invité à déjeuner le colonel Klipfel et le Père Van Pawordt, qui remplissait à terre les fonctions d'aumônier des troupes. « Nous avons arrêté, écrit l'amiral, le programme de ce qu'il y avait à faire pour accélérer le rapatriement des Européens, tout en laissant les postes bien gardés par les tirailleurs sénégalais... Je pense que dans quinze jours ma besogne de liquidation sera bien avancée. »

En effet, les disciplinaires ayant été renvoyés au Sénégal par la *Mésange*, qui quittait Cotonou le 16 octobre, et la *Durance* ayant emporté, le 23 octobre, la 4me compagnie de tirailleurs sénégalais, ainsi que la 2me compagnie d'infanterie de marine et les disciplinaires restants, l'amiral de Cuverville put annoncer à Paris que, lorsque le paquebot du 10 novembre aurait levé l'ancre, il ne resterait plus que quarante-quatre hommes de la 1re compagnie d'infanterie de marine du Sénégal, lesquels prendraient passage sur la *Naïade* pour Dakar, et le personnel d'artillerie encore nécessaire jusqu'à nouvel avis.

*
* *

Mais pour remplacer les troupes qui reprenaient le chemin de l'Europe, il fallait pouvoir compter sur les indigènes. Le recrutement se faisait avec soin. On s'attachait à rechercher la qualité plutôt que la quantité. « Depuis la conclusion de la paix, écrit l'amiral de Cuverville, tous ces gaillards-là, sachant qu'ils n'auront plus à marcher à l'ennemi d'ici longtemps, se présentent en foule. Il importe de faire de bons choix et de les encadrer de telle sorte qu'ils ne puissent reculer, si on avait encore besoin d'eux entre temps. » En triant les volontaires qui se présentaient, on constata que les Egbas ne faisaient pas de meilleurs soldats que les Nagos : ce qui explique la facilité avec laquelle les rois du Dahomey ont ravagé leur pays. Tout autres sont les jeunes gens d'Ibadan, d'Illori, du Yoruba, en très grand nombre à Abéokouta, et parmi lesquels les officiers chargés du recrutement espéraient trouver de bons soldats. Les recruteurs comptaient, pour réussir dans leur entreprise, sur le concours d'un missionnaire très influent, le R. P. François, des Missions Africaines, qui exerçait dans tout le pays une action considérable.

Si les missionnaires, dans cette opération délicate et importante, étaient des auxiliaires précieux, en revanche les Anglais faisaient sous main, et parfois ouvertement, tous leurs efforts pour la faire échouer. M. de Cuverville, renseigné par le lieutenant-colonel Klipfel, apprenait que le gouverneur de Lagos venait de prendre une grave décision, condamnant à de très fortes peines tout individu convaincu d'avoir fait de l'embauchage pour fournir des soldats ou des tirailleurs aux pays voisins. Cette mesure eut naturellement pour effet de retarder le recrutement de la 2me compagnie de tirailleurs Haoussas. L'amiral se plaignit au gouvernement français et déclara qu'il était essentiel de retenir le droit de recruter des auxiliaires parmi les populations du Yoruba. Cependant, à la date du 15 novembre, le chiffre des recrues s'élevait à 189. Il n'y avait eu que cinq désertions et les déserteurs n'avaient pas, bien entendu, emporté leurs armes, toujours placées sous bonne garde.

Le ministre autorisait le recrutement des Haoussas jusqu'à concurrence d'un bataillon complet de six cents hommes ; et au fur et à mesure que cette organisation se compléterait, le chiffre des autres troupes devait être successivement réduit. Il était convenu toutefois qu'aussi longtemps qu'il serait impossible d'être fixé sur le service que l'on pouvait attendre des Haoussas et sur leur fidélité, deux compagnies de tirailleurs sénégalais seraient maintenues au Bénin et le recrutement des Haoussas arrêté provisoirement à deux compagnies et demie.

Le ministre de la Marine ayant ordonné le renvoi d'une nouvelle compagnie de tirailleurs sénégalais par la *Durance*, et le sous-secrétaire d'État ayant exprimé le désir qu'une autre compagnie fût rapatriée le plus tôt possible, l'amiral prescrivit au lieutenant-colonel, commandant les troupes, de prendre les dispositions voulues pour que la 2me compagnie de tirailleurs pût s'embarquer, le 10 décembre, sur le paquebot. Mais il subordonnait cette mesure au recrutement des Haoussas, à l'avancement de leur instruction, afin d'être sûr que ces troupes en formation pourraient contribuer au service de garde et aussi à l'œuvre de pacification plus ou moins complète. Il aurait été, en effet, imprudent de désarmer dans cette proportion, si la paix restait douteuse.

***

Dans ces conjonctures, l'opposition des Anglais, tenant en échec les efforts des officiers de recrutement français, avait une certaine gravité. Et ce n'était pas seulement sur ce point que le gouverneur de Lagos témoignait peu de complaisance, pour ne pas employer un terme plus fort.

Un incident assez sérieux, provoqué par le dernier passage de l'*Éclaireur* à Lagos, mit en évidence le mauvais vouloir de Sir Moloney.

M. le lieutenant de vaisseau de Fésigny commandait ce petit bâtiment. Après l'avoir désarmé, il n'avait conservé, comme équipage, que le strict nécessaire pour conduire son navire à Libreville, où il était impatiemment attendu. Il quittait Porto-Novo, le 12 octobre, à sept heures du matin, ayant à bord le pilote de la flottille. A une heure et demie, il mouillait devant Lagos, en face de la factorerie Fabre. Il n'avait pas pris le pilote de Lagos ignorant que cette mesure fût obligatoire.

Conformément aux instructions de l'amiral de Cuverville, M. de Fésigny descendit immédiatement à terre pour faire visite au gouverneur et lui expliquer le caractère spécial de son bâtiment, ainsi que sa mission. Entré comme bâtiment de commerce dans la lagune, il en sortait comme bâtiment affrété, après avoir accompli diverses missions hydrographiques et avoir été désarmé. Le commandant de l'*Éclaireur* ne fut pas reçu, le gouverneur lui ayant fait

FEMMES DE TIRAILLEURS SÉNÉGALAIS

répondre qu'il était malade. En même temps parvenait à son bord une protestation contre ce que Sir Moloney appelait « la violation du droit international ; l'*Éclaireur* ayant passé, sans le consentement des autorités anglaises, à travers *the private waters*, les caux privées de la colonie ».

Le commandant de l'*Éclaireur* répondit à cette protestation en repoussant énergiquement toute idée de violation des lois internationales, et en se plaignant qu'aucun officier ne fût venu lui rendre la visite qu'il avait faite.

Le lendemain, 13 octobre, le commandant de l'*Éclaireur* recevait la visite d'un officier d'état-major du gouverneur, qui le prévenait que Son Excellence serait heureuse de le recevoir. Il vit le gouverneur à dix heures du matin, et s'acquitta de la mission que l'amiral de Cuverville lui avait confiée, en annonçant à Sir Moloney qu'il partirait à deux heures de l'après-midi.

Le gouverneur de Lagos s'excusa alors du mouvement d'humeur auquel il avait cédé, disant qu'il ignorait le vrai caractère du bâtiment; il répéta à plusieurs reprises à M. de Fésigny qu'il y avait eu « *mistake* » méprise.

En revanche, la veille, des visites avaient été échangées entre l'*Éclaireur* et le petit aviso à roues de Sa Majesté Britannique *Alecto*, commandé par le lieutenant de vaisseau Mekinstry.

Informé de ces faits, et mis en possession de la protestation du gouverneur de Lagos, l'amiral de Cuverville écrivit immédiatement à Sir Moloney une lettre d'explication courtoise, à laquelle fut adressée sans retard une réponse très aimable. Elle mit fin au malentendu.

Le gouverneur de Lagos n'en avait pas moins envoyé un câblogramme

FEMMES DE TIRAILLEURS SÉNÉGALAIS

grincheux au *Colonial Office*, sous l'empire de la première impression. Et cette mauvaise humeur eut son contrecoup diplomatique à Paris.

Cependant le froissement du gouverneur anglais n'avait, au témoignage même des légistes britanniques, aucun fondement. En effet, le commandant du *Roland*, ayant séjourné quelque temps à Lagos (du 12 au 20 novembre), se lia avec le secrétaire colonial, M. Olivier Smith, avocat de la Reine, et dans ses longues causeries il lui demanda ce que le gouvernement entendait par « *private waters* ». M. Smith fit de vaines recherches dans tous ses répertoires pour trouver une explication. Il agit avec plus de soin que de conviction; cependant il ne put établir sur aucun texte de droit national les prétentions du gouverneur.

De fait, ainsi que l'amiral de Cuverville en avait émis l'avis à différentes reprises, les prétentions de la colonie anglaise étaient, en droit, insoutenables, et cet avis concordait avec celui que l'amiral Laffon de Ladébat transmettait au département, le 24 mai 1864, à propos d'une affaire semblable ; il s'agissait alors de l'entrée du *Dialmath* à Lagos. Nous avons déjà rapporté l'incident. Quoi qu'il en soit, bien que le commandant du *Roland* eût été parfaitement reçu par le gouverneur, lors de sa visite à Lagos ; bien que celui-ci eût fait hommage, par son entremise, à l'amiral de Cuverville, d'un ouvrage très intéressant qu'il venait de composer sur la « *Forestry of West Africa* », lorsqu'il fut question de l'entrée de la *Topaze* dans les eaux de Lagos, en novembre, l'amiral dut télégraphier à Paris, pour avertir que ce navire serait arrêté, si le Gouvernement français ne provoquait pas une autorisation spéciale. Le 3 novembre vint la réponse : « *Topaze* autorisée entrer à Lagos. » Il n'y eut plus de difficultés.

L'amiral de Cuverville avait chargé le commandant de Montesquiou d'une lettre pour le gouverneur. Celui-ci accueillit parfaitement les officiers français ; mais, malgré ces témoignages d'une grande courtoisie, Sir Moloney n'en prit pas moins prétexte de cette entrée pour confirmer une fois de plus que, dans chaque cas particulier, une autorisation spéciale serait nécessaire.

Cette situation fausse faite à la France par la rivalité séculaire de l'Angleterre ne pouvait être toujours tolérée. Il fallait qu'elle fût réglée. Aussi l'amiral de Cuverville fit-il entendre auprès du ministre de la Marine une protestation ferme et énergique. Il lui écrivait le 22 novembre 1890 : « Je ne puis que regretter à nouveau que la question de principe n'ait pas été tranchée pendant que s'agitaient les affaires de Zanzibar. Je souhaite qu'avant la délimitation que doit entraîner la convention franco-anglaise de 1889, la question soit résolue. »

Déjà cette convention il la voyait d'un mauvais œil. Elle blessait son patriotisme et à juste titre. L'amiral de Cuverville avait reçu de M. Ballay, gouverneur en mission, et de M. Ballot, résident de France à Porto-Novo, la copie d'une dépêche de M. le sous-secrétaire d'État aux Colonies, par laquelle le concours du commandant en chef de la division navale de l'Atlantique-Nord était indirectement réclamé pour l'arrangement franco-anglais du 10 août 1889, délimitant la frontière qui devait séparer le territoire de Porto-Novo de la colonie anglaise de Lagos.

L'amiral était peu flatté d'avoir à donner la main à un acte qu'il regardait comme une duperie.

« Je conçois que les Anglais, écrit-il au ministre dès le 8 septembre 1890, soient extrêmement désireux de voir consacrer le plus tôt possible des arrangements qui leur sont on ne peut plus avantageux, mais nous n'avons pas les mêmes raisons d'être pressés.

« En vous transmettant, le 13 juin dernier, le travail de délimitation auquel avait collaboré M. le lieutenant de vaisseau Tracou, je vous exprimais le douloureux étonnement avec lequel j'avais pris connaissance de cette convention anglo-française du 10 août, dont M. Bayol a été le principal agent. Je demandais instamment qu'on laissât les choses traîner en longueur jusqu'après règlement des affaires du Dahomey, dans l'espoir qu'il surgirait quelque incident nous permettant de revenir sur des concessions à mon avis excessives, portant une atteinte grave à la situation que le Protectorat de Porto-Novo devait nous assurer dans cette région de l'Afrique. J'ai fait savoir à M. le Résident de France à Porto-Novo, qu'avant de prendre aucune part au règlement de frontière dont il s'agit, j'attendrais vos ordres. Il me paraît très désirable que la Marine reste étrangère à des conventions qui ont été conclues en dehors d'elle, je dirai même malgré elle, ainsi qu'en témoignent mes rapports de 1886, notamment celui du 4 janvier.

« J'étais en France lorsque la convention de 1889 a été conclue et j'avais bien quelques titres à être entendu, au moins à titre de déposant, dans la Commission dont faisaient partie MM. Nisard et Bayol, qui ont rédigé l'arrangement soumis ensuite à la ratification de M. le Président de la République. M. Bayol, dans cette circonstance, comme dans celles qui nous ont entraînés dans les difficultés actuelles au Dahomey, M. Bayol a fait preuve, j'ai le regret de le dire, d'une inconscience complète. »

Et dans les instructions qu'il rédigea, avant son départ de la côte du Bénin, pour ses successeurs, l'amiral revenant sur l'ensemble de cette grave affaire, écrivait :

« La colonie de Lagos profite habilement des discordes intérieures, pour démanteler peu à peu ce royaume (Porto-Novo) qui allait être réduit à la seule ville de Porto-Novo, lorsque nous avons rétabli, en 1883, le Protectorat que nous avions si malheureusement abandonné en 1864. C'est ainsi que les Anglais s'étaient emparés de Kéténou et des canaux qui mettent en communication Porto-Novo et Cotonou, étendant leurs vues sur le Ouémé et Pocra. Pour nous libérer de ces entraves, on a consenti le fameux traité de 1889 qui fait à l'Angleterre une telle part du lion, que je me suis refusé, à moins d'ordres formels du ministre de la Marine, à participer en quoi que ce soit à une délimitation d'influence, qui doit abandonner à l'Angleterre tout ce qui était l'avenir même de Porto-Novo. »

Après cette double protestation fortement motivée, l'on conçoit que l'amiral de Cuverville désirât que, si la France maintenait les concessions excessives accordées à l'Angleterre, du moins elle profitât de l'occasion pour faire cesser les tracasseries du gouvernement de Lagos, en exigeant le libre parcours de la lagune, suivant son droit découlant des principes adoptés par les puissances signataires du traité de Paris.

***

Ce n'était pas seulement le gouverneur de Lagos qui se montrait peu conciliant vis-à-vis de ses voisins les Français. La presse locale, puisant on ne sait où ses renseignements malveillants, cherchait à établir que l'action défensive de la France au Dahomey, action qu'elle caractérisait d'invasion, venait d'aboutir à un misérable fiasco. Ces propos étaient tenus par le *The Lagos Weekly Times*.

On affirmait par ailleurs que la France avait rétrocédé Cotonou au Dahomey, que le royaume de Porto-Novo était plus ou moins mutilé, qu'au lieu de réclamer une indemnité de guerre au Dahomey la France achetait, au prix d'un tribut de 35.000 francs, la location de Cotonou, etc., etc.

L'amiral eut la douleur d'apprendre que ses actes étaient dénaturés, non seulement par ses ennemis, mais encore par celui que sa situation et l'amitié qu'il n'avait cessé de lui témoigner avaient associé dès le commencement de la campagne à tous ses projets et à toutes ses entreprises. M. le Résident de France à Porto-Novo s'était adressé au chef d'état-major de la division pour faire entendre ses griefs et ses critiques.

L'amiral de Cuverville eut connaissance des plaintes de M. Ballot, et profondément peiné, avec sa franchise habituelle, il lui écrivit le 26 octobre la lettre suivante :

« Monsieur le Résident,

« Votre lettre du 24 octobre, adressée au chef d'état-major de la division navale de l'Atlantique-Nord, appelle de ma part les observations suivantes :

« 1° Le Résident de France au Bénin n'a point été tenu systématiquement en dehors des négociations qui ont abouti à la conclusion de la paix avec le Dahomey. La courtoisie de rapports que je me suis efforcé d'entretenir avec la Résidence, depuis l'arrivée de la *Naïade* sur cette côte, m'a conduit à vous tenir au courant des instructions générales du Gouvernement. Je vous ai fait connaître, en leur temps, les démarches pacifiques qui ont été suivies par les négociations de Ouidah ; vous saviez que mon désir était de vous y associer ; des circonstances indépendantes de ma volonté ont empêché qu'il n'en fût ainsi.

« 2° Dès la conclusion de la paix, je vous en ai averti par le télégraphe, vous laissant l'initiative d'informer le commerce de la levée du blocus et de la possibilité d'une reprise immédiate des affaires.

« En outre, dès mon retour à Cotonou, le 6 octobre, je vous ai envoyé copie de l'ordre que je faisais paraître à l'occasion de la conclusion des hostilités, vous demandant d'achever l'œuvre de pacification commencée, en rétablissant, entre le roi Toffa et Béhanzin, une entente nécessaire aux intérêts que nous avons à sauvegarder dans ce pays.

« L'ordre du jour auquel je fais allusion résumait les principales clauses de la paix, paix parfaitement honorable. On y lit :

« Aux termes d'un arrangement soumis à la ratification du gouvernement
« français, tous les traités antérieurs conclus entre la France et le Dahomey
« restent en vigueur. Le roi du Dahomey s'est engagé à respecter le protec-

« torat français du royaume de Porto-Novo, et à s'abstenir désormais de « toute incursion sur les territoires faisant partie de ce protectorat. Il recon- « naît à la France le droit d'occuper indéfiniment Cotonou. »

« Alors que je déclare dans cet ordre que tous les traités antérieurs conclus entre la France et le Dahomey restent en vigueur, et que le roi Béhanzin reconnaît à la France le droit d'occuper indéfiniment Cotonou, comment, Monsieur le Résident, pouvez-vous vous faire l'écho de la prétendue rétrocession de Cotonou au Dahomey par la France ?

PRISE D'ASSAUT !

« Il m'a paru *convenable* d'attendre la ratification du gouvernement avant de communiquer l'instrument de paix, qui n'aura de valeur qu'après cette ratification. Je m'étonne de vos susceptibilités à cet égard ; car enfin, si vous occupez à Porto-Novo les fonctions de Résident pour lesquelles j'ai toujours eu les plus grands égards, ces fonctions sont subordonnées à celles que je remplis actuellement.

« En terminant, je rappellerai que nous avons tous le devoir d'obéir aux ordres du gouvernement, et cela quelles que puissent être nos idées personnelles. Je suis ici le seul interprète de ces ordres. Je vous demande donc, à nouveau, d'employer tous vos efforts pour amener entre les rois Toffa et Béhanzin une réconciliation nécessaire ; la question d'évacuation des territoires plus ou moins indûment occupés par les troupes Dahoméennes, sera la conséquence de cette entente ; elle ne saurait la précéder, étant donné que l'œuvre de pacification et d'apaisement à laquelle je vous invite à participer, ne peut se terminer qu'en écartant toutes les récriminations.

« Recevez, Monsieur le Résident, les assurances de ma considération très distinguée.

« Signé : CAVELIER DE CUVERVILLE. »

Les appréciations défavorables portées par M. Ballot s'expliquent. Il avait toujours été d'accord avec l'amiral de Cuverville pour réclamer des renforts, pour proposer la formation d'un corps expéditionnaire, et pour marcher en avant à la conquête du Dahomey. L'issue pacifique du conflit ne répondait pas à ces espérances, et la paix armée qui venait d'être signée ne lui paraissait pas une solution prudente ni glorieuse. Évidemment dans sa déconvenue, peut-être même dans son dépit, ne voulait-il pas voir clairement les résultats obtenus, et désirait-il dégager sa responsabilité. Le poids de cette responsabilité, il le faisait retomber lourdement sur le commandant en chef. En cela il manquait de justice inconsciemment. L'amiral de Cuverville avait des ordres. Il les avait exécutés fidèlement, loyalement, avec prudence et fermeté. Il ramenait le Résident de France au vrai point de vue, en lui écrivant : « Nous avons tous le devoir d'obéir aux ordres du gouvernement, et cela quelles que puissent être nos idées personnelles. »

***

Comme d'autres esprits, aussi bien intentionnés et non moins généreux, pouvaient se laisser égarer, le commandant en chef crut devoir sonner au ralliement, et, par une déclaration solennelle, grouper autour de lui son état-major pour la garde et la défense de l'esprit de soumission et de discipline.

L'OBSERVATION AU SEXTANT

Il écrivit au colonel Klipfel une lettre qui devait être rendue publique. Après avoir souligné les principales clauses de l'arrangement, il ajoutait : « Nous n'avons point exigé, il est vrai, d'un pays appauvri par le blocus, une amende dont le commerce étranger aurait dû faire ultérieurement tous les frais. Nous avons même cru équitable d'accorder au roi, en compensation des droits qu'il percevait à Cotonou et qu'il ne percevra plus, une indemnité dont le maximum restera bien au-dessous des chiffres publiés par le journal anglais.

« Confiant dans la parole du roi qui s'est engagé à protéger efficacement tous les Européens, sans distinction de nationalité, nous n'avons pas insisté pour l'occupation du fort français de Ouidah, et nous nous sommes bornés à réserver de la façon la plus expresse les droits séculaires de la France. Le roi voulait faire évacuer le fort portugais de Saint-Jean-Baptiste d'Ajuda ; nous nous y sommes opposés, respectant les droits d'autrui comme nous entendons qu'on respecte les nôtres.

« Ces procédés sont, il faut le reconnaître, essentiellement français ; ils ne nous procureront pas d'espèces sonnantes, et, sous ce rapport, le *fiasco* est en effet complet. Mais ils nous assureront, j'en ai l'espoir, les sympathies du vaillant petit peuple dont nous avons pu apprécier l'intelligence et la bravoure. Par notre loyauté, par notre générosité nous nous sommes efforcés de dissiper ses défiances et d'éteindre ses rancunes. Nous avons, en un mot, préparé la conquête morale, préférable à une conquête matérielle qui n'était cependant pas au-dessus de nos moyens. Ici plus que partout ailleurs la guerre appelle la guerre, et si la force doit être toujours vigilante et prête, il n'en faut faire usage qu'à la dernière extrémité.

PIROGUES AU PORT

« La paix est conclue : achevons sans arrière-pensée l'œuvre commencée, pacifions les esprits et dirigeons leur activité vers le développement intellectuel et moral du pays ; favorisons les missions catholiques qui seules peuvent arracher le Dahomey à la barbarie, tendons généreusement la main à cette race vaillante qui, mise en possession de la vérité, deviendrait dans cette région de l'Afrique un puissant agent de civilisation.

« Vous voudrez bien donner connaissance de cette lettre à tous les officiers, sans exception, en leur disant que je compte sur leur concours pour mener à bien l'œuvre d'apaisement que je viens d'accomplir et dont je revendique hautement toute la responsabilité. »

COMMERCE A BORD

Une copie de cette lettre, datée du 19 octobre, fut envoyée le même jour au résident de France à Porto-Novo ; elle était accompagnée de nouvelles explications.

M. Ballot, s'étant fait l'écho de certains sentiments empreints de malveillance, avait accueilli d'une façon assez vive les avertissements du commandant en chef. Étonné d'un désaveu qu'il ne méritait pas, surpris que les critiques vinssent de l'homme connaissant le mieux la situation qui lui avait été faite, l'amiral de Cuverville s'adressait une fois encore à M. Ballot, avec la fermeté et la droiture qui est le beau côté de son caractère.

« *Naïade*. Cotonou, le 29 octobre 1890.

« MONSIEUR LE RÉSIDENT,

« J'ai l'honneur de vous accuser réception de votre lettre du 28 octobre dont je regrette la forme et le fond. Si je ne me suis pas cru astreint à vous tenir au courant de tous mes agissements, ce qui eût été d'ailleurs difficile en raison de notre éloignement, je ne vous ai fourni en cela aucune preuve de défiance; ma lettre du 20 août, écrite en prévision d'événements qui ne se sont pas réalisés, est une preuve évidente des intentions bienveillantes que vous dénaturez. Si, par le dernier paragraphe de votre lettre, vous avez voulu m'infliger une leçon, elle était au moins inutile; grâce à Dieu, ma loyauté ne saurait être suspectée.

LAVAGE GÉNÉRAL A BORD

« Je vous ai fait connaître les vues du gouvernement, je vous ai invité à coopérer à l'œuvre d'apaisement qui reste à accomplir; je vous laisse maintenant la responsabilité de vos actes.

« Lorsque l'arrangement du 3 octobre aura été ratifié par le gouvernement, il vous sera communiqué; ce n'est point un traité, c'est, je le répète, un simple arrangement qui, en laissant intacts les traités existants et ne compromettant rien de ce qui était acquis, ouvrira la possibilité de renouer avec les Dahoméens de bonnes relations et d'arriver plus tard à un traité avantageux.

« Répondant à vos deux lettres du 27, je vous dirai que vous pouvez inscrire une somme de vingt mille francs au budget de 1891, comme échange des droits de douanes de Cotonou.

« Aucune clause de l'arrangement précité n'autorise la présence des troupes Dahoméennes sur le territoire de Porto-Novo; mais il convient d'agir avec modération, prudence, et de laisser à ces troupes le temps d'évacuer les localités qu'elles peuvent indûment occuper.

« Je vous envoie ci-jointe la copie de la lettre que j'adresse au colonel Klipfel, en réponse aux insinuations malveillantes que l'on fait circuler. »

Ces dissentiments ne pouvaient durer entre ces deux hommes loyaux et animés des meilleures intentions. M. Ballot fit des excuses ; sa bonne foi avait été surprise. L'amiral de Cuverville lui télégraphia aussitôt : « Merci de votre lettre. Je vous en félicite et vous en suis reconnaissant. » Et le même jour, 31 octobre, il lui écrivit : « Je veux encore vous remercier de vos explications et de vos démarches. Quelques instants de conversation verbale auraient suffi, je n'en doute pas, pour dissiper les malentendus et pour vous convaincre que si des actes dictés par des considérations de force majeure ont pu vous causer quelques froissements, en réalité je ne me suis jamais départi de la haute estime que j'ai toujours professée pour vous.

CANONNIÈRE SUR L'OUÉMÉ A OUÉMÉTO

« Je ne sais si le colonel Klipfel vous a rendu compte de nos entretiens à votre sujet ; il aurait pu vous dire que je ne cherchais qu'une occasion de faire récompenser les services que vous avez rendus à la colonne expéditionnaire. Mettons donc de côté tout dissentiment, et travaillons ensemble à sortir aussi honorablement et aussi profitablement que possible d'une situation qui ne m'a épargné ni regrets, ni amertumes. Je crois avoir donné l'exemple d'une abnégation absolue ; ma conduite a été dictée par des ordres qui, maintenus malgré des observations respectueuses mais fermes, ne laissaient place qu'à l'obéissance.

« Joignons nos efforts, je le répète, pour tout apaiser ; l'arrangement du 3 octobre ne devant être définitif qu'après la ratification du Gouvernement, les autorités dahoméennes feront peut-être quelques objections pour désarmer immédiatement ; je crois cependant qu'avec de bons procédés et quelques cadeaux, les chefs, connaissant les dispositions du roi, ne feront aucune difficulté pour laisser réoccuper les villages qui ont été abandonnés, alors surtout que nous autorisons la reconstruction du village de Cotonou. La question du Dékamé sera plus difficile à résoudre ; elle ne date pas d'hier et les choses se

EN PIROGUE SUR LA LAGUNE

sont bien envenimées depuis la guerre. Enfin, puissiez-vous réussir, vous en aurez tout le mérite.

« Le sous-secrétaire d'État aux Colonies m'a annoncé des cadeaux pour le roi Béhanzin ; je me proposais de vous charger de les porter à Abomey, avec le lieutenant de vaisseau de Fésigny, en disposant les choses, s'il est possible, pour que l'*Émeraude*, sur laquelle on les aurait embarqués, remontât aussi haut que possible dans le Ouémé. »

La réconciliation était faite et dans des termes dignes d'un grand cœur.

PIROGUIERS EN MARCHE

VIII

La pacification du Dahomey.

(1890)

Critiques et louanges. — Réclamations et demandes de dommages et intérêts des factoreries françaises. — Relations amicales avec les chefs Dahoméens. — Tournée du Résident de France au milieu des indigènes. — L'amiral de Cuverville recourt à l'intervention du Père Dorgère pour obtenir du roi Béhanzin l'évacuation du territoire de Porto-Novo. — Lettre du Père Dorgère annonçant que Béhanzin a rappelé ses troupes. — Bonnes dispositions du roi Toffa. — Le roi de Porto-Novo donne le nom de l'amiral de Cuverville à une des places de sa capitale. — Toffa nomme l'amiral grand-croix de l'Ordre Royal de l'Etoile-Noire de Porto-Novo. — Réconciliation des rois Béhanzin et Toffa. — Exécution de la clause secrète de la Convention du 3 octobre. — Agissements des Portugais. — L'amiral de Cuverville demande que l'administration de la colonie reste confiée au pouvoir militaire. — Situation militaire de la colonie. — Construction d'ouvrages de défense et d'un appontement à Cotónou.

Les résultats incomplets obtenus par l'amiral de Cuverville, placé par ordre dans une situation fâcheuse, ne pouvaient être loués et approuvés par tous, en particulier par ceux qui ignoraient les détails de l'entreprise.

M. de Cuverville, dans une lettre au ministre, où il le remerciait de la dépêche par laquelle M. Barbey lui témoignait sa satisfaction, crut devoir répondre à certaines observations, plus amères pour son cœur à cause de leur provenance :

« Ce n'est pas sans un profond sentiment de tristesse, écrit-il, que j'ai vu un officier général de la marine, en retraite, qui devait cependant connaître les affaires de ce pays, s'associer à d'injustes critiques de nature à égarer l'opinion publique. S'emparer de vive force de Ouidah n'est point une opération très difficile, bien qu'elle réclame des moyens d'action spéciaux pour le passage des lagunes et qu'elle ne puisse point s'effectuer sans pertes. Autre chose est d'occuper Ouidah et de s'y maintenir hors de toute base d'opération contre un peuple en armes, luttant vaillamment pour son indépendance, vous harcelant nuit et jour, et puissamment secondé par le même général qui nous fit perdre Saint-Domingue : la fièvre. Les Dahoméens n'ont pas hésité à couper les palmiers aux environs de Porto-Novo; ils n'hésiteraient pas davantage, le cas échéant, à couper ceux de Ouidah et à détruire ainsi les sources de richesse qui sont la raison d'être d'une occupation. Voilà, Monsieur le Ministre, une vérité qu'il importe de bien retenir : l'occupation de Ouidah n'est pas une solution ; si jamais les hostilités doivent reprendre, l'objectif devra être Abomey et tout devra être préparé dans ce but. »

Cette lettre commençait par ces mots : « L'hommage que vous voulez bien accorder à nos persévérants efforts nous console des calomnies odieuses et des insinuations malveillantes qui ne nous ont point été épargnées. »

Ces calomnies venaient de journalistes français, mais non pas de ceux qu'animent le patriotisme le plus éclairé et le libéralisme le plus généreux : les sectaires du journal *la Lanterne,* en dénigrant l'action du commandant en chef, lui faisaient grand honneur. L'amiral de Cuverville se contenta, pour leur répondre, de faire remarquer que cette feuille se rencontrait avec les journaux anglais, dont l'irritation donnait lieu de penser qu'on n'avait point fait une mauvaise affaire. D'ailleurs, les journaux graves et réfléchis, les feuilles vraiment patriotes, en tenant un langage bien différent de celui de la *Lanterne,* donnaient pleine approbation aux efforts généreux des pacificateurs du Dahomey.

Le *Temps,* dans son numéro du 6 octobre, écrivait : « C'est avec une sincère satisfaction que nous avons appris hier que la paix était signée avec le Dahomey, que le souverain de ce pays nous cédait en toute souveraineté Cotonou et reconnaissait notre protectorat sur le Porto-Novo. Nous savions, depuis quelques jours que les négociations entamées avec Béhanzin prenaient une tournure favorable, mais il est des choses qu'il faut savoir taire.

« Il importe maintenant de persuader au roi du Dahomey que nous tiendrons fidèlement notre parole et que nous comptons fermement qu'il agira de même. Il n'invoquera pas à l'avenir, espérons-le, son ignorance de la valeur des formules diplomatiques pour nier, comme l'a fait son père, notre pouvoir sur Cotonou, et il ne se permettra plus d'excursions sanglantes sur les territoires de son cousin Toffa, après avoir solennellement reconnu que le Porto-Novo était couvert par notre drapeau.

« Ouidah, la place de commerce la plus importante du Dahomey, n'est pas comprise dans l'acte de cession. Il y aurait eu mauvaise grâce d'ailleurs à la réclamer, puisque nous ne l'occupons pas. Ajoutons que plusieurs des chefs de maisons françaises établies sur ce point, ne désiraient aucun changement à l'état de choses existant. Ils s'accommodent des exigences parfois bizarres des Dahoméens, et savent très bien comment les amener à composition ; enfin, avouons-le, il en est qui n'étaient pas sans redouter l'administration française avec sa réglementation souvent étroite et tracassière.

« Pour notre part, la solution acceptée des deux côtés nous satisfait pleinement. Nous n'avons jamais désiré la conquête du Dahomey, mais il nous a toujours semblé que ce n'était pas en affaiblissant l'action gouverne-

FACTORERIE REGIS A PORTO-NOVO, VUE DE FACE

mentale et en la poussant à des défaillances, que nous pourrions sortir à notre honneur d'une affaire comme celle qu'il s'agissait de régler sur la côte des Esclaves. Et puis, ce qui paraîtra toujours étrange, c'est que ceux mêmes qui critiquaient le plus les mesures préservatrices prises au Dahomey, s'élevaient avec le plus de violence contre la faiblesse du cabinet qui ne savait pas, disaient-ils, faire la part de la France dans le partage de l'Afrique. On l'a vu au moment où l'Angleterre proclamait son protectorat sur Zanzibar. Quand on annexe, on a tort, on a tort aussi quand on ne le fait pas, en un mot on a toujours tort.

« Le traité qui vient d'être signé a été négocié par le Père Dorgère dont on a tant parlé en ces derniers temps. Fait prisonnier à Ouidah avec les otages, conduit à Abomey et plus tard au campement royal, ce missionnaire a fait grande impression sur l'esprit du roi Béhanzin et, sans contredit, il était *persona grata* à la capitale. Reçu à Abomey avec de grands honneurs, la mise en liberté des émissaires envoyés par le commandant Fournier lui fut accordée, et il entama des pourparlers avec le roi en personne.

« Le négociateur français a obtenu deux concessions importantes : la reconnaissance de nos droits sur Cotonou, que nous contestait d'une façon absolue le roi du Dahomey, ce qui a amené la campagne qui vient de finir ; celle de notre protectorat sur Porto-Novo que le Dahomey réclamait comme son tributaire avec la dernière énergie et qu'il voulait replacer sous son autorité directe. Béhanzin appuyait, on le sait, ses prétentions par des expéditions périodiques dans lesquelles il dévastait les abords de la capitale du roi Toffa ; après quoi l'armée dahoméenne rentrait sur son territoire, suivie d'un cortège de prisonniers presque tous voués aux sacrifices sanglants des fêtes des Coutumes.

« Tels sont les résultats du traité que l'amiral de Cuverville vient de transmettre au ministre de la Marine. Nous ne pouvions exiger plus, à moins de faire une expédition dont certes on exagérait les dangers, mais qui cependant eût demandé un certain effort et de grands sacrifices.

« Il nous reste maintenant à améliorer la situation à Cotonou et au Porto-Novo, — à faire du premier de ces points une escale plus commode qu'elle n'est aujourd'hui et à diriger le royaume de Porto-Novo de telle sorte qu'il devienne pour ses voisins un exemple à suivre. Ce sera au ministère des Colonies, qui va reprendre possession de l'administration de nos établissements du golfe de Bénin, à enrayer sa politique dans la bonne voie.

« Mais, dès maintenant, on peut se mettre à l'œuvre ; déjà le blocus est levé, et lorsque le traité sera ratifié, on renverra au Sénégal et au Gabon une partie des troupes qui tiennent garnison sur la Côte des Esclaves. D'autre part, la division navale des Antilles rejoindra sa station ; enfin, les transactions commerciales, si importantes à Ouidah, à Cotonou et au Popo, vont reprendre leur cours interrompu par le blocus et les événements de guerre.

« Tout est donc pour le mieux, à condition toutefois que le roi du Dahomey soit sincère. Mais s'il a traité, s'il a accepté les clauses que nous avons énumérées, c'est probablement parce qu'il avait un intérêt à ne pas prolonger le conflit et qu'il gardait le souvenir des insuccès sanglants qu'il avait subis devant Cotonou et Porto-Novo. De notre côté, nous avons appliqué à la lettre notre programme, tout notre programme ; nous devions renforcer les garnisons du Bénin pour protéger nos possessions, nous l'avons fait.

« Mais ce n'a pas été sans peine et sans souffrance que ce résultat a été atteint. L'hivernage a été si rude cette année sur la côte des Esclaves, que nos soldats et nos marins ont dû apprendre avec joie la fin de leurs misères. Aussi, en nous félicitant de l'issue de cette campagne de six mois, ne devons-nous pas oublier que c'est leur héroïsme et leur constance qui ont arraché la paix qui vient d'être signée. »

Ce jugement, très favorable aux héros que nous avons vus à l'œuvre, est parfaitement juste. Et ce ne sont pas uniquement les feuilles patriotes qui le partagèrent. L'officier général qui était alors directeur du personnel au ministère de la Marine, rendait à l'amiral de Cuverville un témoignage qui lui permettait d'oublier les clabauderies de la *Lanterne* et de son alliée l'Angleterre. Il lui écrivait :

« Vous devez éprouver une grande et légitime satisfaction depuis que, par votre habile intervention, les affaires du Dahomey ont pris une tournure si favorable. Quel service vous avez rendu et combien on doit vous savoir gré d'une issue aussi heureuse ! Votre mission touche à sa fin. Bientôt l'organisation du pays sera complète et vous aurez fait pour lui tout ce qui est possible... Bien affectueusement à vous. »

***

Cependant des réclamations d'un autre genre, et peut-être par trop intéressées, étaient transmises à l'amiral de Cuverville. Elles menacèrent de compromettre l'œuvre pacificatrice.

Dès le lendemain de la signature de l'arrangement, trois Allemands, profitant de l'ère de pacification qui allait commencer, s'installèrent à Ouidah avec des marchandises et des ponchons vides. Pendant ce temps, au lieu de reprendre immédiatement possession de leurs factoreries et de disputer patriotiquement la place à des rivaux étrangers, les agents en chef des maisons Mante frères et Borelli de Régis aînés, Cyprien Fabre et Cie se disposaient à formuler des demandes de dommages et intérêts et préparaient les voies en faisant entendre leurs plaintes. L'amiral de Cuverville autorisa M. Ballot à déférer à leurs désirs, sans que cette mesure pût préjuger en quoi que ce fût les décisions que le gouvernement croirait devoir prendre. On avait eu trop de peine à calmer les esprits pour qu'il fût prudent de les agiter de nouveau par des réclamations intempestives. Les Dahoméens assurément ne paieraient rien et se retrancheraient derrière ce fait que des bons, représentant des sommes relativement considérables dues au roi avant la guerre, n'avait pas été soldés par les maisons de commerce françaises. M. Siciliano avait avoué que ces bons dépassaient une somme de vingt mille francs.

Lors de la levée du blocus anglais, en 1877, les maisons françaises avaient payé spontanément et volontairement la moitié de l'indemnité de guerre réclamée par l'Angleterre et il n'était pas à croire que ce sacrifice les eût notablement appauvries. Toujours était-il que, dans les circonstances présentes, il importait de s'abstenir soigneusement de toute cause nouvelle de dissentiment avec le Dahomey. L'apaisement était le grand objectif, au lendemain de la signature de la convention si laborieusement préparée. Il ne suffisait pas de déclarer sur le papier qu'on était en paix, il fallait pratiquement pacifier. L'amiral de Cuverville se consacra à ce rôle de pacificateur avec une énergie et une habileté qui prouvèrent combien cet officier général était préparé à la mission que la France lui avait confiée. Il eût été un homme de guerre supérieur, il fut un conciliateur éminent.

Cette œuvre d'apaisement ne pouvait se poursuivre sans le concours absolu, dévoué, de tous les services civils ou militaires appelés à la seconder. Il fallait porter la conviction dans les esprits, convaincre chacun de la nécessité d'agir, dans ses rapports avec les Dahoméens, avec circonspection, modération et prudence, comme les circonstances le réclamaient. L'amiral s'employa à exciter le zèle et la bonne volonté de tous ceux qui dépendaient de son autorité. Il constata que sa lettre au colonel Klipfel avait produit la meilleure impression ; les résistances sourdes cessèrent.

Les chefs dahoméens qui, contrairement aux instructions de M. de Cuverville, n'avaient point été accueillis avec toute la bienveillance voulue, lorsqu'ils s'étaient présentés, le 13 octobre, pour reconnaître l'emplacement de leur nouveau village, entretinrent bientôt avec Cotonou les meilleures relations et approvisionnèrent un marché qui était jusqu'alors absolument désert. Ce résultat heureux fut obtenu grâce à MM. les lieutenants de vaisseau Lefebvre et Le Blanc. Leurs bons procédés effacèrent l'impression fâcheuse

LA LAGUNE DE PORTO-NOVO

produite par les brutalités des premiers jours. Les agents des factoreries reprirent possession de leurs immeubles ; ils reçurent de nouvelles marchandises qui les mirent en mesure de renouer avec avantage leurs opérations commerciales.

M. le Résident de France à Porto-Novo, suivant la direction reçue de l'amiral, entreprit dans toute la banlieue avoisinante une tournée, dans le but de rassurer les populations et d'amener les habitants à reprendre possession des villages détruits pendant la guerre.

Dès le 6 octobre, M. de Cuverville lui avait écrit : « En vous envoyant copie d'un ordre que je fais paraître à l'occasion de la conclusion des hostilités, je viens vous demander d'achever l'œuvre de pacification commencée. Il s'agit d'établir la bonne harmonie entre les rois Toffa et Béhanzin ; vous seul pouvez mener à bien cette négociation délicate. »

Rappelant les griefs du roi du Dahomey contre son cousin de Porto-Novo, l'amiral citait la lettre du 18 août écrite par Béhanzin, et il ajoutait :

« Dans l'arrangement intervenu, je me suis engagé à faire exercer notre action auprès du roi de Porto-Novo, pour qu'aucune cause légitime de plainte ne soit donnée à l'avenir au roi du Dahomey. Il existe entre les princes indigènes des traditions et des coutumes auxquelles le roi Toffa ne peut se soustraire sans inconvénient. Au reste, j'ai été personnellement surpris que la lettre, en date du 13 juin, par laquelle je lui ai fait connaître mon arrivée sur cette côte, soit restée sans réponse, et je regrette que le roi de Porto-Novo ne m'ait pas donné signe de vie pendant le long séjour de la *Naïade* au mouillage de Cotonou. »

D'après ces derniers détails, l'on voit que l'allié de la France avait pour le moins des habitudes peu conformes à la simple politesse : il traitait le commandant en chef, représentant de la France, avec la même désinvolture que son parent le roi Béhanzin. Cette façon d'agir légitimait le jugement peu favorable que l'amiral de Cuverville portait sur lui : « Toffa n'est pas un roi ; sa dureté, ses procédés et ses exactions l'ont fait détester de tous ses feudataires. » Et c'était ce personnage si peu courtois qu'il fallait, pour le bien de la paix, réconcilier avec son royal cousin.

⁂

Pour atteindre ce résultat si désirable, la première condition était que le roi Béhanzin retirât ses troupes du royaume de Porto-Novo. La convention du 3 octobre stipulait ce point implicitement. Mais Sa Majesté Dahoméenne ne se pressait pas d'exécuter la clause.

L'amiral de Cuverville recourut à l'intervention du Père Dorgère. De nouveau il le pria de s'interposer et lui écrivit la lettre suivante :

« *Naïade*, Cotonou, le 2 novembre 1890.

« Mon Révérend Père,

« Je fais en ce moment tous mes efforts pour amener le roi Toffa à reconnaître ses torts et à se réconcilier avec le roi Béhanzin, mais je me heurte à une première difficulté. Les troupes dahoméennes n'ont pas encore évacué le territoire de Porto-Novo, et les villages détruits pendant la guerre ne peuvent être reconstruits par leurs habitants. Cette situation ne peut durer, alors que j'autorise la reconstruction d'un village dahoméen à Cotonou. Il est clair que les malheureux habitants de la banlieue de Porto-Novo doivent reconstruire les leurs.

« Je vous prie de vouloir bien exposer cette situation aux autorités dahoméennes ; j'exécute loyalement la convention du 3 octobre et j'ai déjà rapatrié la moitié des troupes ; j'attends que les autorités dahoméennes en fassent autant. L'inexécution des engagements pris amènerait de grands et nouveaux malheurs, et cette fois c'est Ouidah qui paierait tous les frais, qu'elles en soient bien convaincues. »

Ces efforts furent couronnés de succès et l'amiral de Cuverville pouvait écrire au ministre de la Marine, le 22 novembre : « Je suis heureux de vous dire que l'œuvre d'apaisement que j'ai entreprise au lendemain de la conclusion de la paix, progresse de la façon la plus satisfaisante. M. le Résident de France à Porto-Novo a parcouru tout le territoire du protectorat, rassurant partout les indigènes et les invitant à prendre possession des villages évacués pendant la guerre et à reconstruire les cases détruites. M. Ballot a eu même avec le roi du Dékamé, Kékédé, chef principal des villages de Dogba, Mitro, Yokou et Azaouissé, une entrevue dont vous trouverez les détails dans le rapport très intéressant qui accompagne cette lettre. Cette démarche a eu pour résultat immédiat « de faire ouvrir tous les chemins qui étaient encore fermés », et de préparer la réconciliation de ce chef avec Toffa. Celle de Toffa et de Béhanzin ne marche pas moins bien. J'avais prié le Père Dorgère de faire savoir à Abomey combien j'étais surpris que les

LA FACTORERIE RÉGIS A PORTO-NOVO ET LA LAGUNE

troupes dahoméennes restassent sur pied de guerre et occupassent encore une partie des terres de Porto-Novo. Le Révérend Père me répond à la date du 19 novembre :

« Le Cussugan, auquel j'avais communiqué vos plaintes, avait envoyé un message au roi et j'en attendais le résultat pour vous écrire. Déjà l'on m'avait affirmé à la Gore (siège de la Préfecture), que de semblables choses étaient absolument impossibles, et que probablement les gens qui faisaient courir ces bruits avaient intérêt à provoquer une rupture entre les deux pays qui venaient de signer un nouveau traité de paix. En effet, Sa Majesté vient de répondre et m'a fait remettre une lettre pour M. le Résident de France, lettre que j'ai expédiée hier. Toutes les troupes dahoméennes ont évacué Ouidah et Godomey ; à Ouidah le camp dahoméen a été littéralement rasé. »

Cette lettre du roi Béhanzin à M. Ballot était écrite en portugais ; en voici la traduction littérale :

« Dahomey, 10 novembre.

« A M. Ballot, Résident de Porto-Novo,

« Sa Majesté le roi du Dahomey écrit à Votre Excellence et en même temps vous salue. Il a rappelé ses troupes à la capitale. Il espère que Votre

Excellence a recommandé aux habitants des villages abandonnés de reconstruire leurs cases et de faire du commerce avec les négociants.

« Quant à moi, si je ne suis offensé par personne, je ne ferai pas de mal. »

« Signé : Béhanzin Ahi-Djéré. »

L'amiral ajoutait :

« Ainsi que le roi en informe le Résident par cette lettre, les troupes Dahoméennes ont été effectivement rappelées à Abomey ; la banlieue de Porto-Novo, le Dékamé et le Zounbouiné ont été évacués le 15 novembre, et les guerriers campés à Badaô et à Zagnanado ont repassé le Ouémé, au gué de Tohoué, le 17 du même mois ; toutefois les auxiliaires n'ont pas encore été licenciés.

« D'autre part, la canonnière *la Topaze,* commandée par M. l'aspirant Latourrette, a pu compléter l'hydrographie du Ouémé jusqu'à Akpamé, point frontière du royaume de Porto-Novo ; M. Latourrette a trouvé partout sur les deux rives, aujourd'hui repeuplées, le meilleur accueil.

« De son côté le roi Toffa se montrait de bonne composition. M. Ballot annonçait, le 7 novembre, qu'il avait reçu d'excellentes nouvelles de la banlieue de Porto-Novo. Les habitants, rassurés par la présence des gardes civils, revenaient en grand nombre, et les villages se reconstruisaient rapidement. M. le Résident était prêt à recommencer ses tournées et à régler la question du Dékamé. Il allait se rendre à Azaouissé (à 40 kilomètres environ de Porto-Novo) pour y rencontrer le roi Kékédé du Dékamé et décider avec lui toutes les mesures de pacification qui doivent faire rentrer cette région dans l'ordre.

« Le roi Toffa, ajoutait-il, est venu me remercier hier des heureux résultats des mesures prises pour rassurer la population, et m'a dit qu'il était tout disposé à faire ce que je lui prescrirais pour assurer la pacification du pays. »

***

Les dispositions des rois Béhanzin et Toffa ne pouvaient être meilleures. L'allié de la France revenait à des sentiments moins barbares, du moins en paroles. Il prouva bientôt, par un fait significatif, qu'il savait imiter les procédés des monarques civilisés.

M. de Cuverville, par l'intermédiaire du Résident de France, reçut communication d'une ordonnance du roi Toffa, qui donnait le nom de l'amiral à l'une des places publiques de Porto-Novo. « Très touché de ce témoignage d'estime du roi », il remercia M. Ballot d'avoir bien voulu s'en faire l'interprète. Le commandant en chef priait en même temps le Résident de renouveler à Sa Majesté l'assurance de sa vive gratitude, et de lui remettre la lettre suivante.

« *Naïade*, Cotonou, le 29 novembre 1890.

« Roi Toffa,

« Je suis profondément reconnaissant des témoignages d'estime et de sympathie dont Votre Majesté vient de me faire parvenir, par M. le Résident de France, la touchante expression. Si mes efforts, en faveur d'un pays auquel je porte depuis longtemps un très vif intérêt, ont pu réussir, remercions-en Dieu, l'auteur de tout bien et demandons-lui que l'œuvre commencée s'achève. Le royaume de Porto-Novo a été mutilé pendant qu'il n'était pas sous la protection de la France, mais il peut regagner en prospérité matérielle et en influence morale tout ce qu'il a perdu et au delà. Je fais des vœux pour que non seulement sa richesse s'accroisse, mais encore pour qu'il soit un foyer de civilisation généreuse, rayonnant sur les territoires qui l'entourent ; — pour qu'il devienne, dans cette région de l'Afrique, le pionnier du progrès. Ainsi se trouveront réalisées les vues désintéressées de la France qui protège, sans les absorber, les populations qui se confient à sa générosité.

« Daigne Votre Majesté agréer, avec tous mes remerciements pour l'honneur qu'elle a bien voulu me conférer, en donnant mon nom à l'une des places publiques de sa cité, l'hommage de mon plus sincère et respectueux dévouement. « Signé : Cavelier de Cuverville. »

La place publique située à Porto-Novo, entre la résidence et la lagune, s'appela donc désormais : « Place Amiral de Cuverville. »

« A ma grande stupéfaction, écrit M. de Cuverville, je viens, par l'entremise de M. le Résident de France, de recevoir communication d'une ordonnance du roi Toffa de Porto-Novo, que vous trouverez insérée dans le journal officiel du Bénin, dont je vous envoie un exemplaire.

« Cette ordonnance était accompagnée du petit mot suivant : « Je me « rappellerai toute ma vie l'homme de cœur, le marin éminent, le vrai « Français qui a dirigé d'une façon si remarquable les affaires de mon pays. « Veuillez recevoir, amiral, l'assurance de ma plus sincère reconnaissance « et me croire le très fidèle protégé de la France. Votre très obéissant « serviteur. « Signé : Toffa. »

« Pour un noir, ce n'était pas mal tourné. Toffa est plus aimable que le gouvernement qui ne m'a pas envoyé un mot de satisfaction ; le ministre de la Marine seul m'a exprimé la sienne. Quoi qu'il en soit, si j'avais connu les intentions du roi de donner mon nom à une des places publiques de Porto-Novo, je l'aurais dissuadé de le faire, n'étant pas partisan de ces sortes d'honneurs pour les vivants. » De fait, l'amiral écrivant au ministre, le 8 décembre, lui disait : « Si touché que je sois d'un témoignage d'estime et de gratitude aussi spontané qu'inattendu, je regrette de n'avoir pas connu les intentions du roi assez tôt pour le dissuader de les mettre à exécution. »

L'ordonnance royale, enregistrée à la résidence de France à Porto-Novo le 26 novembre 1890, sous le numéro 187, et signée du Résident de France, par laquelle le roi Toffa rendait exécutoire cette gracieuseté, mérite d'être citée.

« Palais de Porto-Novo, le 25 novembre 1890.

« Toffa, roi de Porto-Novo, à tous ceux qui ces présentes verront,

« Salut,

« Voulant donner à Monsieur le contre-amiral Cavelier de Cuverville, un témoignage public de notre profonde reconnaissance pour les services éminents qu'il a rendus à notre royaume, et afin d'en perpétuer le souvenir à Porto-Novo,

« Nous avons ordonné et ordonnons ce qui suit :

« La place publique, située entre la Résidence de France et la lagune, s'appellera dorénavant : Place Amiral de Cuverville.

« Signé : Toffa. »

Les amabilités tardives de ce monarque ne se bornèrent pas à cette ordonnance ; l'amiral de Cuverville dut bientôt le remercier d'une nouvelle distinction ; voici en quels termes :

« *Naïade*. Cotonou, le 11 décembre 1890.

« Roi Toffa,

« Monsieur le lieutenant-colonel Klipfel vient de me remettre au nom de Votre Majesté le brevet de Grand-Croix de l'Ordre Royal de l'Étoile noire de Porto-Novo. Cette haute distinction, nouveau témoignage de votre estime et de votre amitié, m'est particulièrement agréable, je vous en remercie. Cette précieuse récompense me rappellera la terre d'Afrique où j'ai passé de longs mois ; elle rappellera à ceux de mes enfants qui ont suivi la carrière paternelle, ce royaume de Porto-Novo qui m'intéresse si vivement et auquel, j'aime à l'espérer, la Providence réserve accroissement et prospérité sous l'égide bienfaisante et tutélaire de la France.

« Suivant le désir que Votre Majesté a bien voulu me faire exprimer, j'adresse à M. le Résident de France, à Porto-Novo, la liste des officiers de la marine qui ont pris part aux opérations sur la côte du Bénin ; je remercie Votre Majesté des distinctions qu'Elle voudra bien leur conférer.

« Veuillez agréer, avec l'expression de ma profonde gratitude, le nouvel hommage de mon respectueux dévouement.

« Signé : Cavelier de Cuverville. »

Cette lettre, traduite dans la langue du pays et remise au roi par les soins du Résident, produisit bon effet ; et, comme premier résultat, Sa Majesté le roi de Porto-Novo décora deux des fils de l'amiral, officiers de marine comme leur père.

Les bonnes dispositions du potentat de Porto-Novo devaient l'amener, grâce à l'habileté de M. Ballot, à envoyer des représentants à Abomey, avec l'ambassade chargée de porter au roi Béhanzin les cadeaux du Président de la République. « Cette réconciliation opérée, tout deviendrait facile et, avec un peu de prudence, les chances de conflits seraient écartées pour l'avenir. » C'était l'espoir de l'amiral de Cuverville. Son désir se réalisa. Il écrivait, le 8 décembre : « J'ai obtenu la réconciliation complète des deux cousins, Toffa et Béhanzin, rois de Porto-Novo et d'Abomey. »

***

Le commandant en chef déploya, dans cette œuvre d'apaisement, un tact et une adresse qui s'étendit à tout ce qui pouvait être une cause de nouveaux conflits ou de mésintelligence. Il savait faire les sacrifices opportuns, en même temps qu'il sauvegardait tous les droits. La question de l'indemnité de guerre pouvait réveiller les susceptibilités du roi Béhanzin. L'amiral, au cours des négociations de Ouidah, avait fait savoir à Abomey, verbalement et par écrit, que la France n'abandonnait l'indemnité de guerre, qu'avec la réserve expresse que le Dahomey n'aliénerait pas son indépendance au profit d'un protectorat étranger; déclarant que les douanes du pays et la compensation accordée pour Cotonou répondraient du paiement de cette indemnité, dans le cas où cette clause ne serait pas observée. Il lui paraissait utile de la viser dans l'acte de ratification, sinon pour le Dahomey, au moins pour les puissances étrangères.

PAYSAGE DES BORDS DE LA LAGUNE

Il expliquait sa pensée dans une lettre adressée à une personne amie : « Pour faciliter la conquête morale et empêcher les Anglais de l'entraver, j'ai stipulé que nous n'abandonnions nos droits à une indemnité de guerre de deux millions de francs, à valoir sur les douanes du pays, que sous la condition expresse que le Dahomey n'aliénerait pas son indépendance au profit d'un protectorat étranger; la compensation admise pour les droits perçus à Cotonou, cesserait également d'être payée, si un protectorat autre que le nôtre était admis ou subi par le roi. Avec ces réserves et les traités déjà existants, nous tiendrons le pays. »

Le ministère de la Marine, dans un télégramme du 7 novembre, posait la question suivante : « Votre courrier ne contient aucun détail au sujet des clauses nouvelles indiquées dans votre télégramme du 6, et relatives au remboursement éventuel des indemnités de guerre et de l'occupation de Cotonou. En êtes-vous convenu avec le roi, ou devons-nous en parler les premiers ? Ne craignez-vous pas de nouvelles difficultés ? » Le ministre de la Marine répondait à cette dépêche de M. de Cuverville (6 novembre) : « Quand vous aurez câblé ratification arrangement, je la notifierai au roi en rappelant que nous réclamerions indemnité de guerre fixée à deux millions de francs, valables sur douanes du pays, s'il aliénait son indépendance par protectorat étranger. Compensation consentie pour Cotonou serait dans ce cas supprimée. Visez ces clauses dans ratification. »

FACTORERIE FABRE A GRAND-POPO

Le commandant en chef rassura aussitôt le ministre en lui télégraphiant le lendemain 8 novembre : « Le roi a eu connaissance de clause indemnité pendant négociations. Voir correspondance de Montesquiou. Je la présenterai au roi comme le meilleur moyen de sauvegarder son indépendance. Je ne redoute aucune difficulté. On peut toutefois laisser cette clause en dehors, si gouvernement juge convenable. » Et, donnant de plus amples explications dans une lettre du 11 novembre, l'amiral rappelle que cette clause a fait l'objet d'un article secret joint au traité, et rédigé dans un style de nature à mieux faire comprendre au monarque africain ce dont il était question. Aucune objection ne fut faite par le roi Béhanzin, qui désirait par-dessus tout sauvegarder l'indépendance de son pays. M. de Cuverville ne vit donc aucun inconvénient, en lui notifiant la ratification du gouvernement français, à lui rappeler ce qui lui avait été dit au cours des négociations. La clause en question visait beaucoup plus les puissances étrangères que le Dahomey, et elle nous assurait, le cas échéant, une véritable hypothèque.

LA FLORE DE PORTO-NOVO

Il n'était pas inutile de prendre ces précautions contre toute éventualité, car déjà le Portugal avait tenté de s'établir aux lieu et place de la France, et l'Allemagne et l'Angleterre étaient aux aguets. Il n'y avait pas huit jours que la paix était conclue, lorsque le lieutenant Dos Santos, commandant le fort portugais de Saint-Jean-Baptiste d'Ajuda à Ouidah, se rendit à Abomey pour conférer avec le roi Béhanzin. Qu'allait-il faire à la capitale ? L'opinion publique l'accusait d'être allé préparer un convoi d' « engagés libres » pour les îles de San-Thomé et du Prince. On sait ce qu'il faut entendre par cet

MARCHANDISE HUMAINE !

euphémisme. On affirmait qu'un voilier portugais devait venir sous peu de jours sur rade de Ouidah, pour y chercher un convoi d'émigrants, qui se trouvaient répartis par petits groupes de cinq à six dans les cases de la ville.

La nouvelle était exacte et le Père Dorgère la confirma plus tard (19 novembre) : « Le gouvernement portugais vient d'embarquer, samedi dernier, trois cents esclaves sur un vapeur affrété par lui. Un certain « Doctor Juiz » est descendu à terre, à Ouidah, pour faire les engagements. » L'amiral de Cuverville signale ces faits au ministre de la Marine, et dans son indignation il s'écrie : « Comment, au moment où toute l'Europe s'associe dans une campagne anti-esclavagiste, le Portugal peut-il autoriser les autorités de San-Thomé à venir chercher des esclaves au Dahomey, incitant ainsi le roi Béhanzin à s'en procurer et vous savez par quels moyens ? »

Aussi le commandant en chef déclarait-il qu'il valait mieux que la France n'eût pas de résident à Ouidah, comme il en avait été question, plutôt que d'avoir l'air, par la présence de son représentant, de tolérer de pareilles abominations. Et lorsque M. de Cuverville fut consulté pour savoir s'il y avait lieu de nommer chevalier de la Légion d'honneur M. le lieutenant Jose Dos Santos, commandant du fort de Saint-Jean-Baptiste d'Ajuda, bien qu'il fût très reconnaissant à cet officier de s'être employé en faveur des Français retenus prisonniers par le roi du Dahomey, et bien qu'il fût porté à accepter toutes les mesures capables d'assurer, sur tous les points, une entente parfaite, l'amiral répondit : « J'estime que les remerciements officiels qui ont été déjà adressés à cet officier suffisent. Dans ses relations avec

SO-ZUCCO, VILLAGE DAHOMÉEN

moi, le commandant du fort de Saint-Jean-Baptiste d'Ajuda a toujours nettement séparé les sentiments d'humanité, qui l'ont conduit à s'interposer en faveur de nos nationaux, de ses sentiments politiques ; ces derniers ne m'ont paru rien moins que favorables à une occupation militaire du fort français à Ouidah ; aussi, en renonçant à cette occupation, me suis-je appliqué à faire ressortir que cette renonciation n'impliquait aucun abandon de nos droits. Ma correspondance du 22 novembre vous a signalé l'embarquement de « trois cents engagés » à destination des îles de San-Thomé et du Prince ; le rôle du Portugal à Ouidah n'est pas net, et je conçois que le commandant du fort d'Ajuda ne tienne point à avoir à Ouidah de témoin officiel de ces sortes d'opérations.

« J'éprouve d'autant moins d'embarras à formuler un avis dans la circonstance, que je crois avoir rendu au Portugal un service important en empêchant le roi Béhanzin de faire évacuer le fort portugais, ainsi qu'il en avait l'intention. »

Cette question fort grave se rattachait à la grande œuvre de civilisation que les puissances européennes ont le devoir d'accomplir sur le continent africain, et les Portugais, en se livrant à la traite des esclaves, compromettaient par un mauvais exemple pernicieux l'ascendant que les représentants des grandes nations doivent chercher à exercer sur ces barbares. C'était de la part du Portugal une trahison.

Il y avait d'autres trahisons que l'amiral de Cuverville ne redoutait pas moins, celles du scandale par l'immoralité à tous les degrés. « Joli résultat pour l'administration de M. Étienne, directeur civil des colonies ! écrivait-il ; ici, sur trois administrateurs, nos nationaux, il y a deux indigènes, dont l'un ancien officier expulsé de l'armée. Voilà les gens qui représentent aujourd'hui la France au milieu des populations qu'on entend civiliser en violant leurs enfants dès l'âge de dix ans. Ah ! quel coup de balai il faudrait pouvoir donner à tout ce personnel ! »

VUE DE COTONOU, PRISE DU BLOCKHAUS

Pour cette raison M. de Cuverville disait que « si l'on était sage, on laisserait à la marine le soin des affaires du Dahomey », au moins « jusqu'à ce que la paix qui venait d'être conclue fût bien consolidée. Le roi ne veut plus voir les administrateurs civils depuis qu'il a vu M. Bayol, et il demande que les affaires à traiter désormais le soient par des officiers de marine investis de la confiance du gouvernement. »

A cet effet l'amiral télégraphie au ministre de la Marine, le 16 octobre : « Il est indispensable qu'après moi commandants *Roland* et *Sané* soient investis vis-à-vis de l'administration coloniale des mêmes pouvoirs. » L'amiral avait plus de confiance dans le commandement militaire que dans l'administration civile. « Avec de la prudence et de la patience, écrivait-il, nous arriverons à faire régner notre influence exclusive, mais il faudra savoir choisir les administrateurs auxquels incombera le soin d'achever l'œuvre que nous venons de commencer. »

Le passé légitimait cette manière de voir. Les brutalités, les exactions et les scandales de misérables qui, au lieu de représenter la France, auraient plutôt mérité d'être chassés de son sein, avaient bien des fois compromis le bon renom et les intérêts de notre patrie. D'ailleurs la paix qui venait d'être signée était une paix armée. Il était donc naturel de laisser la suprême autorité entre les mains du commandement militaire.

***

Dans ses instructions confidentielles du 2 novembre au lieutenant-colonel commandant les troupes du Bénin, l'amiral de Cuverville rappelle que « la force doit toujours être ici vigilante et prête... ; il n'en faut faire usage qu'à la dernière extrémité », mais « nous ne sommes point en pays civilisé, et nous ne saurions attendre des indigènes qui nous entourent la fidélité aux

LE TÉLÉGRAPHE DE COTONOU VU DE LA PLAGE

engagements contractés ; il importe donc que nous nous tenions constamment sur nos gardes et que, dans tous les postes que nous occupons (Porto-Novo, Cotonou et Grand-Popo, Agoué), le service de nuit comme de jour soit organisé de façon à nous assurer la sécurité... Je compte donc, ajoute l'amiral, non seulement sur la prudence et sur la circonspection des officiers, mais encore sur leur vigilance pour déjouer au besoin toute surprise. Ces considérations devront désormais servir de règle aux troupes stationnées au Bénin, car il ne faut pas se dissimuler que la paix conclue reste une paix armée. »

La situation militaire, à la date du 15 novembre, alors que le rapatriement des troupes débilitées était en grande partie terminé, prouve que la France veillait et entendait bien ne pas livrer ses possessions à la merci du premier coup de main.

Défalcation faite de la 1re compagnie d'infanterie de marine du Sénégal (portion restante), qui devait être ramenée à Dakar par la *Naïade*, les troupes alors en service au Bénin se décomposaient comme il suit :

1° 460 tirailleurs sénégalais (2e compagnie, dite d'Instruction, 5e compagnie et 10e compagnie), dont dix officiers et 23 Européens du cadre ;

2° 103 tirailleurs gabonais, dont deux officiers et sept Européens du cadre ;

3° 108 laptots, dont deux officiers et 15 Européens du cadre.

En outre, au 30 octobre, 113 Haoussas, plus deux officiers et quatre Européens du cadre, étaient en cours d'instruction ; le recrutement du corps restait ouvert jusqu'à concurrence de deux compagnies et demie ; la demi-compagnie devant être affectée exclusivement au service de l'artillerie.

Enfin l'artillerie comportait un personnel de 53 Européens, dont trois officiers, un garde et 49 artilleurs.

Le Résident de France à Porto-Novo disposait en outre d'environ 50 gardes civils.

L'amiral avait demandé qu'on conservât, jusqu'à nouvel avis, 600 tirailleurs sénégalais, placés sous le commandement d'un chef de bataillon et qui auraient été ainsi répartis : 25 tirailleurs, à Grand-Popo, Agoué ; 100 tirailleurs à Cotonou ; 475 à Porto-Novo ; chiffre subordonné au recrutement progressif des Haoussas pouvant monter jusqu'au nombre équivalent de 600 hommes.

KROUMEN DE LA FACTORERIE RÉGIS A PORTO-NOVO

Dans l'avenir les laptots devaient être maintenus à Cotonou pour y concourir aux travaux de défense en projet.

Quant aux tirailleurs gabonais, s'ils sont supprimés au 1er janvier, ils devront opter entre les situations suivantes : incorporation aux tirailleurs sénégalais ; — incorporation aux tirailleurs Haoussas ; — incorporation aux miliciens actuels du Gabon ; enfin licenciement à l'expiration de leur engagement.

Pour la sauvegarde de la paix armée, ce n'était pas tout que d'avoir des troupes, il fallait des ouvrages de défense. « Pour affirmer droits occupation et nous mettre à l'abri de toute éventualité, télégraphiait l'amiral de Cuverville le 25 octobre, j'ai fait établir plan blockhaus-caserne pour Cotonou. Dépense probable vingt-cinq mille francs. Demande autorisation commencer ce travail urgent sans délai... »

Deux jours après, l'administration des colonies répondait que cette construction était approuvée.

Plus tard, le 27 novembre, pour assurer la construction du blockhaus de Cotonou, et de deux autres blockhaus des plus urgents à Porto-Novo, celui de Toffa et celui des Amazones, l'amiral demandait, à défaut de matériaux existant sur place, qu'un voilier fût affrété pour Lagos, avec trois cent soixante-deux mille briques, vingt-sept tonneaux de ciment, quatre-vingt-treize tonneaux de chaux, huit cent vingt mètres carrés de planches de sapin de Norwège rainées et bouvetées, de sept mètres sur quinze centimètres et vingt-cinq millimètres ; de plus, quarante madriers en sapin, de huit centimètres sur quinze et de onze mètres de long ; six cents tôles ondulées, de un mètre soixante-quinze sur soixante-huit centimètres, ou équivalent dans les autres dimensions.

Ces matériaux devaient permettre de réaliser la défense réduite de Porto-Novo et de Cotonou. Les plans étaient faits pour la construction d'un certain nombre de blockhaus en maçonnerie pouvant contenir de vingt à quarante hommes, couronnés par deux canons-revolvers ayant des vues très étendues. Ces blockhaus devaient servir, tout à la fois, de casernes pour les troupes

LA RIVIÈRE DE SÔ AU-DESSUS DE TOGBOTA

européennes et de réduits en cas d'attaque. Le coût de chacun de ces blockhaus était estimé à environ dix mille francs. Il en fallait six pour Porto-Novo, eu égard à l'étendue considérable de l'enceinte, et un seul à Cotonou. L'autorisation de construire le blockhaus de Cotonou et l'un de ceux de Porto-Novo, comme attente, fut d'abord demandée.

Le colonel Klipfel fit un rapport résumant le plan de défense adopté, et le tout fut soumis à l'approbation du ministre de la Marine. Tous ces travaux étaient nécessaires ; la prudence les réclamait afin de se mettre à l'abri des éventualités. Ils se chiffraient par une dépense totale de deux cent vingt-cinq mille francs environ, et l'amiral de Cuverville autorisa le chef du service administratif, sous réserve de l'approbation du gouvernement, à comprendre cette somme dans les crédits supplémentaires.

L'entreprise la plus urgente était l'établissement à Cotonou d'un appontement, afin d'échapper à la servitude du passage par Lagos. Il était impossible de rester plus longtemps à la merci des Anglais et de s'exposer perpétuellement à leurs caprices.

L'amiral de Cuverville donna donc l'ordre suivant :

« Vu l'avis exprimé par la commission de surveillance des approvisionnements dans sa séance du 18 novembre ;

« Attendu qu'il est indispensable d'établir à Cotonou, du côté de la lagune, un appontement permettant l'embarquement et le débarquement faciles des matériaux et approvisionnements de toute nature que va nécessiter le blockhaus-caserne dont la construction a été autorisée par le câblogramme ministériel du 27 octobre 1890 ;

« Attendu qu'il est indispensable d'avoir à Cotonou un petit atelier pour les travaux de toute nature que vont nécessiter ces constructions, atelier qui pourra servir à la réparation des chaloupes et canots,

LE WHARF DE COTONOU

« Décide :

« 1° Un appontement sera établi à Cotonou sur la lagune, par les soins de M. le capitaine Decœur, directeur de l'artillerie et du génie, après entente avec le service de la marine ;

« 2° On profitera des travaux du blockhaus et des installations accessoires qu'ils vont nécessiter, pour établir à Cotonou un petit atelier de réparations, comprenant au moins une forge, une enclume et un étau. Cet atelier servira en même temps d'atelier de réparations pour les chaloupes et canots.

« M. le Résident de France déterminera l'emplacement à réserver tant pour cet atelier que pour haler au sec les embarcations en service dans la lagune.

« Bord, Cotonou, le 3 décembre 1890. »

Cet appontement ne pouvait tenir lieu d'un wharf et le remplacer ; mais c'était déjà une amélioration. Aussi l'amiral écrivait-il de nouveau au ministre de la Marine, le 5 décembre : « La construction à Cotonou, d'un wharf de trois cents mètres, portant à son extrémité une grue pouvant enlever le poids de trois à quatre tonnes et muni d'un Decauville, nous débarrasserait de tous les soucis de l'entrée par Lagos. Je vous ai déjà signalé l'importance commerciale que pourrait alors acquérir Cotonou, qui deviendrait le lieu d'écoulement de tous les produits d'une contrée fort riche. Je vous ai donné les motifs qui s'opposent à la coupure de l'isthme de Cotonou, coupure qui entraînerait un abaissement notable des eaux dans le Ouémé qu'il importe de maintenir en état navigable. »

Et, comme conclusion de toutes ces améliorations, l'amiral proposait de rendre le Dahomey indépendant du Sénégal : « Plus j'étudie la situation de Cotonou et de Porto-Novo, l'avenir politique et commercial réservé à notre protectorat, plus je reste convaincu de la nécessité de constituer ici un groupe de possession absolument indépendant du Sénégal, n'ayant d'autre objectif que de poursuivre une politique d'expansion pacifique, dont les résultats seront considérables pour notre commerce et pour notre influence. J'ai demandé un chef de bataillon pour commander les troupes du Bénin, il importe que cet officier supérieur ait son autonomie complète et ne relève point du Sénégal, ce qui entraînerait à un moment donné la désorganisation complète d'un service très important. Par contre, ainsi que je l'écrivais déjà en 1876, je ne vois que des avantages à ce que nos établissements du Bénin considèrent Libreville comme leur centre de ravitaillement. Si notre colonie du Gabon-Congo devait avoir dans l'avenir besoin d'une assistance militaire, c'est ici qu'elle pourrait la trouver. »

L'insistance de l'amiral de Cuverville à demander la construction d'un wharf fut couronnée de succès. C'est à lui que la colonie doit la pleine réussite de cette entreprise importante, qui eut des résultats si heureux. L'année suivante, le 7 septembre 1891, fut signée à Paris la convention pour la construction de l'appontement de Cotonou, entre M. Ballot, d'une part, et M. Viard, concessionnaire, de l'autre. M. l'ingénieur Thomas s'était chargé des études préparatoires faites sur place. L'achèvement de cet appontement métallique était demandé pour le courant de l'année qui suivrait le commencement des travaux. Suivant la convention, les matériaux d'origine française, transportés par des navires français, furent mis en œuvre par deux ingénieurs-constructeurs de Paris, MM. Daydé et Pillé.

LE WHARF DE COTONOU ET SA GRUE

IX

La Colonisation par l'apostolat des Missionnaires.

(1890)

Nécessité de favoriser les missionnaires dans la fondation d'écoles et de colonies agricoles. — L'amiral de Cuverville intercède auprès du Gouvernement en faveur de la Mission catholique. — Lettre du Préfet apostolique du Dahomey au Ministre de la Marine. — Instructions de l'Amiral sur l'organisation de la famille par l'éducation de l'enfance et sur le choix des officiers chargés d'organiser le pays. — Lettre du R. P. Planque à l'amiral de Cuverville. — Le roi Béhanzin réclame la présence du Père Dorgère à Abomey. — L'Amiral nomme la Mission française qui portera à Abomey les cadeaux du Président de la République. — Le Père Dorgère doit en faire partie. — Le roi Béhanzin, retardant l'envoi de son bâton, l'Amiral recourt au Père Dorgère. — Ratification de la convention du 3 octobre par le Gouvernement. — Départ de la *Naïade*. — Lettre d'adieu de l'amiral de Cuverville au roi du Dahomey et au Cussugan. — Il leur recommande la Mission catholique. — Dernier éloge des missionnaires dans l'ordre par lequel l'amiral de Cuverville remet ses pouvoirs à M. Ballot, résident de France. — Lettre de remerciement du R. P. Pied.

L'amiral de Cuverville comptait moins, pour la prospérité du Dahomey, sur les entreprises défensives ou industrielles, que sur l'influence moralisatrice des missionnaires.

Lors de son séjour à Libreville, présidant la distribution des prix des élèves des Sœurs, en présence de Mgr Le Berre et de M. de Brazza, il avait laissé déborder son cœur et déclaré que les missionnaires seuls pouvaient faire fructifier les conquêtes coloniales. Rappelant les services rendus sous ses yeux, depuis trente-cinq ans, par ces apôtres dont Mgr Le Berre était un des illustres représentants, il exhortait fortement la population noire qui l'écoutait à considérer les Pères et les Sœurs comme ses meilleurs amis.

« Maintenant que la paix est conclue, écrit-il le 5 novembre, il s'agit de tirer la morale de l'aventure dans laquelle on s'est lancé si inconsciemment, et je l'ai fait connaître sans ambages au Gouvernement. Les missions et les missionnaires catholiques peuvent seuls arracher le Dahomey à la barbarie, et nous y créer des sympathies profondes dont le commerce français profitera largement. Donc il faut les favoriser, en les subventionnant pour établir des écoles et des colonies agricoles avec des enfants rachetés ; ces colonies devront être placées aussi loin que possible des centres occupés par les Européens, qui sont des centres de corruption. Les Dahoméens sont extrêmement jaloux de leur indépendance ; la force brutale peut les réduire, non les soumettre ; la conquête morale est plus sûre que la conquête matérielle. »

Fortement convaincu de l'action civilisatrice des missionnaires, l'amiral de Cuverville ne se contenta pas de louer leur dévouement héroïque, il les protégea, il agit en leur faveur.

« J'ai autorisé les Révérends Pères, écrit-il, à disposer près du Fort français de Ouidah d'un terrain relevant de la juridiction française ; j'ai demandé

MISSION DES SŒURS A AGOUÉ

au gouvernement l'autorisation de mettre à leur disposition, pour les écoles des deux sexes, qui regorgent d'enfants depuis qu'elles sont réouvertes à Ouidah, des cases démontables qui ne nous étaient pas nécessaires. Bref, tout ce que je puis faire pour assurer ici l'œuvre du bon Dieu, je le fais et je dois dire qu'il me couvre visiblement de sa toute-puissante protection ; aussi ai-je confiance dans l'avenir de ce petit pays qui est en ce moment une tache pour la civilisation, mais qui peut devenir un foyer de charité. »

Par télégramme du 3 novembre, l'amiral avait en effet demandé l'autorisation de venir en aide à l'école de Ouidah. « Tous services et réserve assurés, il reste quatre cases démontables disponibles. Demande autorisation les mettre immédiatement à disposition de nos écoles françaises Ouidah, où enfants affluent actuellement, et ne pourraient être conservés faute place. Intérêt national. »

Les deux mots bien courts qui terminent cette dépêche ont une éloquence particulière. Aussi bien, c'est faire œuvre patriotique que de seconder les missionnaires catholiques : la France reste toujours et quand même la fille aînée de l'Église.

La réponse vint le 7 novembre. Elle était favorable.

Encouragé sans doute par ce premier succès et pour éclairer plus complètement les autorités gouvernementales, l'amiral de Cuverville transmit au ministre de la Marine une lettre du préfet apostolique du Dahomey, où celui-ci exposait ses désirs bien modestes. Il demandait à la France, en échange des services rendus, quelques secours de minime importance.

« *Naïade*. Cotonou, le 9 novembre 1890.

« Monsieur le Ministre,

« J'ai l'honneur de vous transmettre une lettre qui vous est adressée par le R. P. Lecron, préfet apostolique du Dahomey, lettre que le Révérend Père m'a prié d'apostiller, en recommandant à la bienveillance du Gouvernement français les demandes qu'elle renferme.

« Je n'ai point à faire l'éloge d'une société qui vient de nous rendre au Dahomey de si grands services ; les missionnaires de Lyon sont essentiellement français, ils l'ont prouvé et le prouvent en toutes circonstances ; le développement de leurs œuvres est à coup sûr le meilleur moyen d'asseoir et d'étendre notre influence dans cette région de l'Afrique. Il importe surtout de s'occuper de l'enfance par la création d'écoles françaises et de petites colonies agricoles. Des écoles françaises florissantes existent déjà à Ouidah et à Agoué ; il s'agit de les développer et d'en établir de nouvelles à Grand-Popo et à Cotonou.

« J'ai insisté auprès des Révérends Pères pour que la mission de Cotonou soit établie dès que le village indigène aura été reconstruit. J'attache une importance d'autant plus grande à cette dernière mission (Cotonou), qu'elle sera pour nous le véritable moyen de connaître ce qui se passe chez les indigènes. J'ai été frappé, pendant la période des hostilités, de l'insuffisance de nos services de renseignements.

« La mission sera un trait d'union entre le poste et le village indigène ; elle assurera le maintien des bonnes relations et préviendra les méprises. Pour tous ces motifs, je demanderai au gouvernement de vouloir bien faire allouer un secours de deux mille francs pour les écoles de Grand-Popo et de Cotonou.

« M. le sous-secrétaire d'État aux Colonies a bien voulu m'autoriser, par son câblogramme du 7 novembre, à mettre à la disposition des Écoles françaises de Ouidah, quatre cases démontables qui restaient sans emploi ; elles vont rendre de grands services. Après avoir consulté..., j'ai autorisé le Père Dorgère à disposer du terrain situé près du fort français de Ouidah pour y établir ses œuvres ; il devra toutefois s'entendre avec les autorités dahoméennes.

« Je demande au gouvernement de vouloir bien ratifier cette autorisation qui n'offre que des avantages ; le meilleur moyen d'empêcher la prescription des titres que nous pouvons avoir à la possession de ce terrain actuellement inculte et inoccupé, titres d'ailleurs contestables, étant d'en faire usage. »

Cette fois il est question de donner aux missionnaires un terrain où ils puissent édifier leurs écoles. L'amiral apostilla ainsi la lettre du P. Lecron : « Vu et recommandé à la bienveillance du gouvernement; l'œuvre poursuivie au Dahomey par la société des Missions Africaines est essentiellement française et mérite d'être encouragée. Une école à Cotonou et une autre à Grand-Popo s'imposent, dans l'intérêt même de notre occupation.

« Les divers services (Résident et Génie) consultés, ne voient aucun inconvénient à autoriser la mission de Ouidah à s'installer sur l'emplacement désigné dans cette lettre, à proximité du Fort français. — *Naïade*, Cotonou, le 7 novembre 1890.

« Signé : Cavelier de Cuverville. »

La lettre du préfet apostolique du Dahomey était datée d'Agoué (31 octobre 1890).

« Monsieur le Ministre,

« Les difficultés qui ont existé entre la France et le Dahomey sont résolues. La mission catholique, qui depuis de nombreuses années n'a cessé de répandre, au moyen de l'instruction de l'enfance, l'influence française dans ces parages, va reprendre à Ouidah ses travaux, rouvrir ses écoles, continuer ce que l'état de siège et la captivité des missionnaires avait interrompu.

« Nous savons avec quelle largesse M. le ministre a aidé, dans toutes les colonies françaises, par des subsides, allocations ou subventions, ceux qui se sont spécialement consacrés à l'éducation de l'enfance.

« Depuis de nombreuses années, nous faisons tous nos efforts pour ouvrir et multiplier les écoles où sont enseignés les principes de notre langue. Mais abandonnés à nos propres ressources, nous avons dû, jusqu'à présent, déplorer la faiblesse de nos moyens qui ne nous permirent jamais d'élever une modeste école.

« A Agoué, les garçons, au nombre de cent vingt, sont groupés dans une partie de notre habitation qui ne répond en rien aux besoins d'une école. Les filles se trouvent dans des conditions plus mauvaises encore. A Grand-Popo les Anglais ont des bâtiments pour enseigner leur langue. Je ne doute pas que le jour où nos ressources nous permettront d'édifier une école, d'établir une concurrence à l'école anglaise, toute la jeunesse ne vienne.

« Mais Ouidah se trouve aujourd'hui dans une situation qui doit particulièrement intéresser le gouvernement à faire des efforts pour nous aider.

« Déjà les Allemands, depuis quelques semaines, y ont multiplié leurs maisons de commerce. Ce sont souvent ces maisons qui dirigent les tendances, les idées, les attaches de nos populations noires. Il importe donc que par l'école nous présidions à la formation des idées, nous maintenions l'esprit français, qui plane au-dessus de la population dahoméenne qui a appris déjà à respecter notre pays.

« Nous nous sommes grandement réjouis, il y a deux ans, lorsque le Père Dorgère obtint du roi du Dahomey l'autorisation d'enseigner notre langue française, alors que la seule langue portugaise avait eu le droit d'être entendue dans une école. La population entière fut heureuse de cette innovation. Deux écoles très florissantes existaient alors : l'une dirigée par les Pères, contenant plus de cent quarante enfants, l'autre, dirigée par les religieuses, contenant près de cent vingt jeunes filles. Ces deux écoles se faisaient dans des locaux que nous avions loués pour nous servir d'habitations. Le Père Dorgère, qui depuis bientôt sept ans dirigeait la mission de Ouidah, vient, en dépit des fatigues de sa captivité et des différentes missions qui lui furent confiées depuis, de rouvrir ses écoles. Maîtres et maîtresses ont repris leurs travaux. Mais à Ouidah, la mission ne possède rien.

« En face du Fort français qui jusqu'à présent a servi de maison de commerce à MM. Mante frères et Borelli de Régis, se trouve un vaste terrain couvert d'épaisses broussailles ; ce terrain semble avoir toujours été considéré comme étant la propriété du gouvernement français.

« Si vous vouliez, Monsieur le Ministre, nous autoriser à l'occuper, il serait suffisant pour y établir nos œuvres.

« A Cotonou, les troupes, en se retirant, laissent peut-être un certain nombre de cases démontables. Elles nous seraient d'un précieux secours et pourraient provisoirement servir à nos écoles.

« Soyez assuré, Monsieur le Ministre, que notre nom de missionnaires, que les populations noires ont appris à respecter et à aimer, nous assure d'avance le succès. Nous comptons sur les secours que vous voudrez bien nous accorder pour continuer notre œuvre, qui est aussi l'œuvre de la France.

« De notre côté, nous nous efforcerons par tous les moyens dont nous disposons, de faire de plus en plus aimer notre pays, en le faisant de mieux en mieux connaître.

« Daignez agréer, Monsieur le Ministre, l'expression de mon profond respect.

« Joseph Lecron,

« Préfet apostolique du Dahomey. »

***

Non content d'appuyer par une recommandation pressante la requête du préfet apostolique, l'amiral de Cuverville, dans les instructions qu'il écrivit pour son successeur dans le gouvernement du Bénin, revient sur le rôle que les écoles et les colonies agricoles, dirigées par les missionnaires, doivent remplir au point de vue de la civilisation. C'est au sujet de Grand-Popo. « Grand-Popo, dit-il, est un rassemblement d'individualités de provenances diverses, n'offrant ni cohésion, ni consistance ; c'est ce qui explique la terreur qu'y inspire le seul nom Dahoméen. Tous nos efforts doivent tendre à y organiser la famille par l'éducation de l'enfance ; voilà pourquoi en transmettant au ministre de la Marine une lettre du Révérend Père Lecron, datée du 31 octobre, que vous trouverez aux archives, j'ai insisté de la façon la plus pressante pour obtenir des subsides en faveur de la fondation immédiate d'écoles françaises pour les enfants des deux sexes. Le Révérend Père Lecron se propose d'établir une colonie agricole sur le cours supérieur de la rivière Agoué qui aboutit, comme vous le savez, à Grand-Popo ; c'est une excellente et très pratique pensée dont il faut poursuivre la réalisation. »

KODÉ

A propos de Cotonou, il ajoute : « J'ai demandé au Révérend Père Lecron, préfet apostolique du Dahomey, de fonder une mission au village indigène de Cotonou, qui est en cours de reconstruction et dont l'emplacement a été déterminé par M. le Résident Ballot ; dans ma pensée, ce village est destiné à faire de Cotonou un centre de ravitaillement bien préférable à Jellacoffée. Il convient d'insister sur ce point très important ; il importe d'ailleurs qu'après le départ de M. le chef de bataillon Schneider, départ qui doit avoir lieu par le paquebot du 10 décembre, le commandant d'armes de Cotonou soit choisi dans la catégorie des officiers disposés à entretenir de bonnes relations avec les indigènes et qui ne soient pas des « mangeurs de curés » ; le curé nous est ici indispensable, c'est le pivot de notre influence et notre seule source sérieuse d'informations. »

Et, généralisant sa pensée, l'amiral de Cuverville signale la cause des insuccès dans la colonisation du Bénin et il indique le remède. « Les fluctuations et l'instabilité de notre politique coloniale — telles sont les vraies causes de la situation précaire de nos Etablissements du Golfe de Bénin. Puisque nous sommes aujourd'hui résolus à nous y maintenir, il faut changer de manière de faire. Favorisons par tous les moyens possibles le développement des missions catholiques et l'enseignement de la langue française. Multiplions les écoles et créons de petites colonies agricoles, loin des factoreries, sous la direction des Révérends Pères qui évangélisent ce pays. »

Le missionnaire catholique est donc, aux yeux du commandant en chef, « le pivot de l'influence française », il est « indispensable » au succès de l'œuvre civilisatrice qui doit être le couronnement de toute conquête coloniale. Cette vérité est tellement évidente, qu'on est stupéfait en constatant qu'elle n'est pas admise par tous, ou qu'elle passe inaperçue pour un grand nombre. La force peut briser, mais elle ne gagne pas les cœurs ; la persuasion au service de la vérité, et de la vérité divine, peut seule dompter les natures les plus barbares, adoucir les mœurs des peuples les plus sauvages, et les attacher par l'affection et la reconnaissance à la France tout en les donnant à l'Église de Jésus-Christ.

L'œuvre accomplie au Dahomey et les nobles ambitions qui sont au cœur des Pères des Missions Africaines se trouvent admirablement résumées dans la lettre suivante, que le R. P. Planque, supérieur général, écrivait de Lyon, le 9 décembre, à l'amiral de Cuverville.

« Monsieur l'Amiral,

« Oui, il faudrait par le moyen surtout des œuvres créées par les missionnaires, organiser et faire un nouveau Dahomey. Nous l'avons à cœur plus que je ne saurais le dire. C'est la trente-cinquième année que je suis à Lyon ; j'ai été le premier compagnon de Mgr de Marion-Brésillac. Ce cher et saint fondateur de notre séminaire avait en vue tout d'abord le Dahomey. Des rapports faits à Rome sur la férocité de ce pays, ont seuls empêché la Propagande de l'y envoyer. On avait écrit à Rome que les missionnaires seraient massacrés en arrivant, et le Saint-Siège, ainsi informé, envoya notre fondateur à Sierra-Leone, avec mission de faire au besoin un voyage au Dahomey, en simple explorateur, pour étudier si ce pays était, à la rigueur, abordable pour des missionnaires. Mgr de Marion-Brésillac mourut presque en arrivant à Sierra-Leone ; mais aussitôt, poursuivant sa pensée, je me procurais des renseignements à bonne source. Ils furent tous contraires à ceux que la Propagande avait reçus, et l'on me chargea d'envoyer des missionnaires au Dahomey. C'est à Ouidah que nous avons établi la première résidence. C'est de Ouidah que sont partis les missionnaires pour Porto-Novo et Lagos. Par tout ce que j'ai appris depuis près de trente ans, je suis convaincu que la population dahoméenne offre beaucoup de ressources. Le jour où elle sera délivrée du joug que lui imposent les razzias et les sacrifices humains, on sera étonné de ce qu'elle deviendra.

« Si la France, ou mieux son gouvernement, avait compris la situation réelle, il y a longtemps que le Dahomey serait français ; le deviendra-t-il jamais ? Je crains les menées des agents allemands. Depuis longtemps, ils ont annoncé que le Dahomey serait à eux, et, malgré la délimitation des zones d'influence, ils pourraient bien finir par atteindre leur but, surtout si on envoyait des négociateurs comme celui qui a cédé Petit-Popo et Agoué aux Allemands et le Pocra aux Anglais. Je n'ai pas caché dans les ministères combien cette manie de céder était préjudiciable ; mais on ne comprend pas ces choses à Paris. Quelle peur n'a-t-on pas eue aussi, quand notre ancien supérieur d'Abéokouta fit signer par les chefs Egbas une demande de protectorat français ? A cette époque, les zones d'influence n'avaient pas encore été fixées, et le roi de Yoruba avait dit que lui aussi se mettrait sous le protectorat français, si la demande des Egbas était favorablement accueillie.

LES ÉCOLIERS DE LA MISSION D'AGOUÉ

Tous les raisonnements que j'ai faits à Paris, n'ont abouti à rien qu'à faire réserver la liberté du commerce, notamment chez les Egbas, dans la rédaction de l'acte d'accord pour la limite d'influence. A Paris, on me laisse bien dire tout ce que je pense, on m'écoute, on me lit, mais on a de hautes raisons politiques pour faire autrement. Cela n'empêchera pas que je continuerai de signaler ce que je crois être favorable à la France.

« En ne voulant pas d'affaire, le gouvernement a dépensé cinq fois plus que par une bonne petite affaire, par un vrai coup de main au bon moment. Puisse-t-on n'avoir pas à recommencer bientôt ! Il est possible que le roi de Dahomey ait compris, mais qui peut l'assurer ? Et n'est-il pas obligé, lui, de compter avec les féticheurs et les chefs de guerre ?

« Pardon, Monsieur l'Amiral, de faire de l'histoire et de la politique, mais je suis sur un sujet qui m'intéresse à fond pour la France et pour le Dahomey, dont j'aurais voulu faire une seule et même chose.

« Le gouvernement se prêtera-t-il à nous faciliter l'exécution du nouveau plan ? Tout dépendra de ceux qu'il enverra pour commander. Si on envoie un marin ou un militaire, il est à espérer que nous serons compris. Si l'on envoie un civil des nouvelles couches, nous serons peut-être mis dans l'impossibilité de rien faire.

« Je prie Dieu qu'il garde à la France son rôle de propagateur de la foi, ce n'est qu'à ce titre qu'elle travaillera utilement pour elle-même et pour les peuples qu'elle se soumet.

« Que Dieu vous garde aussi, Monsieur l'Amiral, pour combattre son bon combat et prouver à tous, par votre exemple, qu'en faisant l'œuvre de Dieu, on fait bien plus sûrement l'œuvre de son pays que par tout autre moyen.

« J'ai l'honneur d'être, Monsieur l'Amiral, votre très humble et très obéissant serviteur.

« A. PLANQUE, Prêtre,
« Supérieur. »

Cette lettre révèle un cœur vraiment français. Ce missionnaire catholique a compris, comme d'ailleurs tous ses compagnons d'armes, que la France, en favorisant la propagation de la vraie foi, travaille à sa propre gloire ; sa mission apostolique à travers le monde se confond avec le soin de ses propres intérêts ; quand son étoile pâlit, c'est qu'elle a été infidèle à sa vocation ; qu'elle marche la croix à la main, qu'elle fasse aimer le Christ, et aussitôt sa fortune triomphe. Les événements qui viennent d'être racontés donnent à cette vérité une preuve nouvelle et éclatante, à ajouter à celles qui se présentent à chaque page de notre histoire nationale.

* * *

C'est un prêtre de Jésus-Christ, un missionnaire catholique qui a dirigé les longues négociations couronnées par la signature d'une convention pacifique. Il a exercé sur le roi du Dahomey un ascendant irrésistible, il a su triompher de sa sauvagerie. C'est lui que Sa Majesté le roi Béhanzin veut revoir encore après la conclusion de la paix. Sa Majesté africaine a envoyé de nouveau son bâton au Père Dorgère et le prie de remonter à Abomey.

« J'ai reçu un bâton du roi, écrivait le missionnaire à l'amiral de Cuverville ; j'attends son message. Je crois qu'il désire que je monte à sa capitale. Que faut-il faire ? Si oui, M. le docteur Bachelier pourrait-il m'accompagner ? Il m'a rendu bien des services. Les autorités me demandent aussi que j'accompagne le Yévoghan à Cotonou. Ce brave homme m'a raconté en détail sa captivité. Nous avons été traités en rois en comparaison. Si la présence du Père Van Pawordt n'était plus nécessaire à Cotonou, je désirerais bien l'avoir à Ouidah, parce que je voudrais rouvrir mes écoles lundi prochain. »

Ainsi, aussitôt qu'il est libre, le vaillant missionnaire, dont la santé est pourtant bien ébranlée, ne songe qu'à reprendre son humble apostolat auprès des petits, à reconstituer à Ouidah ses écoles. Et dans quelles conditions misérables ! au milieu des ruines ! « Hélas ! j'ai tout perdu dans ces tristes événements, tout, absolument tout ! écrivait-il après sa captivité. Tout ce que j'ai acheté... tout ce que l'Œuvre des Missions et mes amis de Nantes m'avaient donné, en sorte qu'il ne me reste plus rien... Je ne possède plus qu'une soutane, un chapeau et une paire de souliers ; la flanelle et le pan-

LES SŒURS ET LEURS ÉLÈVES

talon avec lesquels je suis parti de Ouidah ne m'appartiennent même pas... Ma belle mission abandonnée et ruinée, c'est pour moi une source constante d'amers chagrins. »

Cependant le Père Dorgère ne se laisse pas abattre. Il relève sa mission, qui refleurit ; bientôt les écoles de Ouidah regorgent d'enfants des deux sexes. L'épreuve, une fois de plus, a été le divin ferment qui féconde l'apostolat de cet intrépide serviteur du Christ.

L'amiral de Cuverville conseilla au Père Dorgère d'attendre l'arrivée des cadeaux du Président de la République avant de retourner à Abomey. Il avait été décidé, en effet, que l'œuvre de paix serait couronnée par une sorte d'ambassade, chargée de remettre des cadeaux au roi Béhanzin. « Présents du Président de la République au roi produiront-ils bon effet ? » télégraphiait, le 4 octobre, le ministre de la Marine. Plus tard, le 17 octobre, le sous-secrétaire des Colonies reprenait le projet. « Câblez nature et valeur approximative cadeaux à faire roi Dahomey. » M. de Cuverville répondait : « Deux mille francs pour le roi et mille pour chefs utiles. Dahoméens apprécient non la valeur mais surtout la nouveauté ; beaucoup petits objets nouveaux, quelques belles étoffes; un bâton royal; quelques caisses champagne, cigares. Pas de boîtes à musique. »

Les cadeaux arrivèrent, au commencement du mois de décembre, par la *Ville-de-Maranhao*. Il y en avait pour une somme de trois mille francs environ, en étoffes, articles de Paris, caisses de champagne, etc.

D'après le projet de l'amiral, ces munificences devaient permettre de sceller la réconciliation entre les rois Toffa et Béhanzin. Déjà le roi Toffa avait désigné les quatre principaux larys qui porteraient ses présents personnels. Ces envoyés devaient en même temps être porteurs du Grand Bâton Royal de Porto-Novo.

Le commandant en chef désirait aussi profiter de la circonstance pour compléter des études stratégiques de la plus haute importance. « Je voudrais, dit-il dans ses instructions, que les cadeaux fussent embarqués sur l'*Emeraude* ou sur la *Topaze* et que ces deux chaloupes canonnières naviguant de conserve remontassent aussi haut que possible dans le Ouémé ; la mission prendrait ensuite la voie de terre à Tohoué, par exemple. Ce serait pour nous une occasion toute naturelle de compléter la reconnaissance hydrographique que nous avons dû arrêter à Fanvié. Mais il importe avant tout de ne rien faire qui puisse provoquer les susceptibilités du roi, et il y aura lieu dès lors de ne remonter au delà de la frontière de Porto-Novo qu'avec son assentiment. »

Comme les eaux du Ouémé baissaient rapidement, la mission devait se mettre en route sans retard. L'amiral de Cuverville la composa ainsi :

M. le Résident de France Ballot, chef de mission. MM. le capitaine d'artillerie Decœur, le capitaine d'infanterie de marine Hocquart, le lieutenant de vaisseau Le Blanc, le médecin de 2me classe Bachelier. « J'ai exprimé au Résident de France, écrit M. de Cuverville au ministre de la Marine, le désir que le Père Dorgère l'accompagnât, ce qui assurerait, à mon avis, le succès de sa mission pacifique. M. Ballot m'a demandé l'autorisation d'emmener avec lui les quatre principaux négociants indigènes de Porto-Novo qui sont personnellement connus du roi, parlant très correctement le français et très dévoués à notre cause. Je n'y vois aucun inconvénient. J'ai engagé du reste M. Ballot à s'entendre par avance avec Abomey, tant pour l'itinéraire à suivre que sur les divers détails de sa mission qui ne devra pas excéder quinze jours. »

C'est sur la demande du Père Dorgère que le docteur Bachelier fut compris dans la mission. « En vue de faciliter l'action de nos négociateurs, en leur créant des sympathies à Ouidah, j'avais autorisé M. le médecin de 2me classe Bachelier, actuellement détaché au port de Grand-Popo, à se joindre à eux. Il a rendu de tels services dans la visite des indigènes malades, que ceux-ci ne veulent plus s'en séparer et qu'on le réclame pour monter à Abomey ; je l'ai donc autorisé à accompagner, le cas échéant, le

Révérend Père Dorgère jusqu'à la capitale et à y continuer, par ses services momentanés, l'œuvre de popularité si bien commencée à Ouidah. » Cet éloge honore grandement celui qui l'a mérité par son dévouement au service des misères humaines. Sa place était marquée aux côtés du missionnaire catholique.

En outre le roi du Dékamé, Kékédé, chef très influent, devait accompagner M. Ballot à Abomey. C'était là un fait très important dont M. de Cuverville se félicitait grandement. Il mettait en relief l'apaisement des esprits. Six mois auparavant, ce chef faisait partie des troupes Dahoméennes qui avaient envahi le territoire de Porto-Novo.

***

Cependant la réponse du roi Béhanzin, avisé du projet d'envoi d'une mission, se faisait attendre. Le 20 décembre, l'amiral de Cuverville dut intervenir, et il s'adressa, comme il l'avait toujours fait dans les circonstances difficiles, au dévouement du Révérend Père Dorgère. Le missionnaire reçut la lettre suivante :

« *Naïade*, Cotonou, le 20 décembre 1890.

« Mon Révérend Père,

« Monsieur le Résident de France à Porto-Novo attend depuis plusieurs jours une communication du roi au sujet de la mission que j'ai désignée pour aller porter à Abomey les cadeaux du gouvernement français. Cette mission qui sera accompagnée, comme vous le savez, par les envoyés personnels du roi Toffa doit, dans ma pensée, sceller la réconciliation entre Abomey et Porto-Novo.

« La réponse d'Abomey se fait attendre et ce délai produit le plus mauvais effet. Je vous prie d'en aviser sans retard M. le Cussugan et de le prier de s'employer, en mon nom, à nous obtenir une prompte réponse. »

Cette réponse, l'amiral de Cuverville ne devait pas la recevoir personnellement. Quand elle arrivera, le commandant en chef aura remis ses pouvoirs à son successeur.

Son œuvre est terminée. Dès le 23 octobre, il télégraphiait au ministère de la Marine : « Puis-je préparer mon départ, après réception courrier, avec reste infanterie de marine? *Roland* et un aviso suffisent : ce que je pouvais faire utilement est accompli. » Il jugeait dès lors que sa présence n'était plus nécessaire. Et cependant l'épilogue de cette campagne montrera que, lui parti, la sagesse et la prudence abandonnèrent ceux qui devaient récolter les fruits de ses habiles négociations. Il ne fut pas répondu à sa question.

Pendant le long stationnement que la *Naïade* fit à Cotonou, suivant les ordres reçus, l'amiral liquida la situation au point de vue militaire et administratif : rapatriement des effectifs présents et établissement des effectifs nouveaux ou à garder ; dépenses faites, engagées ou à engager sur place ; justification des dépenses pour demander des crédits supplémentaires ; établissement de l'état du matériel et des approvisionnements actuels et des nécessités pour l'avenir ; projet de budget colonial pour 1891. Autrement dit, M. de Cuverville rédigea la note à payer. Il en donnait le résumé dans la dépêche du 11 novembre : « Crédits à demander : neuf cent soixante mille francs, exercice quatre-vingt-dix ; un million cent soixante-dix mille francs, exercice quatre-vingt-onze. »

A cette même date, l'amiral de Cuverville pose, pour la seconde fois, la question de son départ : « Station prolongée de *Naïade,* après la paix,

LES SŒURS DE OUIDAH

inquiète Dahoméens. Puis-je notifier ratification arrangement, et remettre service au *Roland ?* »

De nouveau le ministère resta muet sur ce point, mais il annonça que le bénéfice de campagne de guerre était accordé au personnel présent au Bénin jusqu'au 3 octobre. Et il demandait à l'amiral de fixer la date initiale. M. de Cuverville, tout en remerciant, proposa le 21 février ; c'était la journée du premier engagement.

Cinq jours auparavant, le 15 novembre, le commandant en chef avait été avisé que le conseil des ministres approuvait le traité signé avec le roi du Dahomey ; restait à le soumettre à la ratification des Chambres.

Le 28 novembre, comme le silence se prolongeait, l'amiral demanda, pour la troisième fois, si la *Naïade* n'allait pas enfin recouvrer sa liberté. « Ici, apaisement complet, disait-il, mais maintien *Naïade* inquiète et auxiliaires Dahoméens non licenciés. Hublots, non ouverts depuis six mois ; chaleur humide et encombrement préoccupe pour équipage. »

Et commentant cette nouvelle dépêche, quelques jours après, dans une lettre à une personne amie, M. de Cuverville écrivait : « Le maintien inexplicable de la *Naïade* à Cotonou, malgré les demandes que j'ai adressées au ministre en vue de reprendre ma liberté de mouvements, ce maintien, dis-je, a dérouté mes projets ; il y a deux mois, j'espérais bien être à Dakar pour les premiers jours de décembre, et de fait rien ne s'y opposait, ma tâche ici étant accomplie. Enfin, il faut vouloir ce que Dieu veut, comme il le veut, et quand il le veut ; comme je n'ai été jusqu'ici qu'un instrument entre ses mains, je tâche de pratiquer la soumission complète jusqu'à la fin ; les six mois de Cotonou commencent à nous peser lourdement ! »

Il fallut bien céder devant la nécessité : les approvisionnements de la *Naïade* étaient épuisés. L'amiral de Cuverville télégraphiait le 17 décembre : « Puis-je faire retenir ma correspondance à Dakar ? Ravitaillement nécessaire. »

Cette fois le mutisme devenait impossible. Deux jours après, arrivait le télégramme suivant :

« Marine à *Naïade,* Cotonou.

« Paris, 19 décembre.

« Remettez pouvoirs de gouverneur à M. Ballot en lui donnant copie de toutes pièces nécessaires, puis ralliez Atlantique-Nord, en passant Dakar, où remettrez à *Sané* service Bénin et archives complètes Atlantique-Sud, y compris toutes pièces concernant dernière expédition Dahomey. *Roland* attendra Cotonou arrivée *Talisman* partant fin décembre France, puis rentrera Rochefort. *Roland* n'est aux ordres de Ballot, mais prêtera concours par mer si requis. *Talisman* vous portera Dakar cuisinier et maître d'hôtel. Pouvez faire retenir vos lettres Dakar.

« Ratification traité, retardée par examen Parlement, sera notifiée Ballot. Câblez réception. »

Cette dernière partie de la dépêche expliquait bien des choses, en particulier le silence prolongé qui immobilisait la *Naïade*. Elle laissait supposer qu'à Paris on l'avait oubliée.

***

L'amiral de Cuverville, ayant recouvré sa liberté, partit pour Dakar, avec la *Naïade*, le 23 décembre. Le 17, il avait rendu un ordre par lequel il supprimait les conseils de guerre et de revision au Bénin.

« Le contre-amiral commandant en chef les forces de terre et de mer, faisant fonctions de gouverneur :

« Vu le câblogramme du ministre de la Marine en date du 21 mai 1890, autorisant la création d'un conseil de guerre et d'un conseil de revision pour la colonne expéditionnaire du Dahomey ;

« Vu les ordres n°s 78 du 22 juin 1890, 82 du 23 juin 1890, n° 151 du 20 juillet 1890 et n° 323 du 17 octobre 1890, du contre-amiral commandant en chef, créant et modifiant le conseil de guerre et le conseil de revision ;

« Attendu que par suite des diminutions successives apportées à l'effectif des troupes, les éléments nécessaires à la composition des conseils n'existent plus,

« Arrête :

« A dater de ce jour, le conseil de guerre et le conseil de revision de la colonne expéditionnaire seront supprimés.

« La juridiction appartiendra provisoirement, en attendant les ordres du ministre de la Marine, aux conseils de guerre et de revision du Sénégal.

« Bord, Cotonou, le 17 décembre 1890.

« Le contre-amiral commandant en chef,

« Signé : CAVELIER DE CUVERVILLE. »

Trois jours après, l'amiral écrivait au Résident de France à Porto-Novo pour lui envoyer l'ordre de remise de service.

Naïade. Cotonou, 20 décembre 1890.

« MON CHER RÉSIDENT,

« Je vous envoie l'ordre par lequel je fais connaître aux différents services, qu'en exécution des instructions du gouvernement, je vous remettrai, à compter du 23 décembre, les pouvoirs de gouverneur dont j'étais investi. Je tiens à vous exprimer ma reconnaissance particulière pour l'assistance que vous m'avez prêtée, pour le dévouement et pour le zèle intelligent avec lesquels vous vous êtes acquitté de vos fonctions. Je vous remercie encore et je vous prie de remercier le roi Toffa, d'avoir bien voulu donner aux officiers placés sous mes ordres, un témoignage d'estime qui leur sera précieux.

« En trouvant au milieu de ses nombreuses récompenses, deux brevets destinés à mes fils, j'ai été profondément touché de cette attention délicate et je vous en exprime, ainsi qu'au roi, ma très vive gratitude.

« Je vais rédiger et vous envoyer une note relative à la remise de service.

« Recevez, etc.

« P. S. J'ai demandé pour vous avec insistance la croix d'officier de la Légion d'honneur, j'espère bien l'obtenir. Faites mes adieux au roi Toffa. »

En même temps, l'amiral de Cuverville prenait congé du roi Béhanzin et profitait de la circonstance pour lui recommander de nouveau les missionnaires catholiques.

« *Naïade*, Cotonou, le 20 décembre 1890.

« ROI BÉHANZIN AHI-DJÉRÉ,

« Je m'étais empressé de transmettre au gouvernement français l'arrangement conclu, le 3 octobre, à Ouidah, entre vos représentants et les miens, à l'effet de mettre un terme à un état de choses amené par des malentendus préjudiciables aux intérêts de nos deux pays.

« Après avoir reçu la sanction du Conseil des ministres, cet instrument de paix a été soumis aux Chambres françaises et la ratification vous sera notifiée par M. le Résident de France à Porto-Novo.

« La solennité, qui a présidé à la ratification de l'arrangement du 3 octobre, doit être pour vous un témoignage irrécusable du prix que la France attache au maintien des bonnes relations aujourd'hui rétablies; la sanction du Parlement garantit la loyauté avec laquelle seront observées de part et d'autre les clauses sur lesquelles elles reposent.

LES ÉLÈVES DE LA MISSION

« Loin d'avoir des vues de conquête sur votre pays, la France désire sauvegarder son indépendance; le roi en a eu la preuve, lorsque, confiant dans sa parole et renonçant à l'occupation militaire du Fort français de Ouidah, nous lui avons fait connaître, au cours des négociations, que nous abandonnions également nos droits à une indemnité de guerre, sous la réserve toutefois qu'aucun protectorat étranger ne serait établi à l'avenir sur le Dahomey; les douanes devant répondre, dans le cas contraire, du paiement de cette indemnité qui serait fixée par le gouvernement français. Cette clause est pour le Dahomey essentiellement défensive; elle le met à l'abri des compétitions étrangères, de même que l'occupation de Cotonou le garantit contre un blocus étranger.

« Au moment de quitter ces parages et de remettre à M. le Résident de France à Porto-Novo la direction des affaires, je vous renouvelle tous mes vœux pour la prospérité de ce pays auquel je m'intéresse vivement; je rappelle à Votre Majesté, qu'afin de prévenir le retour des malentendus et de difficultés aujourd'hui heureusement aplanis, Elle ne saurait mieux faire que de favoriser par tous les moyens en son pouvoir le développement de la mission catholique, à laquelle est dû le rétablissement de la paix.

« Que Votre Majesté veuille bien agréer, avec mes adieux, la nouvelle expression de mes plus dévoués sentiments.

« Signé : CAVELIER DE CUVERVILLE. »

Cette lettre fut envoyée au Cussugan de Ouidah, dont en même temps l'amiral prit congé en ces termes.

CADEAU DU ROI BÉHANZIN : ESCLAVES BAPTISÉES

« *Naïade*, Cotonou, le 20 décembre 1890.

« MONSIEUR LE CUSSUGAN,

« J'ai l'honneur de vous adresser pour Sa Majesté le Roi Béhanzin, une lettre que je vous prie de lui faire parvenir le plus tôt possible.

« J'informe Sa Majesté que je vais quitter le golfe de Bénin pour reprendre le commandement de l'Atlantique-Nord ; je partirai mardi pour Dakar. Je remettrai à M. Ballot, Résident de France à Porto-Novo, à compter de ce jour, les pouvoirs de gouverneur dont j'étais investi. C'est donc lui qui sera chargé dorénavant de la direction des affaires de la France dans ces parages.

« Avant de m'éloigner, je tiens encore à vous faire savoir combien je désire ardemment que la paix conclue le 3 octobre soit solide et durable. La France et le Dahomey n'ont que des intérêts communs ; le respect des engagements contractés de part et d'autre, la protection accordée aux missionnaires catholiques dont vous pouvez apprécier chaque jour le dévouement, enfin le développement des relations commerciales avec les maisons françaises, — telles sont les conditions qui assureront entre les deux peuples une amitié inaltérable. J'ajouterai que si le Dahomey embrassait la foi chrétienne et renonçait aux sacrifices humains, il deviendrait le plus grand des peuples dans cette région de l'Afrique.

« Recevez, Monsieur le Cussugan, avec mes adieux, la nouvelle expres-

L'ÉGLISE DE LA MISSION CATHOLIQUE A AGOUÉ

sion de l'intérêt que je conserverai toujours à votre pays dont j'ai sauvegardé l'indépendance.

« Signé : CAVELIER DE CUVERVILLE. »

Dans ces quelques mots, l'amiral se retrouve tout entier, avec son zèle pour promouvoir la foi catholique et amener à la civilisation les peuplades barbares.

∴

Il va une fois encore faire l'éloge des missionnaires d'une façon plus solennelle, dans l'ordre par lequel il remet ses pouvoirs.

« Le contre-amiral commandant en chef les forces de terre et de mer, faisant fonctions de gouverneur, a l'honneur d'informer les différents services placés sous ses ordres, qu'en exécution des ordres du gouvernement, il remet à M. le Résident de France Ballot, à compter du 23 décembre, les pouvoirs de gouverneur dont il était investi. La *Naïade* fera route ce même jour pour Dakar. Le *Roland,* tout en prêtant son concours quand il en sera requis, restera indépendant et attendra l'arrivée du *Talisman* pour rallier Rochefort.

« Au moment de quitter le golfe de Bénin, le commandant en chef renouvelle l'expression de sa satisfaction et de sa gratitude aux chefs de service qui l'ont assisté avec tant de dévouement dans sa tâche laborieuse ; ils se feront son interprète auprès de leurs subordonnés. Tous les services rendus ont été signalés et le contre-amiral commandant en chef aime à espérer qu'ils recevront leur récompense. Le dévouement avec lequel la Société des Missions Africaines de Lyon a mis tout ce qu'elle possédait à la disposition

LA MAISON DES MISSIONNAIRES A AGOUÉ

du corps expéditionnaire, ne saurait être oublié ; nos religieux ont montré une fois de plus qu'ils ne séparent jamais l'amour de Dieu de l'amour de la Patrie : qu'ils en soient remerciés.

« Le présent ordre sera communiqué aux différents services et lu à bord du *Roland* au moment de l'inspection.

« *Naïade,* Cotonou, le 21 décembre 1890.

« Le contre-amiral commandant en chef,
« Signé : CAVELIER DE CUVERVILLE. »

Et ce fut la dernière parole du commandant en chef avant de quitter la côte du Dahomey ; son dernier mot est à l'adresse des missionnaires comme son premier soin avait été, lors de son arrivée, de faire appel à leurs services. Le vaillant marin ne s'est pas trompé en recourant à leur patriotisme et à leur zèle ; c'est grâce à leur concours qu'il a pu mener à bonne fin la mission qui lui a été confiée.

Le Révérend Père Pied se fit l'interprète de tous les missionnaires, en exprimant à l'amiral de Cuverville, dans une lettre pleine de cordialité, sa vive gratitude.

« MISSION CATHOLIQUE.

« Porto-Novo, le 22 décembre 1890.

« MONSIEUR L'AMIRAL,

« L'on me remet à l'instant votre ordre du jour daté d'hier et votre carte m'apportant vos adieux.

« Merci, au nom de mes confrères et au mien, pour le témoignage public de bienveillance et d'estime dont vous voulez bien nous honorer.

« Sur toutes les plages du monde, le soldat et le marin français sont assurés de trouver, auprès du missionnaire, l'hospitalité la plus large et la plus généreuse, car nous n'avons qu'un but : faire connaître le cœur et l'âme de notre patrie commune, la France.

« A la veille de votre départ, permettez-moi, Monsieur l'Amiral, de vous remercier tout particulièrement pour le bien que votre présence dans nos parages a fait à nos œuvres.

« Sans parler des avantages qui résulteront nécessairement, pour nos missions, de l'honneur que vous nous avez fait en choisissant l'un de nous pour représenter la France auprès du roi d'Abomey, vos sentiments bien connus ont, pendant les sept mois de votre séjour à Cotonou, exercé la plus heureuse influence sur votre entourage, et partant sur nos chrétiens.

« Tous les dimanches nous avons eu la consolation de voir un très grand nombre d'officiers assister à la messe ; or, rien de tel, vous le savez, que le respect et l'honneur dont les hommes, dans leur position, entourent la religion, pour la relever aux yeux de nos populations. Eh bien ! je ne crois pas me tromper en disant que votre présence à la tête des affaires du pays a été pour beaucoup dans cette assiduité de nos officiers ; que Dieu daigne vous en récompenser !

« Quoique éloigné, vous ne serez pas moins présent à notre souvenir ; nous vous regarderons toujours comme l'un de nos bienfaiteurs les plus dévoués, et l'un de nos amis les plus sincères, ayant droit à notre vive et éternelle reconnaissance.

« Adieu et bon voyage ! Dieu veuille bénir toutes vos entreprises !

« Veuillez agréer, Monsieur l'Amiral, l'hommage de mon profond respect et l'expression de toute ma reconnaissance.

« Signé : Joseph Pied. »

L'amiral de Cuverville pouvait donc écrire, au lendemain de son départ, en toute vérité : « J'ai reçu de tous côtés des témoignages de gratitude et d'estime... Le roi Toffa de Porto-Novo m'a comblé... Les missionnaires m'ont envoyé leurs remerciements et leurs bénédictions, en m'assurant de leurs prières pour tous ceux qui me sont chers. Bref, nous laissons bonne renommée dans le golfe de Bénin, et il n'est pas jusqu'au roi Béhanzin et aux autorités du Dahomey qui ne m'aient fait parvenir la touchante expression de leur gratitude et de leur sympathie. Si les administrateurs chargés de représenter la France dans ces parages ne mettent pas les armes aux mains de ces pauvres gens, le maintien de la paix et des bonnes relations rétablies est assuré. »

X

La Convention du 3 octobre 1890 et les critiques de M. de Lanessan (1891)

Influences du parlementarisme. — Le Gouvernement a manqué de décision. — Lettre et félicitations de l'amiral Grasset. — La Convention du 3 octobre est approuvée par le conseil des Ministres. — Elle est soumise aux Chambres. — Exposé des motifs. — Projet de loi. — Rapport de M. de Lanessan. — Regrets qu'on ait interrompu les opérations militaires. — On aurait dû prendre Ouidah. — L'indemnité accordée au roi de Dahomey est blâmée. — Le blâme retombe sur le Ministère. — Pourquoi donner tort au roi Toffa ? — Les intérêts des commerçants français ne semblent pas sauvegardés. — Il n'est pas question de la traite des esclaves, ni des sacrifices humains. — Réfutation de ces griefs. — Inutilité des efforts pour pacifier. — C'est une paix armée.

L'avenir donnera un démenti à ces espérances de paix et de concorde. Dès le lendemain du départ de l'amiral de Cuverville, une politique moins sage, en contradiction avec les désirs et les plans du pacificateur du Dahomey, conduira fatalement à la reprise des hostilités.

Cette éventualité, le commandant en chef l'avait prévue. Bien plus, il prépara, dès 1890, l'expédition que commanda le colonel Dodds. Ce n'est pas un des moindres titres de gloire de l'amiral de Cuverville que d'avoir désigné à l'avance au gouvernement français le chef énergique et circonspect qui triompha de Béhanzin, et d'avoir tracé le plan d'une campagne dont le succès couronna toutes ses prévisions. « Que fit-on plus tard au Dahomey ? On exécuta, dit un journal bien renseigné, le plan proposé en 1890 par l'éminent amiral de Cuverville... Le colonel Dodds, aujourd'hui, doit reprendre, sauf quelques fort légères modifications de détail, le plan très judicieux, très remarquable, proposé en 1890 au ministère et dont l'idée générale a été indiquée, à cette époque, dans la presse. Deux années ont été perdues. Les choses seront faites enfin ; mais à plus de frais en hommes et en argent. »

Cette dernière remarque caractérise la situation. L'esprit de suite et la décision firent défaut. En définitive, était-ce la paix, était-ce la conquête que voulaient les hommes du gouvernement? Qui le saura? Avec le régime parlementaire et ses fluctuations inévitables, il est difficile de trancher la question. Les ministres craignent les députés. Les députés redoutent leurs électeurs, « et ces deux peurs se combinant, on ne fait pas le nécessaire, ou du moins on ne le fait que le plus tard possible, de telle sorte qu'il en coûte souvent le triple en hommes et en argent... On aurait fait une précieuse économie de sang français ; on aurait pu faire aussi, en ne différant pas si longtemps une expédition que l'on savait devoir s'imposer un jour ou l'autre, une sérieuse économie d'argent. »

ÉGLISE ET RÉSIDENCE DES MISSIONNAIRES A PORTO-NOVO

La convention du 3 octobre 1890 était la signature d'une paix armée, d'un véritable armistice. Mais alors, pourquoi tant d'efforts pour arriver à une pacification trompeuse? Ou mieux, puisque la pacification complète était possible avec un homme habile et prudent comme l'amiral de Cuverville, — les faits sont là pour le prouver, — pourquoi ne pas suivre ses instructions et ne pas bénéficier de ses tentatives conciliatrices couronnées de succès?

Ces fautes, c'est-à-dire ces hésitations, ces atermoiements, eussent été évitées, si la voix de la sagesse et de l'expérience avait été entendue ; si ceux qui présidaient aux conseils de la nation française avaient écouté les avertissements du vaillant marin, pacificateur du Dahomey.

L'amiral de Cuverville était prêt pour la guerre comme pour la paix. On le força à faire la paix. Sa gloire n'en a pas souffert. Il sut se montrer fidèle à la devise qu'il avait gravée en langue bretonne sur les flancs du navire qu'il commandait : « Dieu et Patrie. » Grand chrétien et zélé patriote, le commandant de la *Naïade* porta haut et fièrement les couleurs de son Dieu et de la France, et personne ne pourra dire que sur ses lèvres le cri de ralliement de la Bretagne catholique : « Doué ag ar vro! » fut un mensonge. La vérité, il la servit sans forfaiture et il la fit connaître sans voile, aux faibles comme aux puissants du jour. Pour Dieu et pour la patrie, il est à souhaiter que le nombre soit grand de ces serviteurs loyaux sans peur et sans reproche.

Cependant les amis de l'amiral de Cuverville avaient eu certaines appréhensions en constatant la situation fausse qui lui était faite. Malgré la confiance que leur inspirait son habileté, ils pouvaient craindre que les événements ne fussent plus forts et que les hasards de la fortune ne rendissent inutiles ses brillantes qualités. Aussi se montrèrent-ils ravis quand ils apprirent le dénouement du drame.

L'amiral Grasset, dans une lettre du 12 décembre, exprima sa joie à M. de Cuverville en des termes qui honorent l'un et l'autre.

« Voilà donc terminée, lui dit-il, et dans de bonnes conditions relatives, cette déplorable affaire du Dahomey, où nous avions été jetés par les tristes choix de la division des colonies pour ses agents à l'extérieur. Ils ne valent pas mieux pour les autres colonies.

« Je redoutais, pour votre santé et votre gloire, qu'il y fallût une expédition militaire. Ces imprévoyants ne vous eussent fourni que des demi-moyens. Ils auraient rejeté sur vous le fruit de leurs lâchetés, vous auriez succombé sous la duplicité des politiciens plus sûrement que sous la fièvre ou les balles.

JOSEPH NTAKADIA, ESCLAVE BAPTISÉ

« Aussi tout le monde rend hommage au jugement, à la prudence, à la fermeté que vous avez mis dans cette affaire. On est content de se voir délivré de ce cauchemar. On reconnaît que ces amiraux incapables de diriger les plus minces colonies, sont pourtant bons à quelque chose.

« Votre traité sera approuvé par la presque unanimité des Chambres, malgré l'horreur (1) qu'ont soulevée vos sentiments religieux.

« Dieu vous garde, cher amiral.

« Contre-amiral GRASSET. »

(1) L'expression n'est pas trop forte. M. Burdeau, ministre de la Marine, appréciera comme suit, quelques mois plus tard, la valeur de l'amiral de Cuverville et les services rendus : « J'ai trouvé que cet officier général avait le jugement faussé par l'excès de son zèle religieux. » Aussi, déférant aux invitations de la *Lanterne*, M. Burdeau préférera-t-il laisser, pendant tout son ministère, le cadre des vice-amiraux incomplet, plutôt que de donner la place vacante au contre-amiral de Cuverville, qui avait, seul, rempli les conditions exigées par la loi pour l'occuper, et qui se trouvait d'ailleurs, par son ancienneté de grade, en tête des contre-amiraux.

***

Cette prévision bienveillante ne se réalisera pas complètement. Assurément les politiciens, qui refusèrent au commandant en chef les forces indispensables pour protéger la côte du Dahomey, qui forcèrent l'amiral de Cuverville à traiter à tout prix, approuveront l'exécution loyale des ordres qu'ils ont donnés.

Mais des critiques graves seront formulées par les membres du Parlement chargés d'examiner la convention du 3 octobre 1890. Le gouvernement, par complaisance pour la Chambre des Députés, a prescrit les actes qui vont être soumis enfin à l'examen du Parlement, et la Chambre, peu satisfaite, répondra que ces actes ne lui plaisent pas.

DON DU ROI BÉHANZIN

Le conseil des ministres qui avait tout conduit, pouvait-il se donner le ridicule de se déjuger et de se condamner lui-même? Les progrès modernes ont fait une condition nouvelle aux chefs d'expédition, quelque lointain que soit leur champ d'opération : ils reçoivent au jour le jour par fil télégraphique ou par câble les instructions, les directions et les appréciations du bureau de la Guerre ou de la Marine. En réalité c'est à Paris, dans les ministères, que se trouvent les véritables commandants en chef. Nous l'avons vu, et le fait est frappant, l'amiral, chargé de l'expédition du Dahomey, ne pouvait prendre aucune décision sans en référer aussitôt et préalablement à Paris; l'ordre même de ne faire aucune dépense, si minime qu'elle fût, sans une autorisation spéciale, lui fut renouvelée.

Assurément toute grave responsabilité est ainsi écartée, mais l'initiative du chef peut être singulièrement paralysée. Dans tous les cas, il n'est plus permis de lui imputer la mauvaise inspiration d'un plan qui n'est pas le sien, et la seule gloire qui lui revient est d'avoir exécuté avec habileté et exactitude les ordres qu'il a reçus.

Ce fut le sort de l'amiral de Cuverville. Le gouvernement exigeait un accommodement à tout prix. Il refusait tout renfort, ou bien, s'il feignait d'accorder le strict nécessaire, il donnait l'ordre de recourir au Sénégal, incapable de fournir et même d'équiper une centaine d'hommes; ou encore il renvoyait au roi Toffa ruiné par la guerre et dans l'impossibilité de procurer le moindre subside ou auxiliaire. Cependant le climat meurtrier accomplissait son œuvre néfaste. Les effectifs allaient se fondant aux rayons d'un soleil de feu, et plus rapidement encore sous les pluies torrentielles et dans la boue des marais.

Malgré tout, bien qu'il fût rabroué chaque fois qu'il demandait des secours, quoique bridé par les ordres qu'il recevait de Paris, le commandant en chef, en face de vingt mille barbares, à la tête d'une poignée d'hommes, exécuta la volonté des ministres et dépassa leurs espérances.

Les chefs suprêmes qui connaissaient la situation et l'avaient voulue, ne pouvaient pas ne pas être contents.

Aussi l'arrangement, signé le 3 octobre, reçut-il l'approbation du Conseil des ministres.

Il fut soumis à la Chambre le 21 novembre 1890, et déposé suivant l'usage, sur le bureau, sous forme de projet de loi.

Le gouvernement était-il fier de son œuvre ? Il est difficile d'en juger. Quoi qu'il en soit, il n'y a pas de doute que ses rapports avec le Parlement n'aient eu une grande influence sur sa conduite, et le résultat était bien de l'espèce de ces demi-mesures si chères aux partisans de la moindre action, cœurs craintifs dont le patriotisme écourté se borne à éviter tout ce qui peut compromettre l'existence d'un ministère.

Cependant, d'après l'exposé des motifs, la satisfaction paraît plutôt se faire jour : il faut parfois se contenter de peu.

Voici cet exposé des motifs.

« Messieurs,

« On sait dans quelles conditions et en vertu de quels titres se sont formés nos établissements sur la côte du Dahomey. Un traité en date du 1er juillet 1851, qui consacrait une situation déjà ancienne, nous avait reconnu à Ouidah la propriété d'un fort, que nous avons, d'ailleurs, cessé d'occuper depuis de longues années, ainsi que d'un terrain contigu. Depuis lors, deux autres conventions, intervenues en 1868 et 1878, nous ont assuré la possession à Cotonou d'un territoire de six kilomètres carrés situé entre la mer et la lagune de Denham, qui communique avec celle de Porto-Novo. Toutefois, il convient de rappeler qu'aux termes de l'article 2 de ce dernier arrangement, les autorités établies par le roi de Dahomey devaient conserver l'administration du territoire cédé, jusqu'à ce que la France en eût pris effectivement possession ; les impôts et les droits de douane, notamment, continuaient à être perçus au profit du roi Glégé.

LES BARAQUES DEKER A COTONOU

« D'autre part, le Porto-Novo lui-même a été placé définitivement, en 1882, sous le protectorat effectif de la France. Le roi de Dahomey s'était invariablement refusé à reconnaître cette situation, et, dans le courant de cette année, les incursions de ses troupes dans le Porto-Novo nous obligèrent à prendre les mesures nécessaires pour secourir nos protégés et pour maintenir nos droits.

« La garnison du poste de Cotonou fut mise en état de repousser les assaillants, et un blocus fut établi sur la côte du Dahomey, afin d'empêcher l'importation des armes et des munitions de guerre. Le gouvernement, d'ailleurs, justement préoccupé de restreindre la durée comme l'étendue du conflit, n'avait pas manqué de donner à ses représentants des instructions conformes à ces dispositions. Le département de la Marine, en raison du développement pris par les hostilités, ayant été chargé de présider à notre action militaire et diplomatique au Dahomey, il fut recommandé au commandant de la division de l'Atlantique, appelé à prendre la direction des opérations, de ne rien négliger pour amener, aussi promptement que possible, dans des conditions satisfaisantes, une solution pacifique des difficultés soulevées par l'initiative du roi de Dahomey, et, dès son arrivée à Cotonou, l'amiral de Cuverville recevait les pouvoirs nécessaires à cet effet.

LES BARAQUEMENTS DE COTONOU

« Ces instructions fidèlement exécutées ont eu l'effet qu'on en attendait, et le 3 octobre dernier, l'amiral de Cuverville, qui avait mis à profit le découragement causé aux Dahoméens par la résistance victorieuse de nos postes, déterminait le roi Béhanzin à conclure un arrangement avec nous.

« Cet arrangement nous a paru répondre aux vues dont le gouvernement de la République n'avait cessé de s'inspirer pendant toute la durée de cet incident. Il en résulte, en effet, que le roi de Dahomey reconnaît formellement le protectorat de la France sur le Porto-Novo et s'engage à le respecter. Nous nous trouvons ainsi dégagés des préoccupations qui pesaient périodiquement jusqu'ici sur notre politique dans cette partie de la côte occidentale d'Afrique.

« Quant aux droits découlant des traités qui ont été mentionnés plus haut, les dispositions du nouvel accord constatent expressément qu'il n'y est point touché.

« D'autre part, afin d'éviter le renouvellement des difficultés qui s'étaient élevées à propos de la perception des droits de douane, à Cotonou, une somme annuelle de 20,000 francs servira à désintéresser le roi de Dahomey, qui s'engage, de son côté, à ne pas faire obstacle à l'occupation de ce point.

« Ce sont là des résultats dont la Chambre des Députés, nous en sommes persuadés, saura apprécier comme nous la valeur ; nous n'insisterons pas sur l'intérêt qu'il y avait pour notre politique, comme pour notre commerce dans le golfe de Bénin, à mettre fin à une situation qui pouvait donner lieu à des complications et dont, en tout cas, la prolongation n'eût pas manqué

LA CANONNIÈRE " L'AMBRE " DEVANT QUINTO

de nous imposer des sacrifices hors de proportion avec l'objet auquel, avec l'assentiment du Parlement, nous nous sommes proposé, dès le début, de limiter notre action.

« Nous avons donc la confiance que vous n'hésiterez pas à donner votre adhésion au projet de loi que nous avons l'honneur de vous soumettre, et qui porte approbation de l'arrangement dont nous venons d'indiquer le caractère et la portée.

Projet de loi.

« Le Président la République française,

« Décrète :

« Le projet de loi dont la teneur suit sera présenté à la Chambre des Députés par les ministres des Affaires Étrangères, de la Marine, du Commerce, de l'Industrie et des Colonies, qui sont chargés d'en exposer les motifs et d'en soutenir la discussion.

« *Article unique.*

« Le Président de la République est autorisé à ratifier et, s'il y a lieu, à faire exécuter l'arrangement conclu le 3 octobre 1890 entre le roi de Dahomey et le gouvernement de la République française.

« Une copie authentique de cet acte sera annexée à la présente loi.

« Fait à Paris, le 20 novembre 1890.

« Le Président de la République française,
« *Signé :* CARNOT.

« Par le Président de la République :
« Le ministre des Affaires Étrangères,
« *Signé :* RIBOT.

« Le ministre de la Marine,
« *Signé :* BARBEY.

« Le ministre du Commerce, de l'Industrie et des Colonies,
« *Signé :* Jules ROCHE. »

Ce projet de loi est soumis à l'examen d'une commission. Il ne sera discuté qu'une année plus tard, dans la séance du 28 novembre 1891.

*
* *

Les ministres paraissaient donc approuver leur œuvre. Le Parlement ne se montrera pas aussi satisfait, et, par un juste retour des choses d'ici-bas, la Chambre des Députés, peu flattée du résultat, va adresser plus d'un blâme non pas au loyal marin qui a obéi, mais aux politiciens qui ont commandé.

C'est le 24 février 1891 que M. de Lanessan déposa son rapport au nom de la Commission chargée d'examiner le projet de loi portant approbation de l'arrangement conclu avec le roi de Dahomey.

Après avoir exposé les conditions qui précédèrent et accompagnèrent la conclusion de cet arrangement. M. de Lanessan s'exprime ainsi : « Nous avons le devoir de mettre aussi sous vos yeux, avec la même impartialité, les critiques... et les réponses qui leur ont été faites...

« En premier lieu, le président de votre Commission, contre-amiral Vallon, a exprimé le regret, partagé par un certain nombre de ses collègues, qu'on ait interrompu les opérations militaires précisément à l'heure où elles pouvaient produire tous leurs fruits ; alors que les troupes du Dahomey avaient été battues dans toutes les rencontres, refoulées vers le nord et mises dans la nécessité de protéger Abomey, en laissant tous nos mouvements libres à Cotonou et à Ouidah. L'occupation de Ouidah était, à ce moment, chose facile ; elle était réclamée avec insistance par les commerçants de toutes les nationalités, et elle était de nature à impressionner d'autant plus profondément le roi du Dahomey, que Ouidah est, avec Cotonou, le seul point de son royaume par où se fasse le commerce maritime. Quant aux indigènes, ils étaient effrayés par les défaites successives qu'ils avaient éprouvées et par les quelques obus lancés autour de la ville de Ouidah; le mécontentement et la division régnaient jusque dans l'entourage du roi, et les Egbas, après avoir longtemps hésité, nous offraient le concours de leurs guerriers.

« Les membres de la Commission qui formulent ces critiques, ajoutent que la défense, faite au commandant L. Fournier et à l'amiral de Cuverville

CAMPEMENT DES TROUPES FRANÇAISES SUR LES BORDS DE LA LAGUNE

de réoccuper militairement Ouidah, est d'autant moins compréhensible, que ce point est le plus sain de tout le golfe du Bénin et que nous avons sur le Fort français des droits séculaires de possession, droits consacrés de la manière la plus formelle par le traité de 1851 et reconnus par les nations européennes.

« Ils disent enfin que la seule menace de bombardement de la ville de Ouidah avait suffi pour nous faire rendre les otages traîtreusement enlevés le 4 mars par les gens du roi. Il est permis de penser que la réoccupation militaire de ce point aurait eu des conséquences encore plus favorables à la conclusion d'un traité avantageux, car une fois établie militairement à Ouidah, où il est facile de se maintenir, la France était la maîtresse des destinées du Dahomey... »

Voilà le premier des griefs ; il est exposé clairement et fortement motivé. Au nom de ses collègues, M. de Lanessan fait le procès du gouvernement qui donna l'ordre d'abandonner Ouidah, de se tenir coi et de renoncer au bénéfice d'une situation permettant à la France victorieuse d'imposer ses volontés.

Il n'y a pas de doute, l'ordre fut donné : il est formel. Une dépêche du 25 avril, adressée au commandant Fournier, disait : « Nous ne voulons pas expédition dans l'intérieur. » Une autre du 5 avril portait : « Toute marche sur Ouidah est ajournée. » Les instructions envoyées le 8 avril revenaient sur cet ordre : « Ainsi que vous l'indique mon second télégramme du 5 avril, il ne sera pas fait, au moins pour le moment, d'expédition contre Ouidah. » Et le 3 mai, le ministre déclarait de nouveau ses volontés à M. de Cuverville : « Il ne sera pas fait, à moins d'événement imprévu, d'expédition contre Ouidah. Je vous invite à vous maintenir strictement dans cette voie, dont le gouvernement n'entend pas se départir. »

CAMPEMENT DES TROUPES FRANÇAISES A AOUANGITOMÉ

On voit donc de quel côté sont les responsabilités.

Il est vrai que l'amiral de Cuverville n'aurait pas pris Ouidah pour objectif s'il avait eu les coudées franches. Il a lui-même protesté contre cette idée stratégique et donné ses raisons dans un rapport au ministre.

Mais pour les mêmes motifs qui déterminent les blâmes de la Commission ne comprenant pas que le gouvernement n'ait pas donné l'ordre d'occuper Ouidah, l'amiral avait demandé l'occupation de Fanvié. Et, après la prise de Fanvié, la marche en avant sur Abomey lui paraissait nécessaire.

Non seulement il lui fut ordonné de renoncer à s'emparer de Fanvié, mais le gouvernement, lui refusant du renfort, télégraphia qu'il espérait toujours qu'on traiterait, pour peu que les conditions fussent avantageuses.

L'amiral écrivit vainement lettres sur lettres, mémoires sur mémoires, il dut traiter.

Les critiques retombent donc de tout leur poids sur les politiciens qui de

Paris dirigèrent à coups de câblogrammes les faits et gestes du commandant en chef du corps expéditionnaire du Dahomey.

*
* *

Le rapporteur de la Commission parlementaire ne borne pas là ses reproches.

« En ce qui concerne les 20.000 francs en or et en argent que la France devra payer annuellement au roi de Dahomey, « à titre de compensation pour l'occupation de Cotonou », on a fait remarquer, dit-il, que cette clause constitue un recul sur le traité du 19 avril 1878, par lequel le roi de Dahomey

HABITANTS DE SO-AVA REGARDANT PASSER LE PREMIER VAPEUR

« abandonne en toute souveraineté à la France le territoire de Cotonou avec « tous les droits qui lui appartiennent, sans aucune exception ni réserve. »

« On répond à cette critique que la France n'avait pas encore usé du droit de percevoir les douanes et que les vingt mille francs stipulés par la convention du 3 octobre, ne sont qu'une partie minime des droits que nous percevrons désormais à Cotonou.

« Cette réponse est, il est vrai, conforme à la réalité des faits. Mais comme l'arrangement du 3 octobre succède à une série d'injures faites à nos compatriotes et à nos représentants, à des actes de guerre de la plus grande violence et à des tentatives sanglantes pour nous enlever Cotonou lui-même, l'indemnité qu'il accorde au roi de Dahomey a pu être interprétée par lui-même et par ses sujets comme un acte de faiblesse qui diminue considérablement notre prestige, et nous expose à de nouvelles attaques lorsque le roi sera suffisamment approvisionné d'armes avec notre propre argent.

« On fait encore valoir, en effet, contre l'indemnité stipulée dans la convention du 3 octobre 1890, que jusqu'à ce jour les droits de douane étaient perçus par le roi de Dahomey en marchandises, tandis que c'est en argent ou en or que l'indemnité lui sera payée, et que cela lui crée une sorte de trésor de guerre contre ceux mêmes qui l'alimentent. Il a si bien compris l'importance de ce fait, que déjà il commence à exiger des commerçants de Ouidah le paiement des droits de douane en monnaies européennes.

« Nous n'insisterons pas sur les critiques dont l'indemnité a été l'objet au point de vue moral. On a dit qu'elle représentait un tribut payé par la France au roi du Dahomey, et qu'elle était comme une marque de vasselage, car aucune limite n'a été mise à sa durée. Il y a là incontestablement une interprétation erronée. L'usage des nations européennes est de servir une sorte de rente aux chefs africains avec lesquels elles traitent, et cette rente est considérée comme le lien matériel qui rattache ces chefs à la nation qui la paie. C'est évidemment ainsi qu'il faut envisager l'indemnité stipulée en faveur du roi de Dahomey par l'arrangement du 3 octobre 1890. Il est seulement permis de regretter que cette clause figure dans un acte public. Elle en tire un caractère de solennité et de perpétuité que le sentiment de leur dignité a toujours conduit la France et les nations européennes à éviter avec le plus grand soin. »

Comme les précédentes, ces critiques au sujet de l'indemnité stipulée doivent aller à leur adresse. Elles condamnent les hommes peu fiers qui donnèrent les ordres, et ne sauraient atteindre l'officier général qui écrivait après avoir exécuté les volontés de ses chefs : « Nous avons tous le devoir d'obéir aux ordres du gouvernement, et cela quelles que puissent être nos idées personnelles. »

Si quelqu'un des blâmes de la commission retombe sur la façon dont les ordres ont été exécutés, ce serait celui d'avoir fait figurer la clause de l'indemnité dans l'acte du 3 octobre. Mais il ne faut pas oublier le caractère de cet acte. « Ce n'est point un traité, dit l'amiral de Cuverville, c'est, je le répète, un simple arrangement qui, en laissant intacts les traités existants et en ne compromettant rien de ce qui était acquis, ouvrira la possibilité de renouer avec les Dahoméens de bonnes relations et d'arriver plus tard à un traité avantageux. » Le caractère de solennité et de perpétuité fait donc défaut à cette convention.

Mais loin de vouloir ce marché peu glorieux, l'amiral de Cuverville aurait désiré la conquête. Elle aurait été la juste compensation des bravades du roi de Dahomey et de ses insultes. Elle aurait châtié légitimement l'audacieux guet-apens suivi de la captivité des otages, et vengé les attaques réitérées par Béhanzin, à la tête de ses troupes, contre nos postes de Porto-Novo et de Cotonou.

Il était singulier, après les victoires de Dogba et d'Atchoupa, après les trois mois de captivité du Père Dorgère et de ses compagnons, après la violation de tous les droits dans la personne des envoyés de la France retenus prisonniers à la cour d'Abomey, d'en venir uniquement à une convention qui assurait au tyran du Dahomey une rente de vingt mille francs en or et en argent. Mais qui dicta cette clause ?

Pour répondre, il suffit de citer les documents et de rappeler dans quelles circonstances ils furent rédigés et expédiés.

A la suite de la séance de la Chambre des Députés du 8 mars 1890, le sous-secrétaire d'État télégraphiait au lieutenant-gouverneur : « Vous mets en garde contre tout entraînement obligeant à expédition qui serait difficilement acceptée par le Parlement et opinion publique.

« Conseil des ministres s'est formellement prononcé contre toute opération engageant expédition. Conclusion aussi prompte que possible, traité confirmant traité antérieur, avec indemnités aux nationaux et étrangers qui auront subi hostilités. »

Et le 8 avril le ministre écrivait au commandant Fournier :

« Je vous autorise à entrer en pourparlers, soit directement, soit par tels intermédiaires dont l'emploi vous paraîtra de nature à faciliter les négociations et dont vous pourriez reconnaître pécuniairement les services, pour traiter avec le roi Kon-Dô sur les bases ci-après indiquées :

« Maintien du *statu quo*, tel qu'il existe aujourd'hui.

« Restitution des prisonniers français.

« Si vous reconnaissiez l'impossibilité d'arriver à une entente dans ces conditions, vous auriez la latitude, pour essayer d'aboutir, de faire les concessions suivantes : Transaction sur la question des douanes de Cotonou. *Nous pourrions consentir, soit à remettre au roi, chaque année, une somme une fois fixée comme représentant une partie, à la rigueur, la totalité des recettes de la douane*, soit même comme dernière marque de notre désir de conciliation, à lui laisser la faculté de les faire percevoir, lui-même, par un moyen à définir. »

Le 11 mai : « Terminez votre œuvre par accord même très large. Employez tous moyens, même cadeaux pour arriver à prompte solution. »

Quant à l'amiral de Cuverville, les instructions que le ministère lui transmit contenaient ces prescriptions très précises : « Je crois devoir insister tout particulièrement sur l'intérêt que le gouvernement attache à arriver, le plus promptement possible et dans les meilleures conditions, à l'aplanissement, par la voie des négociations, de notre différend avec le roi de Dahomey. Vous voudrez donc bien, tout en agissant avec énergie, ne perdre aucune occasion d'essayer de traiter sur les bases mentionnées dans ma dépêche du 8 avril, adressée au commandant du *Sané*. »

Ainsi ordre est donné à l'amiral de négocier, de traiter sur les bases indiquées par la dépêche du 8 avril, c'est-à-dire « *en consentant à remettre au roi, chaque année, une somme une fois fixée* ». Il a obéi.

Pourquoi cette hâte d'en finir ? Pourquoi ces concessions si larges ? Comme le rapport de M. de Lanessan le laisse entendre clairement, après les « injures faites à nos compatriotes et à nos représentants », après « des actes de guerre de la plus grande violence et des tentatives sanglantes pour nous enlever Cotonou », ce n'était pas une indemnité qu'il fallait accorder ; le

VUE DE FANVIÉ

devoir du gouvernement était d'écouter la voix du Résident de France et de l'amiral-commandant, qui demandaient une répression sévère, la marche en avant sur la capitale et la conquête du Dahomey.

***

« Le premier paragraphe de l'article 2, où il est dit que la France exercera son action auprès du roi de Porto-Novo pour qu'aucune cause légitime de plainte ne soit donnée à l'avenir au roi de Dahomey », ajoute M. de Lanessan, « nous a également paru excessif dans un acte survenu à la suite de violations répétées du territoire de Porto-Novo par les Dahoméens. Il semblerait résulter de cette clause que les torts ont été du côté de notre protégé, tandis qu'au contraire ses villages ont été brûlés, ses récoltes saccagées et ses sujets enlevés, massacrés ou vendus par le roi du Dahomey. L'esprit de justice et le sentiment de dignité, si développés dans notre pays, sont froissés par une clause qui ne semble donner les torts à notre protégé que parce qu'il est plus faible et plus pacifique que son barbare voisin. »

Sur ce point, le rapporteur est moins bien inspiré : car, il faut l'avouer, cette critique n'a pas sa raison d'être. Elle étonne, surtout lorsque, la convention du 3 octobre en main, on rapproche les textes de l'article 2 et de l'article 1er. On ne peut les séparer. L'article 1er dit : « Le roi de Dahomey s'engage à respecter le protectorat français du royaume de Porto-Novo et à s'abstenir de toute incursion sur les territoires faisant partie de ce protectorat. » L'article 2, par un parallélisme fort correct, ajoute simplement que, puisque la France protège le royaume de Porto-Novo, la France « exercera son action, pour que le roi de Dahomey n'ait jamais aucune raison légitime de se plaindre du roi de Porto-Novo ». On ne voit pas comment « l'esprit de justice et le sentiment de dignité si développés dans notre

LA SOUPE A BORD !

pays » peuvent être « froissés » par une clause qui, vraiment, ne saurait indiquer qu'il soit donné tort au roi de Porto-Novo, notre protégé. Par ailleurs, s'il est assurément plus faible, le roi Toffa n'est pas moins barbare que son voisin, et en somme il n'est guère plus pacifique.

« L'esprit de justice » demandait qu'en ce point, la critique fût plus équitable.

« On a reproché encore à l'arrangement du 3 octobre 1890, de ne contenir aucune clause relative au commerce français, les traités antérieurs n'étant pas suffisants pour empêcher le roi de Dahomey de susciter des ennuis à nos commerçants et d'entraver leurs affaires. »

Nous savons par l'historique des pourparlers qui précédèrent la signature de la convention, que les négociateurs avaient en vue les intérêts commerciaux de la France, et qu'ils ne les oublièrent pas. Le Père Dorgère, avec le roi lui-même, traita oralement des questions vitales. La solution de ces questions fut ajournée, le roi limitant les pourparlers à l'affaire de Cotonou et de Porto-Novo. Le point le plus important, la création d'un wharf, resta acquis et fut décidé, sans que la France crût nécessaire de demander au roi

Béhanzin son avis. Or, au point de vue militaire comme au point de vue commercial, aucune entreprise ne pouvait être plus utile.

Par ailleurs, la situation faite aux commerçants français par les traités antérieurs, ne leur paraissait pas si gênante. De leur propre aveu, ils se tiraient d'affaire à leur avantage et ils savaient par expérience comment ils devaient s'y prendre avec le roi et ses sujets pour favoriser le développement de leurs différentes industries.

Ce n'est pas que des améliorations ne fussent désirables, mais il aurait fallu les imposer par la force. La ligne de conduite tracée par le gouvernement était tout autre.

***

« Votre commission, continue M. de Lanessan, a exprimé unanimement le regret qu'il ne soit question, dans l'arrangement avec le Dahomey, ni de la traite des esclaves, ni des sacrifices humains. Cette lacune lui a paru d'autant plus regrettable que le Dahomey est le théâtre le plus important de ces odieuses et sauvages pratiques, et que parmi les actes d'hostilité du roi de Dahomey à notre égard figurent les sacrifices humains accomplis devant nos représentants officiels, en violation des traités antérieurs, et en ajoutant à cette première injure celle de choisir pour victimes des indigènes razziés à main armée sur un territoire protégé par la France. »

Ces reproches, qui seraient légitimes s'ils étaient fondés, n'ont été formulés que par suite d'une ignorance facile à dissiper. Le commandant en chef n'avait cessé de faire surveiller les Portugais se livrant à la traite et de les signaler à son gouvernement. Le seul moyen de mettre fin au trafic des esclaves était de supprimer les acheteurs. Tant qu'il y aurait preneur, l'offre se produirait. Les barbares qui vendent cette denrée humaine ne comprendront jamais qu'ils doivent cesser leur horrible commerce, tant que les nations civilisées leur adresseront des demandes en vue d'acheter une pareille marchandise. Dans un traité avec un roi sanguinaire comme Béhanzin, si éloigné de tout sentiment humanitaire et si ignorant de toute morale, inscrire que ce sauvage potentat ne se livrera plus à un trafic qui est son principal revenu, c'est déchirer à l'avance toute convention. Il manquera à ses engagements au premier jour. La force seule pourra le contraindre. C'est donc la guerre. L'arrangement du 3 octobre, œuvre pacificatrice avant tout, ne pouvait contenir une clause qui serait, dès la première heure, un brandon de discorde. Pour pacifier à tout prix, suivant les ordres donnés, les négociateurs devaient *à priori* écarter toute condition impossible à remplir. Tant que le Portugal tolérerait la traite, il ne fallait pas compter la supprimer en s'adressant aux sentiments généreux de Béhanzin. Le seul moyen pratique était d'agir auprès du gouvernement portugais. C'est la voie que suivit l'amiral de Cuverville en dénonçant à son gouvernement le commerce illicite qui se pratiquait sous ses yeux.

Il aurait été tout aussi illusoire de consigner dans l'acte du 3 octobre la suppression des sacrifices humains. Cette clause se trouve dans les traités antérieurs ; elle est donc implicitement dans la convention qui réserve tous les engagements passés.

M. D'AMBRIÈRES ET LE ROI DE QUINTO AROLOU PEDO

En réalité, on le comprend, pour le roi barbare, du moment où cette clause n'était pas rappelée, c'est comme si elle n'avait jamais été mise en question. Et Béhanzin n'était que trop disposé à ne pas en tenir compte. De son côté, l'amiral de Cuverville avait une trop grande horreur de ces abominables coutumes, pour ne pas tenter d'éclairer l'esprit du roi.

Il employa le seul moyen dont il était permis d'espérer quelque efficacité. Dans ses lettres d'adieu, il s'efforça de persuader au roi et à son entourage qu'il était nécessaire d'abolir ces massacres cruels et inhumains. Au Cussugan il écrit : « Le Dahomey deviendra grand, puissant, prospère, le jour où, connaissant la vérité, il aura aboli les sacrifices humains. » Et s'adressant à Sa Majesté Béhanzin, il n'est pas moins explicite : « Alors que je vais quitter dans quelques jours cette terre africaine, à laquelle je conserve un si profond intérêt, laissez-moi vous dire, en vous envoyant cette photographie, combien je fais de vœux pour que Dieu vous éclaire et vous inspire; votre fidèle conseiller Boconou peut beaucoup pour le bonheur, la grandeur et la prospérité de votre royaume ; ces biens seront assurés le jour où vous aurez aboli les sacrifices humains. » Sur cette photographie que l'amiral annonce, et qui est sa propre photographie, il a écrit de sa main : « Le Dahomey deviendra grand, heureux, prospère, le jour où il abolira les sacrifices humains. Divin Cœur de Jésus, faites que ce vaillant petit peuple connaisse la vérité ! »

VILLA EUROPÉENNE A PORTO-NOVO

Il est vrai que le projet primitif du traité, soumis au roi, contenait la clause de la suppression des sacrifices humains. « L'amiral, disait le projet, a arrêté qu'un Européen pourrait résider auprès du roi à Ouidah... Naturellement, le roi ne pourrait l'obliger à assister aux sacrifices humains, car l'amiral demande à Sa Majesté de bien vouloir faire tous ses efforts pour tâcher de supprimer ces cérémonies si opposées aux mœurs des Européens. » Si cette clause n'a pas été maintenue explicitement, c'est que tout ce qui était possible avait été tenté avec prudence, et « en tenant compte, d'une part, de l'orgueil

OFFICIERS DE LA " MÉSANGE "

immodéré du roi, et de l'autre, de son désir bien naturel de ne pas être humilié aux yeux de son peuple ».

Les membres de la Commission se sont donc émus bien à tort d'une omission qui n'est qu'apparente. Certes il était bien plus habile d'attirer dans une correspondance officielle l'attention du roi sur ce point capital. Toute autre voie eût été inefficace et chimérique. Ou la force, ou la persuasion. La force, le gouvernement ne voulait pas en user, pour le moment ; il ne restait que la persuasion !

L'amiral de Cuverville résume admirablement les motifs qui ont inspiré ses actes, quand il écrit au ministre de la Marine, après la signature de la convention du 3 octobre : « Me conformant à vos instructions et aux désirs du gouvernement de la République, qui voulait avant tout éviter une expédition, je me suis résolu aux sacrifices nécessaires, en assurant toutefois la sécurité du présent et sauvegardant absolument l'avenir, aussi bien que nos droits anciens. J'ai fait préparer trois expéditions du document qui consacrait ces résultats ; il résumait tout ce que nous pouvions obtenir sans recourir à la force ; je les ai envoyés aux négociateurs dahoméens sous forme d'ultimatum... C'est un arrangement qui, je le répète, sauvegarde tout ce qui doit être sauvegardé et nous assure tout ce que nous pouvions obtenir sans recourir de nouveau à la force. »

C'est exact. Les faits exposés dans leur intégrité le prouvent.

Il est vrai que l'âme grande et généreuse de l'amiral de Cuverville avait quelque illusion lorsqu'il ajoutait : « C'est aussi une œuvre d'apaisement, qui rétablira la confiance du Dahomey dans la loyauté de la France, dans sa générosité, et qui éteindra, je l'espère, tous les ressentiments, pour ne laisser

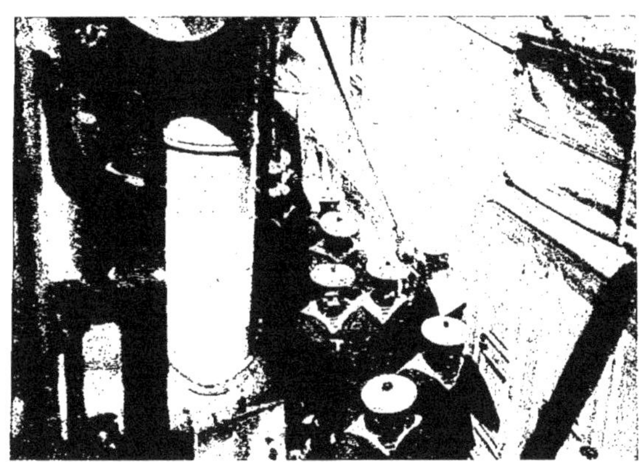

LE DÉFILÉ DE L'INSPECTION

au cœur de cette population, d'ailleurs fort intéressante, qu'un sentiment de gratitude. » Cependant si cet habile administrateur avait pu veiller sur l'accomplissement intégral de son œuvre pacificatrice, tout au moins si, selon ses désirs, elle eût été poursuivie par des officiers de marine, héritiers de ses idées, émules de son génie pacificateur, qui pourrait soutenir qu'une administration loyale et bienveillante n'eût fait naître, au cœur de ces barbares, une certaine reconnaissance, et ne les eût amenés pas à pas à condamner ce que la plus vulgaire civilisation réprouve ?

Les résultats victorieux obtenus par les apôtres du Dieu de charité, prouvent bien qu'on peut par la douceur transformer les natures les plus rebelles.

***

Revenons au rapport de M. de Lanessan, et à son dernier paragraphe : « Enfin, dit le texte officiel, votre Commission ne peut pas laisser ignorer à la Chambre que, d'après les renseignements qui lui sont parvenus de divers côtés, la situation de nos nationaux au Dahomey n'a pas été améliorée par l'expédition de 1890, ni par l'arrangement qui l'a suivie. La façon dont nos commerçants sont traités par les agents du roi de Dahomey, depuis la signature de l'arrangement du 3 octobre 1890, permet de craindre que nous ne soyons obligés tôt ou tard de prendre de nouvelles mesures, mieux proportionnées à nos intérêts et à la grandeur de la France. »

Ici le rapport parle, après coup, à peu près dans les mêmes termes que l'amiral de Cuverville lorsqu'il annonçait à l'avance que la politique de paix à outrance et le maintien du *statu quo* ne donneraient aucun résultat sérieux. « Vous apprécierez, écrivait-il au ministre de la Marine, si le *statu quo* est compatible avec la dignité de notre pays... En essayant de traiter, j'obéis aux ordres du gouvernement ; mais le gouvernement me rendra cette justice que je n'ai rien négligé pour l'éclairer, une expédition pouvant seule rapporter à la France honneur et profit. »

Plus tard, lorsque l'occupation du fort de Ouidah fut mise en cause et devint douteuse, l'amiral ajoutait : « J'attache à l'acceptation de cette clause une importance telle, que je déclare que si la paix se fait en dehors d'elle, cette paix n'aurait aucune solidité... Ce serait une paix armée, qui finirait par devenir fort dispendieuse, et mieux vaudrait mille fois en finir par une expédition. » « Telle est la situation...., avec de la prudence et une grande circonspection, elle peut aboutir à la paix, mais à une paix précaire et à une paix armée, ainsi que je n'ai cessé de le déclarer. »

Nous le verrons bientôt, par le récit des événements qui se déroulèrent après le départ de M. de Cuverville, cette prudence tant recommandée et qu'il mit en œuvre pour arriver à la paix, elle fut négligée, oubliée, méprisée, et comme l'amiral commandant en chef l'avait prédit, le gouvernement de la République fut obligé de prendre de nouvelles « mesures mieux proportionnées à l'intérêt et à la grandeur de la France ».

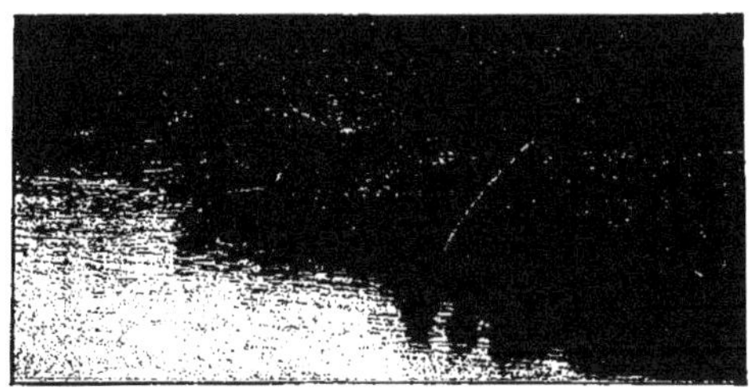

XI

La Convention du 3 octobre 1890 devant le Parlement.

(1890-1891)

Conclusions de M. de Lanessan. — La ratification des Chambres est inutile. — La commission renvoie la Convention du 3 octobre au gouvernement. — Échec mérité par les Ministres. — Séance du 8 mars 1890. — Question de M. Deloncle. — Réponse de M. Étienne. — Dépêches en désaccord avec le sentiment de la Chambre. — Interpellation de M. Boissy d'Anglas. — Réponse enflammée de M. Étienne. — Questions de M. Flourens et de M. Bouge. — Réponse de M. Barbey, ministre de la Marine. — Malgré les avances de la Chambre le gouvernement ordonne d'user de tous les moyens pour traiter. — Séance du 23 novembre 1891. — Projet de loi portant approbation de l'arrangement du 3 octobre 1890. — L'amiral Vallon défend les conclusions du rapport de M. de Lanessan. — M. Étienne répond aux critiques. — Attaques de M. Hervieu. — M. Ribot, ministre des Affaires Étrangères, déclare que le gouvernement est prêt à ratifier la Convention. — M. de Cassagnac note que la Constitution a été violée, que tout le mal est dans l'indécision du gouvernement. — Réponse de M. Barbey. — M. Déroulède attaque le sous-secrétariat des Colonies. — Ordres du jour. — La Chambre renvoie le traité au gouvernement. — Décret du Président de la République (3 décembre 1891) qui approuve la Convention du 3 octobre 1890.

Les conclusions du rapport de M. de Lanessan ne doivent pas surprendre après la lecture attentive et raisonnée de l'exposé des motifs.

Sagement le rapporteur écarte l'avis de deux des membres de la commission, qui concluaient au rejet de l'arrangement. MM. Hervieu et Prost, s'appuyant sur l'absence de clauses relatives à l'interdiction des sacrifices humains et du trafic des esclaves, et sur l'indemnité de 20.000 francs, pensaient que si la France ne voulait pas évacuer Porto-Novo et Cotonou, elle devait s'y établir honorablement, ainsi qu'à Ouidah. De là leur décision radicale, c'est-à-dire le rejet de la convention du 3 octobre, créant pour la France au Dahomey « une situation dangereuse et peu honorable ».

Ce rejet aurait commencé une ère nouvelle d'expéditions militaires. « Ensuite, ajoute M. de Lanessan, les conditions de l'arrangement ayant été dictées par le gouvernement lui-même, il serait peu convenable de désavouer ce dernier devant un chef africain. »

Que faire alors en face des critiques? Introduire dans la convention des modifications assez importantes pour faire tomber les critiques ? Cela équivaudrait presque au rejet pur et simple.

« En conséquence, la majorité de la commission a exprimé l'avis que s'il est impossible de rejeter l'arrangement du 3 octobre, il est inutile et il pourrait être dangereux d'accorder à sa ratification la solennité d'une loi votée par les deux Chambres.

« On donnerait ainsi à cet acte une importance qu'il n'a pas et qui a été refusée à des conventions plus avantageuses. Les traités, conventions et arrangements extrêmement nombreux conclus par la France avec les chefs africains, n'ont jamais (à l'exception d'un seul) été soumis à la ratification législative, même quand ils entraînaient un accroissement de notre domaine colonial ou l'établissement de notre protectorat sur un nouveau territoire.

« L'arrangement du 3 octobre 1890, que le contre-amiral de Cuverville déclare lui-même n'être pas un « traité », n'a certainement pas plus de titres que la plupart des actes analogues à une ratification solennelle. Non seulement il n'entraîne pas augmentation de territoire, mais encore il ne fait faire aucun progrès effectif à la civilisation sur la côte africaine et ne contient aucun avantage nouveau pour notre commerce. Enfin le chef africain avec lequel il est conclu est tellement éloigné de nos principes de morale et d'humanité, qu'il est impossible de le traiter avec plus de déférence que ne l'ont été d'autres chefs beaucoup plus rapprochés de nous par la nature de leurs sentiments et par leur conduite à l'égard de leurs sujets et des Européens.

« Pour tous ces motifs, conclut M. de Lanessan, la majorité de votre commission est d'avis qu'il n'y a pas lieu pour la Chambre de discuter publiquement le projet de loi qui nous a été soumis par le gouvernement. Elle pense qu'il est plus conforme à la dignité et aux intérêts de la France de laisser au gouvernement le soin de donner à cet acte, sous sa seule responsabilité, la sanction qui lui conviendra et d'en tirer tout ce qu'il pourra, au profit de notre commerce et de notre influence politique dans le golfe de Bénin. »

En répondant à deux objections que cette solution a soulevées au sein de la commission, M. de Lanessan affirme qu'elle est conforme à la jurisprudence adoptée jusqu'à ce jour. Si la Constitution impose au gouvernement l'obligation de soumettre les traités à la ratification des Chambres, dans la pratique on n'a jamais étendu les prescriptions de la loi constitutionnelle aux conventions ou traités passés avec les chefs africains.

De plus, bien qu'une indemnité annuelle ait été stipulée au profit du

Dahomey, et que par ailleurs aucune dépense ne puisse être faite sans qu'un crédit correspondant ait été voté par les deux Chambres, la Commission est d'avis qu'il est impossible que les Chambres sanctionnent une clause qui pourrait être considérée comme établissant une indemnité due à perpétuité au Dahomey. Ce serait donner à l'indemnité le caractère d'un véritable tribut.

On saisit la pensée de la Commission et son procédé. Au nom de la Chambre, la Commission renvoie au gouvernement le fruit de ses œuvres. Et le gouvernement, qui a agi en vue de complaire à la Chambre, se voit condamné par la Chambre, qui lui refuse sa sanction et son approbation.

La Commission parlementaire proposait, en effet, la résolution suivante :

RESOLUTION

« La Chambre des députés a adopté la résolution suivante :

« La Chambre est d'avis qu'il n'y a pas lieu de ratifier par une loi l'arrangement conclu le 3 octobre 1890 avec le Dahomey et laisse au gouvernement le soin de donner à cet acte la sanction la plus conforme aux intérêts de la France dans le golfe de Bénin. »

***

Il est difficile d'agir avec une plus parfaite désinvolture, tout en marquant une certaine réserve pour la forme.

Si encore le gouvernement, pour sauvegarder son amour-propre, pouvait établir que sa disgrâce n'est que la conséquence de procédés voulus ou désirés par la Chambre ; s'il pouvait donner la preuve que sa politique de paix à outrance, que le maintien du *statu quo* et cet arrangement peu glorieux lui ont été imposés par l'attitude du Parlement, mais les débats parlementaires témoignent du contraire. La Chambre s'était montrée à l'occasion plus fière, plus décidée que les ministres, disons le mot, plus belliqueuse, et tout à fait prête à soutenir l'honneur du drapeau.

C'est dans la séance du 8 mars 1890 que sa ligne de conduite, dans l'affaire du Dahomey, fut tracée au gouvernement.

M. Deloncle crut devoir poser une question à M. le sous-secrétaire d'État aux Colonies sur la situation des établissements français à la côte des Esclaves.

Suivant les habitudes parlementaires, il est fort probable qu'il fut prié de rendre ce service au ministère. La question posée devait amener des explications qui éclaireraient les hommes au pouvoir sur les sentiments de la Chambre.

« En présence des dernières nouvelles de cette région, dit M. Deloncle, il paraît urgent que M. le sous-secrétaire d'État veuille bien apporter à la tribune toutes les informations dont il dispose et nous dire surtout quelles mesures il a prises et compte prendre pour défendre la vie et les biens de nos nationaux et protégés, sur la côte des Esclaves, contre l'attaque inévitable des bandes du Dahomey. »

C'est donc le plan des opérations, et la pensée du ministère dans l'exécution de ce plan, qui est demandé très nettement.

M. Étienne monte à la tribune : il fournit quelques explications préliminaires sur la situation de la France dans le golfe de Bénin. Il rappelle la construction du fort de Ouidah vers l'année 1364 ; l'occupation de ce fort par une garnison française, jusqu'à la fin du dix-huitième siècle ; les bons rapports de la France avec le Dahomey consacrés par un premier traité en 1851. Un terrain est concédé autour du fort. En 1858, un second traité reconnaît la cession complète du territoire de Cotonou. En 1878, un troisième traité donne à la France la faculté de percevoir elle-même les taxes de douanes à Cotonou.

Entre temps, en 1863, le protectorat français sur Porto-Novo est reconnu.

C'est là le passé, établissant des droits incontestables. Aujourd'hui le roi du Dahomey conteste la validité des traités. Il déclare qu'il n'a jamais entendu céder un point quelconque de son royaume, et il ne veut en aucune façon reconnaître le protectorat de la France sur le royaume de Porto-Novo. Il menace ; il envahit, pille et incendie les possessions du roi Toffa. Mille prisonniers sont vendus et réduits en esclavage.

M. Étienne raconte comment M. Bayol fut envoyé sur ces entrefaites à Abomey, afin de rappeler les droits de la France.

Mais il échoue dans sa mission ; ordre lui est donné, par le roi Glégié, d'évacuer Cotonou, de renoncer à Porto-Novo et de livrer le roi Toffa. Presque en même temps, le roi Kon-Dô réunissait des contingents considérables. M. Bayol fit connaître la situation.

« Il nous demanda, dit M. Étienne, de songer aux nationaux et aux étrangers qui se trouvent sur la côte des Esclaves ; nous l'avons alors invité à nous faire connaître quel est l'effectif de troupes qui lui est nécessaire, et il nous répond que, pour sauvegarder la vie et les biens de nos nationaux, il lui faudrait deux compagnies de tirailleurs sénégalais. Nous lui en avons envoyé trois : ces trois compagnies, arrivées à Cotonou, ont pu débarquer rapidement, et dès le lendemain matin, à cinq heures, nos troupes étaient attaquées.

« Je me demande, Messieurs, si le gouvernement, comme j'ai pu le lire quelque part, était resté absolument inactif, si devant les menaces brutales et violentes du roi Glégié il n'avait pas envoyé sur cette côte les renforts nécessaires pour protéger et nos nationaux et les étrangers dont nous avons la charge, je le répète, je me demande quelle serait aujourd'hui notre situation ?

« Nos factoreries incendiées, les Français et les étrangers égorgés, tel eût été le résultat de notre inaction ou même d'un simple atermoiement.

« Et alors quelle n'eût pas été la terrible responsabilité que nous aurions encourue !

« Nos troupes, à Cotonou, ont repoussé les différents assauts qu'elles ont eu à subir ; elles les ont repoussés, je n'ai pas besoin de le dire, victorieuse-

TRANSPORT EN RADE DE COTONOU

ment, grâce à la bravoure de ces troupes et à l'intrépidité de leur vaillant chef, le commandant Terrillon. Le roi Glégié a envoyé tous ses contingents, tout porte à croire qu'il a tenté un grand effort. »

Ici M. Étienne rapporte le triste épisode de l'arrestation des otages, et il termine par une péroraison chevaleresque.

« La Chambre, s'écrie-t-il, voit qu'à l'heure actuelle le gouvernement n'a accompli que son devoir le plus strict. Il avait la responsabilité de la vie de ses nationaux et des Européens établis sur la côte, la responsabilité du drapeau français planté à Cotonou ; il a défendu la vie de ses nationaux et des commerçants et fait respecter son drapeau.

« Si, après les défaites qui ont été infligées au roi du Dahomey, nous n'avons pas complète et entière satisfaction, si nos traités ne sont pas reconnus et respectés, si notre protectorat sur le royaume de Porto-Novo n'est pas également reconnu et respecté, il faudra prendre des mesures plus énergiques. Nous avons la résolution, non pas d'entreprendre une conquête, mais d'infliger à notre adversaire une leçon telle que la question soit complètement et définitivement réglée. (*Très bien ! Très bien ! sur divers bancs.*) Nous demanderons alors à la Chambre, non pas de faire de petits efforts successifs, mais un effort vigoureux et décisif. *(Très bien! Très bien! sur les mêmes bancs.)*

« Nous avons le sentiment que là où les intérêts français sont en jeu, il faut savoir les sauvegarder, que là où flotte le pavillon national, nul ne peut y toucher. » *(Applaudissements sur un grand nombre de bancs.)*

M. François Deloncle répondit : « Je remercie M. le sous-secrétaire d'État de ses déclarations si nettes dont notre patriotisme prend acte avec confiance »

La Chambre ajouta : « Très bien ! très bien ! » et le président déclara que l'incident était clos. Ce fut tout.

La pensée, les intentions de la Chambre sont claires. Elle a approuvé une déclaration qui se résume dans ces paroles de M. Étienne : « Si, après les défaites qui ont été infligées au roi du Dahomey, nous n'avons pas complète et entière satisfaction... il faudra prendre des mesures plus énergiques... Nous demanderons alors à la Chambre, non pas de faire de petits efforts successifs, mais un effort vigoureux et décisif. »

Alors il y a lieu de s'étonner qu'à la suite de cette séance le sous-secrétaire d'État ait traduit le sentiment de la Chambre par une dépêche au lieutenant-gouverneur commençant par ces mots : « Question posée hier à la Chambre sur incidents Dahomey. Déclaration du gouvernement favorablement accueillie. Il résulte toutefois, impressions recueillies, que Parlement peu favorable à toute action qui n'aurait pas pour objet exclusif faire respecter traité et protéger nos nationaux. » La fin du télégramme ne surprend pas moins. « Vous mets en garde contre tout entraînement obligeant à expédition, qui serait difficilement acceptée par le Parlement et opinion publique. »

Il est vrai que dans le corps du télégramme il est dit : « Pourrions nous contenter occuper Ouidah et faire blocus côte jusqu'à signature traité... » Mais, quelques jours après, il n'est pas davantage question d'action décisive : « Conseil des ministres formellement prononcé contre marche Abomey et toute opération engageant expédition. Terminez votre œuvre par accord même très large. Employez même cadeaux pour arriver à prompte solution. » Et c'est ce qui fut fait.

*
* *

Ce dernier ordre, des plus pacifiques, partait de Paris, au lendemain de nouveaux débats à la Chambre des députés, dont la conclusion permettait au gouvernement une tout autre attitude.

M. Boissy d'Anglas avait interpellé sur les événements du Dahomey. Rappelant le langage à la fois modéré et ferme auquel le Parlement applaudissait deux mois auparavant, il demandait au gouvernement « en ami, au risque de se faire traiter de compère », de dire toute sa pensée. La

France restera-t-elle au Dahomey? — Cette première question était légitimée par la façon d'agir des gouvernants. Ils semblaient préparer la désertion. La France se contentera-t-elle du *statu quo?* Les inconvénients du *statu quo* sont nombreux. « Ce système, disait M. Boissy d'Anglas, a pour résultat — et c'est là son côté le plus fâcheux — qu'on est obligé de recourir

LA " MÉSANGE " ET LE " ROLAND "

au procédé des petits paquets; or, s'il est une façon d'agir condamnée par l'opinion publique, c'est bien celle-là... Voilà ce que le pays ne veut pas...

« La troisième et dernière éventualité, c'est celle de l'expédition... Je demande à M. le ministre de la Marine s'il a envisagé la possibilité d'une expédition... Il doit avoir à cet égard une opinion parfaitement établie. »

M. Étienne répondit le premier. Il reprend son thème ancien, rappelle les traités, la mission de M. Bayol, et s'écrie : « Que devions-nous faire?... Devions-nous exposer nos nationaux et les étrangers à un massacre? Nous ne pouvions y penser. Devions-nous songer à évacuer? »

En vérité qui lui parle de la possibilité d'une pareille solution? Qui la lui conseille?

Alors M. le sous-secrétaire d'État raconte, comme s'il s'excusait, que le département de la Marine a pris en main la double direction des opérations de terre et de mer; il parle du combat livré devant Porto-Novo, de la délivrance des otages et termine en disant : « Que ferons-nous demain? Demain, Messieurs, nous nous maintiendrons dans nos positions... Le gouvernement n'a pas l'intention de tenter une expédition... Nous avons, je le répète — c'est peut-être une espérance que les événements viendront démentir — confiance qu'à bref délai le roi de Dahomey sera tenu de négocier avec nous. »

Et comme s'il sentait la faiblesse de son programme, M. Étienne termine par un aperçu général sur l'ensemble de nos colonies africaines ; il se fait applaudir jusqu'à sept reprises différentes. A mesure que nos possessions d'Afrique passent sous les yeux de la Chambre, comme dans une revue grandiose, les acclamations redoublent et l'orateur s'écrie : « Nous avons là un vaste et immense domaine qu'il nous appartient de coloniser, de faire fructifier, et je crois qu'à l'heure actuelle, étant donné le mouvement d'expansion qui se produit dans le monde entier, alors que les marchés étrangers se ferment devant nous et que nous entendons nous-mêmes redevenir maîtres de notre propre marché, je crois, dis-je, qu'il est prudent de songer à l'avenir et de réserver au commerce et à l'industrie de la France les débouchés qui lui sont ouverts dans ses colonies et par ses colonies. Voilà pourquoi j'estime que nous ne saurions hésiter ou faiblir sur un point quelconque de cet empire colonial sans nous trouver menacés sur tous les autres points... Et c'est pourquoi, Messieurs, le gouvernement est fermement résolu à faire respecter le territoire de Cotonou, de même qu'il fera respecter les intérêts français partout où flotte le drapeau. »

Les applaudissements qui accueillirent ces dernières paroles montrèrent que la Chambre les approuvait.

Mais il n'en restait pas moins un doute. Un nuage enveloppait encore les déclarations de M. Étienne, ce qui permit à M. Flourens d'insister : « Je me demande surtout, après avoir entendu les explications de M. le sous-secrétaire d'État, où ces opérations militaires s'arrêteront et comment elles finiront. Resterons-nous indéfiniment en expectative devant le roi de Dahomey qui nous refuse de reconnaître les traités que nous voulons lui imposer ?... Si le blocus est inutile et ne peut aboutir à réduire l'adversaire à bref délai, quels moyens allons-nous employer ? Il me semble qu'il faut absolument que le gouvernement prenne une décision, qu'il nous annonce s'il va recourir à une expédition pour obliger le roi de Dahomey à reconnaître les traités, ou s'il y renonce. S'il adopte l'affirmative, qu'il saisisse la Chambre d'une demande de crédits. Jusqu'alors nous ne pouvons lui donner l'approbation qu'il demande. »

L'invitation était claire. M. Bouge, montant à la tribune après M. Flourens, la précisa encore davantage. « Je pense, dit-il, que le gouvernement ne pose pas la question comme elle doit l'être, et je le prie de s'expliquer d'une manière plus nette et plus catégorique... Si, comme le gouvernement l'a dit, si, comme je l'estime moi-même, l'honneur de notre drapeau est engagé, que si tout au moins notre autorité n'est pas suffisamment respectée au Dahomey, le gouvernement doit demander à la Chambre les sacrifices nécessaires, et la Chambre ne devra pas hésiter à faire ces sacrifices en parfaite connaissance de cause. Mais il ne faut pas, c'est du moins mon humble avis, que l'on procède, selon l'expression dont on s'est servi, comme autrefois au Tonkin, par petits paquets, par petits à-coup... Je suis, pour ma part, tout disposé à voter les sommes qui seront utiles. Je demande seulement au gouvernement de mieux poser la question, de la préciser beaucoup plus qu'elle ne l'a été jusqu'à présent. Envoyez des troupes au Dahomey, mais envoyez-les d'un seul coup. Que l'expédition — je n'ose pas dire la guerre — ne dure pas des mois et des mois, qu'elle soit rapidement conduite et rapidement enlevée.

AU GOUVERNAIL !

Pour cela il faut des hommes et des crédits. Ayez le courage de venir demander les uns et les autres à la Chambre, et nous les voterons. »

En descendant de la tribune, M. Bouge put entendre sur divers bancs ces mots : *Très bien ! très bien !*

Le ministre de la Marine, M. Barbey, lui succède : « Le 5 avril, dit-il, quand j'ai pris en main les affaires, l'évacuation était-elle possible? »

On lui répond : « L'évacuation eût été une honte. » Et M. Félix Faure ajoute : « Personne ne pouvait y penser. »

M. Barbey reprend :

« Pouvions-nous tenter une expédition sur Abomey, comme on l'a prétendu ?... Il n'est pas possible de faire une expédition sérieuse dans l'intérieur du Dahomey au mois d'avril. » Et oubliant qu'on n'était déjà plus au mois des saisons pluvieuses, que la belle saison succède à la mauvaise, après avoir rendu compte de l'état du blocus, des effectifs et des dépenses, le ministre, restant dans le vague, pose cette question : « Que ferons-nous ultérieurement? Notre conduite, Messieurs, sera dictée par la conduite du roi... Depuis un mois la situation s'est améliorée. L'honneur en revient à nos officiers, à nos marins, à nos soldats *(Très bien ! très bien !)* dont l'attitude, suivant l'expression du commandant en chef, a été admirable *(Applaudissements)*; l'honneur en revient aussi au colonel Terrillon, qui a traversé de dures épreuves avec une fermeté d'âme inébranlable *(Applaudissements)*; enfin et surtout au capitaine de vaisseau Fournier, qui a dirigé les opérations militaires et a conduit les négociations avec une énergie et une habileté remarquables. *(Nouveaux applaudissements.)* Je manquerais à mon devoir si je ne leur décernais à tous, du haut de cette tribune, devant les représentants du pays les éloges qu'ils ont si bien mérités. » *(Vifs applaudissements.)*

Après cette petite fête ménagée aux braves combattants du Dahomey, en vain deux ordres du jour sont proposés ; — l'un approuvant les déclarations du gouvernement, la Chambre comptant sur sa fermeté, l'autre déclarant que la Chambre est convaincue que le gouvernement prendra les mesures nécessaires pour défendre la vie et les biens de nos nationaux sur la côte des Esclaves ; — le ministre de la Marine, au nom du gouvernement, accepte l'ordre du jour pur et simple. Il est adopté. Et bientôt les avances de la Chambre, les propositions indirectes de crédits, les encouragements donnés dans des débats, où certainement ni la lésinerie, ni la faiblesse n'ont jeté aucune ombre, se traduiront par cette dépêche à l'amiral commandant en chef les forces de terre et de mer sur la côte de Bénin : « Les vues du gouvernement n'ayant pas varié, vous devez, si à votre arrivée à Cotonou un traité n'est pas intervenu, chercher *par tous les moyens possibles* à en amener la conclusion. »

Voilà un épilogue assurément très inattendu.

Nous savons comment les ordres du gouvernement furent exécutés. Ils aboutirent à la convention du 3 octobre.

***

Et maintenant avec quelle faveur le Parlement accueillera-t-il un résultat aussi imprévu ?

Le 28 novembre 1891, le Président de la Chambre des députés annonce que l'ordre du jour appelle la première délibération sur le projet de loi portant approbation de l'arrangement conclu avec le roi du Dahomey, le 3 octobre 1890. Les débats sont ouverts. A cette joute oratoire, restée célèbre, prendront part MM. Clémenceau, Poincaré, Le Myre de Vilers, Deloncle, Henri Hervieu, Pichon, Ribot, ministre des Affaires étrangères, de Freycinet, président du Conseil et ministre de la Guerre, Barbey, ministre de la Marine, Peytral, Le Provost de Launay, Dugué de La Fauconnerie, prince d'Aremberg et surtout Paul de Cassagnac et Paul Déroulède, sans oublier le sous-secrétaire d'État, M. Étienne.

La parole est donnée à M. le rapporteur qui n'est plus M. de Lanessan, nommé à une des plus hautes fonctions du gouvernement. C'est l'amiral Vallon qui est chargé de défendre les conclusions du rapport déposé par M. de Lanessan le 24 février de la même année.

Dès les premiers mots qu'il prononce, l'amiral Vallon établit nettement la situation faite à la Chambre par le gouvernement : il expose les motifs qui ont guidé la commission, et « ces motifs, dit-il, ont un caractère de sévérité dont la commission aurait voulu éviter l'expression à cette tribune... Elle a écarté de son rapport tout ce qui pourrait être de nature à blesser le gouvernement. Votre commission a pensé que le rejet du traité justifierait l'état de guerre qui résulterait de ce refus, et qu'en vous proposant de l'approuver par un vote solennel elle vous rendrait responsables des conséquences d'actes

SUR LES BORDS DE LA LAGUNE : LA TOILETTE

auxquels vous n'avez pas participé. Elle a voulu vous épargner cette épreuve... Pourquoi donc avoir voulu rendre le pays solidaire de l'arrangement en sollicitant un vote du Parlement, et pourquoi, après avoir presque consenti à éviter cette extrémité — car il est probable que c'en était une pour le gouvernement, — pourquoi avoir posé de nouveau la question, alors qu'elle paraissait résolue? Était-ce pour faire partager au Parlement une responsabilité trop lourde? »

Et le rapporteur refait le procès de l'arrangement du 3 octobre. A son avis, il consacre un amoindrissement. Ce n'est pas un traité. Il ne parle plus des droits de la France trois fois séculaires sur Ouidah. Il semble dirigé contre le roi Toffa, alors que c'est le roi de Dahomey qui pille, incendie le Porto-Novo. Il consent à un subside annuel à titre de compensation pour l'occupation de Cotonou qui est la propriété de la France. Il oublie les droits de nos nationaux et reste muet sur les sacrifices humains et la traite des esclaves. Un modeste paragraphe, en tête du traité, laisse intacts, il est vrai, les traités antérieurs, mais cette réserve a-t-elle été comprise? Les plénipotentiaires dahoméens ne seront-ils pas désavoués, livrés au bourreau comme ceux de

1878 ? Personne n'approuve cette convention, ni l'amiral de Cuverville, ni les missionnaires, ni les indigènes, ni les négociants.

Ici, l'amiral Vallon cite une lettre du président de la Chambre de commerce de Marseille. L'action militaire mal engagée, dit ce document, a eu des conséquences désastreuses. Le traité de paix qui a couronné cette campagne paraît mauvais, funeste pour le prestige de la France et compromettant pour ses intérêts. Le roi de Dahomey sort grandi de cette crise ; il a aux yeux de son peuple l'auréole de la victoire. Les représentants des maisons françaises sont entrés à Ouidah en vaincus. En cet état, est-il sage et prudent de donner au traité passé avec le Dahomey l'éclatante sanction d'un vote parlementaire? d'affirmer officiellement le vasselage de la France? de traiter Béhanzin comme un roi libre, indépendant? Les puissances européennes croiront que la porte est ouverte. Il est nécessaire de prendre des sûretés vis-à-vis du roi du Dahomey, qui fait payer les droits de douanes en espèces avec lesquelles il achète des armes.

Conclusion ! Donc, pas de traité sanctionné par les Chambres, mais faire passer les accords de paix directement entre les officiers ou représentants de la France et le roi de Dahomey ; enfin prendre des garanties suffisantes contre les armements et les taxes exorbitantes du roi.

« L'arrangement du 3 octobre, continue l'amiral Vallon, n'a rien d'exceptionnel. Il existe une douzaine de traités analogues pour lesquels la Chambre n'est pas intervenue. Pourquoi cette exception, alors qu'elle n'est même pas accordée à des conventions plus importantes? C'était un effort définitif, pendant la saison sèche, qu'il fallait tenter et pour cela demander les sommes nécessaires. Au contraire, au moment où ils pouvaient retirer quelque prix de leurs victoires, nos soldats ont été arrêtés, malgré l'avis des chefs militaires et l'appel des étrangers. Le consul allemand Randad engageait le lieutenant-gouverneur à faire occuper militairement le fort de Ouidah ; à défaut d'une intervention française, il réclamait l'envoi d'un aviso allemand. L'ennemi était démoralisé et le fort de Ouidah pouvait devenir inexpugnable. Les gens du salam français auraient secondé nos efforts.

« Aucun membre de la commission n'a paru soucieux d'assumer personnellement la responsabilité de l'arrangement du 3 octobre. L'approuver c'est prendre la responsabilité de ses conséquences, le rejeter c'est reconnaître que l'état de guerre doit être rétabli entre le Dahomey et la France.

« La résolution qui suit le rapport, dit l'amiral Vallon en terminant, est celle à laquelle nous avons cru devoir nous attacher par patriotisme et pour empêcher le Parlement d'avoir à choisir entre deux situations que nous jugions également compromettantes pour lui. »

C'est M. Etienne, sous-secrétaire d'État aux Colonies, qui répondit : « Il lui semble que M. l'amiral Vallon propose de rejeter le traité et de recommencer la lutte avec le Dahomey. Le gouvernement ne pense pas qu'il faille en arriver à cette extrémité. Le Dahomey a attaqué la France. Elle s'est défendue. Elle a réduit le roi du Dahomey à conclure un nouvel arrangement. Est-il moins favorable que les précédents traités? La France, après le traité de 1878, n'a pas occupé le pays, n'y a pas établi de poste, n'a pas perçu de droit de douane. C'était son droit : elle ne l'a pas fait. Situation irrégulière dont la convention du 3 octobre la fait sortir. Ses droits sont reconnus par le Dahomey, qui les contestait. Elle perçoit elle-même les droits de douane. En retour elle accorde une compensation ; elle donne 20.000 francs pour 150.000 francs qu'elle reçoit. Elle prend cette somme sur les

LA CANONNIÈRE " L'OPALE "

150.000 francs produits par la douane. La dignité nationale n'est pas atteinte. Rien n'a été abandonné par la France de sa situation. Ses droits sont confirmés et elle a une garantie qu'elle n'avait pas dans le passé. La seule modification apportée aux traités antérieurs est que les droits de la France seront plus formellement et plus explicitement reconnus à l'avenir. Ce traité nous l'exécutons, et le roi du Dahomey l'exécute aussi. »

*
* *

Ces explications sont loin de satisfaire M. Henri Hervieu. Il attaque le traité pour ce qu'il renferme et pour ce qu'il ne renferme pas. Il contient la possession indéfinie de Cotonou et la perception des droits de douane de ce port. Mais ces droits nous appartenaient déjà dès 1878. Alors, pourquoi donner 20.000 francs au roi de Dahomey? Tribut de vasselage payé par le vassal Béhanzin à son suzerain la France? Non, le traité est un recul, c'est un traité de vaincu. C'est constituer pour l'ennemi un trésor de guerre. La clause qui concerne les dispositions du roi Toffa est plaisante et risible. C'est lui qui est spolié et c'est lui qui dira : « Je vous demande pardon, je ne

16

le ferai plus. » Un traité honorable devrait comprendre l'incorporation de Ouidah, reconnu possession française par les Anglais et les Allemands; l'incorporation d'Abomey-Calavy pour que les droits de douane puissent être perçus; la défense au roi de Dahomey d'acheter des armes; des mesures protectrices pour nos nationaux et les étrangers; la suppression de l'esclavage, de la traite des nègres et des sacrifices humains. Et que fait le roi de Dahomey depuis la signature du traité? Il achète des fusils à aiguille aux Allemands, il invite les commerçants aux sacrifices humains, il décapite ses cabécères et se flatte d'avoir mis en fuite l'armée française, il déporte un serviteur de la factorerie Régis, il fait des razzias chez les alliés de la France, il impose les comptoirs français, et il concentre ses troupes autour de Porto-Novo. Comme seul acte de courtoisie, il a offert des nègres et des négresses à la mission qui lui avait apporté des cadeaux. Les agents du gouvernement, le contre-amiral de Cuverville, déclarent qu'il n'y a aucun fond à faire sur les promesses du roi de Dahomey. Comment donc le gouvernement a-t-il pu sanctionner un traité aussi précaire? La guerre a été ouverte sans que le Parlement ait été consulté, sans ouverture de crédits.

Quelle serait la solution? Ou bien échanger Porto-Novo et nos autres possessions de la côte contre la Gambie et contre Sainte-Marie-de-Bathurst, qui avoisinent le Sénégal, ou bien armer les sujets de Toffa, les Egbas, et faire le blocus, ou encore l'évacuation partielle si la Chambre ne préfère pas une expédition rapide.

M. Hervieu, par quelques-unes de ses solutions bizarres, faisait la partie belle au gouvernement, qui lui répondit par l'intermédiaire de M. Ribot, ministre des Affaires Étrangères. Après un persiflage habile et spirituel, accueilli par des rires approbatifs, M. Ribot donne l'opinion du gouvernement sur la convention du 3 octobre : « Le gouvernement, dit-il, n'éprouvera aucun embarras à dire très franchement ce qu'il a pensé de ce traité lorsqu'il lui a été envoyé par l'amiral de Cuverville et ce qu'il pense aujourd'hui; son opinion, je la résume d'un seul mot : c'est que cet arrangement, quel qu'il soit, quelle que soit sa forme, qui, évidemment, n'est pas l'œuvre de diplomates de profession observant toutes les règles des protocoles européens, valait mieux il y a un an et vaut mieux encore aujourd'hui qu'une expédition à Abomey. » Et continuant, il affirme qu'une expédition n'est pas nécessaire. Cet arrangement ne diminue pas la situation de la France. La France peut toujours occuper Ouidah, délaissé depuis 1879. Ce n'est ni le consul allemand ni le consul anglais que le gouvernement doit écouter. L'amiral de Cuverville a dit qu'il était inutile d'occuper Ouidah. Ici M. de Freycinet ajoute : « Et même dangereux! » Mais les deux compères se gardent de dire que l'amiral proposait l'occupation de Fanvié. M. Ribot reprend : « Je ne discute pas cette opinion, c'est celle du chef des opérations militaires au Dahomey. Voilà pourquoi nous ne sommes pas allés à Ouidah. Ce n'est pas un motif politique qui nous en a empêchés, c'est un motif d'ordre purement militaire. » D'ailleurs le ministre des Affaires Etrangères rappelle que les traités ne donnent à la France que le droit d'y occuper un fortin.

M. Hervieu a semblé faire un reproche au gouvernement d'exercer le protectorat de Porto-Novo, extension très onéreuse pour la France. Mais ce protectorat remonte à 1864. Le gouvernement ne l'a pas créé. On critique en

VUE DE BAZOUNOTOMÉ

même temps la clause qui défend au roi de Porto-Novo de faire des incursions chez son voisin, parce qu'on n'a pas exigé du Dahomey un engagement corrélatif. On n'a pas lu l'arrangement avec une attention suffisante. La réciprocité complète y est indiquée en toutes lettres. Quant aux 20.000 francs qu'on s'est engagé à payer au roi de Dahomey, les plus indulgents y voient un tribut que la France, humiliée et vaincue, aurait à payer. Assurément, le droit de percevoir les droits de douane à Cotonou est reconnu à la France par le traité de 1878. Mais ce traité, jamais ratifié, ni par les Chambres, ni par le Président de la République, n'a pas été exécuté. Installés à Cotonou en 1885 seulement, nous avons envoyé M. Bayol à Abomey pour imposer au roi la renonciation aux douanes de Cotonou sous la condition qu'une légère part du revenu dont il jouissait lui demeurerait assurée. Il n'y a rien que de simple, rien que de naturel et d'avouable dans cette opération, toute au profit de la France. C'est donner 20.000 francs pour s'assurer des perceptions qui pourront, l'année suivante, dépasser 300.000 francs. La forme de la stipulation peut être critiquée, mais la pensée est nette. C'est un prélèvement variable sur le budget local, arrangement semblable à ceux qui sont faits sans protestation, par exemple au Sénégal, avec une douzaine de rois nègres. Si la Chambre trouve préférable de ne pas donner à cet acte une sanction solennelle et publique, le gouvernement est prêt à en faire lui-même la ratification.

***

Le ministre des Affaires Étrangères venait de terminer son discours par cette déclaration lorsque M. de Cassagnac monta à la tribune au milieu des exclamations de la gauche.

Il trouve que la Constitution a été violée par le gouvernement, qui a porté devant le Parlement, alors qu'il était un fait accompli, un traité engageant les finances de l'État. Ce sont des procédés que la Chambre ne peut approuver. Le Tonkin, la Tunisie ont été conquis ainsi, en violant la Constitution. « Car vous n'avez pas le droit d'engager un soldat, d'engager un centime, d'annexer un hectare de terrain sans soumettre au vote du Parlement et la demande d'hommes et la demande d'argent, et l'annexion de territoires : la Constitution vous y oblige, vous y condamne. »

Mais l'orateur passe. Ce n'est là qu'une première escarmouche. Bientôt il charge à fond avec cette éloquence vibrante tant de fois admirée et applaudie. Et dans son discours, un des meilleurs qu'il ait prononcés, il attaque le point faible. Il l'a saisi du premier coup et c'est là qu'il frappe avec vigueur. Tout le mal est dans l'indécision du gouvernement.

« Vous n'avez pas su prendre l'attitude franche, nette, qui est la vraie, que nous défendons et que nous soutenons à droite, et je prétends que le traité que vous nous avez apporté n'est pas honorable pour la nation française. Je ne veux pas citer tous les documents et rentrer dans tous les détails, — documents et détails qui ne se trouvent pas dans une œuvre élaborée par un membre de l'opposition. Ce n'est pas un de nous, ce n'est pas un député de la droite qui l'a rédigé, ce rapport dont on vous a donné des extraits, c'est un homme de la gauche, un homme dont vous avez salué la véracité en lui donnant un poste suprême, celui de gouverneur général du Tonkin : c'est M. de Lanessan lui-même qui vous condamne !... Dans ce rapport de M. de Lanessan, qui est véridique, et véridique d'une manière sanglante, que trouvez-vous ? Vous y trouvez la caractéristique du gouvernement actuel en général et de M. le ministre de la Marine en particulier. J'ajouterai que cette caractéristique est commune d'une manière très intime, absolue, à M. le ministre des Affaires Étrangères. Elle se définit en un seul mot : le manque complet de décision en toute circonstance... La politique extérieure du gouvernement français manque de caractère, d'énergie, de décision. Elle n'existe pas...

« Ce qui frappe dans le rapport de M. de Lanessan, rapport qui n'est pas autre chose qu'une collection de documents officiels, c'est l'incohérence absolue du gouvernement dans l'affaire du Dahomey. Au début et aux premières pages, vous trouverez chez le gouvernement une première hésitation qui se comprend, au moment où il va s'engager dans l'affaire, quoique pourtant cela ne dût pas l'émouvoir, et c'est là que je donnerai raison une fois en passant à l'honorable sous-secrétaire d'État des Colonies — rien qu'une fois — quand il disait tout à l'heure : « Cette affaire du Dahomey n'est pas la nôtre. » C'est vrai, elle n'est pas la vôtre ; ce n'est pas la République qui l'a créée, nous ne vous en faisons pas un reproche ; c'est une affaire purement française. Et c'est pour cela que nous avons le même intérêt patriotique à essayer de la faire tourner dans un sens honorable pour notre pays.

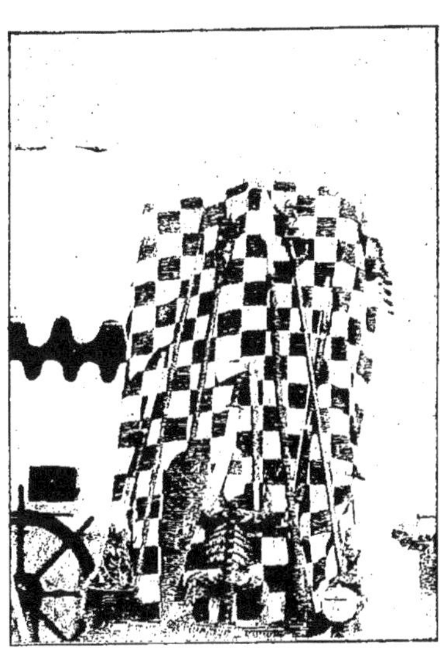

ARMES ET FÉTICHES DAHOMÉENS

« On constate donc au début une certaine hésitation ; je ne vous la reproche pas. Mais les affaires s'envenimant, vous envoyez un délégué, M. Bayol, pour traiter en votre nom. Or, je ne crois pas que, dans l'histoire, à moins de remonter jusqu'à Jugurtha et à l'histoire ancienne la plus reculée, il y ait un exemple d'un ambassadeur, d'un délégué, d'un envoyé d'un grand gouvernement comme celui de la France, qui ait été traité comme l'a été M. Bayol. Il a été reçu — passez-moi le mot — à coups de bâtons non pas même comme un captif, mais un esclave. On l'a obligé, pendant plusieurs jours, à assister à des spectacles abominables devant lesquels tout ce qu'il peut y avoir d'humanité chez un homme doit se révolter ; on l'a abreuvé de tous les outrages imaginables. Est-ce vrai ?... Oui, vous ne l'avez pas nié ; vous-même, Monsieur le sous-secrétaire d'État aux Colonies, vous avez apporté ici les renseignements qui le confirment.

« Et à propos du dernier traité, de celui que, malgré vous, vous avez apporté à la tribune, par qui donc a-t-il été négocié, sur vos ordres ? Il a été négocié par le Père Dorgère. Eh bien ! vous savez dans quelles conditions il est revenu à Abomey ! Il avait commencé par y être conduit les entraves aux pieds, la corde au cou, et il n'a repris en ambassadeur le chemin de la capitale du Dahomey que parce qu'il l'avait déjà fait une première fois en captif.

« Comment se fait-il que vous n'ayez jamais demandé à Béhanzin réparation de cette seconde violation du caractère français et que vous tolériez qu'on traite ainsi ceux qui sont chargés de représenter la France ?

« En résumé, vous avez accepté que nous fussions traités par ce roi nègre dans les conditions les plus humiliantes. Et, à la fin, quand vous avez décidé d'envoyer des troupes, vous n'en avez pas envoyé beaucoup, vous n'en avez pas envoyé suffisamment. Cela a été toujours le système des petits paquets ; vous vous êtes même bornés à envoyer de plus petits paquets encore de troupes qu'au Tonkin. Vous avez envoyé quelques officiers, quelques centaines d'hommes qui ont été absolument héroïques, qui se sont battus dans de telles conditions que je ne connais rien de plus beau au point de vue militaire que les prodiges qu'ils ont accomplis.

« Mais qu'ont fait ensuite ces hommes victorieux ? Qu'ont-ils obtenu comme prix de leur sang et de leur victoire ? La retraite, la retraite humiliante que vous leur avez imposée ; il leur a fallu remonter sur les navires et repartir, au lieu d'achever l'œuvre si brillamment commencée par une paix aussi brillante qu'avait été la guerre.

« Mais non, il y a dans les documents officiels toute une série de dépêches, Monsieur le ministre de la Marine, qui pèsent sur votre conscience, sur votre conscience politique — il n'y en a pas d'autre ici, je n'ai pas le droit d'en rechercher d'autre — et c'est déjà bien suffisant. Je dis que ces dépêches pèsent sur votre conscience politique, parce que toute la responsabilité de ce traité odieux que nous discutons ici retombe beaucoup plus sur votre tête que sur celle du sous-secrétaire d'État des Colonies et sur celle du ministre des Affaires Étrangères. C'est vous le coupable dans l'affaire du Dahomey, c'est vous le grand coupable.

« Et je vous attaque personnellement parce que je trouve votre main partout dans la triste solution que vous avez donnée à cette affaire. Quelles sont les instructions que vous avez données à l'amiral de Cuverville ? Osez donc les reproduire ici ! Car il ne faudrait pas venir nous dire, à nous et à l'opinion publique, que si ce traité est tel que vous l'avez apporté ici — traité que nous ne devons pas, que nous ne pouvons pas voter, — c'est parce que le Père Dorgère et l'amiral de Cuverville s'en sont chargés et l'ont fait tel quel — ce n'est pas vrai ! — et qu'il peut ressortir de là, pour nous, une certaine obligation de l'approuver.

« Vos dépêches existent, il y en a cinq ou six que vous connaissez, à moins que vous ne les ayez déjà oubliées. A chaque instant l'amiral de Cuverville vous demande de lui envoyer quelques renforts pour en finir — et l'amiral Vallon vous l'a dit tout à l'heure en termes très nets, avec une grande expérience de toutes ces affaires — rien n'était plus facile que d'écraser le Dahomey, d'en finir avec lui.

« Or, vous n'avez pas donné à l'amiral de Cuverville ce qu'il demandait à cette époque-là, et dont il avait besoin pour mener les choses à bien, pour en finir, car nous n'en avons pas fini, hélas !... Oui, vous lui en avez refusé les moyens, vous lui avez imposé la paix à tout prix, la paix dont il ne voulait pas et dont nous ne voulons pas davantage, car c'est une paix honteuse. »

Ici, M. de Cassagnac fut interrompu par M. le ministre de la Marine, qui s'écria de sa place : « C'est faux ! » On comprend que M. Barbey se soit senti atteint par l'accusation et qu'il ait cru devoir protester. Nous savons que si l'accusation est juste quant au fond, elle ne doit pas retomber sur le département de la Marine. Une lettre que nous avons citée au cours de notre récit prouve que le ministre de la Marine ne donna les ordres dont il est question que parce qu'ils lui étaient imposés par le conseil des ministres et en particulier par M. de Freycinet.

M. de Cassagnac ne pouvait juger que d'après les pièces officielles du procès, aussi il répondit à M. Barbey : « Vous contesterez à la tribune les

SUR LES BORDS DE L'OUÉMÉ, EN AMONT DE SAGOU

documents que j'ai là, si vous le pouvez ! Cette affaire du Dahomey serait terminée à l'heure actuelle si vous aviez laissé faire les officiers généraux qui étaient là-bas et que vous n'avez cessé d'entraver... Lorsqu'on se mêle d'une affaire commencée, il faut au moins faire les choses de telle manière qu'il n'y ait pas à y revenir le lendemain et ne pas la terminer dans des conditions inacceptables pour la dignité du pays ! Voilà ce que je vous reproche. Ou il ne fallait pas aller au Dahomey et laisser assommer, égorger nos protégés de Porto-Novo... ou bien il fallait sauvegarder complètement l'honneur de la France, qui, dans cette navrante aventure, n'a pas été défendu ! Je dis que l'honneur de la France n'a pas été sauvegardé ; mais vous permettrez, ce qui n'est un défaut pour personne, à certaines susceptibilités d'être très grandes en pareille matière, et les miennes sont du nombre. Cette paix à tout prix, cette paix déshonorante, vous l'avez, c'est celle que réclamaient vos dépêches, celle qu'elles imposaient... »

Et, comparant la convention du 3 octobre au traité de 1878, l'orateur s'écrie :

« Comment ! voilà un traité qui nous donne tout ce que nous pouvons souhaiter là-bas, et vous le laissez à l'état de petit papier, comme vous l'avez dit, de lettre morte ; et par quoi le remplacez-vous le jour où vous voulez signer et porter devant le Parlement un traité définitif quelconque ? Vous le remplacez par un traité qui est un recul, et qui peut et doit permettre au roi de Dahomey de dire que la France a capitulé devant lui ! Voilà la vérité ! »

En terminant, M. de Cassagnac attaque avec véhémence la clause de l'indemnité de 20.000 francs : « Je ne peux ni ne veux reprocher au gouvernement de donner 20.000 francs au roi Béhanzin. Le grief n'est pas là, ne l'oubliez pas ! Je sais qu'au ministère de la Marine et des Colonies une somme de 150.000 francs est inscrite au budget pour distribuer sur la Côte d'Ébène des cadeaux, des plumets, de vieux shakos et de vieux sabres à tous les roitelets nègres qui viennent ensuite rendre hommage au gouvernement républicain et parader dans les salons officiels les jours d'exposition. Car, lorsque vous avez besoin à un moment donné d'avoir un roi pour vos cérémonies publiques, vous en faites venir de la côte d'Afrique, en les payant, c'est bien. Mais pourquoi n'avez-vous pas compris ces 20.000 francs dans vos dépenses secrètes ? Voilà ce que vous auriez dû faire. Vous avez des fonds secrets pour les choses inavouables, mais utiles ; il fallait payer Béhanzin sur ces fonds et je vous reproche d'apporter devant le Parlement, pour le faire ratifier par lui — tout le grief est là — un traité dans lequel il y a une clause que nous ne pouvons pas ratifier par un vote, parce qu'elle est honteuse. Car il n'est pas question de douane dans cet article du traité, ni d'une retenue sur le produit de ces douanes ; c'est une explication qu'on a donnée pour les besoins de la cause ; lisez les articles et vous y trouverez simplement « qu'en compensation de l'occupation de Cotonou on donne 20.000 francs à Béhanzin ». Voilà la vérité ! Je vous défie d'en sortir ! Le mot tribut a été prononcé. Je ne veux pas dire que la France soit tombée assez bas pour payer un tribut à Béhanzin, je ne veux pas dire que la République est devenue vassale d'un roi, et quel roi ? Un roi nègre ! une brute ! Mais je dis que dans la forme — et en matière parlementaire la forme est tout, parce que la forme c'est la règle, la constitution, — je dis que vous êtes coupable d'avoir inséré dans un traité qui doit être voté par le Parlement, une clause qui ne peut être portée à la tribune française, une clause bonne tout au plus pour le guichet d'une caisse noire, d'une caisse borgne et inavouée.

« Je finis en vous disant : Votre traité n'est pas honorable pour la France. Il est indigne d'elle et je ne m'y associerai pas par mon vote. »

* * *

M. de Cassagnac est vivement félicité par ses amis. M. Barbey, ministre de la Marine, ne pouvait ne pas lui répondre : il était personnellement mis en question. Noblement il fait cause commune avec le ministère, bien qu'il eût pu se dégager d'une solidarité qui ne l'avait déjà que trop compromis. Il proteste de son patriotisme, dont personne ne doute, et fait l'éloge de l'amiral de Cuverville, du capitaine de vaisseau de Montesquiou et du capitaine d'artillerie Decœur. « Quant à l'arrangement en lui-même, de l'avis de tous les chefs qui ont pris part à la campagne du Dahomey, non seulement il n'a pas été humiliant, comme on a voulu le prétendre, mais il a été aussi avantageux que possible.... Quant à nos officiers, à nos soldats, ils se sont conduits admirablement, ils n'ont pas eu seulement à lutter contre les armes des Dahoméens, ils ont souffert de la fièvre et de fatigues exceptionnelles. Il y a eu jusqu'à 70 0/0 de malades dans le corps d'occupation. Ils ont victorieusement soutenu l'honneur du drapeau et ont forcé Béhanzin à accepter nos légitimes revendications : je suis heureux de leur rendre cet hommage devant les représentants du pays. »

PAYSAGE DANS LA RIVIÈRE DE SO

Là-dessus, le ministre de la Marine descend de la tribune. La diversion qu'il venait de faire était habile, toute louange à l'adresse de nos valeureux soldats sera toujours applaudie. Cependant la tactique n'échappa pas à la Chambre. Et un député de l'extrême gauche, très justement, clama de sa place : « Il ne s'agit pas d'eux. »

M. Déroulède revient alors à la question : « Il ne voit dans la convention du 3 octobre qu'un contrat de louage. Elle ne contient rien. Mais, en revanche, si nos affaires se sont compliquées au Dahomey, c'est la faute du sous-secrétariat des Colonies et de ses agents. Il faut le faire dépendre du ministère des Affaires Étrangères et mettre un frein à la fureur d'expansion coloniale qualifiée justement de dispersion française.

« Laissez ce papier pour ce qu'il est, continue l'orateur, un billet à ordre, une lettre de change, que vous n'avez pas à endosser et dont le paiement n'est exigible qu'au prorata des services rendus par Béhanzin... Je dépose l'ordre du jour suivant : La Chambre blâme la direction et la gestion actuelle des affaires coloniales, refuse de ratifier l'arrangement conclu le 3 octobre 1890 avec le roi de Dahomey et émet le vœu que le sous-secrétariat d'État des Colonies soit rattaché au ministère des Affaires Étrangères. »

⁂

Devant cet ordre du jour qui inflige un blâme au gouvernement et en face de la résolution de la commission qui renvoie simplement le traité au gouvernement pour qu'il le prenne sous sa responsabilité, M. de Freycinet, président du conseil, réclame la priorité pour l'ordre du jour de M. Déroulède.

PIROGUE SUR LA RIVIÈRE DE SO

M. Pichon intervient et demande que le traité soit renvoyé au gouvernement non pas avec une expression de blâme, mais pour qu'il l'améliore. M. de Freycinet répond que la transformation équivaudra à la rupture. C'est la guerre avec le Dahomey, et une expédition qui coûtera 20 à 25 millions. Ce serait un effort nullement en proportion avec le résultat à atteindre.

M. Dugué de La Fauconnerie saisit le dilemme ; en dehors de la ratification du traité, c'est l'évacuation ou une expédition. Et comme il ne désire ni l'un ni l'autre, il votera la ratification. Pour éviter cette ratification, M. Déroulède retire son ordre du jour. Mais M. Pichon propose qu'on s'en tienne au traité de 1878, auquel il ne veut pas qu'on ajoute ce qu'il regarde comme une véritable capitulation. M. de Freycinet repousse la proposition de M. Pichon, et l'amiral Vallon demande, comme rapporteur, l'adoption pure et simple de la résolution de la commission. M. le prince d'Aremberg l'appuie : « Nous estimons, dit-il, que c'est un singulier honneur pour un petit nègre de la côte d'Afrique *(Très bien ! très bien ! au centre et à droite)* que d'avoir absorbé à son profit l'attention de la Chambre pendant toute une séance. *(Nouvelles marques d'approbation sur les mêmes bancs. — Interruptions à gauche).*

M. Pichon. Vous lui ouvrez bien un crédit de 20.000 francs.

M. Paul Déroulède. Vous lui envoyez bien des régiments.

M. Clémenceau. Vous exposez bien nos soldats à se faire tuer par lui !

M. le Prince d'Aremberg. Nous estimons qu'il est de cette catégorie de petits souverains avec lesquels le Parlement n'a pas à traiter. Nous croyons qu'il appartient à une catégorie de roitelets qu'on paye suivant l'occasion.

« A notre sens, le gouvernement avait absolument le droit de traiter avec lui, et je regrette qu'il ait cru devoir saisir le Parlement de cette question. Je n'ajouterai qu'un mot. La proposition de la commission reflète absolument l'opinion que je viens défendre, à savoir qu'il convient de s'en remettre au gouvernement et de lui laisser la responsabilité, qu'il acceptera, de traiter avec ce petit roi nègre. *(Très bien ! très bien !)* »

Après un chassé-croisé de propositions diverses, après une déclaration du ministre des Affaires Étrangères, qui accepte, si la Chambre le veut, que le gouvernement donne sa sanction à l'arrangement par un simple décret, M. de Cassagnac intervient une dernière fois : « Je remercie, dit-il, M. le ministre des Affaires Étrangères de nous aider, pour ainsi dire, à trouver une solution logique et raisonnable, parce que j'avoue que chaque fois qu'il s'agit de questions de politique extérieure, il y a un intérêt considérable patriotique pour nous tous à tâcher de nous mettre d'accord. Si le gouvernement seul se charge de la ratification du traité, ce traité, dans la partie qui nous déplaît et qui nous blesse, perd absolument la base qui a servi à mes griefs tout à l'heure et aux griefs de beaucoup de nos collègues. C'est dire qu'il y a des arrangements que le gouvernement doit faire directement sans que nous ayons à les discuter ; que, par exemple, le gouvernement peut donner 10, 20, ou 100.000 francs à d'autres rois nègres de la côte, dans un but utile, français, et que nous ne lui reprocherons jamais.

LA LAGUNE DE COTONOU

« Ce qui nous a blessés, c'est la forme sous laquelle la demande d'argent nous a été présentée, la forme d'un traité porté devant le Parlement.

« Le gouvernement semble l'avoir compris lui-même, puisqu'il ne s'oppose plus au vote des conclusions de la commission, qui dessaisissent la Chambre. Or, et du moment que la Chambre n'a pas été saisie et n'a pas de vote à émettre sur des clauses blessantes pour la dignité nationale, la Constitution peut être assurément violée, mais nous nous déclarons satisfaits et nous n'avons rien à dire. »

Malgré M. Peytral, qui ne veut pas que la Constitution soit violée, la Chambre vote la résolution de la commission ainsi libellée :

« La Chambre est d'avis qu'il n'y a pas lieu de ratifier par une loi l'arrangement conclu le 3 octobre 1890 avec le Dahomey et laisse au gouvernement le soin de donner à cet acte la sanction la plus conforme aux intérêts de la France dans le golfe de Bénin. »

En conséquence, l'arrangement conclu le 3 octobre 1890 entre la France et le Dahomey fut approuvé, non par le Parlement, mais par décret du Président de la République en date du 3 décembre 1891, rendu sur la proposition du ministre des Affaires Étrangères et du ministre du Commerce, de l'Industrie et des Colonies.

XII

Les cadeaux du Président de la République.

(1890-1891)

Les instructions de l'amiral de Cuverville ne sont pas suivies. — Les pouvoirs sont remis à l'administration civile. — Le Père Dorgère est écarté de la mission qui doit porter à Abomey les cadeaux du Président de la République. — La mission est retardée, elle est modifiée dans sa composition et dans son itinéraire. — Machinations des Cabécères. — Le Père Dorgère accompagné des Sœurs précédera la mission à Abomey. — Départ de la mission française. — Visite des cadeaux. — Itinéraire. — Réception à Godomey. — Observations stratégiques de M. d'Ambrières. — Entrée à Ouidah. — Les Cabécères réclament le Père Dorgère. — Celui-ci part en avant. — Difficultés avec les hamacaires. — Allada. — Le lama. — Entrée à Kana la Ville-Sainte. — Rencontre du P. Dorgère. — Arrivée des messagers du roi. — Honneurs rendus à la mission française et à la mission catholique.

La *Naïade* achevait sa campagne loin du golfe de Bénin, sous d'autres cieux, pendant que la Chambre des députés examinait et jugeait la convention du 3 octobre. Faute de charbon, le vaisseau-amiral relâcha au Grand-Bassam, où il attendit un paquebot envoyé pour le ravitailler. Il profita de cet arrêt forcé pour refaire sa toilette. Depuis sept mois, les hublots du faux-pont, par lesquels l'air frais pénètre dans le bâtiment, n'avaient pas été ouverts. La carène du navire, chargée d'herbes et de coquillages de dimensions énormes, fut nettoyée. Rajeunie et parée, la *Naïade* leva l'ancre pour visiter la Martinique et le golfe du Mexique. Elle devait terminer son odyssée par le Canada.

Ainsi l'amiral de Cuverville ne fut pas témoin du triste épilogue de sa campagne au Dahomey. Son intervention, couronnée par une pacification forcée, mais que son habileté loyale avait su rendre efficace et pleine d'espérances, aurait pu mettre un terme à tout désaccord. Pour arriver à ce complet résultat, il fallait que le commandant de la station navale restât dépositaire de toute l'autorité sur terre et sur mer et continuât l'œuvre pacificatrice. « Je regrette que cet avis n'ait pas prévalu dans les conseils du gouvernement, écrivait l'amiral, et je décline toute responsabilité pour ce qui pourra en advenir. Les affaires du Dahomey demandent à être maniées avec un tact spécial. Il ne suffit pas d'être administrateur civil pour les mener à bien... La paix qui vient d'être conclue vaudra d'ailleurs ce que vaudront les administrateurs chargés des intérêts de la France dans cette région de l'Afrique. »

M. de Cuverville déclarait en même temps que le but à peu près unique que l'on devait poursuivre sans relâche, était le développement de l'action civilisatrice par la protection accordée aux missions catholiques. C'est la civilisation chrétienne qu'il faut avant tout à ces barbares. L'amiral français se rencontrait en ce point capital avec Sir J. Marshall, gouverneur de Lagos, qui dit un jour dans un accès de franchise fort louable : « Si l'Afrique peut être conquise, c'est par l'Église catholique qu'elle le sera. »

Au lieu de suivre cette ligne de conduite si sage et à la fois si prudente, le gouvernement de la République s'empressa de remettre les pouvoirs à l'administration civile. Au départ de l'amiral de Cuverville, malgré sa demande formelle, M. de Montesquiou ne reçut que le commandement de la flotte. Les bâtiments restant sur rade n'étaient pas, il est vrai, aux ordres du Résident de France ; ils devaient simplement prêter leur concours par mer s'ils en étaient requis ; mais sur le continent le pouvoir militaire prenait fin.

C'était mécontenter à plaisir le roi Béhanzin. Il avait manifesté maintes fois sa répugnance à entrer en rapport avec les successeurs de M. Bayol. Sa Majesté professait ouvertement des préférences marquées pour les gouverneurs militaires, et ne dissimulait pas son antipathie pour les autorités civiles. Première faute qui fut suivie d'une seconde plus grave.

L'amiral de Cuverville télégraphiait, dès le 9 octobre, au Ministre de la Marine : « Le Père Dorgère a reçu un nouveau bâton du roi qui lui laisse supposer que sa présence à Abomey est encore désirée. Il m'a demandé que faire ; je l'ai engagé à déférer aux désirs du roi, si sa santé fort ébranlée le lui permet toutefois. » De nouveau, le 8 décembre, revenant sur ce sujet, l'amiral écrit : « Les cadeaux qui viennent d'arriver par la *Ville-de-Maranhao* vont permettre de sceller la réconciliation entre les rois Toffa et Béhanzin. Déjà le roi Toffa a désigné les quatre principaux laris pour porter ses présents personnels. Ces envoyés seront en même temps porteurs du grand bâton royal de Porto-Novo. Comme les eaux du Ouémé baissent rapidement, la mission va se mettre en route sans retard ; elle sera ainsi composée : M. Ballot, le Résident de France aux établissements du Bénin, chef de mission : MM. le capitaine d'artillerie Decœur, le capitaine d'infanterie de marine Hocquart, le lieutenant de vaisseau Le Blanc, le médecin de deuxième classe Bachelier. J'ai exprimé au Résident de France le désir que le Père Dorgère l'accompagnât, ce qui assurerait, à mon avis, le succès de sa mission pacifique. »

Et, dans les instructions destinées à faciliter au commandant de Montesquiou, après le départ de la *Naïade,* l'exercice d'un pouvoir qui ne lui fut pas confié, l'amiral disait : « Je compte beaucoup sur la mission qui sera chargée d'aller porter à Abomey les cadeaux offerts par le gouvernement français pour régler d'une façon définitive les difficultés qui ne l'auraient pas été jusque-là. J'ai fait connaître au Résident de France que mon intention était de le nommer chef de cette mission. Il est très à désirer, je dirai même nécessaire, que le R. P. Dorgère fasse partie de cette mission. »

Par trois fois, M. de Cuverville manifeste donc sa volonté arrêtée de

M. JOSEPH D'AMBRIÈRES, ENSEIGNE DE VAISSEAU

comprendre le Père Dorgère dans la nouvelle ambassade envoyée à Abomey : son caractère religieux et la volonté expresse de Sa Majesté Béhanzin qui lui a envoyé son bâton, tout le désigne et marque sa place à côté des représentants de la France. Cependant, par une aberration inexplicable, le sous-secrétaire d'État aux Colonies, M. Étienne, l'écarte et ne craint pas de compromettre, par cet acte d'ingratitude, le succès de la mission française. Quel que soit le sentiment qui inspira un semblable procédé, aucune mesure ne pouvait être plus maladroite et plus impolitique. Les conséquences en seront désastreuses.

On sait l'ascendant que le Père Dorgère exerça sur l'esprit du roi dès l'époque où il fut son captif ; on a vu avec quels égards la cour d'Abomey le traita lorsqu'il se rendit à la capitale; le cas que les plénipotentiaires dahoméens firent de sa personne, dans les palabres qui préparèrent la signature de la convention du 3 octobre, fut tel, que les cabécères ne voulaient pas parler en dehors de sa présence; les instances du roi le rappelant à Abomey, lui et les Sœurs de la mission, qu'il a promis de présenter au roi, l'offre faite par Béhanzin d'acquitter les frais du voyage du missionnaire et des Sœurs, tous ces témoignages de la faveur royale sont significatifs.

Non seulement le roi, mais les autorités dahoméennes elles-mêmes reconnaissent le Père comme l'arbitre universel; elles viennent encore d'exiger que l'ancien Yévoghau fût installé à Cotonou par le missionnaire. L'influence du Père Dorgère est donc prépondérante. Les intérêts de la France bien compris demandaient que cette influence fût mise à contribution. Cela échappe aux politiciens du jour et paraît si peu évident aux yeux du sous-secrétaire d'État des Colonies, qu'il télégraphie, le 6 février 1891 :

« Conseil des ministres a ratifié traité. Notifiez et envoyez mission avec capitaine Decœur ou tout autre officier. Appréciez vous-même si utile adjoindre Dorgère. » C'était une première hésitation bien peu admissible. Elle prouvait pour le moins une bien faible clairvoyance. L'hésitation ne devait pas durer, car le Résident de France écrivait au sous-secrétaire d'Etat dans son rapport du 9 mars, à propos du Père Dorgère, qui se rendit quand même à Abomey, bien qu'il n'eût pas été compris par le gouvernement français parmi les membres officiels de la mission : « Je ne puis que regretter cet incident contraire à vos instructions, mais, quand j'ai été informé du fait, il était trop tard pour prendre aucune mesure. »

Par ses instructions M. Etienne s'était donc opposé formellement à l'intervention du R. P. Dorgère.

***

Tout, en cette ambassade, qui devait dans sa pensée couronner son œuvre, fut fait au rebours de ce qu'avait prescrit l'amiral de Cuverville : sa composition, l'époque où elle eut lieu, le chemin qu'elle suivit pour se rendre à Abomey. Aussi le résultat d'une mission aussi importante, qui offrait un intérêt capital, fut-il en rapport avec la façon dont elle avait été organisée. Elle produisit l'effet contraire à celui qu'on était en droit d'attendre.

L'amiral de Cuverville, par courtoisie sans doute, au moment où quelques nuages venaient de se dissiper entre lui et M. Ballot, Résident de France, avait désigné cet administrateur habile et parfaitement renseigné sur les habitudes, les usages et les coutumes des Dahoméens, pour prendre la direction de la mission et en être le chef. C'était une affaire convenue. M. Ballot acceptait.

Déjà le Résident entreprenait dans la banlieue de Porto-Novo une tournée qui avait pour effet de rassurer les populations et d'amener les habitants à reprendre possession des villages détruits pendant la guerre. Ce rôle pacificateur trouvait son couronnement naturel dans l'ambassade à Abomey. C'est encore le Résident de France qui avait parlementé avec le roi Kékédé du Dékamé, obtenu sa soumission et arrêté avec lui les mesures de pacification qui devaient faire rentrer ses sujets dans l'ordre. Ce petit souverain avait promis de se joindre aux Français pour rendre hommage au roi Béhanzin. Enfin c'est à M. Ballot que Sa Majesté Dahoméenne venait d'écrire pour lui confirmer l'ordre donné aux troupes de se retirer et d'évacuer les territoires de Porto-Novo, du Dékamé et du Zambouiné ; lui promettant de ne faire aucun mal s'il n'était offensé par personne.

M. Ballot comptait bien se mettre en marche au plus tôt pour accomplir sa mission pacifique. Outre le Père Dorgère et le docteur Bachelier, qu'il avait agréés sur l'indication de l'amiral, il demanda l'autorisation d'emmener avec lui les quatre principaux négociants indigènes de Porto-Novo, personnellement connus du roi, parlant très correctement le français et tout dévoués à la cause de la France.

Bien que l'entreprise confiée à M. Ballot se présentât sous les plus heureux auspices, ce ne fut pas lui qui commanda la mission française. Il fut rappelé en France au commencement de janvier, au moment précis où la réponse du roi Béhanzin, favorable à l'envoi d'ambassadeurs, arrivait à Porto-Novo. M. Ballay, chargé d'une mission spéciale sur la Côte d'Or et au Bénin, prenait la place de M. Ballot comme Résident et comme Gouverneur.

Tout retard ne pouvait être que nuisible au bon effet que le gouvernement français attendait de la présentation des cadeaux du Président de la République Française. Aussi l'amiral de Cuverville aurait voulu que l'attente fût le moins longue possible. Il fallait battre le fer pendant qu'il était chaud, c'est-à-dire profiter des bonnes dispositions de Sa Majesté africaine. « Comme les eaux du Ouémé baissent rapidement, écrivait-il au ministre de la Marine le 8 décembre 1890, la mission va se mettre en route sans retard. » Trois jours après il ajoute : « La mission qui doit aller à Abomey porter les cadeaux au roi Béhanzin se mettra probablement en route vers le 15. Nous attendons d'un moment à l'autre à Cotonou les récadères porteurs du bâton du roi. » Et comme les récadères ne venaient pas, l'amiral recourt à l'intervention du Père Dorgère : « La réponse d'Abomey se fait attendre et ce délai produit le plus mauvais effet, je vous prie d'en aviser sans retard M. le Cussugan et de le prier de s'employer en mon nom à nous obtenir une prompte réponse. »

Cette lettre était du 20 décembre ; la veille, l'amiral avait reçu enfin l'ordre de partir, il levait l'ancre le 23, et, quelques jours après, la réponse de Béhanzin arrivait à Porto-Novo. Mais, comme M. Ballot était rappelé au moment où Sa Majesté faisait connaître son agrément, avant de se mettre en route pour Abomey on crut devoir attendre l'arrivée de M. Ballay dans la colonie. En sorte qu'au lieu de partir le 15 décembre, comme M. de Cuverville l'avait annoncé à Paris, la mission ne prit le chemin d'Abomey que le 9 février. Près de deux mois de retard n'étaient pas pour favoriser la réussite d'une entreprise déjà fortement compromise.

Le chemin que suivit la mission française ne fut pas non plus celui que le commandant en chef avait indiqué. Il aurait voulu que les plénipotentiaires français profitassent de l'occasion qui leur était offerte de visiter une région peu connue ; ils seraient ainsi arrivés à Abomey, par la route que devraient suivre nos troupes victorieuses, si jamais la conquête du pays venait à s'imposer. L'amiral exposait ainsi son plan dans les instructions rédigées pour le commandant de Montesquiou, alors qu'il comptait avoir cet officier pour

VOYAGE EN HAMAC

successeur à la tête de la colonie : « Je voudrais que les cadeaux fussent embarqués sur l'*Émeraude* ou sur la *Topaze*, et que ces deux chaloupes canonnières naviguant de conserve remontassent aussi haut que possible le Ouémé. La mission prendrait ensuite la voie de terre à Tohoué, par exemple. Ce serait pour nous une occasion toute naturelle de compléter la reconnaissance hydrographique que nous avons dû arrêter à Fanvié. Mais il importe, avant tout, de ne rien faire qui puisse provoquer les susceptibilités du roi, et il n'y aura lieu dès lors de remonter au delà de la frontière de Porto-Novo qu'avec son assentiment. »

Quel motif déterminant fit que la mission aiguilla dans une tout autre direction ? Faut-il en chercher la cause dans le changement de commandement, lequel passa de nos officiers de marine entre les mains des civils ? M. Ballay, nouvel arrivé, n'a peut-être pas pensé aux avantages d'un trajet auquel la stratégie devait donner la préférence. Les instructions de l'amiral ne s'adressaient pas à lui ; il a pu les ignorer. Toutefois il est plus vraisemblable de croire que les Dahoméens ne se soucièrent pas de laisser carte blanche à nos plénipotentiaires ; ils se doutèrent fort vraisemblablement de leurs projets d'exploration, qui n'étaient pas pour les rassurer.

***

Ces mutations eurent encore pour effet de modifier de fond en comble le recrutement de la mission française. Elle fut composée de M. Audéoud, chef de bataillon, commandant les troupes ; de M. Hocquart, capitaine d'infanterie ; de M. d'Ambrières, aspirant de marine ; de M. Chasles, sous-lieutenant ; d'un interprète dahoméen, du nom de Jules ; de douze tirailleurs et de soixante-dix porteurs. Enfin, quatre envoyés du roi Toffa, parmi lesquels figurait son bâtonnier, complétaient le cortège.

LE TÉLÉGRAPHE DE COTONOU VU DE TERRE

Des officiers désignés à la première heure par l'amiral, il ne restait que le capitaine Hocquart.

L'interprète Jules était un choix malheureux. Il exerçait sa profession à Cotonou. Autrefois mouleck dans la factorerie Régis de Ouidah, il en fut renvoyé à coups de chicotte à la suite de ses infidélités. C'était un voleur, habitué d'ailleurs à recevoir sur le dos la juste rémunération de ses abus de confiance. Comment les Dahoméens auraient-ils pu prendre au sérieux ce misérable, qu'ils connaissaient de longue date et qu'ils avaient vu tant de fois traité par les Blancs comme un vaurien ? Les autorités de Ouidah ne manquèrent pas de spéculer sur les antécédents fâcheux de cet homme sans conscience. Elles se concertèrent pour décider qu'elles n'useraient pas de ses services et elles l'appelèrent à la Gore. Là ordre lui fut intimé de ne jamais ouvrir la bouche lorsque les Français seraient en présence du roi. Pour plus de sûreté elles ajoutèrent des menaces, qui seraient suivies d'effet si Jules ne se conformait pas à leurs injonctions. Ainsi cet homme, dont le rôle était de la plus haute importance, se trouvait à l'avance à la merci des politiciens noirs, intéressés à en faire un instrument de leurs perfidies.

De fait, pendant tout le voyage, le commandant de la mission ne put jamais obtenir de ce misérable, médusé par la peur, qu'il traduisît aux cabécères ce qu'il avait sur le cœur et ce qu'il pensait de leur façon d'agir.

D'autre part, lorsque la mission fut rendue à Abomey, les cabécères ne s'adressèrent jamais à Jules pour traduire les paroles du monarque. Ils arrivèrent à leurs fins, qui étaient de faire dire tout ce qu'ils voulaient au roi et aux Français, sans avoir à craindre d'être trahis par l'interprète Jules. Celui-ci ayant la bouche fermée, les cabécères firent venir Alexandre, leur créature ; il avait déjà servi de truchement dans les palabres qui précédèrent la signature de la convention du 3 octobre. Alexandre était un interprète à leur dévotion. Ils pouvaient compter sur lui.

LE PORT DE PORTO-NOVO

Ces manœuvres eurent pour la mission française les conséquences les plus fâcheuses. Non seulement les paroles de nos ambassadeurs purent être dénaturées à plaisir, ainsi que les réponses royales, mais on fit faire à nos compatriotes des actes dont ils ne comprirent pas la signification humiliante. Toutes les précautions avaient été prises pour qu'ils ne pussent pas être éclairés, comme toutes les imprudences avaient été commises de leur part ; si bien qu'ils n'eurent auprès d'eux aucun homme expérimenté et fidèle pour les avertir.

Tout piège eût pu être évité si le Père Dorgère avait été, sinon placé à la tête de la mission, du moins admis dans ses rangs. Il aurait surveillé les roueries des Dahoméens, il les aurait déjouées. Le missionnaire connaissait la langue du pays. Par prudence, il ne laissa jamais même soupçonner aux Dahoméens qu'il y entendît quelque chose. Il se servait d'interprètes, avec un flegme imperturbable, comme aux premiers jours de son apostolat. Il aurait payé de sa tête une science regardée par les gens du pays comme souverainement indiscrète. Mais sa connaissance de l'idiome lui permettait, à l'insu des indigènes, de vérifier l'exactitude des traductions auxquelles se livraient les interprètes. Quels services il eût rendu à la mission Audéoud ! L'expérience qu'il avait acquise des usages du pays lui aurait permis d'avertir à temps ses compatriotes et il leur aurait évité une suprême humiliation.

Mais c'était déjà trop qu'un prêtre catholique, qu'un religieux eût été une fois chargé des intérêts de la France auprès d'un roi nègre. Surtout après avoir réussi, le succès couronnant sa diplomatie, on ne pouvait pas le mettre dans le cas de renouveler ses triomphes et d'ajouter un lustre nouveau à la foi catholique dont il était le champion.

La peur du cléricalisme fut plus forte que les conseils de la prudence. Cependant combien il était nécessaire de se garder des menées insidieuses des autorités dahoméennes !

L'aspirant d'Ambrières, dans son rapport à l'amiral de Cuverville, est très explicite sur ce point. « Nous sommes partis, dit-il, dans de très mauvaises conditions, qui ont abouti à un fait très malheureux, dont nous n'avons eu la certitude qu'après notre retour à Porto-Novo. » Et il ajoute : « Quelques mots sur les rapports des cabécères avec le roi, afin de rendre plus clair le récit de ce voyage. — Les cabécères sont tout en réalité au Dahomey ; le roi a peu d'autorité effective. Les cabécères se servent du nom du roi pour obtenir un plus grand effet de leur autorité. C'est ainsi qu'ils envoient quelquefois un faux récade du roi, et l'intéressé qui n'en sait rien peut prendre au sérieux le premier Noir venu, ramassé dans la rue pour jouer momentanément le rôle de bâtonnier du roi. Comme tous les Dahoméens ont le plus grand respect pour leur roi, ils obéissent aux faux récades aussi bien qu'aux vrais, puisqu'il n'y a aucun contrôle possible. Les cabécères seuls doivent avoir un respect tout extérieur pour le roi. Au fond ils tiennent peu compte de ses ordres. Ils ont une grande crainte de se voir pris en fraude par lui, mais ils savent se cacher. En effet les cabécères ne lui disent que ce qu'ils veulent bien. Ils dissimulent les événements qui pourraient le contrarier. Les nouvelles fâcheuses s'arrêtent à la porte de son palais. Si le roi était au courant de tout, je ne crois pas que la guerre puisse venir de lui. Le roi, d'après ce que nous avons pu voir, paraît un assez brave homme, bien disposé pour nous. Si la guerre est dans l'intérêt des cabécères et des féticheurs, qui peuvent aller de pair, la guerre aura lieu. Le roi n'y fera rien. Aussi y aurait-il peut-être un intérêt majeur, dans le cas de la guerre, à s'emparer de ces gens-là, de ceux qui ont affaire avec les Blancs. »

FROMAGERS, ARBRES GIGANTESQUES

Nous voilà bien édifiés sur la valeur morale et les dispositions des gens qui entouraient la personne royale. Si en temps de conflit la sagesse demande qu'ils soient les premiers empoignés, en temps de paix ils sont les derniers à devoir être négligés, et leurs paroles comme leurs actes sont à examiner avec soin et de très près. Il fallait donc une forte dose de naïveté pour aller se jeter entre leurs mains sans être assuré que tous leurs agissements seraient contrôlés. Cette confiance naïve, sinon coupable, sera expiée cruellement.

*
* *

Puisque la mission française ne devait pas utiliser les services du Père Dorgère, celui-ci, mandé par le roi Béhanzin, se résolut à partir en avant pour Abomey, précédant de quelques jours ses compatriotes.

Voici en quels termes le R. P. Lecron, Supérieur de la mission du Dahomey, annonça au T. R. P. Planque, Supérieur des Missions Africaines de Lyon, le départ du missionnaire : « Le Père Dorgère a dû, sur l'invitation du roi, se rendre à Abomey. Les autorités du Dahomey ont insisté pour qu'il menât, à leurs propres frais, quelques Sœurs que le roi serait content de voir. Les Sœurs Agathe, Cyrille et Germaine sont parties avec lui, et j'aime à croire que la mission en retirera avantage. »

De son côté, le lundi 9 février, l'ambassade française s'embarquait à Porto-Novo, sur l'*Émeraude*. Elle ne prit pas la direction de l'Ouémé, mais traversant la lagune et le lac Nokoué, elle débarqua à six heures du soir à Cotonou. Chacun chercha aussitôt un gîte pour la nuit.

Le lendemain matin, tous se retrouvèrent chez le commandant d'armes. Les envoyés de la France étaient attendus. Déjà la veille, en arrivant, ils ont trouvé de nombreux Dahoméens campés devant la maison du commandant. Dans sa demeure sont présents : Kouedji, le bâtonnier du roi, et Ouékétomé, cabécère de Cotonou. Ces deux personnages doivent conduire l'ambassade à Abomey.

Les premiers rapports sont courtois. Curieux de connaître la valeur et la beauté des présents offerts par le Président de la République française à Sa Majesté Béhanzin Ahi-Djéré, les envoyés du roi expriment le désir de voir déballer les caisses qui contiennent ces précieuses richesses. L'indiscrétion est de mise dans ce pays aux mœurs singulières. D'ailleurs, ces grands seigneurs noirs ne sont-ils pas les vrais maîtres? Pourquoi leur refuser cette satisfaction? La splendeur des cadeaux, la munificence des Français, la preuve éclatante de leur générosité, ne peut qu'influencer heureusement l'esprit des chefs et les disposer favorablement pour ceux qu'ils doivent guider.

On ouvre les caisses. Franchement, l'orgueil national n'eut pas à se féliciter de l'heureux choix, confié sans doute à quelque employé subalterne du ministère des Colonies. A part quelques étoffes riches et deux caisses de vin de Champagne, le reste n'était même pas convenable. Il y avait des cannes et des ombrelles de traite, des cigares à dix centimes, des miroirs de foire en carton, des trompettes d'enfant et même jusqu'à des chapelets, formant un mélange bizarre qu'agrémentaient quelques bonnets de coton.

Les représentants de la France ne manquent pas de faire une légère grimace. Ils se demandent comment ces objets de pacotille ont pu grever le budget d'une somme de trois mille francs, qui est le chiffre officiel. C'est se moquer. Il est difficile de croire que Sa Majesté sera contente.

Néanmoins les cabécères restent impassibles et l'on referme les caisses.

Elles vont être expédiées le jour même dans la matinée. Les porteurs sont au nombre de soixante-dix et ils se mettent en marche sans retard.

Devant aller à Godomey comme première étape et cette ville n'étant pas trop éloignée, la mission française attend, pour partir, jusqu'à deux heures de l'après-midi. A deux heures et demie environ, elle quitte Cotonou avec son interprète, le trop célèbre Jules.

Le cortège est imposant : trente-six hamacaires sont divisés en escouades de six hommes, quatre par hamac se relayant à tour de rôle, et deux autres pour les provisions de bouche. Les voyageurs sont emportés à un pas accéléré. Après une première halte fort courte au village dahoméen de Cotonou, la troupe franchit trois petits marigots qui traversent la plaine parsemée çà et là de quelques bosquets, bientôt elle s'engage dans les grands bois aux essences variées, palmiers, cocotiers, arbres touffus ressemblant au chêne vert.

Vers quatre heures se présente la bifurcation du chemin de Godomey-plage. Après un repos de dix minutes, l'équipage reprend sa marche et fait son entrée à Godomey.

Il est cinq heures. Les cabécères viennent au-devant de l'ambassade. Après l'offre traditionnelle de l'eau accompagnée d'une liqueur quelconque, les Français sont emmenés sur une grande place où se tiennent assis trois cabécères : celui de Godomey, son prédécesseur et le cabécère d'Abomey-Calavy. Trois fois les hamacs font le tour de la place triomphalement, et enfin les porteurs déposent leurs fardeaux à l'entrée de la Gore. Là ce sont de nouvelles cérémonies, que termine la présentation gracieuse de deux porcs et de deux cabris offerts en cadeau.

Les ambassadeurs sont libres. Ils se rendent à la maison Régis, où ils doivent passer la nuit. La place fait défaut, mais on finit par se caser quand même. La maison Fabre ne pouvait pas donner l'hospitalité au trop-plein : elle était elle-même encombrée par le Père Van Pawordt, quatre Sœurs et de nombreux enfants de la mission de Ouidah, qui, sans doute attirés par le passage des envoyés français, ont pris Godomey pour but de promenade.

Une heure après, les douze tirailleurs de l'escorte arrivent, en retard, après avoir fait les onze kilomètres qui séparent Cotonou de Godomey. Malgré la distance, relativement assez peu considérable, la route, toute en sable et malaisée, a rendu la marche très dure et fort pénible.

Le lendemain matin, tout le monde est sur pied dès sept heures. L'ambassade prend le chemin de Ouidah parallèlement à la côte. Le bruit sourd de la barre qui se brise sur le rivage arrive distinctement aux oreilles des voyageurs. Après une heure de marche environ, première halte d'un quart d'heure au milieu d'un bois, près d'une source rafraîchissante. Un petit village est dépassé ; les voyageurs traversent une région en pleine culture ; ils arrivent vers dix heures et demie près d'Hacrozou, où ils déjeunent. La course du matin est déjà de dix-huit kilomètres. Les tirailleurs sont de nouveau en retard : deux se disent malades. Stationnaires à Cotonou depuis plusieurs mois, la vie de garnison les a affaiblis ; ils ont perdu complètement l'habitude de la marche. Ce sont de fâcheux débuts.

Après le déjeuner, les envoyés de la France reçoivent la visite du cabécère Ouékétomé, le guide de la caravane. Il vient pour prendre le café. La conversation est amicale. Les propos les plus divers sont échangés. Le voyage, ses incidents et ses difficultés provoquent des questions et des réponses. Les officiers français, toujours aux aguets pour recueillir des renseignements utiles, avec adresse interrogent indirectement le cabécère sur la route d'Abomey par le cours de l'Ouémé. C'était le trajet recommandé par l'amiral de Cuverville. Mais le chef dahoméen, défiant à juste titre, et, quoique barbare,

FÉTICHES DAHOMÉENS

très au courant des avantages stratégiques de ce parcours, ne se laisse pas jouer, malgré l'habileté de son interlocuteur, et refuse tout renseignement. Il détourne la conversation et glisse comme une anguille entre les mains de qui croyait le tenir.

Cette question intéressait très vivement les officiers français, et ils auraient bien désiré l'éclaircir par tout moyen d'investigation. Leur mission était double : favoriser tout d'abord le maintien de la paix par la démarche courtoise qui les amenait à Abomey, mais en même temps, en prévision de l'avenir, préparer une expédition avec les meilleures chances de réussite. Car à la paix armée dont on jouit peut succéder la guerre, la conquête définitive.

M. d'Ambrières laisse voir clairement ses préoccupations dans le rapport très complet qu'il a rédigé pour ses chefs. Il note consciencieusement tous les détails qui peuvent intéresser au point de vue stratégique. C'est à lui que nous devons l'horaire si précis du voyage à Abomey de la mission française. « Dans le cas d'une guerre, écrit-il, la prise de Ouidah aiderait beaucoup à la conquête du Dahomey, l'expédition serait simplifiée de moitié. Cela fait partie d'un plan d'attaque que je vais vous développer et qui est basé sur les considérations suivantes : Abomey est par 7° juste de latitude, d'après trois observations que j'ai faites du passage au méridien de *Canopus ;* résultat concordant avec la topographie de la route que nous avons obtenue avec trois boussoles. De Ouidah à Abomey, sur une distance de 82 kilomètres, il y a 50 kilomètres de forêt impénétrable où l'on ne peut même pas s'avancer deux ou trois personnes de front. Il est absolument inutile de chercher à passer par là, on se ferait fusiller avant d'avoir fait cent pas. Il paraît presque aussi difficile d'aller par la route de Cotonou à Ouidah. Au contraire, dès qu'on sort du *lama*, jusqu'à Abomey, c'est-à-dire pendant une vingtaine de kilomètres, on ne voit plus qu'une brousse peu élevée avec des arbres dispersés çà et là. D'Abomey à l'Ouémé, en suivant un parallèle, il est probable qu'on ne rencontrerait point de bois, ou très peu et près du fleuve. Aux hautes eaux (puisque le barrage du Danou aux basses eaux a 60 centimètres et arrête les chaloupes), les canonnières pourraient remonter, en remorquant des chalands jusqu'à 7° de latitude, c'est-à-dire à seize milles environ et au-dessus de Fanvié. Les troupes n'auraient que 40 kilomètres au maximum à faire pour arriver à Abomey, dans un terrain relativement facile par rapport au reste du pays. Elles ne mettraient pas plus de trois jours à faire ce trajet. On pourrait facilement les approvisionner de Porto-Novo, par eau. Il ne faudrait pas oublier l'eau, car on en manque partout dans le Dahomey dès qu'on s'éloigne des fleuves, et les indigènes ne se gêneraient pas pour empoisonner leurs puits.

« Pendant ce temps un bateau, parti de Cotonou un soir avec une dizaine de pirogues et une centaine de tirailleurs, arriverait au jour à Ouidah. Ces troupes feraient diversion en s'emparant de Ouidah, ce qui distrairait une bonne partie des guerriers de Béhanzin et faciliterait la prise d'Abomey, qui est sans défense naturelle ou artificielle.

« Ce projet devrait être mis à exécution aussitôt après la déclaration de guerre. D'après ce que nous avons vu, la lenteur est le grand défaut de ces gens-là, et ils ne s'en corrigeront pas du jour au lendemain. On trouverait probablement fort peu de troupes. A Abomey, nous avons vu 2.500 guerriers, et toujours les mêmes, chaque jour de réception. Le roi nous a dit qu'il fallait trois mois pour rassembler toutes ses troupes : grosse exagération dont le fond est vrai. Il leur faut certainement beaucoup de temps pour réunir leurs hommes. »

On le voit, si le cabécère Ouékétomé ne voulut pas parler, les officiers de la mission française purent, malgré tout, se rendre compte de la topographie générale du pays et donner des renseignements précieux en vue d'une future expédition.

* * *

Après une halte de quatre heures au village d'Hacrozou, l'ambassade se remit en marche vers Ouidah, où elle débouchait, près du fort portugais, à cinq heures ; la course avait été de dix kilomètres. Une station de deux minutes à l'octroi, puis les voyageurs sont conduits en dehors, au sud de la ville, sur une grande place qui se trouve près du chemin de Ouidah-plage. C'est là qu'a lieu la réception officielle.

Tous les cabécères de la ville défilent autour des envoyés de la France. Après les rafraîchissements obligatoires, les Français remontent en hamac et gagnent la maison Régis.

Les Européens doivent, à leur tour, recevoir les autorités et leur offrir force gin et muscat. Les grands seigneurs dahoméens ne se font pas prier ; ils absorbent généreusement tout ce qui leur est présenté.

SUR LA ROUTE DE OUIDAH

Le commandant Audéoud et les deux capitaines s'installent à la maison Régis ; le sous-lieutenant Chasles et l'aspirant d'Ambrières élisent domicile à la maison Fabre.

Le lendemain jeudi 12 février, dans la matinée, les Français se rendent à la Gore. Le Cussugan les y attend. La diplomatie vraiment très habile de ces sauvages va jouer son premier acte. Déjà, pour l'observateur, les dispositions d'esprit de ces barbares roués et retors sont manifestes. Le Cussugan raconte que le prince Si-om-bé, fils de Mekpou, l'ancien roi légitime de Porto-Novo, qui habite Lagos, est monté dernièrement à Abomey voir le roi Béhanzin, à propos des funérailles du roi Glégle. Or, Toffa tenterait de persuader à ses sujets que Si-om-bé est allé exciter le roi de Dahomey contre lui. Béhanzin fait dire aux Français que c'est absolument faux et qu'ils ne doivent pas ajouter foi à ce bruit.

A cette déclaration du Cussugan, le commandant Audéoud répond simplement qu'il va en informer le gouverneur.

Que signifiait cette communication ? Dans quel but était-elle faite ? Il est assez naturel de croire que c'est Si-om-bé lui-même qui l'a provoquée; qu'il fait courir tous ces bruits dans l'espérance de voir la France mettre Toffa à pied. Il pense qu'étant fils du roi légitime de Porto-Novo, il a des chances de prendre la place de Toffa. Ce prince nègre a de singulières idées sur la fidélité des Français, les protecteurs et les défenseurs du roi Toffa. Ne serait-ce pas aussi Béhanzin qui essaierait de détourner les soupçons, alors qu'il médite quelque trahison d'accord avec le prince Si-om-bé ?

Quoi qu'il en soit, le Cussugan passe bientôt à une autre question. Il annonce qu'un messager du roi est arrivé la nuit dernière pour inviter le

Père Dorgère à monter à Abomey. Les officiers français apprennent ainsi que le missionnaire est encore à Ouidah. Ils ne manquent pas, dans la journée, de se ménager une entrevue avec lui. Il est question du récade du roi ; le Père dit qu'il n'a pas reçu celui de la veille, mais que huit jours auparavant, alors qu'il était à Agoué, Sa Majesté Béhanzin lui en a envoyé un autre. Ce fait prouve quel grand désir le roi a de revoir le Père Dorgère. Aussi celui-ci manifeste son étonnement de n'avoir pas été compris parmi les membres de la mission française.

« Comme il a l'air assez mécontent, écrit M. d'Ambrières, je lui apprends le télégramme envoyé par M. Étienne au gouverneur quelques jours avant notre départ, télégramme qui interdit au Père de faire partie de la mission. »

Dans la soirée, le Cussugan, pour se montrer aimable, invite l'ambassade française à assister à des danses. Il profite de la circonstance pour demander à ses hôtes si le Père Dorgère viendra avec eux à Abomey. « Le roi, dit-il, sera fâché si le Père ne monte pas à la capitale. » Les Français répondent d'une façon très formelle que le Père ne fait et ne fera pas partie de la mission. Ils ajoutent : « S'il veut monter à Abomey, cela le regarde. » Dans l'échange des propos, les officiers apprennent que le lieutenant du fort portugais est parti depuis quelques jours pour Abomey. Dans quelle intention ? Tout est à supposer.

Le lendemain vendredi, les autorités, qui tiennent évidemment à ne pas mécontenter le roi, avertissent le Père Dorgère qu'il doit faire ses préparatifs de voyage. Le Père se décide, selon le désir de Sa Majesté, à aller à Abomey pour le bien de la mission catholique. A la demande du roi, il emmènera avec lui trois Sœurs, dont la Mère Supérieure de la mission de Ouidah. Pour donner moins de prise aux mauvais propos, il montera avant la mission française. Celle-ci attendra six jours à Ouidah l'arrivée d'un nouveau bâton du roi.

La situation est assez singulière, par suite de la maladresse du ministère des Colonies. Du moment où le Père Dorgère ne fait pas partie de la mission, le passage est pour lui, puisque c'est lui qui est appelé par le récade royal, et l'ambassade française est obligée d'attendre. La scission, voulue en haut lieu, produit déjà des effets fâcheux. Les autorités dahoméennes tenteront de les atténuer ; elles le déclarent nettement : elles s'arrangeront de façon que le roi ne sache pas que le Père Dorgère ne fait pas partie de la mission française. Les cabécères redoutent l'effet déplorable que produirait une pareille inconséquence.

Le dimanche 16 février, l'ambassade française, qui est toujours dans l'attente, reçoit, par l'entremise des cabécères, un cadeau de la part du roi. Il y a six cabris, vingt poules, douze paquets d'igname et quatre sacs de cauris pour les laris du roi Toffa.

Afin de charmer leurs loisirs, les officiers se promènent dans la soirée hors de la ville. Ils peuvent, sans qu'on leur oppose aucune difficulté, aller jusqu'à Zivo.

Le lendemain lundi, soit pour occuper le temps, soit pour satisfaire une curiosité puérile, les cabécères appellent le commandant Audéoud à la Gore et ils font déballer de nouveau les cadeaux du Président de la République. Toutes les autorités de Ouidah assistent à cette nouvelle exhibition.

Il peut très bien se faire que les chefs, déjà au courant de la nature du contenu des caisses, aient manifesté leur impression à leurs collègues de Ouidah. Ceux-ci auront voulu s'assurer par eux-mêmes de la valeur des offrandes. La lésinerie de M. Étienne ne doit pas les disposer bien favorablement.

Dans la soirée, un récade du roi vient enfin annoncer aux membres de la mission française qu'ils partiront le surlendemain. Il est décidé qu'ils mettront quatre jours pour aller à Kana, et qu'ils y séjourneront vingt-quatre heures.

Le lendemain mardi, 17 février, le Père Dorgère prend les devants, avec trois Sœurs, deux garçons et deux filles de la mission catholique. C'est Pedro, l'homme chargé des affaires intérieures de la Gore à Ouidah, qui conduit la caravane.

***

Le mercredi de bon matin, les hamacaires des officiers français se présentent. Mais comme ils n'ont pas encore touché leur subsistance, qui leur est donnée en monnaie, c'est-à-dire en cauris, ils ne sont prêts qu'à dix heures. La mission française part enfin, accompagnée par le Cussugan, Zizidogué, Oukéou, Ouékotomé et Kouedji. Elle traverse, peu de temps après, un marigot et arrive à onze heures passées à Savi. On déjeune. En route à 2 heures 5; on passe le pont de Savi et l'on entre à Tori à 3 heures 40. C'est un trajet de neuf kilomètres. La route est peu boisée avant Savi, mais après le pont on entre en pleine forêt.

L'ambassade est reçue à Tori très simplement, sur une grande place entourée d'arbres magnifiques.

Il faut attendre longtemps les porteurs, qui ont eu cependant peu de chemin à faire. Ce n'est pas la fatigue qui prolonge leur repos, mais leur mécontentement. Ils comptaient sur de grandes largesses de la part des Français; étant déjà entretenus par Béhanzin, ils reçoivent peu; ils sont désappointés. Les gens du roi sont censés n'avoir besoin de rien; mais en pratique rien n'est plus faux. Le commandant Audéoud est obligé de s'armer de patience. On ne peut rien obtenir de ces brutes, même en se plaignant aux cabécères. Il faut se plier à leurs caprices.

Ils se décident enfin à se remettre en marche le lendemain jeudi, 19 février, à 6 heures 30. La route continue toujours à travers la forêt. Elle est large de quatre mètres, parfois de six mètres. Les Dahoméens l'ont tracée par honneur, disent-ils, pour l'ambassade française, en abattant à droite et à gauche du sentier les grandes herbes et les arbustes. Ils racontent qu'à Ouidah on a fait aussi quelques changements dans cette intention, avant l'arrivée des Français ; les alentours de la Gore, du temple des serpents et de la maison allemande ont été nettoyés ; on a coupé les broussailles à ras de terre.

A 7 heures 45, les voyageurs passent devant le village d'Azokue-Kavakba (petit Azokue) et ils font une halte d'un quart d'heure à Azokue même. Vers 9 heures 1/2, ils traversent un pâté de maisons : c'est la douane d'Allada. Après dix-sept kilomètres de marche, à 9 heures 50, ils entrent dans Allada. Avant d'arriver, les officiers français remarquent une petite place, dont les Dahoméens ont fait un parc d'artillerie ; il y a quatre canons de deux mètres de long environ et un d'un mètre.

UN GROUPE DE FROMAGERS

A Allada, l'ambassade est encore reçue sans cérémonie : on l'installe sous un grand apatame, près des murs du palais de l'ancien roi d'Allada.

Au moment du départ, les cabécères font apporter un cadeau de la part du roi ; il comprend deux cabris, deux porcs, huit poules et des cocos. Le Cussugan et Kouedji, qui veulent gagner les bonnes grâces des Français, leur donnent des œufs, des oranges et des bananes. Ces amabilités compensent la simplicité des réceptions faites sur le parcours. Il y a dans l'accueil des Dahoméens une attitude pleine de froideur, qui devrait ouvrir les yeux des envoyés de la France, et qui plus tard s'expliquera, malheureusement.

En sortant de la ville, vers deux heures, les officiers français aperçoivent de nouveau à leur gauche de l'artillerie : ils peuvent compter jusqu'à huit canons d'un mètre de long environ. Les voyageurs poursuivent leur chemin ; ils traversent le village de Danou, celui d'Atogo, et font halte vers quatre heures à Revi. Après un trajet de quatorze kilomètres, toujours au milieu d'une forêt, ils s'arrêtent à 5 heures passées à Onagbo. La marche sous bois, avec un soleil dont les rayons sont tamisés par le feuillage, n'a pas été fatigante ; elle n'est pas dépourvue de charmes, car parfois l'œil se repose en contemplant de ravissantes percées qui s'étendent au loin au travers de la brousse et des grands arbres.

Le lendemain vendredi, 20 février, la caravane se met en marche de bonne heure, car les voyageurs devront traverser à pied le lama. Dès 5 heures 55, la troupe s'ébranle et arrive à Egpé à 7 heures 10. Là elle doit attendre un cabécère, qui se présente au bout de vingt minutes. A 7 heures 55, il faut descendre de hamac, on est arrivé à l'entrée du lama. On fait sept kilomètres pour atteindre le petit village d'Oudonou, perdu au milieu des marais. Après douze minutes de halte, les Européens, fatigués par la course, essaient de remonter en hamac ; mais le chemin n'est praticable que pour un seul piéton, il faut marcher à pied encore pendant cinq kilomètres, jusqu'à 10 heures 22.

« Le lama, dit M. d'Ambrières, n'a absolument rien de commun avec tout ce qu'on a raconté, ou ce que marquent les cartes. De marais, il n'en existe pas. A droite et à gauche de la route nous cherchons en vain une trace qui puisse nous faire croire que l'eau y a séjourné. Le lama se réduit au chemin lui-même, qui est en contre-bas d'un mètre parfois ; le terrain qui est argileux, présente les formes les plus bizarres ; il y a beaucoup de cuvettes Le chemin est tortueux, escarpé, très dur à la marche. On rencontre de grosses mottes de terre dures comme de la pierre, car il n'y pas une goutte d'eau dans le chemin à cette époque, et le soleil s'est chargé de durcir la terre. D'Egpé à l'entrée du lama on descend assez rapidement, puis la pente diminue beaucoup pour devenir ascendante à Oudonou. Au delà, on descend d'une façon continue. L'eau ne peut donc pas séjourner dans le chemin d'une façon constante ; elle ne peut rester que dans les cuvettes. »

A 10 heures 45, les voyageurs passent devant Aévidji ; à 11 heures 20, ils arrivent à Agrimé. Ils s'y reposent pendant l'après-midi et repartent à 4 heures 48, pour arriver à 5 heures 50 à Zogodo, à une distance de six kilomètres. Ils y campent pendant la nuit.

Dans le lama les bois avaient sensiblement diminué, la végétation y est bien moins active. Plus loin, le lama franchi, la route est déboisée. On n'aperçoit qu'un peu de brousse et quelques arbres rabougris. Le soleil est moins supportable et l'air est malsain. Jusque-là les officiers avaient joui d'une bonne santé. Le lieutenant Chasles est le premier frappé : un fort accès de fièvre affaiblit ses forces.

Le samedi 21, départ à 6 heures 35. La caravane salue au passage les villages d'Aidagboué et de Romadou. Vers 7 heures 1/2, elle arrive sur une légère hauteur qui lui permet d'apercevoir, au delà de la vallée qui se déroule au loin, Kana, la ville sainte. Après avoir descendu une pente pendant cinq minutes, les voyageurs franchissent un marais qui occupe le fond. « Il est probable, dit M. d'Ambrières, que dans la saison des pluies ce marais est un cours d'eau qui va se déverser dans l'Ouémé, car la vallée court franchement dans la direction de l'Ouest à l'Est. »

Une maison fétiche apparaît près de l'eau. Il faut mettre pied à terre pour passer devant. Bientôt une rampe de trois à quatre cents mètres conduit aux premières maisons de Kana.

*
* *

Kana est une grande ville, divisée en salams ou quartiers avec jardins. L'escorte des officiers français met plus de trois quarts d'heure à se rendre de l'entrée de la ville au lieu qui lui est désigné comme résidence : cela fait un trajet de deux kilomètres à travers la cité. Pour la première fois les habitations offrent quelques parties construites avec des pierres, ou plutôt avec de petits cailloux. Les habitants en usent pour consolider la *bane* avec laquelle ils élèvent les murailles de leurs maisons. La bane est le nom donné à la terre rouge du pays ; quand elle a été mouillée et qu'elle a fermenté suffisamment, elle est bonne à bâtir. Un autre produit sert à faire une sorte de teinture rouge ou jaune, employée pour l'ornementation.

LES MÈRES ET LEURS ENFANTS !

Dans la journée, les ambassadeurs reçoivent un visiteur de marque. C'est un prince du sang. Il annonce au milieu de la conversation qu'il a vu, le jour même, le Père Dorgère.

Le missionnaire s'est donc arrêté à Kana ; sans doute les cabécères l'ont obligé à attendre l'arrivée de l'ambassade, ne voulant pas qu'il entre à Abomey séparément, de peur que le roi ne vienne à savoir qu'il ne fait pas partie de la mission française.

Cependant le capitaine Decœur et l'aspirant d'Ambrières, désirant aller visiter le Père Dorgère, demandent à Ouékétomé et à Kouedji où le missionnaire demeure. Les cabécères font semblant de s'en informer et répondent que le Père Dorgère est parti pour Abomey, afin de servir d'interprète au lieutenant portugais Santos. C'est un mensonge, mais dans quel but ? Les cabécères ajoutent que le roi serait fâché s'il apprenait que les Français se sont promenés dans la ville, parce que cela pourrait faire croire qu'ils s'ennuient et qu'ils veulent revenir à Ouidah.

Ce propos est encore inspiré par un motif caché. L'ambassade est confinée chez elle. Ceux de ses membres qui sont encore vaillants doivent se contenter de faire les cent pas devant leur demeure ; le capitaine Hocquart et le lieutenant Chasles, malades, se reposent.

Cependant, le lendemain dimanche, 22 février, la consigne est levée. Les cabécères font avertir les Français qu'ils peuvent aller voir le Père Dorgère. Les chefs avaient donc menti la veille. Sans doute la demande qui leur avait été adressée les avait surpris. Ils ont eu le temps de réfléchir et de combiner leurs plans.

Le capitaine Decœur se rend avec M. d'Ambrières à la demeure du Père. En route, la fièvre saisit le capitaine : c'est la troisième victime. Le missionnaire est logé à l'entrée de la ville. Il faut traverser Kana dans toute sa longueur. Le Père Dorgère apprend à ses compatriotes qu'il est dans la ville depuis deux jours ; et comme il n'a pas de cabécère pour le conduire à Abomey, on l'a fait attendre.

Dans la soirée arrivent des messagers du roi ; ils viennent pour ouvrir à l'ambassade française les chemins d'Abomey.

Le Père Dorgère et les Sœurs sont mêlés aux envoyés de la France lorsque les représentants de Sa Majesté africaine accomplissent leur mission. « Un ambassadeur du roi, écrit la Sœur Cyrille, est venu à notre rencontre avec une escorte de cinq cents soldats. Plus de deux mille coups de fusil furent tirés en notre honneur. » En effet, ce fut pendant une heure sans interruption des décharges assourdissantes de mousqueterie.

Dans ces honneurs étaient donc comprises à la fois et la mission française représentée par le commandant Audéoud avec ses compagnons, et la mission catholique représentée par le Père Dorgère et les Sœurs. M. d'Ambrières dit, dans son rapport, que le missionnaire et les religieuses se joignirent à l'ambassade française parce que cela les dispensait de recevoir chez eux les messagers du roi. N'ayant emporté ni liqueurs, ni étoffes, pour répondre aux cadeaux des cabécères, et ne s'étant mis en route qu'à la condition qu'ils n'auraient rien à débourser, le Père Dorgère et les Sœurs évitaient ainsi les inconvénients de leur dénuement volontaire. Mais il est plus exact de dire que les autorités dahoméennes étaient arrivées à leur fin. Redoutant la colère du roi si le missionnaire n'était pas compris dans la mission française, elles atténuaient par leurs manœuvres la faute commise par le sous-secrétaire d'État des Colonies. En apparence, représentants de la mission catholique et représentants de la France ne formaient qu'une seule ambassade à laquelle s'adressaient les hommages des envoyés de Sa Majesté Béhanzin. Ceux que les vrais intérêts de la France n'auraient jamais dû voir séparés, se trouvaient de fait réunis.

Le malheur fut que cette séparation voulue et ordonnée rendit possible la trahison et l'insolence de certains chefs dahoméens : elle livra les Français inexpérimentés et peu défiants à la duplicité des Noirs. En accumulant faute sur faute, le ministère des Colonies a encouru la responsabilité de la suprême humiliation qui va être infligée à l'ambassade française et réduire à néant tous les efforts des pacificateurs du Dahomey.

XIII

La Mission Audéoud à Abomey.

(1891)

Départ de Kana. — Le Cussugan demande qu'un rameau d'olivier soit porté par un tirailleur et par un lari. — Refus du commandant Audéoud. — Le Père Dorgère calomnié. — Arrêt à Goho. — Entrée triomphale à Abomey. — Réception royale. — Retour à Goho. — Le commandant Audéoud accorde que les rameaux d'olivier soient portés en tête du cortège. — Le Père Dorgère et sa suite sont en faveur. — Nouvelle entrée solennelle à Abomey. — Seconde entrevue avec le roi. — Plusieurs jours de repos. — Nouvelle visite au roi. — Longue attente. — Le Père Dorgère et les Sœurs sont mieux traités. — Quatrième entrevue avec le roi, au palais de Djébi. — Audience particulière. — Discours du roi. — Invitation à déjeuner au palais. — Cadeaux du roi. — Échec de l'ambassade. — Elle est retenue à Abomey par le mauvais vouloir des Cabécères. — Dernière entrevue du Père Dorgère et des Sœurs avec le roi. — Retour à Ouidah en quatre journées. — L'ambassade attend vainement le Cussugan. — Elle part pour Cotonou. — La trahison du Cussugan est confirmée. — Conséquences désastreuses.

Le lundi matin, 23 février, la mission française libre de ses mouvements, les chemins pour Abomey lui ayant été ouverts par les messagers de Béhanzin, quitte Kana, la ville sainte.

Au sortir de la cité, elle défile de nouveau devant une rangée de canons et au milieu de nombreux fétiches. Se pliant aux exigences du cérémonial et par condescendance pour les usages du pays, les voyageurs quittent leurs hamacs pour passer à pied devant les fétiches.

La route de Kana à Abomey a un aspect grandiose : sa largeur varie entre vingt et trente mètres. Elle est bordée de nombreux villages, qui se succèdent presque sans interruption. « J'en note, écrit M. d'Ambrières, à 8 h. 30, à 8 h. 40, à 8 h. 50, à 8 h. 55, à 9 h. 5, à 9 h. 15, à 9 h. 20. Ce sont les faubourgs d'Abomey. Enfin nous arrivons à Goho à 9 h. 30, où nous restons pour déjeuner. »

C'est après ce repas, dans l'après-midi, que le Cussugan exprime pour la première fois son désir de voir un des tirailleurs sénégalais de l'escorte et un lari porter un rameau d'olivier, pour bien montrer à tout le peuple que la paix est signée. Cette proposition met le commandant Audéoud en défiance. Il redoute quelque trahison. Ce symbole peut signifier autre chose qu'une réconciliation, et n'être pas uniquement un signe de paix ; peut-être

OFFICIER FRANÇAIS JOUANT DU TAM-TAM EN FAMILLE

indique-t-il aux yeux des Dahoméens la soumission. Le premier mouvement du commandant est de refuser. Le Cussugan insiste ; il fait intervenir les interprètes. Ils sont consultés, leur témoignage est invoqué. Ces gens-là s'entendent comme larrons en foire : leurs réponses leur sont dictées. Ils affirment que les rameaux portés n'ont aucune signification fâcheuse. La bonne foi des laris est mise à contribution, mais par l'intermédiaire des interprètes. Leur avis est d'accord avec celui de leurs compatriotes. Du moins, les interprètes en traduisant leurs paroles, les font parler dans leur sens. Faut-il les croire ? Un seul homme aurait pu donner un bon conseil dans la circonstance. Son expérience, sa connaissance de la langue le désignait pour remplir cet office. Il a été écarté : il ne fait pas partie de la mission. Il n'est pas présent lors de ces pourparlers, et l'on ne fait pas appel à ses lumières.

Des écrivains, mal informés ou peut-être mal intentionnés, ont accusé le Père Dorgère d'avoir joué dans l'occurrence un rôle odieux. Ils ont été jusqu'à l'accuser de trahison. Ils supposent que lui-même a conseillé au commandant Audéoud de se présenter à Abomey avec le symbole proposé par le Cussugan. L'un d'eux, dans un livre rempli d'erreurs, a écrit : « C'est sur les conseils misérables de ce prêtre que nos officiers se présentèrent devant Béhanzin, une guirlande de verdure pendue au cou. » L'invraisemblance de l'accusation est manifeste.

Dans le journal écrit au jour le jour par les membres de la mission Audéoud, les détails les plus minutieux sont notés avec soin, presque minute par minute, et on n'y trouve pas même une allusion au fait qu'affirment seuls des hommes que la haine du prêtre a aveuglés. Il ressort clairement des documents circonstanciés, à la disposition de tous les esprits de bonne foi qui auraient la curiosité de les consulter, que le Père Dorgère, le missionnaire patriote, ne fut mêlé en rien à l'incident. Malheureusement on ne pensa pas à l'interroger ; peut-être ne voulut-on pas lui demander son avis. Par ordre ministériel il ne faisait pas partie de l'ambassade française. Ce fut un grand tort. On le voit.

En raison de cet ostracisme, il est doublement injuste de le rendre responsable de fautes qu'il eût été incapable de commettre et qu'il aurait su faire éviter.

Dans son rapport si détaillé et si précis, M. d'Ambrières relate ainsi le fait en question : « Dans l'après-midi, Cussugan vient nous exprimer son désir de voir un de nos tirailleurs et un lari porter un rameau d'olivier pour bien montrer à tout le peuple que la paix est signée. Le commandant, qui a peur de voir là-dedans un signe de soumission, s'y refuse tout d'abord, mais les interprètes nous affirment que cela n'a point cette signification, et ils nous traduisent la même réponse de la part des laris. » Et c'est tout. Il n'est pas question du Père Dorgère.

Où se trouvait le missionnaire à ce moment ? Il était à Goho comme l'ambassade. Il eût été facile de l'envoyer chercher et de le consulter. Pourquoi ne le fit-on pas ?

On peut se demander comment de lui-même le Père Dorgère n'avertit pas de la faute commise.

Il ressort du journal de M. d'Ambrières que le commandant ne dut pas céder lorsque le Cussugan manifesta pour la première fois son désir ; le Cussugan revint à la charge le lendemain, comme nous l'apprend M. d'Ambrières dans son journal. Si le Cussugan renouvela sa proposition de la veille, c'est qu'il n'avait pas encore obtenu satisfaction. Et il n'est pas dit dans le récit de M. d'Ambrières que le Père Dorgère fît corps le lendemain avec l'ambassade française. Encore une fois le malheur est là. Pourquoi le missionnaire avait-il été écarté et l'avait-on contraint de faire bande à part ? La faute fut ainsi consommée sans qu'il en eût connaissance : on l'avait sciemment mis dans l'impossibilité de la prévenir, de la constater ou de la réparer à temps.

*
* *

Pour plus de précision, et afin de dégager la part de responsabilité qui revient à chacun, il faut citer le journal de M. d'Ambrières, document en partie inédit, qui est le meilleur et le plus sûr des témoignages à invoquer.

Il raconte d'abord l'entrée triomphale de l'ambassade française dans la capitale du Dahomey, alors que le Cussugan n'a pas encore obtenu que le commandant Audéoud fasse droit à sa requête.

« Le lundi 23, à 3 h. 30, écrit M. d'Ambrières, on nous fait aller au milieu de la grand'route, en face du palais du roi. On y a installé des chaises et des parasols. Nous nous asseyons avec le Père Dorgère et les Sœurs, entourés de tous les cabécères qui nous ont accompagnés pendant le voyage. Au loin devant nous, sur la route, de nombreux parasols et pavillons multicolores qui flottent au-dessus des têtes d'une foule énorme de gens et de soldats ; avec cela une poussière et un soleil aveuglants. Nous allons recevoir successivement tous les cabécères d'Abomey. Les premiers, tournant trois fois autour de nous, viennent nous saluer et dansent un instant selon les rites. Ils sont précédés de leurs guerriers et suivis de leur musique. Leur personnel varie de vingt à cinquante hommes. Eux-mêmes sont montés à cheval, souvent en amazones ; ils sont soutenus de chaque côté par un individu, tandis que le cheval est tiré devant par le licol et qu'un quatrième personnage le pousse par derrière. Le parasol, signe distinctif du rang de cabécère, est toujours porté avec un balancement méthodique au-dessus de sa tête.

« Comme l'heure avance, le grand-maître des cérémonies conduit directement les cabécères devant nous sans les faire tourner et supprime les danses ; néanmoins les présentations durent longtemps.

« Après les cabécères, vient le défilé des troupes de parade qui sont actuellement à Abomey.

« Une dizaine de compagnies, dont l'effectif varie de trente à quarante hommes, passent à tour de rôle devant nous. Ces troupes sont invraisemblablement habillées de costumes des plus grotesques et à la fois des plus pittoresques. Chaque compagnie a son uniforme spécial ; en général, il est très léger. Il se compose d'un pagne d'une couleur déterminée, de nombreux fétiches autour du cou et des bras, et d'une coiffure plus ou moins excentrique.

« Deux compagnies se distinguent parmi les autres. Les guerriers de l'une ont des pantalons dont les jambes droites sont vertes et les gauches noires ; les casaques sans manches qui recouvrent leur buste se terminent dans le dos par une queue. Les soldats de l'autre ont la tête ceinte d'une queue bien fourrée, qui leur forme une auréole, et ils se peignent des cercles blancs et rouges sur les mollets.

« Les soldats dansent très bien et avec beaucoup d'ensemble ; un coutelas entre les dents, ils brandissent leurs fusils de différentes façons en se balançant de droite à gauche et en tournant sur place. En même temps, ils font des contorsions horribles et roulent des yeux féroces. Tantôt ils foncent sur nous en courant, s'arrêtent au moment où ils sont sur nous, et nous font des gestes menaçants ; tantôt ils se retirent pour recommencer le même manège. Tout cela en chantant, pendant que le bruit du tam-tam s'allie au son lugubre des

OFFICIERS FRANÇAIS AU MILIEU DE LEURS AMIS DAHOMÉENS

cornes en dents d'éléphant et au son criard des clochettes de fer. Les coups de fusils ne cessent pas un instant.

« A 5 heures, le défilé se termine par la présentation de tous leurs drapeaux et d'une dizaine de piques surmontées de crânes humains. Nous nous levons et suivons en hamac la route d'Abomey. Nous sommes précédés par les cabécères et les troupes, tandis qu'une multitude innombrable de gens du peuple nous accompagne des deux côtés de la route. Deux ou trois cents mètres avant d'arriver, nous rencontrons une longue file de grands fétiches qui sont assis sous des apatames au milieu de la route.

« Enfin voici les portes de la ville, ou, pour plus exactement parler, une percée dans les murs. Il ne reste d'ailleurs que quelques vestiges de ces murs, qui sont bien tombés en ruine. Des pans de cinquante mètres de long, de temps en temps, restent encore debout. Nous apercevons également les traces d'un ancien fossé qui a dû faire le tour des murailles, mais il n'existe guère qu'au passage par lequel on nous a fait entrer dans la ville ; il y a un petit pont que nous passons à pied. Le mur a un mètre d'épaisseur environ à cet endroit. Le gardien de la porte, qui est un cabécère, vient nous saluer ;

on tire vingt et un coups de canon en notre honneur, puis nous remontons en hamac. Nous marchons très lentement et nous mettons près d'une demi-heure à arriver sur une place immense.

« Un des côtés de cette place est formé par les murs du palais royal. A la porte d'entrée, sous un apatame, se trouve le roi. Il est allongé sur un grand divan en soie ; à ses côtés se tiennent ses femmes de service. Un peu plus loin, une centaine de femmes du palais se tiennent accroupies autour

COUR DU PALAIS ROYAL D'AGONY

de femmes cabécères. A une dizaine de pas en avant et de chaque côté se trouvent des amazones au nombre de neuf cents. En suivant le contour de la place, on trouve une centaine de cabécères sous leurs parasols, entourés de leurs guerriers ; puis enfin les troupes qui sont venues défiler devant nous. Le centre de la place est inoccupé. Nous comptons 2.500 fusils et évaluons approximativement la population à dix mille personnes.

« Nous faisons une fois le tour de la place, puis nous descendons de hamac en face du roi. Nous nous approchons à une distance d'une trentaine de mètres, qui est déterminée par une ligne de bambous, et nous saluons le roi.

« Celui-ci se lève et vient à nous, entouré de ses femmes de service. L'une d'elles tient un parasol au-dessus de sa tête, une autre lui évente la tête, une autre les pieds, une quatrième tient un crachoir en argent, une cinquième a la charge de lui essuyer la bouche, etc. Il fume constamment une longue pipe, qu'il garde dans la bouche tandis qu'il nous adresse la parole. C'est un homme assez grand, d'une quarantaine d'années environ ; ses cheveux commencent à grisonner, il n'a presque pas de barbe. Il a l'œil assez vif, le regard hautain et souvent dur ; le geste est brusque. Il nous demande si nous avons fait bon voyage et si nous nous portons bien ; puis il retourne sous son apatame en se dandinant. Tous les cabécères lui crient : « *Té, té, také...* « *ladé.* Prends garde, ô mon roi ! » Si le roi buttait ou tombait, des têtes tomberaient certainement aussi.

« Alors nous engageons une conversation à trente mètres de distance. Le roi parle : son premier ministre répète en criant ses paroles ; le Cussugan les transmet à l'interprète et nous savons alors seulement ce que le roi a dit, ou ce qu'on a bien voulu nous dire. Il s'étonne de la longueur de nos sabres. »

M. le capitaine Hocquart ajoute dans son rapport que la conversation, dans les quatre premières séances, est restée des plus générales, écourtée presque toujours par la tombée de la nuit.

« Le roi, continue M. d'Ambrières, fait danser les amazones. Elles portent une casaque sans manches, jaune devant et bleue derrière, un pagne écossais avec dessus rouge et un bonnet de police noir et rouge. Elles ont le même fusil à pierre que les guerriers et portent de nombreux fétiches. Cussugan nous raconte très sérieusement qu'elles ne meurent jamais de maladie et qu'elles ressuscitent, même lorsqu'elles ont eu le cou coupé. Quelques amazones sont jeunes, la plupart sont d'un âge mûr, quelques-unes ont des cheveux blancs. Elles paraissent assez guerrières, et lorsqu'elles dansent, elles ont l'air non moins terribles que les hommes. Il est vrai que la danse excite les Noirs à un point extraordinaire, dont ne peut se faire une idée une personne qui ne l'a pas vu.

« Leurs ballets sont assez beaux et très curieux. Après les amazones, on fait venir devant nous les gardes du corps du roi, qui sont au nombre de 500. Ce sont les plus beaux hommes du royaume, ils ne vont jamais à la guerre. On les reconnaît facilement à leurs bonnets rouges, ornés sur le devant d'un colimaçon doré. Après eux, vient une troupe de gens qui sont tous bourreaux.

« Le roi nous dit alors le courage de ses troupes, que celles que nous avons vues ne sont rien, qu'il lui faut trois mois pour les réunir. Toffa a été la cause de la guerre, mais nous sommes à jamais amis, et il est très content de nous voir.

« Il est neuf heures, on nous fait boire ; puis le roi nous ayant donné rendez-vous pour demain, nous partons, les cabécères en tête. Nous sortons de la ville par un autre chemin et, après une demi-heure de marche, nous arrivons dans l'ancienne maison du chacha, où nous devons demeurer pendant notre séjour à Abomey.

« Nous recevons à notre tour les cabécères et nous ne pouvons nous mettre à table qu'à onze heures du soir. C'est une rude journée.

*
* *

« *Mardi 24 février*. Le matin nous recevons le bâton du roi qui vient nous demander des nouvelles de la nuit. C'est l'habitude tous les matins, paraît-il. Le commandant envoie son bâton au roi et aux grands cabécères.

« Nous partons à une heure de l'après-midi pour Goho, où nous attendons

FÉTICHES A L'ENTRÉE DU PALAIS ROYAL D'AGONY

jusqu'à 3 h. 30 l'arrivée des cabécères. La réception commence parfaitement identique à celle d'hier.

« Cussugan insiste encore pour faire porter les rameaux d'olivier. Le commandant discute pendant un quart d'heure et finit par céder devant les promesses réitérées de tout le monde. »

Ainsi, d'après le document que nous citons textuellement, après une première entrée triomphale, la mission française revient le lendemain à son point de départ, à Goho. La réception de la veille recommence, et cette fois il est certain que les rameaux furent portés. Pourquoi ce double cérémonial identique, ce retour sur Goho pour rentrer une seconde fois à Abomey, par la même route? Le premier jour, le Père Dorgère et les Sœurs étaient avec l'ambassade française. M. d'Ambrières avec sa précision habituelle signale leur présence.

Le second jour, il n'est plus question ni du missionnaire ni de ses compagnes. Pour le troisième jour, M. d'Ambrières ne parle pas de nouvelle réception. Cependant, dans une lettre au R. Père Planchon, la Sœur Cyrille dit: « A Abomey, il y avait plus de vingt mille personnes pour nous saluer et la même cérémonie s'est renouvelée trois jours de suite. »

La comparaison des deux récits laisse donc supposer que le Père Dorgère et les Sœurs eurent des réceptions distinctes. Une autre partie de la lettre de la Sœur Cyrille permet de le conjecturer. Elle écrit : « Nous voyons le roi tous les jours et, de plus, nous avons été reçus six fois en particulier. Le roi paraît aimable et appelle le Père Dorgère *son véritable ami.* » Or l'on verra, d'après le journal de M. d'Ambrières, que l'ambassade française, à son grand étonnement, loin de voir le roi quotidiennement, passa plusieurs jours de suite sans même entendre parler de Sa Majesté. Les faveurs paraissent réservées au missionnaire et à ses compagnes.

Toutefois dans la réception du second jour le roi Béhanzin se montra plus affable pour l'ambassade française. Le récit de M. d'Ambrières nous l'apprend. Il est facile de comprendre pourquoi les dispositions du roi sont meilleures.

« Lorsque nous arrivons sur la place d'Abomey, le roi vient encore nous parler, mais il a changé de physionomie. Il paraît plus aimable, demande nos noms, s'enquiert en souriant de notre santé et de celle du capitaine Decœur, qui est malade depuis hier et qui n'a pu venir. Mais de retour à son trône, il engage une conversation insipide et ennuyeuse. Il nous vante la valeur de ses guerriers, ses 1.880 chefs de guerre qui ont chacun 4.000 hommes sous leurs ordres. Il nous raconte l'histoire de son peuple et les exploits de ses soldats depuis les temps les plus reculés. Il insiste même d'une façon déplaisante. Enfin nous réussissons à lui faire changer de conversation et il termine en nous disant qu'il est un père pour nous et que nous serons traités comme ses enfants.

« Nous nous retirons à neuf heures, après les rafraîchissements. Nous recevons les cabécères à la maison et nous leur faisons des cadeaux.

« *Mercredi 25.* — Nous allons faire visite au Père Dorgère et aux Sœurs qui habitent à quatre minutes de chez nous.

« *Jeudi 26.* — Cussugan, Zizi-Dogué et Ounkésé viennent nous voir au moment du déjeuner ; ils nous disent que nous ne serons pas appelés chez le roi, parce que celui-ci veut nous laisser reposer. Dans la soirée nous recevons un cadeau du roi : quatre bœufs, dix cabris et vingt poules.

« *Vendredi 27.* — Nous allons nous promener dans la soirée. En sortant de chez nous, nous entendons un bruit de clochettes et nous voyons trois femmes qui s'avancent, un canari sur la tête. Ce sont les femmes du roi. Le hamacaire qui nous accompagne nous fait arrêter à trente pas et ne veut continuer son chemin que lorsqu'elles sont fort loin. C'est la coutume. Nous nous avançons un peu plus que notre hamacaire, qui a l'air fort choqué de notre façon de procéder. Quelques instants après, nous dépassons la maison du Père Dorgère, et notre hamacaire, qui craint de nous voir arriver des histoires, refuse de nous accompagner plus loin et va avertir les autorités. Pedro, qui était sur la porte de la maison du Père Dorgère, nous sert de guide. Nous marchons vingt-cinq minutes dans le Sud et nous arrivons sur le sommet d'un monticule d'où nous apercevons quelques collines dans le Sud-Ouest. En revenant sur nos pas nous rencontrons Ouékotomé, l'interprète et des gens qui couraient après nous. Nous envoyons promener Ouékotomé, en lui demandant si nous allions rester enfermés tout notre séjour à Abomey.

« A 7 h. 53, j'observe la hauteur de Canopus à son passage au méridien ; j'obtiens 6° 59 comme latitude.

« *Samedi 28.* — Cussugan, Zizi-Dogué et Ounhésé viennent nous faire une visite. Ils nous réclament un Dahoméen nommé Deguénou, esclave de Oudonou, qui a volé trois cents piastres fortes à Aïnadou, détenteur des fonds du roi à Ouidah. Il paraît qu'il est cuisinier à bord de la *Topaze*. Le commandant demande à plusieurs reprises des preuves, mais à chaque fois ils se mettent à rire sans répondre. Le commandant leur dit alors qu'il n'en parlera au gouverneur que si le roi lui en parle.

« Les cabécères nous avertissent que nous serons appelés aujourd'hui.

« Dans l'après-midi nous recevons la visite de M. Santos, qui vient d'être expédié par le roi. Celui-ci lui a fait cadeau d'une petite fille et de deux pagnes. Il va partir pour Ouidah.

*
* *

« Nous partons à cinq heures pour Abomey. Nous passons par le chemin que nous avons pris en revenant, les deux premières fois, et qui est bien plus court que l'autre. Lorsque nous arrivons à une trentaine de mètres de la ligne des bambous, les cabécères qui nous accompagnent se mettent à ramper sur les pieds et sur les mains, après avoir fait leurs ablutions dans la poussière.

« Le roi vient nous dire bonjour et nous demander nos noms. La cérémonie est très courte, et ce sont les laris qui en font tous les frais. Ils demandent de la part de Toffa des nouvelles du roi, de ses femmes et de ses guerriers. Ils disent que la guerre est finie à tout jamais. Ils répètent ces paroles un grand nombre de fois. A les voir prendre des bains de poussière, comme les cabécères devant le roi, on croirait plus volontiers à un acte de soumission qu'à une réconciliation.

« Nous quittons le roi avec la promesse de revenir lundi et d'être expédiés ce jour-là.

« Le soir, j'observe Canopus et je trouve 7° 01'.

« *Dimanche 1er mars.* — Nous recevons la visite des cabécères Azembo et Abédénokou qui viennent, au nom de tous leurs camarades d'Abomey, nous offrir un cadeau composé de vingt cabris, vingt poules, trois sacs de maïs et d'ignames. C'est la réponse aux vingt pièces d'indienne que nous leur avons données l'autre jour.

« J'observe Canopus et je trouve 7°. C'est la moyenne de mes trois résultats et je la garde.

« *Lundi 2 mars.* — Nous attendons en vain toute la journée le moment d'aller voir le roi, selon sa promesse. Le commandant envoie deux messagers à Cussugan, pour savoir à quoi s'en tenir. Ils reviennent sans réponse.

LE PALAIS ROYAL DE BÉHANZIN

« *Mardi 3.* — Nous envoyons de nouveau deux messagers à Cussugan, qui nous fait répondre que s'il apprend quelque chose demain, il nous le fera dire.

« *Mercredi 4.* — Cussugan vient nous voir le soir. Nous lui demandons pourquoi il ne nous a pas donné de nouvelles depuis trois jours, mais il élude la question. Comme nous insistons, il donne de mauvaises raisons, il nous affirme que nous serons appelés demain. »

Cette manière de procéder à l'égard de l'ambassade française est d'autant plus singulière que nous savons, par la lettre de la Sœur Cyrille déjà citée, que le roi se montra plus aimable et plus courtois à l'égard du Père Dorgère et des religieuses qui l'accompagnaient.

« Nous voyons le roi tous les jours, dit la Sœur Cyrille, et de plus nous avons été reçus six fois en particulier... Lorsqu'on lui a dit que, dans nos écoles, nous enseignons aux enfants à connaître et à servir Dieu, à laver, à coudre et à repasser, etc., il a paru enchanté et ses femmes applaudissaient avec frénésie. Tous les matins le roi nous envoie saluer et fait prendre de nos nouvelles. Deux fois par jour nous recevons d'énormes calebasses de nourriture toute préparée. Outre notre voyage, dont les frais nous sont payés, Sa Majesté nous a fait de nombreux présents. Il nous a donné un bœuf, vingt et une chèvres, trente-deux poules, onze sacs de maïs, plusieurs sacs de cauris, beaucoup d'ignames, trois beaux pagnes, etc. Mais voici qui est bien mieux : le roi a bien voulu offrir à chacune de nous une petite fille de dix à douze ans. La mienne est, paraît-il, moitié païenne, moitié musulmane. Priez pour que Dieu me fasse la grâce de la convertir et d'en faire une bonne chrétienne ; je lui ai donné le nom de Célestine.

« Je suis contente de voir la fameuse capitale du Dahomey, dont je vous parlerai plus au long une autre fois. Les gens ne me paraissent pas si grossiers que je me l'étais figuré. J'ai particulièrement admiré leur manière de saluer, qui consiste à dire en s'approchant de vous : « *Adeus, adeus, adeus* » (adieu), mot que ce peuple doit tenir des Portugais. »

Ainsi, d'après le témoignage de la Sœur Cyrille, le roi accorde la plus grande faveur aux religieuses catholiques et au Père Dorgère. A l'égard de l'ambassade officielle, il se montre plus froid et moins empressé. Cependant, après quatre jours d'attente, la mission française est reçue de nouveau par Sa Majesté Béhanzin.

« *Jeudi 5.* — Nous partons à deux heures pour le palais de Djébé, dit M. d'Ambrières. Quelques minutes avant d'y arriver, on nous fait arrêter sous de grands arbres où nous trouvons Cussugan, Zizi-Dogué et Ounkésé. Le Père Dorgère et les Sœurs nous y rejoignent.

« Un noir, Féliciano, qui accompagne Candido et Georges (le trio dont les têtes ont été mises à prix pendant la guerre) vient pour nous serrer la main... mais il se retire en pure perte. Après un quart d'heure d'attente, nous nous remettons en marche, nos cabécères en tête, et nous arrivons sur une grande place qui fait face au palais. On nous fait asseoir à l'ombre. Les cabécères, gardiens du palais, qui sont bien au nombre de cinquante, viennent nous saluer. Ensuite commence un immense défilé de cabécères dans le grand apparat ; j'en compte soixante-dix. Les uns ont une vingtaine de personnes à leur suite, les autres quarante et plus. Ils font trois fois le tour de la place en tirant des coups de fusil, chantant et dansant ; cela dure près de deux heures. Le défilé se termine par deux femmes cabécères et des amazones.

« Alors arrive le roi, précédé de deux ou trois cents guerriers. Il est dans un hamac de soie, porté par huit hommes. Il fume toujours la même pipe et porte sous le nez une sorte de godet en argent, maintenu derrière les oreilles par des pattes, comme des lunettes. Il doit aspirer du camphre ou quelque autre poudre odorante.

« Il fait quatre fois le tour de la place en saluant devant nous, puis il descend du hamac, et défile trois fois avec ses femmes. Alors il se dirige vers une case fétiche, au centre de la place, en fait deux fois le tour et entre dans son palais. Les amazones seules le suivent. Peu de temps après, nous sommes appelés. Cussugan veut nous faire retirer nos sabres avant d'entrer ; nous nous y refusons, pour n'avoir pas été prévenus d'avance.

« Le roi est très aimable ; il s'approche très près de nous, écartant d'un geste les cabécères qui sont allongés entre lui et nous ; il nous dit bonjour, demande de nos nouvelles et se fait répéter nos noms. Il salue ensuite le Père Dorgère et les Sœurs, puis se retournant vers nous, il nous dit qu'il est trop tard pour causer, qu'il nous reverra demain. Il nous distribue des bouteilles de tafia, de gin et de muscat, en les prenant lui-même à la main : grand honneur pour nous ! Avant de nous séparer, il prend une bouteille, verse un peu du contenu par terre devant nous, se retourne et fait de même de l'autre côté. A ce moment on nous oblige à faire demi-tour, et Cussugan nous dit que le roi boit aux mânes de son père.

UN FESTIN CHAMPÊTRE !

« Notre impression sur le roi, qui était plutôt défavorable le premier jour, s'améliore chaque fois. Il est toujours très aimable en notre présence.

∴

« *Vendredi 6.* — Nous sommes appelés à 4 h. 30. Il paraît que le roi nous attend ; les hamacaires prennent le pas de charge, nous faisons quatre kilomètres en vingt-cinq minutes. Cela ne nous empêche pas de faire une station d'une demi-heure sur la place avant d'entrer. Au moment où nous franchissons la porte du palais, les cabécères qui nous accompagnent se jettent à genoux et se lavent dans la poussière. A un signe du roi, ils avancent de quelques mètres en rampant et en poussant des cris formidables, et ils recommencent leurs ablutions. Ils s'avancent ainsi jusqu'à quelques mètres du roi, en faisant plusieurs stations, à chacune desquelles nous saluons.

« Après nous avoir parlé quelques instants, le roi fait venir successivement les grands cabécères, quelques chefs de guerriers autorisés à entrer dans le palais, les ministres et les gardiens, les princes au nombre de vingt, les princesses au nombre de quarante et les amazones. Ces différents groupes nous saluent du cri de « Adeo », nous nous levons et rendons leurs saluts. Tous ces gens, sauf les guerriers, entrent en rampant.

« Le Père Dorgère et les Sœurs sont avec nous et assistent à ces présentations ; ils boivent avec nous à la santé du roi et se retirent. Le roi fait évacuer la cour, si bien que les laris de Toffa se retirent également, sans que nous nous en doutions.

« Le commandant lit au roi la lettre du gouverneur, après lui avoir dit qu'il était envoyé avec nous pour représenter la France et assurer une paix éternelle.

« Alors le roi nous dit qu'il va nous parler franchement, comme on le fait entre amis. Il nous dit tous les griefs qu'il a contre nous; il remonte même jusqu'au déluge pour dire que Dieu a créé les blancs et les noirs, les premiers pour faire du commerce avec les seconds, en échangeant les produits de leurs pays respectifs... Il nous demande pourquoi M. Roger a percé la lagune de Cotonou, pourquoi Bayol a bombardé Ouidah et Cotonou. Il nous dit que le bombardement de Ouidah a été une honte pour lui, parce que les blancs ont dû rire en voyant que deux nations amies naguère se battaient maintenant.

« Il nous dit qu'il a mis lui-même Toffa sur le trône, malgré les habitants de Porto-Novo; que quelque temps après, étant allé faire la guerre sur le territoire d'Offi, qui avait attaqué Toffa, il avait battu ce pays et rendu les guerriers prisonniers de Porto-Novo à Toffa. Celui-ci, mécontent de voir Béhanzin faire la police sur son royaume, avait retenu à Porto-Novo tous les Dahoméens et leur avait coupé la tête.

« Il nous parle de Si-om-bé, qu'il défend contre les accusations que nous lui portons en le jugeant capable de faire courir toutes sortes de bruits pour prendre la place de Toffa. Il a appris qu'il y a cinq jours un officier de Porto-Novo et vingt soldats sont allés à Ouéli, pour arrêter Si-om-bé dans son voyage de retour à Lagos; il veut que personne n'inquiète Si-om-bé et il fera la guerre à ceux qui l'attaqueront.

« Il nous parle de Bayol qui s'était dit l'égal du roi de France, lorsqu'il était venu à Abomey. Nous nous mettons à rire, ce qui a l'air de le mortifier un peu, et nous disons que Bayol l'a trompé. Il nous croyait sous ses ordres. Nous lui disons que Bayol n'était plus rien en France et que d'ailleurs il a été rappelé pour ses mauvais services.

« Il nous parle d'une fabrique de fusils qu'il a dans le nord d'Abomey; on y fabrique aussi de la poudre, mais il préfère en acheter aux blancs. Comme nous paraissons un peu incrédules, il nous dit que si nous voulons encore rester quelque temps, il fera venir ici des armuriers. Nous répondons que nous ne pouvons malheureusement pas attendre.

« Quand le roi a fini de parler, le commandant répond successivement à toutes ses questions : puis il lui réclame la grand'mère de Xavier Béraud, interprète du Gouvernement à Porto-Novo, et cinq esclaves prises pendant la guerre de Ouidah; enfin un homme pris à Godomey. Le roi demande de quelle nationalité sont ces gens, et comme ils sont Dahoméens, il refuse de nous les rendre. A son tour il nous demande les fusils et les cauris que nous avons pris, pendant la guerre, à Cotonou. Nous lui répondons que pendant la guerre les Dahoméens ont pillé les factoreries de Ouidah-Plage et celle de Godomey, que nous n'avons rien réclamé et que cependant les factoreries avaient demandé trois cent mille francs d'indemnité au Gouvernement français. Le roi paraît très étonné de ce chiffre; selon lui on n'a rien volé à Ouidah-Plage et ce sont des voleurs qui ont pillé Godomey. Il demande le détail de ce qui a été volé. Le commandant lui répond qu'il n'a qu'à le demander aux agents de factorerie de Ouidah.

« Le roi dit alors au commandant de ne pas se fâcher, que nous avons suffisamment parlé de ces questions et que nous devons toujours rester bons amis...

« Vers 10 heures, le roi nous offre à boire; il veut absolument que nous mangions un peu de poulet, puis il nous reconduit en dehors de son palais pendant une centaine de mètres. Il a appris que nous sommes à court de vin et nous en envoie, ainsi que des biscuits et du sucre. Avant de nous quitter, il nous invite à déjeuner pour demain, en nous recommandant de manger peu, avant de venir chez lui.

***

« *Samedi* 7. — Après avoir déjeuné légèrement, nous partons à midi et quart pour le palais de Djébi, où nous n'entrons qu'à trois heures. Le roi nous fait attabler de suite. Nous avons devant nous des monceaux de viande. Au centre de la table, cinq ou six cabris entiers entourés d'une couronne d'une vingtaine de poulets; puis une quarantaine de plats, entre lesquels on a jeté des pains, du biscuit, des oranges et des bananes. A côté, une autre table où, je compte plus de trois cents bouteilles assorties.

« Nous restons assis deux heures environ. Pendant ce temps les amazones viennent danser et chanter devant nous; les femmes artilleurs et les chefs des tueuses d'éléphants tirent des coups de fusil sans interruption. Les amazones nous font un cadeau de treize cabris, seize poules, des ignames, des oranges.

« A ce moment, on nous fait lever et mettre par rang d'ancienneté devant le roi. Celui-ci nous présente quatre pagnes, quatre enfants, dont deux garçons et deux filles, et un parasol en soie, pour M. Carnot. Puis il donne à chacun de nous un pagne et deux enfants, un garçon et une fille. On nous fait revêtir les pagnes et c'est en ce costume que nous sortons du palais avec le roi. Il nous reconduit pendant cinq minutes, et au moment de nous séparer, il fait tirer ses gardes du corps au nombre de cinq cents. Comme leurs fusils sont chargés jusqu'à la gueule et qu'il fait presque nuit, l'effet est saisissant et très beau. En même temps on tire plusieurs coups de canon.

« Nous prenons alors congé du roi, que nous ne reverrons plus. »

A ces propos échangés entre le commandant Audéoud et le roi Béhanzin, M. le capitaine Hocquart ajoute quelques détails qui ne manquent pas d'intérêt et qui ont leur importance :

« Le roi est allé jusqu'à nous dire qu'il avait 1.080 chefs de guerre, ayant chacun 3.000 guerriers. Cette phrase qui sue la vanité inconsciente, le désir d'éblouir, phrase qu'il a plus tard démentie en réduisant à 20.000 le nombre de ses soldats, dénote dans tous les cas, chez ce souverain, un grand amour pour son armée. Béhanzin est revenu ultérieurement sur cette question à propos des amazones, des chasseresses d'éléphant, qui ont exécuté devant nous des parades de chasse; et, un jour, un chef de guerre, le nommé Agao, nous a apostrophés devant le roi, qui semblait écouter avec plaisir

UN BAOBAB GIGANTESQUE

ses phrases véhémentes, où il exposait son bonheur de faire la guerre, son amour du sang, nous engageant à prolonger notre séjour à Abomey, où il se promettait de nous rapporter bientôt des captifs. Agao parlait ainsi debout devant le roi. Les chefs de guerre, d'ailleurs, semblent astreints à une étiquette moins servile que les cabécères; toutefois ils n'ont jamais, dans les cérémonies où nous les avons vus, paru approcher le roi de près...

« En ce qui concerne le traité, le roi a demandé si les 20.000 fr. concédés à Ouidah, au 3 octobre, lui seraient payés et quand aurait lieu l'échéance. Il a ajouté qu'il ne pouvait céder Cotonou, que son fétiche lui défendait de donner un pouce de son territoire, mais que, en ce qui concerne notre occupation, les choses en resteraient où elles en étaient... Il répète plusieurs fois qu'il nous parle franchement, en ami, que tout est fini, que nous sommes amis. Il n'y aura plus d'histoires, dit-il, et nous n'irons plus à Porto-Novo faire la guerre, puisque vous y êtes, mais nous irons ailleurs. Pas un mot sur le terrain concédé à Cotonou, pas plus que sur la construction du village dahoméen à 1.500 mètres de nos lignes...

« Il semble ne plus reconnaître les clauses du traité de 1878, qui nous donnait une zone de terrain sur une longueur de six kilomètres de la factorerie Régis jusqu'à la limite des deux royaumes, à l'Est et au Nord, à une distance de six kilomètres de la mer. Pourtant le traité de 1890 maintient les traités antérieurs. Est-ce là un oubli volontaire ou de l'ignorance de sa part?

« Le roi nous a engagés à venir le voir souvent, quand il serait moins triste que maintenant, très occupé qu'il était aux fêtes qu'il allait donner à l'occasion de la mort de son père. »

L'état d'esprit du roi Béhanzin est manifeste : il a la naïveté de croire qu'il intimidera les Français par des affirmations ridicules sur le nombre de ses guerriers. En prenant ses propres paroles à la lettre il aurait plus de trois millions d'hommes sous ses ordres ! Par ailleurs, il ne paraît pas ferme dans ses engagements et sa mémoire est bien courte. Il est évident que les leçons du passé ne lui ont pas profité. Il parle et surtout il agit en vainqueur plutôt qu'en vaincu.

***

Le succès de l'ambassade paraît plus que douteux. Bientôt les envoyés de la France apprendront à leur grande confusion et avec une indignation bien légitime, que les cabécères, par leur astuce, ont réussi à la faire échouer.

L'action néfaste des chefs va se dessiner plus nettement encore à la fin du séjour à Abomey des représentants de la France. Il faut entendre de nouveau l'aspirant d'Ambrières dans son journal si précis.

« *Dimanche 8.* — Cussugan, Zizi-Dogué et Ounkésé viennent nous apporter un paquet sans adresse : c'est une lettre du gouverneur au roi. Comme nous n'avons pas de renseignements, nous craignons que cela nous fasse rester plus longtemps à Abomey. Cussugan veut nous faire attendre les gens de Toffa, qui n'ont pas encore été congédiés par le roi, tandis que le commandant a l'intention de partir demain. Mais une bonne raison nous empêchera de partir : nous n'avons pas de porteurs.

« Dans la soirée, Cussugan et les deux cabécères viennent nous apporter en grand secret quatre pièces d'étoffe assez belles, qui faisaient partie de nos cadeaux. Seulement, comme ce sont des coupons, elles ne plaisent pas aux cabécères, qui prétendent que le roi ne pourrait les accepter. Ils nous demandent si ce sont des échantillons. Nous cherchons en vain à les convaincre par de bonnes explications.

« Laissant cette question de côté, le commandant s'adresse à Cussugan et lui demande pourquoi nous ne sommes pas partis, alors que le roi l'a commandé. Le roi n'est donc pas obéi ? Nous nous séparons fâchés, et le commandant a la ferme intention de ne plus le revoir.

« *Lundi 9.* — Encore point de porteurs, ni de hamacaires. Nous ne recevons plus le bâton du roi comme les jours précédents ; ce qui indique bien que le roi ne se doute pas que nous sommes encore ici.

« *Mardi 10.* — Le Père Dorgère vient nous voir à sept heures du matin. Il nous raconte que hier soir il a reçu un récade du roi à huit heures et qu'il a refusé de se rendre au palais parce qu'il était trop tard pour les Sœurs. Néanmoins en voyant deux nouveaux récades arriver à 9 h. 30 et 1 h. 30, ils se lèvent et partent pour Bécou, nouvelle résidence du roi. Là on les fait

LA LAGUNE DE PORTO-NOVO, EN FACE DE LA FACTORERIE RÉGIS

attendre toute la nuit, jusqu'à six heures du matin, et comme il fait très froid, ils font venir leurs couvertures et s'étendent par terre sur leurs hamacs. Reçus dans le palais du roi à 6 heures, le Père et les Sœurs montrent leur mécontentement ; sous prétexte qu'ils n'ont pas dû prendre leur café, le roi les renvoie au bout de quelques instants. Le Père arrive juste du palais en ce moment : il croit que le roi ne s'est pas douté qu'on les a fait attendre toute la nuit. Ici, lorsque le roi émet une idée quelconque qui lui passe par la tête, les cabécères la prennent pour un ordre et s'empressent de la faire exécuter. C'est ainsi que le roi ayant parlé hier soir du Père et des Sœurs, les cabécères leur ont envoyé des récades, venant soi-disant du roi, pour les appeler.

« Les laris ont été expédiés cette nuit. Le roi leur a donné pour Toffa deux pagnes, et à eux quatre pièces d'indienne et trois paniers de cauris.

« Le Père ne sera expédié qu'aujourd'hui : il croit que nous entrerons tous néanmoins le même jour à Ouidah.

« *Mercredi 11.* — Nous partons à 6 h. 50 du matin, n'ayant pour nous conduire que le bâtonnier qui est venu nous chercher à Cotonou. Cela nous permet de faire les étapes que nous voulons. On nous laisse bien tranquilles pour observer à la boussole et pour écrire. Nous mettons quatre jours pour revenir. Nous couchons à Agrimé, Onagbo, Allada, et le quatrième jour à Ouidah.

« Nous apprenons en arrivant que le traité n'est pas ratifié.

« Le 15, le Père Dorgère et les Sœurs arrivent.

« Le 16 mars, nous attendons Cussugan, qui a été retenu par le roi, mais qui doit arriver d'un moment à l'autre. Nous devons régler avec lui l'histoire des vols de Ouidah-Plage et des indemnités demandées par les factoreries. Nous recevons ce jour-là un bâton du roi, qui nous prie d'attendre Cussugan. Nous attendons vainement jusqu'au 19, jour où on vient nous apporter un cadeau du roi : quatre moutons, huit poules et deux sacs de cauris. Ce n'est pas bon signe, Cussugan n'est pas près d'arriver.

« Le commandant, impatienté, ne veut plus attendre qu'un jour. Nous partirons après-demain à pied si on ne nous fournit pas de hamacs.

« Le 21, le commandant va régler cette histoire avec Quénou, qui remplace Cussugan pendant son absence. Quoique bien à contre-cœur, il nous promet des hamacs.

« Nous partons, en effet, le 22, nous couchons à Godomey et nous arrivons le lendemain matin 23 à Cotonou. »

*
* *

La mission du commandant Audéoud était terminée. Les officiers français avaient-ils lieu de se réjouir du résultat ?

Un pamphlétaire a publié un ouvrage curieux sur l'administration des colonies. C'est un mélange d'erreurs et de vérités. Parlant de la mission Audéoud et des conséquences de cette ambassade, il a écrit : « Nos officiers se présentèrent devant Béhanzin une guirlande de verdure au cou. Ce n'est qu'à leur retour d'Abomey, et alors qu'il était trop tard pour réparer le triste effet produit, qu'ils apprirent que ce collier de verdure avait une étrange signification. C'est ainsi, en effet, que se présentent devant le roi du Dahomey les révoltés vaincus qui viennent implorer son pardon ! Voilà dans quelle posture nos officiers se sont mis, sur les patriotiques conseils de M. Dorgère. »

Nous avons vu combien cette accusation est injuste. C'est une calomnie gratuite. Il est faux également que les officiers se soient présentés devant S. M. Béhanzin une guirlande de verdure au cou. Le témoin véridique de ces événements ne parle que de rameaux de verdure portés en signe de paix, sur la demande du Cussugan, par un tirailleur et par un lari.

C'était déjà trop, car la signification de ce symbole n'est pas douteuse. Le commandant Audéoud fut trompé par le Cussugan qui se rendit coupable, dans la circonstance, d'une véritable trahison. La fourberie réussit malheureusement, et par un mensonge le diplomate noir put arriver à ses fins. Il avait préparé son mauvais coup dès le début, en attachant à la suite des ambassadeurs un interprète infidèle, prêt à le seconder dans sa félonie et tout disposé à traduire les propos des uns et des autres dans le sens convenu. Il est vraisemblable que cet interprète usa de subterfuge, quand le commandant Audéoud consulta autour de lui, en particulier les laris, sur la signification de l'emblème que le Cussugan demandait qu'on portât en tête du cortège.

Quoi qu'il en soit, « quelques jours après, dit M. d'Ambrières dans son rapport, le commandant apprenait à Porto-Novo qu'on nous avait trompés indignement pour l'histoire des rameaux, et il allait trouver le gouverneur.

« Celui-ci demanda à l'interprète Xavier la signification de cet acte ; il confirma les nouvelles désastreuses du commandant. »

Le mot n'est pas trop fort : c'était un désastre. Sans le savoir, sans l'avoir voulu, la France en face du roi de Dahomey, de sa cour et de son peuple, s'était déclarée vaincue. En vain ses enfants avaient versé leur sang pour réduire l'orgueil de ce barbare sanguinaire, en vain ses diplomates avaient contraint Béhanzin à signer des traités qui limitaient sa puissance, le dernier acte d'un drame, qu'une condescendance outrée avait seule empêché d'être sanglant, était une ridicule mystification, et le dénouement tournait à la confusion des Français.

Le gouverneur du Bénin, M. Ballay, écrivit à ce sujet au roi de Dahomey pour protester. Mais la protestation ne pouvait réparer l'effet produit.

Aux yeux du peuple dahoméen, la France avait reconnu son servage, et Béhanzin pouvait plus que jamais afficher ses prétentions et se proclamer vainqueur des Blancs.

LE BLOCKHAUS DE COTONOU

XIV

Béhanzin viole la Convention du 3 octobre 1890.

(1892)

Pacification compromise. — M. Ballay institue un conseil de défense. — Tracasseries. — Droits de douanes exigés en espèces. — Le Yévoghan de Cotonou reprend ses fonctions contre tout droit. — Achat d'armes aux Allemands et aux Anglais. — Traite des esclaves. — Français réquisitionnés pour transporter les canons de Béhanzin. — Incursions de Béhanzin dans la zone d'influence anglaise. — Protestation de l'Angleterre. — Colère et cruauté de Béhanzin. — Il attaque les Ouatchis protégés par la France. — Démonstrations du *Héron* et du *Talisman*. — Le roi de Dahomey pille les possessions du roi Toffa. — La *Topaze* remonte l'Ouémé. — M. Ballot accueilli à coups de fusil. — Béhanzin envahit le royaume de Porto-Novo. — Message insolent. — Le gouverneur demande mille hommes de renfort. — Situation des plus graves. — Nouveau message de Béhanzin. — Il menace Cotonou. — Crédits votés par les Chambres. — Réunion d'un conseil spécial, qui décide la prise d'Abomey. — Le Conseil des ministres ordonne de se borner à la défensive. — Armements de la France. — Etat-Major constitué avec le colonel Dodds à sa tête. — Lettre du colonel Dodds à Béhanzin. — Réponse du roi. — Échange d'otages.

Les faits parlent d'eux-mêmes, sans qu'il soit nécessaire de les commenter. Ils ont, dans la circonstance, une éloquence écrasante. L'ambassade française a été jouée. La diplomatie noire a pris sa revanche pour la confusion de notre drapeau.

A son retour, la mission française reçoit même la flèche du Parthe, qui lui est perfidement décochée par ces nègres insolents, sans respect pour la majesté des envoyés de la France. Ils font attendre à Ouidah le commandant Audéoud et ses compagnons, sous prétexte d'une dernière conférence avec le Cussugan.

Deux, trois journées se passent sans que les officiers français entendent parler du cabécère, dont le sans-gêne est une nouvelle injure. Et lorsque le commandant Audéoud et ses compagnons, à bout de patience, sont partis, le Cussugan finit par arriver. Le grand homme s'imaginait sans doute que les

Français l'attendraient indéfiniment. Trompé dans ses prétentions, il demanda l'envoi d'un officier pour recevoir le récade du roi.

M. Ballay n'était plus au Dahomey : obligé de se rendre à Konakry, il avait confié à M. Ehrmann les fonctions de résident. Celui-ci se méfia et, redoutant à juste titre de nouvelles complications, refusa d'envoyer un officier. Toutefois, il recourut à l'expérience de Bernardin Durand, déjà employé pour remplir des missions semblables. Bernardin fut chargé d'une lettre pour le Cussugan. Cette missive disait au Cussugan de remettre au porteur le récade du roi ou bien d'envoyer à Cotonou un homme de confiance. Le Cussugan n'entendait pas les choses ainsi. Il refusa de communiquer le message du roi. L'affaire en resta là.

Donc l'apaisement, loin d'être en progrès, devenait chaque jour plus douteux. Les rapports étaient tendus : la pacification, en bonne voie au moment du départ de la *Naïade*, se trouvait plus compromise que jamais. Le ministère des colonies ne devait pas être fier du résultat obtenu. En peu de temps il avait réussi à tout brouiller. Le gouvernement de la République n'avait pas lieu de se féliciter de la tactique mise en œuvre : elle aboutissait à rien moins qu'à un triomphe. Voulant la paix, et nous savons à quel prix, nos politiques n'ont pas su arriver au but.

Il fallait s'attendre à tout d'un adversaire enhardi par des faiblesses et des gaucheries chaque jour accentuées. Il n'y avait plus de doute sur les intentions des Dahoméens. Ils recommenceront leurs attaques avant peu. Pour le moment, ils se contentent de se moquer : bientôt la plaisanterie deviendra sanglante.

Puisque le gouvernement était disposé à attendre l'assaut, il était du moins de première nécessité de se préparer à le recevoir.

M. Ballay, avant de s'éloigner du Dahomey, institua à cet effet un conseil de défense : MM. Audéoud, Decœur, Collos, Godeau et Fritsch le composèrent. M. Audéoud, chef de bataillon, commandant des troupes, présida le conseil en l'absence du gouverneur. Il avait avec lui pour l'assister, à part M. Collos, qui était sous-commissaire, trois capitaines, l'un capitaine d'artillerie, l'autre capitaine d'artillerie de marine et le troisième capitaine d'infanterie de marine.

La première préoccupation de ces officiers fut de mettre Cotonou et Porto-Novo à l'abri d'un coup de main.

Le roi de Dahomey n'en est pas encore à marcher ouvertement à la tête de ses troupes contre les Français. Il y viendra. En attendant, il pratique une guerre sourde, dissimulée, vexatoire, contre leurs intérêts commerciaux. La France a des rivaux puissants sur les marchés de la côte. Les Allemands, les Anglais, ont toutes les faveurs ; par contre, les Français sont combattus dans leurs entreprises industrielles, dans leur trafic. L'audace des cabécères va plus loin. A Godomey, à Ouidah, toute transaction est interdite à des maisons de commerce françaises, qui sont fermées pendant l'espace de dix à quinze jours, contre tout droit, par mesure purement arbitraire, pour permettre à des étrangers de s'installer et d'élever des comptoirs en concurrence avec les comptoirs tenus par nos nationaux.

Dans une lettre « signée par le chef d'une des maisons françaises qui font le plus grand commerce avec le Dahomey », des griefs très sérieux sont exposés, non sans une certaine amertume. Ils sont adressés au gouvernement.

On sait quelles « ont été les conséquences désastreuses d'une action militaire mal engagée, dit ce document. Les factoreries françaises fermées de force, pillées, nos nationaux emmenés comme otages, etc... Le roi de Dahomey sort grandi de cette crise où il a cru sombrer; il a, aux yeux de son peuple, l'auréole de la victoire... Nous, maisons françaises, nous avons dû rentrer à Ouidah en vaincus; notre prestige n'existe plus, les autorités de Ouidah surveillent nos agents, règlent leurs démarches et leur interdisent même de s'éloigner des factoreries, tandis que les agents allemands sont l'objet de leur considération et de leur respect; aussi les maisons allemandes sont-elles au nombre de trois aujourd'hui à Ouidah, alors qu'il n'en existait qu'une seule avant la guerre. Connaissant de longue date le caractère des noirs, nous n'augurons rien de bon de ces dispositions du Dahomey à l'égard des Français, et nous prévoyons que notre situation deviendra promptement intenable si le gouvernement ne nous protège pas...

« ...Nouvelle très grave, dont nous avons eu connaissance ces jours derniers par câblogramme : le roi de Dahomey vient d'établir dans son royaume des droits de douane calqués sur les tarifs de Lagos, c'est-à-dire très élevés et payables en espèces. Jusqu'à ce jour le Dahomey ne percevait que des droits modérés, payables en monnaies locales; le nouveau système va mettre le roi de Dahomey en possession, annuellement, de plusieurs centaines de mille francs en numéraire, somme colossale pour lui, qu'il va évidemment employer à l'achat d'armes perfectionnées et à la préparation d'une nouvelle lutte contre la France. Ainsi s'expliquent les nombreuses allées et venues des émissaires du roi entre Lagos et le Dahomey, qu'on nous signalait depuis quelque temps, et ce mystérieux voyage de l'Allemand Barth qui, en pleine guerre, a pu se rendre à Abomey et y traiter, dit-on, la vente de tout un armement. »

C'est en s'appuyant sur des témoignages semblables qu'un amiral pouvait dire en plein parlement : « Quelle est au Dahomey la situation faite à nos négociants? Ils ont aujourd'hui dans leur factorerie un surveillant noir, un maître qui les empêche de sortir librement pour vaquer à leurs affaires. Ils sont écrasés de droits de douane... Ils sont obligés de les payer en argent, au lieu de les payer en marchandises, comme ils le faisaient autrefois, ce qui en triple la valeur. Ils sont insolemment conviés à aller assister aux sacrifices humains qui se font encore à Abomey, en attendant qu'on les y oblige.

Le roi proclame que nous lui avons demandé pardon. Il s'arme ostensiblement contre nous avec l'argent que nous lui remettons, il échange ses affreux fusils à pierre contre des fusils à répétition que nous aurons certainement à affronter un jour, et nous lui répondons par des cadeaux ! »

Toutes ces affirmations sont exactes. Il aurait été tout aussi vrai de dire que Sa Majesté Béhanzin violait déjà ouvertement la convention du 3 octobre, signée par ses représentants et ratifiée par sa royale volonté.

*
* *

En effet, en même temps que Béhanzin changeait de Cussugan à Ouidah, il envoyait l'ancien Yévoghan, le fameux Zonouhocou, reprendre à Cotonou des fonctions qui n'avaient plus leur raison d'être depuis la convention du

L'AVISO " LE TALISMAN "

3 octobre. Les fonctions de Yévoghan, autrement dit de chef des blancs, ne pouvaient être exercées par un Dahoméen, par un noir, dans une ville appartenant aux blancs. Or, Cotonou était devenu ville française de par l'article second de la convention du 3 octobre.

Zonouhocou n'avait pas toujours été aussi fier. Après la signature de l'arrangement du 3 octobre, il s'était abrité derrière le Père Dorgère pour obtenir de l'amiral de Cuverville une autorisation en bonne et due forme lui permettant de rentrer à Cotonou. Il avait bien compris alors sa situation. Mais il feignait maintenant d'oublier qu'il n'avait plus aucun pouvoir sur les blancs. Il parut fièrement devant M. Pietri, de la maison Fabre, représentant du résident de France à Cotonou, et le récadère qui l'accompagnait s'exprima en ces termes : « Le roi demande des nouvelles de ta santé (M. Pietri avait été prisonnier à Abomey), il est ton ami. Voici le Yévoghan, la guerre est terminée : tout ce qu'ont fait les soldats est oublié. Le Yévoghan est le chef de Cotonou, c'est à lui que tu auras affaire quand tu auras besoin de quelque chose. »

Le propos était outrecuidant : aussi le prétendu chef des blancs fut-il mis en quarantaine. Ordre est donné de n'entrer en relations, sous aucun prétexte, avec lui. Il était de toute importance de ne reconnaître en aucune façon les pouvoirs de ce personnage officiel qui usurpait une autorité qu'il n'avait plus. Toute autre façon d'agir aurait été à l'encontre de la plus grave des clauses de la convention du 3 octobre.

Les protestations du roi Béhanzin lors de la réception à Abomey de la mission Audéoud, la façon dont l'ambassade fut jouée et bernée, le retour du Yévoghan de Cotonou à son poste, les armements continus de l'armée dahoméenne munie de canons et de fusils à répétition, et mille autres détails, montraient qu'il eût été imprudent de se reposer sur la garantie du traité de 1890.

S'il avait été possible de garder encore quelque illusion, la mauvaise foi et la perfidie du roi de Dahomey allaient se charger, à brève échéance, de dissiper toute erreur.

Il n'avait pas besoin d'être encouragé dans la voie de la trahison. Cependant il est certain que ses projets de rupture et ses desseins belliqueux étaient secondés par les Anglais et par les Allemands. Ceux-ci vendaient des armes perfectionnées aux Dahoméens contre argent comptant ou bien en échange de marchandises innommables. Fusils, canons, poudre, obus, étaient payés trop souvent en esclaves que les navires transportaient dans les colonies lointaines.

Ce trafic coupable fut dénoncé à la Chambre des députés par M. Hervieu. L'orateur s'appuyait sur des documents authentiques :

« Depuis la signature du traité, dit-il, voici exactement les actes auxquels s'est livré le roi de Dahomey. Vous allez voir comment il observe le traité.

« Au mois de janvier, il a acheté des fusils à aiguille d'une maison allemande de Ouidah et d'une maison anglaise de Lagos, ainsi que des munitions. Il a donné un acompte de 125.000 francs en or... Il munit ses troupes de fusils à tir rapide, et cela surtout depuis le jour où le *Gallia*, un navire allemand, si je ne me trompe, a séjourné à Cotonou.

« ... Au mois de mai, le roi de Dahomey... achète de nouveau et en grand nombre des fusils à répétition aux Allemands de Lagos. »

M. d'Albéca, administrateur de Ouidah, a relevé, d'après les livres de commerce, le nombre d'armes et la quantité de munitions vendues, seulement à Ouidah, par les Allemands, dans le courant de l'année 1891 et 1892. Ils livrèrent 300 peabodys, 133 winchester, 648 chassepots, 200 albini, 240 snider, 200 spencer, 12 revolvers, 1 canon de 8^{cm}, 2 canons de 6^{cm}, 3 mitrailleuses, 1 petit canon, 348.026 cartouches diverses, plus un nombre inconnu en caisses, 300 obus de 6^{cm}, plus 8 caisses, 100 boîtes à mitraille de 6^{cm} et des caisses, 8 caisses d'obus de 8^{cm}, 300 obus pour canon de 8^{cm},

4.024 cartouches pour mitrailleuses, des caisses en plus, 6 caisses de capsules, 200 kilogr. de poudre.

Les maisons Wolber et Brohm, Barth et Joss, Richter et Buss, et Witt faisaient leur profit de ces transactions. Il fut prouvé plus tard que la maison Richter et Buss se livrait en même temps au commerce des esclaves et que

L'ÉTAT-MAJOR DU " TALISMAN "

la maison Wolber et Brohm se faisait également payer en marchandise vivante et humaine. Barth fut convaincu d'avoir écrit au roi Béhanzin pour lui donner des renseignements sur les défenses de Porto-Novo, ne ménageant pas du même coup ses injures à l'adresse de la France.

Et, suivant une pratique bien des fois renouvelée, ces fournisseurs tudesques s'engageaient, en même temps qu'ils fournissaient des armes, à en apprendre le maniement à des soldats de l'armée de Béhanzin, qui deviendraient ensuite comme les sergents instructeurs de leurs compatriotes.

Mais voici qui dépasse toute mesure. Le roi de Dahomey, ayant fait un nouvel achat, réquisitionna le personnel des maisons françaises pour transporter le matériel nouvellement livré. Le 22 juin 1891, arrivait à Ouidah le paquebot *Hedwige Wœrmann*. Il livrait 4 canons se chargeant par la culasse avec leurs munitions, 200 fusils Snider et 10 caisses de munitions, 200 fusils à tir rapide avec munitions. Quatre cents porteurs furent envoyés par le roi. Ils ne suffirent pas. Les maisons étrangères donnèrent du renfort, mais il manquait encore des bras. Il fallut que les maisons Fabre et Régis fournissent le supplément, malgré les réclamations énergiques des gérants.

Ainsi le roi Béhanzin ne se contentait plus d'armer contre nous, il contraignait des Français à l'aider dans ses préparatifs belliqueux, en quelque sorte à lui mettre les armes dans la main.

* * *

Toutefois, Sa Majesté Dahoméenne ne se servit d'abord de ces nouvelles armes que contre les protégés des Anglais, les retournant ainsi sans façon contre ceux qui les lui avaient fournies. Vers le 15 avril, il mit son armée en branle et se dirigea sur Abéokuta, au pays des Jébus. Lui-même, quinze jours après, il allait en personne prendre le commandement de ses troupes. Et pendant deux mois on n'entendit plus parler de lui. Ce n'est pas qu'il vécut en repos. Le 19 juin, son récadère, Acouédindjé, se présentait à Cotonou. Ce personnage, l'homme de confiance du roi, était porteur d'un message pour le résident, et il s'exprima à peu près en ces termes :

« Béhanzin fait saluer tout le monde, la résidence, officiers, soldats, tous les Français en général. Il est revenu de la guerre, et depuis qu'il est au monde il n'a vu une guerre aussi heureuse. Cent soixante villes ou villages sont tombés en son pouvoir, et, s'il n'a pas tué beaucoup de monde, il a, par contre, fait des prisonniers en très grande quantité. Il attribue ce succès à la visite des officiers à Abomey, qui lui a porté bonheur ; c'est pourquoi il croit nécessaire d'envoyer ses remerciements au gouvernement français. »

Message singulier ! Il est difficile de pénétrer les intentions du roi Béhanzin en l'envoyant. Voulait-il s'excuser d'être parti en guerre ? Pensait-il intimider un adversaire dont il avait appris à redouter les coups ? Ses remerciements sont-ils une nouvelle dérision à ajouter à d'autres moqueries ? Quoi qu'il en soit, Sa Majesté Dahoméenne pouvait-elle penser qu'elle tromperait une fois encore les Français en affirmant le contraire de la vérité ?

Le fait est qu'au lieu de cent soixante villes emportées d'assaut, l'on sut bientôt qu'à peine dix ou douze villages étaient devenus la proie des soldats dahoméens, et loin de revenir victorieux, Béhanzin avait subi un grave échec devant la ville de Barreba. Aux armes perfectionnées, maniées sans doute avec maladresse, les habitants de Barreba avaient opposé leurs arcs, et les flèches empoisonnées qu'ils lançaient, après avoir fait de nombreuses victimes, contraignirent le roi de Dahomey à battre en retraite.

Le bonheur que lui avait porté la visite des officiers à Abomey ne l'empêcha pas d'être en grande délicatesse avec les Anglais à la suite de cette équipée. Ceux-ci, légitimement courroucés, mouillaient bientôt en face de Ouidah. La canonnière *Alligator* apportait une protestation indignée contre les entreprises belliqueuses et sanguinaires du roi Béhanzin, qui s'était permis des incursions fâcheuses dans la zone d'influence anglaise.

Le message anglais adressé au roi n'était pas fait pour le rassurer : Béhanzin fit venir ses grands conseillers, les mulâtres Georges, Féliciano de Souza et Candido, pour le lui interpréter. La mauvaise humeur de Sa Majesté faillit amener une catastrophe, et la vie des conseillers intimes fut en danger. Sa Majesté se plaignait des mauvais conseils que ses familiers lui avaient donnés ;

LA « TOPAZE » DANS LA LAGUNE DE COTONOU

le roi les rendait responsables de ses mécomptes. L'ancien Yévoghan de Ouidah, disait-on, venait de payer de sa tête les mauvais traitements qu'il avait infligés aux otages français : « Je t'avais chargé d'arrêter les Blancs de Ouidah, lui aurait dit le roi, mais non pas de les martyriser. » Le tyran était prêt à infliger le même traitement à ses fidèles serviteurs.

L'épreuve semblait faire réfléchir le roi. En réalité ce n'était que caprice, et sa préoccupation principale visait les moyens à mettre en œuvre pour se procurer de nouveau des esclaves, afin de les vendre. Commerce avantageux qui lui rapportait 400 francs par tête d'homme, et 250 francs par tête de femme. La campagne de Béhanzin chez les Jébus lui avait fourni cette marchandise en quantité notable : il l'écoula. Elle fut embarquée au mois d'août en territoire dahoméen.

* * *

Ne pouvant recommencer ces chasses sanglantes à l'homme sans trouver sur son chemin ou l'Angleterre, ou l'Allemagne, ou la France, et ne voulant pas renoncer à des profits fort lucratifs, le roi barbare se tourna du côté qui lui paraissait le moins dangereux. Les procédés débonnaires de la

France ne pouvaient pas l'intimider ni même l'arrêter longtemps s'il lui prenait fantaisie de fourrager sur les territoires soumis à son protectorat.

A l'ouest du royaume du Dahomey, le long du cours inférieur du Mono, s'étend le pays des Ouatchis. C'est une contrée très riche. La population fort dense y vit en paix sous la garde du drapeau de la France. Le poste de Grand-Popo est particulièrement chargé d'y faire respecter les droits du protectorat français.

C'est là que le roi Béhanzin chercha à renouveler sa provision d'esclaves. Il attaqua Atchicomé dans le courant du mois de novembre. Atchicomé est un des villages les plus importants de la région, à peu de distance de Grand-Popo. Le vainqueur, après une lutte ardente, rentra dans ses Etats avec un nombreux cortège de prisonniers.

Cet exploit insolent ne pouvait rester impuni. Le vice-résident de Grand-Popo, pressé par les populations alarmées, écrivit lettres sur lettres au résident de Porto-Novo. M. Ballot se décida à se rendre sur place. Le *Héron*, nouvellement arrivé, fut envoyé sur-le-champ à Grand-Popo, dans le but de rassurer les Européens et d'intervenir à l'occasion.

Le 25 décembre, le *Talisman* jetait l'ancre en rade de Cotonou. Il prit à son bord le résident, le commandant Audéoud, le capitaine directeur d'artillerie, et il les débarqua à Grand-Popo. Après examen de la situation, le commandant Audéoud se rendit compte que si Grand-Popo était très bien protégé par sa position entre la mer et le fleuve Agoué, par contre le pays des Ouatchis se trouvait à la merci des entreprises du roi de Dahomey. « On en revient toujours au même desideratum, disait le commandant dans un rapport transmis au ministère de la Marine, détruire le Dahomey, ce qui serait la seule solution pour rétablir le calme sur cette côte et y ramener le prestige que nous y avons perdu par l'arrangement du 3 octobre 1890... S'emparer du Dahomey et chasser la bande de pillards qui l'habite coûterait une assez grosse somme sur le moment, mais cette somme sera dépassée de beaucoup si on continue à hérisser cette côte de fortifications qui ne serviront qu'à protéger quelques blancs et n'empêcheront pas le commerce que font les factoreries d'être ruiné dans sa source par nos ennemis. »

Ainsi le commandant Audéoud formulait le même avis tant de fois donné par les officiers généraux et les résidents qui avaient eu à diriger les affaires de la côte du Bénin.

Cette fois encore on attendra. L'insulte sans doute n'est pas assez grave. Quand le roi Béhanzin en viendra à essayer sur le résident de France et sur le commandant Audéoud la portée de ses fusils nouveau modèle, alors on finira sans doute par trouver que la plaisanterie dure depuis trop longtemps et qu'il serait peut-être sage d'y mettre fin.

Déjà Sa Majesté Dahoméenne a violé l'article second de la Convention du 3 octobre en agissant comme si la ville de Cotonou n'était pas possession française ; il ne respecte pas davantage l'article premier, qui l'oblige à laisser en paix son cousin Toffa, le protégé de la France.

En mars 1892, il entre en campagne contre ce pauvre roi et à vingt-cinq kilomètres de sa capitale il détruit les villages d'Ahanta, Benko et Bito sur l'Ouémé. C'est du 20 au 25 mars que ces déprédations sont commises.

Dès qu'il en a connaissance, M. Ballot embarque sur la *Topaze*. Il a pris avec lui le commandant supérieur et 15 tirailleurs. Il remonte l'Ouémé ; il va bravement au devant de l'ennemi. Il compte l'arrêter par sa seule présence. Jamais il n'aurait pu penser que, sans déclaration de guerre, sans provocation, les Dahoméens oseraient l'attaquer et l'accueillir à coups de fusils. Loin d'être intimidés par l'intervention du représentant de la France, les Dahoméens, formant une bande de quatre cents hommes, à la hauteur de Toplo, dirigèrent une vive fusillade sur la *Topaze*, que les couleurs françaises ne surent pas protéger contre tant d'insolence. La petite canonnière se défendit vaillamment, mais elle dut battre en retraite. Le sang de ses défenseurs avait coulé à bord. Cinq hommes — un tirailleur, deux matelots et deux indigènes — étaient grièvement blessés. Les fusils à tir rapide vendus aux Dahoméens par les Allemands avaient fait parmi les Français leurs premières victimes.

LA CANONNIÈRE " LA TOPAZE "

L'audace de l'ennemi ne s'arrête pas là. Dans la nuit du 29 au 30 mars, Késounou, sur l'Ouémé, fut assiégé par deux cents Dahoméens. Cette fois les soldats de Béhanzin opéraient à moins de trois lieues de Porto-Novo.

∴

C'était la guerre, Béhanzin rouvrait les hostilités. Il attaquait le premier, violant tous les traités et donnant de nouveau la mesure de sa mauvaise foi.

La France se trouvait en face du Dahomey dans la même situation que deux ans auparavant, avec cette différence que son adversaire, abusant de sa longanimité, avait su l'humilier et qu'il se dressait devant elle plus fort et mieux armé.

Tout était à craindre, M. Ballay télégraphie :

« Dispositions nécessaires ont été prises pour mettre Porto-Novo et Cotonou à l'abri d'un coup de main. Toutes routes Dahomey fermées. » Il fallait s'attendre à une attaque sur tous les points.

Le 31 mars, dans une nouvelle dépêche du gouverneur, les progrès de l'ennemi sont signalés : « Troupes de Dahoméens au nombre de neuf cents environ sont toujours aux environs de Késounou. Ils ont détruit Benko, Ahanta, Bikoquito, Zoitagomé, Darou, Soplo, Aglaloué, Agougui, Dajuni, Hétin et Kétuisota, villages appartenant aux rues de Porto-Novo et arborant le drapeau de la France. Toute la population du Bas-Ouémé est réfugiée dans les îles Agouégoué et Zuiné. »

Ce document, en même temps qu'il signale la panique générale, nous apprend que le lieutenant-gouverneur a envoyé au roi du Dahomey une protestation.

Mais tenant compte de l'état d'esprit des représentants du pouvoir central, qu'il connaît bien, M. Ballay ajoute que la protestation est énergique mais très mesurée.

Le roi Béhanzin ne prend pas tant de précautions et il ne garde plus aucune mesure. Il a 2.000 hommes campés à Quétowé, sur la rive gauche du Ouémé, prêts à marcher. Il concentre son armée à Allada. Il ferme tous les chemins à ses amis de la veille, et il fait transmettre par les autorités de Ouidah au gouverneur le message suivant : « Le roi de Dahomey fait la guerre au Ouémé parce que ce pays est à lui aussi bien que Porto-Novo et tout ce qui n'est pas la mer, car tout ce qui est sur terre appartient au roi de Dahomey. »

C'est catégorique. Et passant aux actes, chaque jour plus audacieux, il traverse le Ouémé et se présente aux portes de Porto-Novo à la tête de 4.000 hommes. Il incendie les villages environnants. Pour forcer la ville il compte sur des renforts. Ils arrivent. Il n'est plus qu'à quatre heures de marche de la capitale ; il peut y entrer quand bon lui semblera.

Plus insolent que jamais, il adresse à M. Ballay une lettre pleine d'arrogance : « Je ne suis jamais allé en France, dit-il, faire la guerre, et je vois avec peine que la France m'empêche de faire la guerre contre un pays africain, cela ne la regarde pas. Si vous n'êtes pas contents, vous pouvez faire tout ce que vous voudrez, je suis prêt. »

Oui, il était prêt, mais la France ne l'était pas. Une série de dépêches échangées entre le gouverneur et le gouvernement le montre clairement.

2 avril. — « Faut-il défendre région attaquée ou se borner défendre Porto-Novo, ce qui serait ruine pays ? »

4 avril. — « Je considère situation Bénin comme grave ; expédition complète est devenue indispensable, sinon honte et danger évacuation. Mille hommes de renfort sont nécessaires pour seulement défendre postes. »

Même jour. — « ... Ballot me dit vous êtes décidés résister à outrance pour garder ville Porto-Novo, mais, vu forces ennemies, estime, commandant troupes et moi, garnison Porto-Novo trop faible et trop disséminée dans fortifications pour empêcher ennemi pénétrer dans murs. »

Telle était la situation. Après les dures leçons du passé, malgré les avertissements si pressants des chefs militaires et des gouverneurs civils, la folle imprévoyance des maîtres du jour plaçait les défenseurs des couleurs

" L'ÉMERAUDE " DANS LA RIVIÈRE DE SO

nationales dans l'alternative ou de céder devant les forces supérieures du tyran du Dahomey ou de tomber glorieusement, mais sans fruit, en se faisant écraser par un ennemi dix fois plus nombreux.

Jamais le péril n'avait été plus grand. En quelques heures le corps d'occupation pouvait être anéanti ou jeté à la mer.

Le 3 avril, M. Ballay avertit que, selon toutes probabilités, Porto-Novo sera attaqué le lendemain. Par bonheur, le roi Béhanzin crut devoir attendre de nouveaux renforts avant de marcher en avant. Il ignorait sans doute la situation des Français. Tout à coup, sans cause apparente, peut-être pour mettre en sûreté son butin, de nombreux esclaves et des troupeaux d'une grande valeur, il revient sur ses pas, repasse le Ouémé, regagne Allada, alors qu'une partie de ses troupes remonte dans le Nord, par la rive gauche du fleuve ; il ne laisse après lui qu'une bande de mille hommes campée entre Abomey-Calavy et Godomey.

Nos possessions étaient sauvées. Les renforts demandés auront le temps d'arriver. Béhanzin a manqué d'audace. La lutte, qui eût été inégale, allait pouvoir s'engager dans des conditions moins défavorables pour les Français.

M. Ballay quitte Konakry, siège de son gouvernement, arrive à bord du

Brandon à Cotonou avec cinquante tirailleurs. Il est avisé par le gouvernement que des croiseurs sont en marche.

Heureusement Sa Majesté Dahoméenne, n'ayant pas perdu le goût des correspondances épistolaires, écrit plutôt qu'elle n'agit. De nouveau elle vient d'envoyer une lettre où elle dit qu'elle a été informée que le gouvernement français a déclaré la guerre au Dahomey et que les Chambres ont voté plusieurs millions pour recommencer la guerre.

Comme on le voit, le roi Béhanzin, s'il ne lit pas le journal officiel de la République française, a des amis qui le renseignent à peu près exactement. Avec une fierté qui ne manque pas d'une certaine grandeur, il répond : « Je suis complètement prêt, et si les Français touchent à mes villes, je les préviens que je détruirai Porto-Novo et toutes autres villes. »

Suivant les avis donnés par les espions, pour soutenir ses prétentions, le roi de Dahomey a sous ses ordres 12.000 hommes, armés de 4.000 carabines ou mousquetons Winchester, de 6.000 fusils Chassepot, à pierres ou capsules, et de 6 canons-revolvers.

Il a repassé une fois encore le Ouémé, dont il occupe la rive gauche, à trois jours de marche de Porto-Novo. En même temps, avec 4.000 hommes, il menace Cotonou : ses postes d'avant-garde sont à peine à un kilomètre de la ville. M. Ballay télégraphie : « Je suis à Cotonou avec commandant troupes depuis samedi, nous nous attendons à être attaqués. Difficile préciser intentions Dahoméens, tout étant exclusivement subordonné au caprice du roi de Dahomey. »

***

La fortune de la France est en effet à la merci d'un caprice de ce despote. Il a la partie belle.

Après coup, lorsque l'on jette froidement les yeux sur les événements, alors qu'il est permis de mesurer exactement la grandeur du péril encouru, l'aveuglement, l'incurie de ceux qui avaient la charge, la mission de tout prévoir, jette dans la stupéfaction.

Nous sommes au 20 avril : cinquante tirailleurs seulement sont venus avec le *Brandon* pour renforcer les troupes d'occupation, incapables même de repousser une agression. Le Sénégal a bien reçu l'ordre d'embarquer le plus grand nombre possible de tirailleurs sénégalais. Mais le paquebot *la Ville-de-Céara* ne passera à Dakar, pour les recevoir à son bord, que le 22 avril, et n'arrivera à Cotonou que le 3 mai.

La *Ville-de-Céara* débarquera la 14e compagnie de tirailleurs sénégalais, composée de 144 hommes, dont 11 Européens et 133 indigènes, plus 30 tirailleurs de la 1re compagnie pris à son passage à Konakry et 12 artilleurs. Avec ce renfort, le corps d'occupation comprendra un effectif de 940 combattants.

940 hommes pour résister à 12.000 Dahoméens !

Les croiseurs *le Sane* et *le Talisman*, de la division de l'Atlantique Sud, sont en marche pour le golfe de Bénin, mais le *Sané*, commandant Reyniers, qui a quitté Buenos-Ayres le 7 avril, ne jettera l'ancre en face de Cotonou que le 2 mai, et le *Talisman*, commandant Marquer, ne sera en vue des côtes du Bénin que le 4 juin.

Le *Taygète* apporte, le 25 avril, des munitions et 300 fusils destinés aux indigènes qu'on doit recruter sur place, mais ce recrutement est bien aléa-

LA RADE DE COTONOU VUE DE TERRE (1892)

toire, et surtout fort lent. D'ailleurs, les Anglais en guerre avec les Jébus ont déjà fait leur choix et l'on ne peut compter que sur le rebut.

Des crédits sont demandés à la Chambre des députés et au Sénat, mais avec mille réticences. Ils sont votés. Qu'est-ce que trois millions pour une campagne décisive qui s'imposera à brève échéance et dont les dépenses monteront à 10.130.912 fr. 26?

Cette demande de crédit est faite sans franchise. Comme toujours, le gouvernement redoute les complications parlementaires.

Cependant la gravité des événements est telle que le gouvernement juge nécessaire de réunir un conseil spécial au sujet des affaires du Dahomey. M. Loubet, président du conseil des ministres, est à la tête des hommes compétents chargés d'examiner la situation. Ils se concertent. Ce sont le ministre de la Marine, Cavaignac; le sous-secrétaire d'État aux Colonies, Jamais; les généraux de divisions Brière de l'Isle, Borgnis-Desbordes, Bichot; le vice-amiral Gervais, chef d'état-major; le capitaine de vaisseau Fournier; et le chef de bataillon d'infanterie de marine Audéoud, nommé rapporteur.

Pendant que ce conseil tient ses séances à Paris, le roi du Dahomey est déjà aux portes de Cotonou et de Porto-Novo. Il est vrai que, se rendant compte de la responsabilité qui leur incombe, les membres du conseil prennent des résolutions fermes. Ils décident comme nécessaire ce que demandent depuis deux ans et l'amiral de Cuverville, et M. le résident de France Ballot, et tous les esprits clairvoyants, à savoir qu'une opération sur Abomey peut seule mener au but, c'est-à-dire détruire la puissance de Béhanzin et assurer la sécurité dans nos possessions du Bénin. Ils déclarent que l'occupation de Ouidah, qui demanderait déjà des sacrifices importants, ne résoudrait pas les difficultés pendantes. C'était l'avis de l'amiral de Cuverville. Ils croient que le blocus de la côte ne suffirait pas à amener Béhanzin à composition et conduirait forcément à des opérations à terre. Enfin leur sentiment est que, s'il est possible, en renforçant nos garnisons, de se maintenir à Porto-Novo et à Cotonou, et même de gêner et de limiter les incursions de Béhanzin, cette manière de faire entraînerait une immobilisation de forces relativement considérables et aurait tous les inconvénients d'une solution purement défensive et restreinte.

C'est clair. Il n'est plus question de pacification à outrance. La pacification n'a réussi pendant un temps bien court que grâce à l'intervention de la seule puissance capable ici-bas de dompter les passions farouches. Volontairement, après un triomphe éclatant, les représentants et les dépositaires de cette puissance ont été mis de côté : les missionnaires sont écartés. On n'a plus voulu recourir à leur influence douce, persuasive et victorieuse. Leur rôle est fini. La force devient la seule ressource, la guerre l'unique et dernier moyen. L'heure de la juste vengeance, des légitimes revendications par la violence est sonnée.

C'est bien la guerre ! Les insolences et les cruautés du tyran du Dahomey vont être châtiées : l'humiliation de M. Bayol, les souffrances des otages, la violation des droits les plus sacrés de l'hospitalité, l'insulte faite au commandant Audéoud, la fusillade qui a accueilli sur l'Ouémé le résident de France, le mépris de la parole donnée, des traités et de la foi jurée, les sacrifices sanglants et le commerce infâme des esclaves, la longue série des crimes d'une vie monstrueuse, tout enfin, va être expié. Le roi sanguinaire sera poursuivi, traqué jusque dans sa capitale ; la bête fauve acculée dans son antre et mise à jamais hors d'état de nuire.

***

Qui le croirait ? L'avis du conseil ne prévalut pas. Les décisions des généraux et amiraux ne sont pas acceptées ni suivies par le gouvernement. Une fois encore le conseil des ministres recule. Et s'il ne renouvelle pas les instructions antérieures ordonnant de traiter à tout prix, il prend la résolution « de se borner à renforcer le commandement et les ressources dont il dispose, de manière à lui permettre d'organiser fortement la défensive, tout en lui laissant la possibilité d'exercer aux environs de Porto-Novo et de Cotonou une action offensive à court rayon ».

Pour renforcer le commandement, le gouvernement confie la direction des opérations à la Marine, qui devra se conformer au programme indiqué, et se baser sur le crédit de trois millions voté par le Parlement.

C'est l'éternelle politique des demi-mesures. Le passé et ses dures leçons n'ont pas corrigé les maîtres du jour, et les périls du présent ne les éclairent pas davantage. Combien les susceptibilités de la fierté nationale ont changé depuis le temps où l'impertinence d'un coup d'éventail amenait à Alger les flottes et les armées de la France! Cependant la barbarie dahoméenne n'est pas moins cruelle que la tyrannie musulmane. A cette heure, la brutalité des coups de fusil ne suffit même pas à exciter l'indignation des nouveaux gardiens de l'honneur français.

DANS LA BROUSSE

Et renouvelant les errements dont elle est coutumière, l'administration centrale, au lieu de créer une autorité une et forte, divise les pouvoirs : au ministère de la Marine la direction des opérations, au sous-secrétariat d'État des Colonies la charge d'assurer, au point de vue administratif, l'exécution des mesures prises. Sur les « invitations » de la Marine, le sous-secrétariat assurera le passage à bord des paquebots du personnel annoncé, achètera et transportera au Bénin les approvisionnements de toutes natures; il entretiendra dans la colonie le personnel médical et administratif, et enfin il règlera les dépenses sur un chapitre spécial de son budget.

M. Ballay reçut l'ordre de se maintenir en équilibre entre ces deux juridictions (21 avril) : « Vous resterez provisoirement Bénin jusqu'à arrivée renforts et nouveau commandant supérieur des troupes, et continuerez à correspondre avec sous-secrétaire d'État des Colonies pour affaires administratives ordinaires, mais pour opérations militaires et tout ce qui les intéresse, vous devez traiter directement avec ministre Marine... »

Toutefois, M. Ballay jugea qu'il était utile, sinon nécessaire, dans une situation aussi grave, de faire appel à toutes les lumières et d'agir de concert avec tous les dévouements. A peine débarqué à Cotonou, il constitua un conseil de défense, composé de M. Ballot, lieutenant-gouverneur du Bénin, du commandant des troupes, du chef du service administratif, du directeur d'artillerie, de l'officier le plus élevé en grade après le commandant des troupes, et d'un lieutenant comme secrétaire. — La responsabilité était écrasante : il voulut la partager.

Cependant Béhanzin, qui aurait pu, s'il l'avait voulu, balayer nos possessions, se contentait de préparer la guerre à laquelle il s'attendait. Il ouvrait une route de Godomey-ville vers Cotonou et élevait des fortifications auprès d'Awansori.

Sur ces entrefaites, le *Sané* mouillait en rade de Cotonou, et le gouvernement nommait le colonel Dodds au commandement supérieur des établissements français du Bénin.

Le commandant du *Sané*, Reyniers, fut avisé qu'il se trouvait, vis-à-vis du commandant supérieur des établissements du Bénin dans la même situation d'indépendance qu'à l'égard de tout autre gouverneur de colonie. Il était prié de prêter un concours empressé par mer au colonel Dodds, mais à terre seulement dans un cas de force majeure.

Le ministre de la Marine lui demandait de juger la situation et de lui transmettre son sentiment.

Le commandant Reyniers déclara, après examen, que la défense lui semblait assurée, grâce aux renforts nouvellement arrivés.

L'ennemi lui paraissait plutôt occupé à faire des esclaves et de les vendre que de se disposer à l'attaque. En effet, le 2 mai, 500 esclaves avaient été embarqués à Avrekete par un paquebot de la compagnie Wœrmann. Cependant on signalait une nouvelle introduction d'armes, paiement probable de la marchandise humaine achetée ainsi à bon compte par nos amis les Allemands.

Et le commandant du *Sané* terminait son rapport par une déclaration qui, malheureusement, était la pure vérité : « Nous sommes prisonniers dans nos lignes. » Il ajoutait : « Le *Sané* est insuffisant pour protéger nos possessions. »

Le Sénégal reçoit aussitôt l'ordre d'envoyer le plus possible de troupes indigènes à Cotonou, de préparer le recrutement de nouvelles compagnies de tirailleurs sénégalais et de plusieurs compagnies de volontaires.

L'*Éclaireur*, qui avait déjà été affrété en 1890, canonnière à faible tirant d'eau, est achetée à la compagnie des Chargeurs-Réunis. Il change de nom et s'appelle désormais le *Corail*. Remis le 23 mai, il quitte Libreville le 15 juin et arrive le 23 à Porto-Novo. M. le lieutenant de vaisseau de Frésigny en reprend le commandement, comme en 1890. Il est aménagé et armé. La canonnière l'*Opale* est commandée à l'industrie anglaise, à la maison Yarrow ; mise en chantier le 28 avril, lancée le 25 mai, démontée et embarquée sur un navire spécial, l'*Engineer*, affrété pour le compte de la France, elle quitte Londres le 14 juin et arrive le 11 juillet à Lagos. La canonnière remontée est rendue à Porto-Novo le 6 août.

Des baraquements et du matériel de toutes sortes sont réclamés et doivent être livrés sans retard.

Dans les ports, ordre est donné pour qu'une compagnie d'infanterie de marine et une batterie d'artillerie de marine soient constituées avec des volontaires. Au premier signal, ces troupes devront prendre la mer.

Les paquebots transportent un matériel important de construction, vingt-cinq voitures modèle Lefebvre, des mulets, des conducteurs indigènes, un personnel constructeur, des instruments topographiques, un matériel destiné aux fortifications de Porto-Novo et de Cotonou.

A Bordeaux, un état-major s'embarque par le courrier pour la côte d'Afrique. Il est composé de M. Gonard, chef de bataillon d'infanterie de marine breveté, chef d'état-major du colonel Dodds, de M. de Frésigny, lieutenant de vaisseau, commandant l'*Éclaireur*, de M. Lombard, capitaine d'infanterie de marine breveté, de M. Fallière, capitaine d'artillerie de marine, tous deux attachés à l'état-major et de M. Nicole, capitaine d'artillerie de marine, détaché aux constructions.

LA RÉSIDENCE DE PORTO-NOVO EN CONSTRUCTION

Peu de jours auparavant, le 5 mai, le colonel Dodds et son officier d'ordonnance, M. le capitaine Marmet, se sont embarqués à Marseille sur le paquebot des Messageries maritimes. Le 13 mai le colonel est à Dakar.

Là, il s'entend avec les chefs du Cayor, du Diambour, de Oualo et du Vouta, réunis à l'avance par le gouverneur. Il obtient par leur entremise un nombre d'engagés volontaires, choisis parmi les principaux notables, assez considérable pour former trois compagnies indigènes.

Le colonel Dodds arrive le 28 mai à Cotonou par le même paquebot qui porte son état-major. Il prend en main la direction des opérations, et désormais assume la responsabilité des pouvoirs civils et militaires.

Le 29, le gouverneur, M. Ballay, annonce qu'il a remis le gouvernement de la colonie au colonel Dodds.

Celui-ci établit son quartier général à Porto-Novo, centre des ressources de toute nature et de la plus grande partie des troupes et des services. Il organise la défense de Cotonou et de Porto-Novo, les différents services de transport, de santé, de plage, etc.

Le Décamé, se sentant hors de notre protection, perdait courage et passait de la domination du roi Toffa à celle de Béhanzin. Le colonel Dodds convoque les chefs de village relevant de l'autorité du roi de Porto-Novo. Ils répondent presque tous à son appel, ou bien se font représenter. Il reconnaît par là l'étendue de la suzeraineté du roi Toffa. Seuls les chefs du Décamé n'obéissent pas aux injonctions du colonel Dodds. Malgré ses promesses, le chef Kékédé reste dévoué à Béhanzin.

***

Toutes ces mesures préparatoires, ces envois de renforts, ces levées d'hommes, étaient sages, et déjà elles avaient une apparence belliqueuse qui laissait soupçonner des projets plus décisifs. Cependant, ce n'était encore que de la défensive. Depuis deux ans en somme la France n'a pas fait un pas en avant.

Une dernière précaution était à prendre dans le cas où l'offensive sonnerait. Quelques blancs étaient dans les lignes dahoméennes. Les Sœurs avaient pu quitter Ouidah, les missionnaires étaient libres, mais il restait encore à Ouidah et à Abomey-Calavy des otages appartenant aux maisons Régis et Fabre. Il fallait les faire rentrer à Cotonou, par crainte des représailles du roi de Dahomey. Heureusement des espions dahoméens, parmi lesquels se trouvait le médecin du roi, avaient été arrêtés à Porto-Novo. Il fut possible de négocier un échange.

A cet effet, le colonel écrivit à Sa Majesté Dahoméenne :

« Porto-Novo, 2 juin 1892.

« Le commandant supérieur des établissements français du golfe du Bénin, commandeur de la Légion d'honneur, au roi Béhanzin Ahi-Djéré de Dahomey.

« Nommé par le Président de la République au commandement supérieur des établissements français situés sur la Côte des Esclaves, je suis arrivé à Cotonou le 28 mai.

« Mon étonnement a été grand d'apprendre en débarquant, qu'au mépris du droit des gens, vous déteniez illégalement trois commerçants français à Ouidah et que vous aviez de nouveau violé les engagements librement consentis par vos représentants, le 3 octobre 1890, en envahissant le territoire du protectorat français que vos troupes occupent encore aujourd'hui à Cotonou, Zobbo et dans le Décamé.

« Je crois devoir vous rappeler les termes de l'article premier de l'arrangement du 3 octobre 1890 :

« Le roi de Dahomey s'engage à respecter le protectorat français du « royaume de Porto-Novo et à s'abstenir de toute incursion sur les territoires « faisant partie de ce protectorat.

« Il reconnaît à la France le droit d'occuper indéfiniment le territoire de « Cotonou. »

« En conséquence des stipulations de la convention précitée, je vous prie, dans votre intérêt :

« 1° De mettre en liberté et de renvoyer, soit à Cotonou, soit à Grand-Popo, les trois Français actuellement détenus à Ouidah ;

« 2° De retirer de Cotonou, Zobbo et des villages de la rive gauche de l'Ouémé, de Dogla à Dogba, les postes et détachements qui s'y trouvent.

« J'espère que vous voudrez bien faire droit, le plus tôt possible, à mes justes revendications.

« Salut.

« *Signé :* DODDS. »

Au moment où cette lettre allait partir, deux émissaires arrivèrent de Ouidah : l'un était le chef des douanes, l'autre l'envoyé ordinaire du roi. Le Cussugan écrivait pour demander que les espions dahoméens fussent mis en liberté. L'envoyé du roi reçut la lettre du colonel Dodds ; le chef des douanes fut gardé pour porter la réponse au Cussugan.

Le roi Béhanzin répondit sans tarder :

« Dahomey, le 10 juin 1892.

« A M. le colonel commandant supérieur des établissements français du Bénin, Porto-Novo.

« J'ai l'honneur de vous accuser réception de votre lettre du 2, et je prends bonne note et réponds au sujet de votre demande des trois blancs commerçants qui sont à Ouidah ; ils ne sont pas arrêtés comme on vous a dit, je les ai laissés libres et ils vont partir bientôt.

« Au sujet de votre demande sur les troupes qui sont à Cotonou, Zobbo et la rive gauche de l'Ouémé à Dogla, etc., je vous ai dit déjà que ce pays est mien ; je l'ai fortifié, car j'ai appris que la France veut en secret faire la guerre au Dahomey. Je n'ai pas attaqué le premier jamais aucune position des Français, et j'ai toujours observé le traité du 3 octobre 1890, il a toujours été gardé de ma part, mais je me défie beaucoup.

VUE DE PORTO-NOVO

« Par votre lettre, j'ordonne de donner la liberté d'ouvrir tous chemins dans l'intérêt des deux pays, et c'est bon de laisser la question comme auparavant.

« Avec cette lettre, accompagne un de mes messagers avec mon bâton.

« Veuillez aussi donner la liberté aux Dahoméens qui sont crochés à Porto-Novo, principalement Félix Lino et ses compagnons.

« Salut. « Sa Majesté Royale Béhanzin Ahi-Djéré. »

La France en est donc encore aux procédés courtois, et le roi s'y prête, protestant même de sa fidélité à observer les traités. Dans sa prétendue bonne foi, il accuse la France de manquer de parole, de préparer en secret la guerre. « Je n'ai pas attaqué le premier, dit-il, j'ai toujours observé le traité du 3 octobre 1890. »

LA CANONNIÈRE " L'ÉMERAUDE "

Vraiment, on ne sait ce qui doit provoquer le plus d'étonnement, de l'impudence du roi du Dahomey ou de la longanimité persistante de la France. Sa Majesté Béhanzin, à la tête de son armée, a ravagé les pays placés sous le protectorat de la France, des milliers de créatures humaines ont été ou massacrées ou emmenées en esclavage et vendues, le résident de France a été accueilli à coups de fusil, le territoire de Porto-Novo est violé, la cession de Cotonou est non seulement contestée, mais niée, le corps d'occupation est prisonnier dans les lignes françaises, le roi Béhanzin nargue ses chefs, se montre insolent envers les représentants du gouvernement français, et le gouvernement français se contente de la défensive, d'une défensive aimable qui permet de correspondre amicalement, par lettre, avec le tyran du Dahomey, d'échanger des otages.

La comédie dure depuis trop longtemps. Cependant, elle paraît être fort du goût de ceux qui en conduisent la trame. Il est à croire qu'ils vont y ajouter un nouvel acte.

EN MARCHE EN RIVIÈRE !

La situation est la même que celle qui nous était faite deux ans auparavant, sauf qu'elle devient chaque jour plus périlleuse : l'ordre de traiter va-t-il une fois encore être expédié de Paris? La consigne donnée de se tenir sur la défensive sur tous les points et de n'employer « l'offensive à court rayon » qu'à Cotonou et à Porto-Novo, serait-elle le prélude d'un nouveau triomphe de la politique de la paix à outrance, de la paix quand même et à tout prix ?

XV

Le colonel Dodds reçoit l'ordre de marcher sur Abomey.

(1892)

Discussion à la Chambre des Députés du crédit pour le Dahomey. — Imbroglio. — M. Hervieu demande au ministère ses conclusions. — M. de Cassagnac reproche au gouvernement son manque de sincérité. — Une leçon terrible et la marche sur Abomey est réclamée par M. de Lamarzelle. — Le rapporteur avoue les fautes commises. — M. Jules Delahaye demande à connaître toutes les responsabilités. — M. Étienne dégage la sienne. — Accusation du cabinet Freycinet par M. Mège. — M. de Lamarzelle révèle les manœuvres pratiquées pour étouffer la vérité : il demande une enquête. — Les crédits sont votés. — La guerre est décidée, mais par fraude. — Le blocus du Dahomey est notifié aux puissances. — Lettre du colonel Dodds à Béhanzin. — Le gouvernement questionne. — L'avis du colonel Dodds est de marcher sur Abomey. — M. Cavaignac, ministre de la Marine, télégraphie pour savoir si la saison est favorable. — M. Burdeau, son successeur, parle de traiter. — Les Chambres étant enfin en vacances, M. Burdeau donne toute liberté au colonel Dodds. — Conclusion. — Discours du comte Albert de Mun sur la politique coloniale. — Union de l'épée et de la croix pour le triomphe de la civilisation chrétienne.

On s'attendrait à ce qu'une voix vibrante, sous le coup d'une légitime indignation, s'élevât au sein du Parlement, du banc des ministres, pour demander qu'on en finisse. Il n'en est rien : la comédie continue.

M. Jamais, sous-secrétaire d'État aux colonies, présente à la Chambre un projet de loi portant ouverture d'un crédit pour le service des colonies ; et, dans un imbroglio qui n'est certes pas de circonstance et auquel la Chambre ne comprend rien, il mêle les affaires du Soudan à la question du Dahomey avec si peu de précision, que M. Hervieu, montant à la tribune, s'écrie : « J'espérais apporter à la Chambre non pas une solution sans appel quant aux affaires du Dahomey, mais j'espérais tout au moins lui proposer quelques conclusions. Je me suis aperçu tout de suite... que le gouvernement n'avait rien proposé. » Alors M. Hervieu rappelle les derniers événements : « Malgré les protestations d'amitié données par le roi de Dahomey au commencement de mars, le 26 du même mois on apprenait à Porto-Novo que le roi avait franchi la rivière l'Ouémé qui sépare le protectorat de Porto-Novo des possessions dahoméennes, et qu'il avait fait une incursion sur nos terres. Le lieutenant-gouverneur Ballot et le commandant supérieur des troupes, ne pouvant en croire ni leurs yeux ni leurs oreilles, — car ils pensaient qu'un pensionnaire du gouvernement saurait respecter les traités, — montèrent sur la chaloupe canonnière *la Topaze* et se rendaient jusqu'à l'endroit désigné comme étant le centre des opérations dahoméennes. Avant d'y arriver, ils étaient accueillis par des coups de fusil et revenaient rapidement

LE " MYTHO " TRANSPORT-HOPITAL

à Porto-Novo... Là-dessus 6.000 hommes entrent plus avant dans nos possessions. Porto-Novo était sur le point d'être occupé ; une razzia de captifs et de bestiaux était opérée et finalement le roi de Dahomey se retirait... Pourquoi cette agression soudaine ?... Il y a à cela quatre causes : la construction du wharf de Cotonou... la saison des pluies va commencer... les excitations continuelles des maisons anglaises et allemandes...Ce n'est pas tout : Béhanzin a une confiance absolue dans son armée... Nous savons que le roi de Dahomey veut nous faire une guerre acharnée. Quelles sont les solutions possibles? Je me réserve, je le répète, de proposer la mienne quand le gouvernement aura bien voulu faire connaître la sienne. »

Le gouvernement répond par l'intermédiaire du sous-secrétaire d'État aux Colonies : « Je crois pouvoir dire, sans apporter ici une parole imprudente, que si, à l'heure actuelle, la marche sur Abomey ne nous paraît pas un effort au-dessus de nos forces, elle serait hors de proportion avec le résultat à obtenir. »

A cette déclaration, M. le comte de Mun s'écrie : « Vous serez obligés d'y aller. » M. Hervieu répond : « Il faut aller jusqu'à Abomey ou évacuer le territoire. Il n'y a pas d'autre solution ! »

Le gouvernement le sait bien, mais il ne veut pas en convenir devant la Chambre. M. de Cassagnac lui reproche son manque de sincérité : « Il y a eu assez de dissimulation dans la politique coloniale, dit-il. Nous demandons la

L' " ARDENT " A DAKAR

vérité, la vérité brutale, parce que c'est la seule qui soit patriotique. Jusqu'à présent il n'y a eu que des dissimulations et des mensonges. »

Le gouvernement ne change pas d'attitude. Il en sait plus qu'il n'en veut laisser entendre, et M. Jamais, sous-secrétaire d'État, dit habilement : « Quel est donc le membre de cette Chambre qui voudrait lier le gouvernement dans une formule ? Quel est celui qui pourrait dire ce que deviendra notre situation là-bas et ce qu'elle exigera de nous ?... Si nous vous demandons des crédits, c'est parce qu'il faut faire face aux dépenses engagées... et qu'il faudra ensuite fortifier, s'il est nécessaire, les renforts de troupes que nous avons envoyés là-bas... Quand le gouvernement vient parler des mesures qu'il est nécessaire de prendre et qui dépendent du développement des opérations militaires, des avis qui pourront lui être transmis par ses agents qui sont sur le théâtre même des opérations, je ne crois pas qu'il y ait ici un seul député, sur quelque banc qu'il siège, à quelque opinion qu'il appartienne — car ces questions ont le privilège de ne pas être obscurcies par l'esprit de parti et d'opposition — qui puisse demander au gouvernement de faire connaître ici quel chiffre d'hommes on va envoyer, quelles sont les compagnies qui partiront, quel jour elles s'embarqueront, quel jour elles arriveront, et quelles mesures nous prendrons là-bas... Que voulez-vous, Messieurs, que le gouvernement puisse vous dire, sinon vous demander, quant à l'emploi de ces crédits et aux mesures à prendre, la confiance que, dans une mission de cette nature, il a le devoir de réclamer? Je comprends qu'un de nos collègues vienne nous dire : Je vous demande de marcher sur Abomey. C'est une solution : mais que peut vous dire le gouvernement, après avoir obtenu les crédits qu'il réclame, sinon que vous lui laissiez la latitude de les employer au mieux des événements et de prendre, comme sa responsabilité le comporte et lui en fait un devoir, les mesures les plus utiles pour la défense de nos intérêts? »

Ces dernières paroles étaient plus nettes, plus claires, plus françaises : elles furent couvertes d'applaudissements.

« Telle est, messieurs, l'explication de notre demande de crédits. Il me sera permis d'ajouter... qu'au Dahomey nous entendons faire respecter le traité qui a été signé par la France. Nous voulons défendre là-bas nos intérêts, nos droits, notre protectorat; nous voulons remplir les obligations qui nous incombent aux regards de nos nationaux et des autres Européens placés sous la protection de notre drapeau. *(Très bien! très bien!)* — Ce n'est pas une politique d'expansion, mais nous ne ferons pas davantage une politique d'évacuation et de reculade. Nous avons tous les moyens de faire face à la situation. Nous vous demandons ces crédits pour en user au mieux de nos intérêts, et pour faire respecter, comme il doit être respecté partout, dans toutes les circonstances, le drapeau de la France. *(Vifs applaudissements.)* »

∴

Bien que la pensée du gouvernement commençât à se dégager des nuages qui l'obscurcissaient, elle n'apparaissait pas encore assez lumineuse. M. de Lamarzelle chercha à amener M. Jamais à la préciser davantage : « On nous promet donc, dit-il, de faire une expédition au Dahomey pour arriver à une solution pacifique. Or, je crois — et il faut que la Chambre se mette bien en présence de cette situation — qu'il est impossible d'obtenir une solution pacifique du roi de Dahomey. Si on veut rester au Dahomey, il n'y a qu'un moyen : il faut réduire le roi de Dahomey à l'impuissance.

« La solution pacifique! il faut rendre au gouvernement qui est sur ces bancs cette justice — il a fait le possible et l'impossible pour y arriver. Je veux en deux mots rappeler les faits.

« La Chambre se souvient comment, en avril 1885, nos possessions françaises furent envahies par le roi de Dahomey... Malgré cette violation flagrante de notre droit, le gouvernement ne songea pas alors à punir le roi de Dahomey. Il voulut lui demander la paix et lui envoya à Abomey M. Bayol, avec des instructions pacifiques, « même accompagnées de cadeaux ». On sait comment M. Bayol fut traité... Quant à la réponse du roi à nos propositions de paix, la voici d'après M. Bayol : « Le roi insulte la « République : sa réponse est violente et insolente ; il déclare que notre territoire de Cotonou lui appartient et que nous n'avons qu'à l'évacuer : il nous « demande de renoncer à notre protectorat de Porto-Novo et de lui livrer « nous-mêmes le roi Toffa. »

« M. Bayol revient. La guerre a lieu avec de nouvelles cruautés et de nouvelles trahisons de la part de Béhanzin. Malgré cela, le gouvernement

LA CANONNIÈRE " LE CORAIL "

veut encore la paix à tout prix. La dépêche suivante du ministre de la Marine à l'amiral de Cuverville est sur ce point bien instructive : « Je suis persuadé, « Monsieur le contre-amiral, dit le ministre, que vous emploierez toute « votre sagacité, toute votre activité, à poursuivre, suivant le vœu du gou- « vernement, la conclusion d'un arrangement. Aucun succès ne saurait « vous faire plus d'honneur que la clôture, par voie transactionnelle, « de l'incident du Dahomey. »

« Ainsi, on disait à l'amiral de Cuverville : Ne remportez pas de succès, ce n'est pas ce que nous demandons ; rapportez-nous la paix, rapportez-nous un arrangement, à quelque prix que ce soit. L'arrangement, on l'a obtenu, vous le connaissez... Le roi de Dahomey avait massacré les nôtres, il les avait trahis, emmenés en esclavage ; il avait rasé les plantations, ruiné le pays, et par ce traité on récompensait Béhanzin en lui accordant une rente. Ce traité, en dehors de ce tribut payé à notre ennemi, cédait encore une partie des droits séculaires de la France. Ce traité, la Chambre n'a pas voulu le voter : elle l'a dédaigneusement renvoyé au gouvernement et il en supporte aujourd'hui toute la responsabilité.

« Vous savez ce qu'a fait Béhanzin de ce traité : il l'a déchiré, il a foulé aux pieds la signature de la France.

« Et Béhanzin a recommencé ce qu'il a fait l'année dernière : il est venu nous attaquer, il nous a pillés, il nous a insultés. Et nous nous trouvons aujourd'hui en présence d'une situation identique à celle qui existait avant cet arrangement.

« Dans une situation identique ? Je me trompe, la situation est plus grave encore. Car les Dahoméens sont mieux exercés, mieux armés, plus difficiles à réduire qu'il y a un an. Ce n'est un secret pour personne que les droits de douane que nous étions si fiers de percevoir à Cotonou étaient en grande partie perçus sur des caisses de fusils et de munitions fournis par des étrangers, destinés à tuer nos soldats...

« De tout ce que je viens de dire, il résulte donc que, malgré tous les efforts qui ont été tentés et qui le seraient encore, on ne peut regarder un traité avec Béhanzin comme une solution sérieuse. Béhanzin pourra vous signer tous les traités que vous voudrez ; mais ces traités, il en fera toujours le cas qu'il fait aujourd'hui de la dernière convention conclue avec lui.

« Une autre solution s'impose donc. Or, le gouvernement nous a dit qu'il venait nous l'apporter, et il nous a fait, à cette tribune, cette simple déclaration : « Je viens vous demander trois millions. Pourquoi faire ? Nous ne « pouvons pas vous le dire, parce que nous ne pouvons pas vous dévoiler notre « plan de campagne. » Voyons, est-ce sérieux ? Vous savez bien que ce n'est pas votre plan de campagne que nous vous demandons ; ce serait ridicule de notre part : ce n'est pas à nous, pas plus qu'à vous, du reste, de faire des plans de campagne ; c'est aux militaires et aux marins qui sont là-bas qu'il appartient de les élaborer et de les arrêter. Et le plus grand tort, non de M. Jamais, car il n'est pas responsable en cette affaire, le grand tort du gouvernement a été de n'avoir pas voulu écouter les conseils des commandants militaires et de l'amiral de Cuverville.

« ... Vous allez envoyer des renforts. C'est très bien. Vous auriez même dû en envoyer plus tôt et ne pas laisser si longtemps 300 soldats français en présence d'une armée ennemie de 6.000 hommes.

« ... Il n'y a qu'une seule solution de la question du Dahomey, si nous voulons rester dans ce pays : c'est d'infliger une leçon terrible au roi de Dahomey, et on ne pourra la lui infliger que dans sa capitale... Le gouvernement a conduit les choses de telle sorte qu'il est acculé à cette seule solution, et il ne peut pas ne pas en convenir... Nous demandons au gouvernement de nous dire approximativement quels sont les sacrifices nécessaires en hommes et en argent pour marcher sur Abomey. Quand nous le saurons, nous pourrons alors, mais alors seulement, discuter sérieusement la question ; nous mettrons en regard d'un côté l'importance des sacrifices à faire, et de l'autre l'importance des intérêts à sauvegarder. Nous pourrons ensuite prendre un parti en connaissance de cause. Et si nous décidons que la France doit rester au Dahomey, nous demanderons au gouvernement de veiller, plus à l'avenir qu'il ne l'a fait par le passé, au respect et à l'honneur du drapeau dont il a la garde. »

*
* *

Évidemment, c'était bien la voie où le gouvernement voulait engager la Chambre et le pays : une campagne dont l'objectif serait la prise d'Abomey. Mais le gouvernement ne voulait pas l'avouer. Le rapporteur, M. Chautemps,

ROUTE D'OUÉMÉTO

joue la comédie habituelle. Il mêle la question du Soudan et celle du Dahomey, et à la faveur de l'une il dissimule l'autre. Tactique cousue de fil blanc. « Nous n'avons pas à voter aujourd'hui sur le Dahomey, dit-il. Le crédit qu'on vous demande n'est pas un crédit d'expédition, mais de sécurité. C'est donc de 350 hommes qu'il est question d'augmenter l'effectif actuel des troupes au Soudan. »

Malgré tout, le débat s'élargit. Il se poursuit dans l'espace de deux séances, ce qui permet au rapporteur, entre les deux séances, de compléter les considérants du projet de loi, après communication du dossier complet de l'affaire du Dahomey ; il rappelle l'unanimité des officiers et administrateurs civils pour réclamer, depuis trois ans, une action rapide et décisive, et la résistance du gouvernement subissant l'influence de préoccupations de politique métropolitaine ; il avoue les fautes commises qu'il ne faut pas renouveler à l'avenir. « Les trois millions demandés auront pour emploi, dit-il, les frais de transport de tirailleurs sénégalais, d'un bataillon de la légion étrangère, et les frais supplémentaires d'occupation que nécessitera cet accroissement de forces. »

En présence de ce commencement d'aveux, M. Jules Delahaye demande à connaître plus complètement, avant toute discussion du crédit, toutes les causes et toutes les responsabilités de l'état de guerre engagé au Dahomey : « Au mois de décembre 1890, dit-il, le roi Béhanzin avait loyalement exécuté la convention du 3 octobre et il l'a fidèlement observée jusqu'à la fin de 1891. Que s'est-il passé depuis ? Pourquoi les dispositions du roi de Dahomey se sont-elles si promptement modifiées et sous quel prétexte a-t-il repris les

LA CANONNIÈRE "L'OPALE" EMBARQUANT DES VIVRES

hostilités ? Le rapport qu'on vient de nous lire ne nous donne aucune des explications et aucun des documents qui nous sont nécessaires pour dégager les responsabilités et les causes de l'état de guerre engagé au Dahomey.

« ... J'insisterai seulement auprès du gouvernement pour qu'il nous éclaire sur les véritables auteurs de l'état de guerre. On nomme, on dénonce les meilleurs, les plus dévoués serviteurs du pays ; on les attaque avec violence, tandis que le principal coupable de l'état de guerre que nous sommes obligés de soutenir se dérobe, soit derrière un marin, soit derrière un missionnaire, soit derrière un ministre. J'estime, quant à moi, que la Chambre montrerait par trop de discrétion si elle consentait à ne pas approfondir tous les sous-entendus, toutes les lacunes volontaires ou involontaires des rapports de M. de Lanessan et de M. Chautemps. Je ne veux pas, pour ma part, que cette discrétion opiniâtre, dangereuse, puisse m'être un jour reprochée. Je ne veux pas surtout que l'on puisse m'accuser plus tard de m'être payé de cette raison, indigne du gouvernement et de la Chambre, que si le roi Béhanzin nous insulte et nous brave, c'est la faute du brave marin à qui a été imposée de Paris une paix à tout prix, que c'est la faute du seul Français avec lequel le roi de Dahomey ait consenti à traiter — vous le savez bien — le missionnaire patriote qui, au péril de sa vie, a accepté la tâche impossible de paraître fort et fier, en parlant et en traitant au nom d'un gouvernement résolu à n'être ni l'un ni l'autre. »

La demande de M. Jules Delahaye était légitime, mais le gouvernement et la Chambre devaient la juger indiscrète : nous savons pourquoi. Elle fut écartée. Plus de lumière eût permis de voir jusqu'au fond. C'est ce que le gouvernement ne voulait pas.

Toutefois, M. Étienne crut devoir se mettre à l'abri des récriminations légitimes visant le passé : « Je voulais infliger, dit-il, une punition exem-

CAMP DES TROUPES FRANÇAISES

plaire au roi de Dahomey... Le gouvernement dont je faisais partie n'était pas de mon avis... Ma responsabilité personnelle cesse à dater du 6 avril 1890. A la même date, les opérations militaires passent des mains du sous-secrétaire d'État des Colonies dans celles du ministre de la Marine. » Comme tous les esprits sensés, il désire la lumière. « En pareille matière, ajouta-t-il, il convient que la Chambre se mette en présence de résolutions fermes, énergiques : il convient qu'elle sache nettement ce qu'elle pense et ce qu'elle veut. »

D'après M. Camille Pelletan, la situation pourrait se résumer par un seul mot : « Nous ne savons pas où nous allons ; on ne nous dissimule rien, mais on ne sait pas où on nous conduit... Aujourd'hui, c'est le fond de la politique que se repasser soigneusement les responsabilités des uns aux autres. La commission du budget la repasse à la Chambre, qui ne demande qu'à la repasser au gouvernement, lequel la repassera volontiers au roi Béhanzin, s'il veut bien consentir à la prendre. »

M. Jamais, piqué par les attaques qui viennent de tous côtés, répond : « Notre politique, je la résume d'un mot : c'est une politique d'organisation, une politique de sécurité. Toute autre serait imprudente et dangereuse. »

Il est évident que cette déclaration ne répond pas à la situation, aussi M. Camille Dreyfus déclare que ce n'est pas par « des phrases générales » que le problème peut être résolu : « Vous êtes au Dahomey. Une fois que vous aurez dégagé nos protégés, jusqu'où irez-vous ? »

A cette question précise, il est répondu par le silence et par la clôture de la discussion générale. Les crédits pour le Soudan sont votés. Les trois millions demandés pour le Dahomey sont mis en discussion : « Crédits supplémentaires ainsi classés : Chap. 21. — Service colonial. Frais d'occupation au Dahomey : 3.000.000 de francs. »

***

M. Mège obtient la parole et fait une observation d'une vérité écrasante : « Si le gouvernement est obligé de nous demander aujourd'hui trois millions pour envoyer des hommes au Dahomey, c'est parce que le précédent cabinet, dont quelques membres siègent encore au banc des ministres, n'a pas fait son devoir... En septembre 1889... les officiers prévenaient le gouvernement de la situation fâcheuse qui nous était faite au Dahomey et disaient : « Nous « pouvons avec une marche en avant avec 500 hommes, détruire la puissance « du roi dans sa capitale même. » C'était là le sens de toutes les dépêches qui étaient adressées au gouvernement... De mois en mois on voit, depuis l'époque où le gouvernement fait preuve d'indécision, le chiffre des demandes des officiers s'élever constamment. Après avoir demandé, en octobre 1889, 500 hommes, ces officiers en réclament 1.000 deux mois après, et 3.000 en février 1890. Plus nous hésitons, plus la situation s'aggrave... J'avoue que j'ai éprouvé un sentiment bien pénible lorsque j'ai entendu, hier, la lecture de ces dépêches à la commission du budget, lorsqu'il m'a été prouvé que cette politique, qui marche d'atermoiement en atermoiement, de concession en concession, nous avait conduits à une situation des plus graves. » Ici M. Mège interpelle M. de Frêycinet qui s'en étonne : « Oui, c'est à vous que je m'adresse, dit-il, parce que toutes les dépêches qui ont été lues hier, ces dépêches si navrantes, étaient envoyées, non pas par la marine, non pas par les colonies, mais par le gouvernement. Et les questions étaient si bien discutées par le gouvernement que nous avons pu acquérir la certitude que c'était le conseil des ministres — bien que ces mots fussent biffés dans les dépêches que nous avons eu sous les yeux — qui dictait ses ordres aux chefs militaires ou civils représentant la France au golfe du Bénin. Et voulez-vous me permettre, en passant, de dire ici tout ce que je sais ?

« Je suis bien aise, Monsieur de Freycinet, de rendre ici en passant un public hommage à l'administration de M. Étienne. M. Étienne avait toujours dirigé les affaires coloniales avec une sage prévoyance et une grande fermeté. Les choses n'ont changé que lorsque la marine, ou plutôt vous, Monsieur de Freycinet, comme président du conseil, avez pris la direction des affaires... Il y a eu en mars et en avril une série d'autres dépêches qui prouvent que le seul et unique but du gouvernement de la France, à cette

TIRAILLEURS HAOUSSAS, CAPITAINE KURST, LIEUTENANT D'AMBRIÈRES

époque, était d'éviter une interpellation parlementaire. Toutes ces dépêches constatent la pusillanimité du gouvernement, qui ne redoutait qu'une chose : les complications parlementaires. On disait à ces officiers : « Prenez garde ! « Ce que nous voulons, ce que nous désirons, c'est la paix à tout prix. »

« Voilà la conduite qui a été tenue. Et j'en reviens maintenant à ce que je vous disais au début de mes observations, et j'affirme qu'on ne viendrait pas nous demander des crédits et des soldats si, en 1889 et 1890, les personnes qui avaient la haute direction des affaires de notre pays avaient rempli leur devoir, tout leur devoir. »

Malheureusement rien n'est plus exact ! Au lieu de 600 hommes réclamés primitivement, il faudra 4.000 hommes, et au lieu des trois millions demandés à cette heure à la Chambre, l'expédition d'Abomey, devenue plus nécessaire que jamais, coûtera plus de dix millions.

La responsabilité parut tellement lourde que les amis du gouvernement tentèrent d'en faire disparaître les preuves et les traces autant que possible.

M. de Lamarzelle se chargea de divulguer des manœuvres que l'histoire qualifiera comme elles le méritent.

Prenant la parole après M. Mège et M. de Freycinet, qui tente sans succès de répondre aux accusations dont il est l'objet, M. de Lamarzelle s'exprime ainsi :

« Notre honorable collègue, M. Mège, est venu vous dire ici, et vous le saviez déjà du reste, que la commission du budget a reçu du gouvernement des renseignements qu'elle avait jugés absolument nécessaires pour prendre

HALTE DES TROUPES FRANÇAISES

une décision en connaissance de cause. J'estime, quant à moi, que la Chambre a tout autant besoin que la commission du budget de savoir ce qu'elle fait en votant. M. Mège a donné connaissance à la Chambre de dépêches extrêmement graves, qui n'ont pas été contestées... Ces dépêches ont soulevé l'indignation unanime de la Chambre, personne, dans le ministère, ne veut en assumer la responsabilité. Il faudra bien qu'en définitive, cependant, quelqu'un la supporte !

« M. de Freycinet est hors de cause, je le veux bien ; mais ces dépêches, elles ne se sont pas écrites toutes seules : la responsabilité ministérielle ne serait donc qu'un vain mot, si ce débat devait se terminer seulement par un vote de crédits ou par un ordre du jour... Maintenant, d'une façon générale, je soutiens que le gouvernement cache à la Chambre la vérité. Il la lui cache aujourd'hui comme il la lui a cachée toujours. Je vais le prouver. Il est un fait qu'il faut que le pays connaisse.

« Nous avons tous lu le rapport de M. de Lanessan sur le dernier traité passé avec le roi de Dahomey. Ce rapport remarquable, il vous a dit la vérité, mais il ne vous a pas dit toute la vérité. M. de Lanessan avait en effet rédigé un premier rapport beaucoup plus complet que celui qui vous a été distribué. Mais ce premier rapport était tellement écrasant pour le gouvernement que M. de Lanessan fut supplié de ne pas le publier.

M. Clémenceau. — C'est pour cela qu'on l'a déporté ! *(Rires à gauche.)* (Allusion à sa nomination de gouverneur du Tonkin.)

M. de Lamarzelle. — Malheureusement pour le ministère, les épreuves de ce premier rapport étaient déjà entre les mains des membres de la commission. Ceux-ci furent à leur tour suppliés de s'en dessaisir. (*Mouvements divers.)* C'est absolument exact...

M. Félix Faure. — J'étais membre de la commission. Vous ne pouvez pas dire que nous avons été suppliés de modifier le premier rapport de M. de Lanessan. Nous avons jugé en toute indépendance, et je ne reconnais à personne le droit d'en douter.

M. de Lamarzelle. — Je ne doute pas de vos paroles, Monsieur Félix Faure, mais j'en retiens ceci de bien important que vous déclarez que le premier rapport a été modifié. J'ajoute, et je ne serai pas contredit, que chaque membre de la commission rapporta son épreuve, que toutes les épreuves furent brûlées en séance, et que toute la commission s'engagea au secret. *(Exclamations sur divers bancs.)* On tenait donc bien à ce que la Chambre ne pût savoir la vérité. Voilà un fait qui éclaire bien la situation dans laquelle nous sommes. *(Très bien! Très bien! à droite.)* Ici, comme toujours dans les questions coloniales, c'est la dissimulation, toujours la dissimulation. Cela posé, je déclare que, n'étant pas renseigné, étant mis dans l'impossibilité de savoir à quoi je m'engage, je ne puis voter les crédits demandés. Je ne demanderais pas mieux... je tiendrais même beaucoup à prendre ma part dans une question aussi grave, dans une question vraiment nationale. Mais, pour prendre une responsabilité, il faut savoir quelle est cette responsabilité, en quoi elle consiste : il faut être éclairé. Or, le gouvernement, malgré nos plus vives instances, refuse de nous éclairer. Ce fameux dossier, livré à la commission du budget et qu'elle a eu tant de peine à obtenir, n'a pas été communiqué à la Chambre, qui encore une fois a autant de droit à la lumière que la commission du budget. Dans ces conditions, je déclare que je ne voterai pas les crédits du Dahomey. »

Pour répondre au besoin de lumière, au désir de voir clair, M. de Lamarzelle et ses amis proposèrent une enquête : une commission de vingt-deux membres serait « chargée de prendre connaissance de tous les documents établissant les causes et les responsabilités engagées au Dahomey ». La proposition fut rejetée.

Les crédits furent votés. Le patriotisme parla plus haut que tout autre sentiment. Six ordres du jour motivés furent déposés, et la Chambre vota l'ordre du jour pur et simple. Le Sénat ne fit pas d'opposition.

*
* *

La Chambre, sans avoir l'air de s'en douter, venait de déclarer la guerre au roi de Dahomey et posait un premier acte qui devait conduire à la conquête du royaume de Béhanzin, le tyran d'Abomey.

Suivant son procédé favori, déjà mis en pratique lors de la conquête du Tonkin et de la Tunisie, le gouvernement, par peur des interpellations, par

EN CAMPAGNE !

une conséquence inévitable du régime parlementaire, sans éclairer les Chambres sur la situation, sans leur demander une approbation exigée par la Constitution, va entreprendre une guerre meurtrière et coûteuse. Et lorsque la victoire sera venue consacrer ses entreprises, après mille tergiversations et fautes sans nombre, le gouvernement demandera un blanc-seing, présentera la note à payer, et le tour sera joué ! Dans son enthousiasme, le patriotisme des représentants de la nation applaudira, et les comptes du passé seront liquidés. Il ne sera même pas demandé si l'on s'est moqué du Parlement en faisant la guerre sans l'avoir consulté, en dépensant les deniers publics sans son assentiment : la gloire d'une nouvelle conquête, les avantages d'une annexion, un nouveau peuple placé à l'ombre du pavillon aux trois couleurs, effaceront le souvenir des avances d'antan, des atermoiements aux conséquences coûteuses, des affirmations peu sincères, des duperies mal déguisées ou des mensonges éclatants. Dans notre chevaleresque patrie, on ne croit jamais payer trop cher les triomphes du drapeau.

Nos hommes d'État le savent, et ce n'est pas pour les rendre économes de l'argent du trésor, pas plus que du sang de nos soldats.

Voilà donc qu'après deux années d'hésitation, le gouvernement a demandé et obtenu un subside de trois millions. Il a envoyé des renforts pour soutenir les braves qui défendent nos possessions au Dahomey. Il a nommé le colonel Dodds commandant supérieur des établissements français du Bénin. Un double conseil de défense a été réuni. Un état-major est formé et envoyé sur place. On vient de traiter avec Béhanzin pour l'échange des otages. Que va faire de plus le gouvernement? Il n'a parlé que de mesures défensives.

Tout à coup le blocus est décidé, notifié aux puissances et établi. Le *Journal Officiel* du 17 juin publie la note suivante : « En raison de l'état de trouble existant au Dahomey, le gouvernement de la République, afin d'empêcher l'importation des armes et des munitions, a décidé de mettre en état de blocus, à dater du 15 juin 1892, la partie de la Côte des Esclaves comprise entre la limite des possessions françaises et allemandes des Popos (6° 14' 15" de latitude Nord et 0° 14' 36" de longitude à l'Ouest du méridien de Paris) et la limite orientale des possessions françaises de Porto-Novo, qui, d'après la convention franco-anglaise du 10 août 1889, est constituée sur le littoral par le prolongement du méridien passant par la crique d'Adjara. »

Béhanzin ne pouvait plus communiquer par mer avec les puissances étrangères.

Le colonel Dodds en informa le roi et lui parla en même temps un langage qui laissait entrevoir autre chose que des menaces.

« Porto-Novo, le 20 juin 1892.

« Le colonel commandant supérieur des établissements français du Bénin, commandeur de la Légion d'honneur, au roi Béhanzin Ahi-Djéré de Dahomey.

« Votre lettre du 10 juin m'est parvenue à Porto-Novo le 18 du courant.

« Vous avez bien voulu me l'adresser en réponse à ma lettre du 2 du même mois, par laquelle je vous invitais de la façon la plus conciliante : 1° à mettre en liberté les trois Français retenus illégalement par votre ordre à Ouidah ; 2° à retirer de Cotonou, Zobbo et les villages de la rive gauche de l'Ouémé, de Dogla à Dogba, les postes et détachements de votre armée qui s'y trouvent encore aujourd'hui.

« Je vous remercie d'avoir fait droit immédiatement à mon premier desideratum ; mais permettez-moi de m'étonner de la réponse étrange, puérile et même ironique que vous avez faite à ma seconde demande.

« L'arrangement du 3 octobre 1890, dont vous assurez avoir toujours scrupuleusement observé les engagements, stipule que les traités et conventions antérieurement conclus entre la France et le Dahomey restent intacts.

« Or, la convention du 19 avril 1878 concède en toute propriété au gouvernement français un territoire de 6 kilomètres de côté, sur lequel se trouvent les villages de Cotonou et de Zobbo. Vous me permettrez donc, en conséquence, de considérer comme pas sérieuses vos prétentions concernant ces deux villages français.

« D'autre part, nous sommes en droit de ne pas attacher plus d'importance à vos prétendus droits de propriété sur la province du Bas-Ouémé, car le dernier de vos sujets sait fort bien que la limite de vos possessions du côté de l'Est est la rivière Sô ou Zounou, jusqu'à la lagune de Tjibé-Akpomé et la lagune de Ouevimé jusqu'à Dogba.

LA " MÉSANGE " EN MARCHE

« Quinto, Zougomé, Dankoli, Biko, Ahanta, Benko, Agongué, Dawemé et Ketin Sota, que vous avez pillés et incendiés, au mois de mars dernier, sont bien sur le territoire français ; et vos troupes ne pouvaient l'ignorer, puisqu'elles ont enlevé, lacéré et détruit les drapeaux français qu'arboraient ces villages du roi Toffa.

« Il en est de même de la rive gauche du Ouémé, de Dogla à Dogba, que vos soldats occupent illégalement encore aujourd'hui ; le chef du Décamé, que vous avez poussé à la rébellion et que vous soutenez encore, n'est-il pas un sujet révolté de Porto-Novo ?

« Je n'insisterai pas davantage sur l'importance qu'il faut attacher à vos affirmations, ni sur la valeur des sentiments dont vous dites être animé à l'égard des Français, sentiments qui sont peu d'accord, vous l'avouerez : 1° avec l'attaque inqualifiable dont le lieutenant-gouverneur Ballot et le commandant des troupes ont été l'objet lorsqu'ils naviguaient paisiblement à bord d'une canonnière française dans les eaux appartenant sans contestation à la France ; 2° avec les lettres antérieures que vous ou vos chefs ont adressées, du 29 mars au 1er mai, au représentant de la République à Porto-Novo.

« Quoi qu'il en soit, et malgré le peu de crédit qu'il convient d'accorder à vos revendications, j'ai cru devoir les transmettre à mon gouvernement, qui les appréciera et me fera connaître sa décision à leur égard, décision que je m'empresserai de vous communiquer dès qu'elle me parviendra. En attendant, non seulement je maintiens la défense formelle de circuler sur les routes et lagunes du Dahomey, mais encore je vous fais connaître que cette mesure est complétée par l'interdiction de toute communication par mer avec les ports du Dahomey, le gouvernement français ayant décidé et notifié aux puissances étrangères qu'à partir du 18 de ce mois le blocus serait établi sur les côtes de nos possessions du golfe du Bénin.

« Salut.

« *Signé* : DODDS. »

* * *

A ces mesures défensives, les Dahoméens répondirent en resserrant leurs lignes, et en tirant sur les pirogues chargées dans le chenal d'empêcher les communications entre Cotonou et le lac de Denham, et d'arrêter les vivres expédiés au Dahomey.

La flotte, composée du *Sané*, du *Talisman*, du *Scorpion*, du *Brandon*, du *Héron*, de l'*Ardent*, de la *Mésange* et de la flottille comprenant l'*Opale*, le *Corail*, l'*Ambre*, l'*Émeraude*, la *Topaze*, faisait bonne garde. Elle tenait dans ses serres le Dahomey, mais les troupes dahoméennes elles-mêmes enveloppaient le corps d'occupation à terre. Chaque jour moins libre de ses mouvements, il était en somme prisonnier dans ses lignes, difficiles à protéger et à défendre.

Une situation aussi périlleuse ne pouvait se prolonger longtemps. En annonçant des renforts, le gouvernement adressait deux questions au colonel Dodds, le priant d'y répondre le plus tôt possible.

« 1° Comment comptez-vous agir avec renforts indiqués plus haut et canonnières attendues, et quels résultats espérez de cette action ?

« 2° Éventuellement et au cas où ces résultats seraient insuffisants et où deviendrait nécessaire étendre vos instructions, quel mode d'action proposeriez-vous et quelles ressources jugeriez-vous indispensables pour réduire Béhanzin ? »

Franchement, il était bien oiseux de poser ces questions, surtout la dernière. Il y avait été répondu tant de fois ! Le colonel Dodds déclare, pour ce qui regarde le premier point, qu'il n'opérera que dans le Décamé et dans la région méridionale du Lama et de la lagune Tjibé-Akpomé, les instructions qu'il a reçues ne l'autorisant pas à tenter une action plus étendue. C'était l'application de « l'offensive à court rayon ». Mais il ajoute : « Crois que Béhanzin demandera alors à traiter, mais ne tiendra jamais sa parole et recommencera encore les hostilités dès qu'il pourra ; ne vois qu'une solution possible : marche sur Abomey dont résultat nous donnera Ouidah. »

Il réclamait du même coup l'envoi de la compagnie d'infanterie de marine et de la batterie d'artillerie en préparation, ainsi que 80 mulets du Sénégal pour le transport.

A la seconde question, il répond, le 30 juin, en entrant dans le détail du personnel et du matériel nécessaires, et le 4 juillet, parachevant ses demandes, il clôt sa dépêche ainsi : « Si le gouvernement décide opération sur Abomey, personnel et matériel doivent tous être rendus le 20 août. »

L'avis du colonel Dodds était formel. Comme ses prédécesseurs, qui n'avaient pas cessé de le redire, la marche sur Abomey paraissait la seule solution raisonnable.

LA " MÉSANGE " VOILE DEHORS

Le gouvernement lui fait répondre, le 7 juillet : « Pouvez-vous, avec vos ressources actuelles et celles déjà annoncées... vous emparer de Ouidah ? »

Ce colloque par télégraphe est vraiment stupéfiant. Voilà que l'idée d'une marche sur Ouidah, condamnée si souvent, en particulier par l'amiral de Cuverville, hante une fois de plus le cerveau des politiciens de la métropole. En vain le conseil spécial constitué à Paris au sujet des affaires du Dahomey, et composé d'officiers généraux de terre et de mer, a rejeté tout dernièrement encore ce projet imprudent et inutile, les stratégistes des bureaux des ministères y reviennent avec obstination.

Le colonel Dodds leur télégraphie le 8 juillet :

« Opération contre Ouidah exiger deux ou trois jours marche pénible avec combats incessants et me mettre en présence armée entière Dahomey. Autour Ouidah et sur la route, ennemi a fait nombreuses embuscades pour se mettre à l'abri bombardement, laisser passage troupes et se réformer derrière elles. » Il ajoute : « Je marcherai si j'en reçois l'ordre, mais je ne crois pas pouvoir prendre la responsabilité d'une opération dont le résultat coûterait de grosses pertes et ne serait pas définitif. »

Devant l'évidence le gouvernement s'inclina enfin. Le 13 juillet, M. Cavaignac, ministre de la Marine, télégraphia : « Jugez-vous expédition Abomey pouvoir actuellement être entreprise dans de bonnes conditions, si troupes et matériel demandés peuvent vous arriver seulement du 1er au 10 septembre. Il serait entendu que, de votre côté, vous auriez fait tous préparatifs pour que marche puisse être commencée immédiatement. »

La réponse fut affirmative.

Bientôt les nouveaux renforts arrivèrent, et le 7 août, le corps d'occupation comptait 2.186 hommes.

Le 13 juillet, M. Burdeau remplaçait M. Cavaignac au ministère de la Marine. Celui-ci, interpellé pour avoir tenu à laisser indépendants, sous sa haute autorité, les commandements de la flotte et de l'armée de terre, fut blâmé et culbuté. Son successeur adressa aussitôt au colonel Dodds le télégramme suivant : « En raison du vœu du Parlement, ai décidé navires affectés au blocus côte Esclaves seront sous votre autorité. »

La Chambre l'ayant ordonné, l'unité de commandement est constituée. De plus le nouveau ministre de la Marine informe le colonel Dodds que le gouvernement a décidé de lui envoyer la plus grande partie des forces demandées. Elles partiront le 5 août de France, à bord du *Mytho*.

« Avec ces renforts et avec le concours de la flotte, ajoute M. Burdeau, vous devez vous trouver en mesure de réaliser vos projets. Votre but doit toujours être de porter à Béhanzin un coup assez sérieux pour sauvegarder notre prestige et amener Béhanzin à traiter. »

Ce dernier mot est inquiétant. Traiter? Vraiment le but éternellement poursuivi serait-il de signer des conventions avec Béhanzin, de traiter de nouveau, c'est-à-dire de se faire jouer, berner par le tyran d'Abomey, pour la centième fois?

M. Cavaignac a cependant posé la question capitale, le jour même de sa chute, lorsqu'il a demandé au colonel Dodds s'il jugeait que l'expédition d'Abomey pût être entreprise dans de bonnes conditions.

Mais il semble que le gouvernement recule encore, car le successeur de M. Cavaignac, termine ses instructions au commandant supérieur des établissements français au Bénin par ces mots :

« L'expédition sur Abomey doit encore rester absolument réservée en raison des engagements pris devant les Chambres. »

Heureusement ce n'est qu'une feinte. Les Chambres sont encore réunies le 16 juillet, jour où cette réserve est indiquée. Quinze jours après, elles sont en vacances. Le ministre de la Marine n'ayant plus à craindre une interpellation, libre de ses faits et gestes, change de langage.

Il annonce, le 9 août, au colonel Dodds, le départ du *Mytho* et du *Saint-Nicolas*. Quand ces navires auront débarqué à Cotonou leur chargement, le corps expéditionnaire comprendra 3.451 hommes. Il n'y aura plus qu'à marcher en avant.

C'est ce que M. Burdeau signifie au colonel Dodds dans son télégramme du 10 août.

« Vous avez entière liberté pour préparer et conduire les opérations contre Béhanzin. Le gouvernement, qui vous a fait envoyer les renforts demandés en personnel et en matériel, compte sur une action prompte et énergique dégageant définitivement notre situation au Dahomey. »

Enfin le drapeau de la France peut se déployer en toute liberté. Nos troupes vont marcher à l'ombre de ses plis glorieux, ajouter une page de plus à l'histoire de ses triomphes. Et bien que les hésitations mesquines des politiciens l'aient arrêté longtemps aux mains frémissantes des braves qui ont la garde de son honneur, son vol conquérant à travers les brousses africaines jusqu'à Abomey n'en servira pas moins la cause de la civilisation et de la patrie française.

Et maintenant que notre œuvre est terminée, n'est-il pas profitable de conclure et de retirer un enseignement, une leçon des événements que nous avons racontés ?

Nous avons apporté à notre tâche d'historien un soin scrupuleux. Nous entourant des preuves les plus sûres, recourant aux documents authentiques et officiels le plus souvent inédits, nous n'avons affirmé qu'en nous appuyant sur des témoignages incontestables et de première main. N'est-ce pas à cette heure un devoir rigoureux que de chercher à nous éclairer en vue de l'avenir, afin d'éviter les fautes du passé et d'imiter les grands et nobles exemples de nos devanciers ?

Aussi bien, pour faire entendre la voix bienfaisante de la vérité, n'avons-nous qu'à jeter un regard en arrière, qu'à nous reporter aux fameuses séances du Parlement où, pendant deux jours, les représentants de la nation discutèrent le crédit de trois millions demandé par les Colonies pour renforcer le corps d'occupation du Dahomey. Une voix éloquente se fit entendre dans ces débats. Devançant le verdict de l'histoire, elle jugea les hommes et les choses avec une hauteur de vues également admirée par tous. Amis et ennemis s'unirent pour applaudir les nobles accents du comte Albert de Mun. Et dans le plus beau et le plus patriotique des langages, l'orateur catholique, s'élevant au-dessus des petites passions du moment, flagella les faiblesses timorées des uns, l'inintelligence aveugle des autres, pour exposer et faire triompher un plan de politique coloniale à larges vues, plein de grandeur et digne de la France.

« Je ne viens pas ici en ennemi de la politique coloniale, s'écrie M. de Mun, j'en suis, au contraire, un partisan déterminé. Mais je voudrais savoir quelle est celle du gouvernement. Je ne le vois pas clairement. Depuis bien longtemps, j'entends, dans cette Chambre, reprocher aux ministères successifs leur politique coloniale, et il y a longtemps aussi que, à part moi, je leur fais le reproche inverse : ce que je reprochais au gouvernement d'hier, ce que je me vois encore obligé de reprocher au gouvernement d'aujourd'hui..., c'est de n'avoir pas de politique définie, c'est-à-dire de ne pas dire nettement, hautement et largement au pays où il veut aller et ce qu'il veut faire par sa politique coloniale...

« Si vous pensez avec moi que la France a dans l'Afrique occidentale une grande tâche à remplir, un rôle auquel elle ne peut pas se dérober à cause de ses traditions, à cause de son intérêt et de son influence dans le monde, à cause du mouvement économique qui emporte le globe tout entier ; si vous avez cette pensée, il faut le dire hautement à la tribune, afin que le pays tout entier l'entende et que, l'ayant entendu, il vous suive de bon cœur.

« Dans ma conviction, ce qui fait la grande difficulté des questions de politique coloniale, ce qui empêche la masse du pays de les comprendre, ce

LA CANONNIÈRE " L'AMBRE " DANS L'OUÉMÉ

qui crée, sur ce terrain, entre vous et lui une méfiance dont vous avez recueilli tant de témoignages, c'est qu'au lieu de parler à son cœur et à son imagination un langage intelligible, au lieu de lui découvrir les grands horizons qui pourraient l'attirer, au lieu de lui faire aimer la politique coloniale en lui rappelant les grandes destinées et les traditions séculaires de la France, vous ne lui montrez que les petits côtés de la question et les plus ingrats, vous ne l'initiez qu'à de petits moyens et à d'étroits calculs, à travers lesquels il n'aperçoit que le sacrifice amer, l'argent dépensé, les hommes tués ou morts à la peine, et les souffrances endurées...

Ce n'est pas par des demi-mots et des petites idées qu'on entraîne une nation : ce n'est pas avec cela, laissez-moi vous le dire, qu'on soutient des soldats.

« Ah ! nos pauvres soldats ! Chacun a salué ici avec émotion leur nom et leur courage. Mais il y a quelque chose qui vaudrait mieux pour eux que les hommages les plus empressés et les éloges les plus éloquents ! C'est une parole, un mot, dit par ceux qui ont le droit de parler au nom de la France, et qui viendrait grandir, à leurs propres yeux, la mission qu'ils leur donnent à remplir.

« Ah ! ils meurent de bon cœur, nos soldats ! Mais croyez-vous que lorsqu'ils tombent là-bas, terrassés par le soleil, vaincus par la fièvre et frappés par les balles des sauvages, croyez-vous que, au lieu de penser qu'ils donnent leur vie parce que c'est le métier et pour ajouter un peu de gloire au nom français, s'ils avaient le sentiment profond qu'ils concourent à une glorieuse mission, qu'ils sont les soldats d'une grande cause et qu'ils meurent applaudis avec amour, avec passion, non seulement à cause de leur sacrifice, mais pour l'œuvre qu'ils font en son nom, croyez-vous qu'ils ne tomberaient pas le cœur plus content et l'âme plus tranquille ? *(Double salve d'applaudissements.)*

« Messieurs, c'est là la question... L'intérêt de la France, le premier de tous, c'est son influence dans le monde... Est-ce que vous ne voyez pas la grande poussée de l'Europe vers le continent africain ? Est-ce que vous ne voyez pas qu'elle s'y précipite tout entière et que, dans le grand mouvement, dans cette évolution économique et sociale qui emporte toutes les nations, c'est à qui arrivera le premier pour chercher au cœur du continent noir les débouchés, les revanches commerciales que l'Europe ne trouve plus ailleurs ? Est-ce que vous ne voyez pas que déjà nous avons perdu bien du temps et bien du terrain ? »

⁂

Ici l'orateur rappelle le rêve fait par l'Angleterre, le rêve des Indes Noires, rêve aujourd'hui réalisé. « Elle avait voulu jeter à travers l'Afrique, de l'Orient à l'Occident, comme une ceinture à ses couleurs, qui coupait en deux le continent africain.. Et l'Angleterre se jetait sur l'Afrique occidentale. Et nous, où en sommes-nous ? Nous ne sommes plus en Égypte... Nous avons laissé le champ libre à l'Italie dans l'Abyssinie... A peine gardons-nous un poste d'observation à la sortie de la mer Rouge, au débouché de cette route des Indes que nous avons ouverte par notre génie et nos épargnes. Nous n'avons plus rien à Zanzibar. Voilà notre situation sur la côte orientale de l'Afrique... Eh bien ! je vous demande si, après nous être ainsi laissé mettre à l'écart de l'Afrique orientale, nous accepterons la même situation dans l'Afrique occidentale ?

« En 1884, il y avait sur le Niger et le Bénoué trente-deux comptoirs français, autant que de comptoirs anglais. L'administration française, fidèle, hélas ! à ses traditions, au lieu de les soutenir, les a abandonnés à eux-mêmes : la compagnie n'a pu tenir, et un jour est venu où une compagnie anglaise, soutenue, elle, par son gouvernement, a acheté les comptoirs français avec leur matériel et leur outillage ; c'est la Compagnie Royale du Niger... Voilà ce que nous avons laissé faire, et nous avons mis le comble à notre imprudence par la déplorable convention de 1890, où l'Angleterre s'est adjugée théoriquement — heureusement ce n'est que théoriquement — l'empire du Soudan central en traçant une ligne qui va de Say, sur le Niger, au lac Tchad... On nous a laissé la route de Tombouctou qui ne mène à rien qu'aux plateaux Sahariens, on a prétendu nous barrer la route de Bornou. Heureusement, ce n'est qu'une prétention théorique. La conférence de Berlin a déclaré libre la navigation du Niger et du Bénoué : c'est là qu'est le salut.

LE WHARF DE COTONOU, VU DE TERRE

« Eh bien ? voulez-vous en profiter pour réparer la faute commise et pour prendre le contact avec le Soudan central ?... C'est vers cette politique qu'il faut tendre vos esprits et vos efforts ; je dis que si vous n'êtes pas fermement résolus à chercher dans le Soudan français un point d'appui vers le Soudan central : si vous ne voulez pas envisager résolument l'avenir qui s'ouvre devant vous dans la boucle du Niger, non seulement vous perdez le temps, l'argent et le sang de la France, mais vous faites une politique aveugle et sans portée, contraire à toutes ses traditions et à tous ses intérêts.

« J'ai toujours pensé que la France a une grande tâche coloniale à remplir, parce que, assise sur ses trois mers, elle est, au premier chef une nation maritime... Il faudra avancer sans cesse et combattre en avançant, tantôt contre Ahmadou, tantôt contre Samory, tantôt contre quelque autre prophète qui essayera de soulever les populations fanatisées. C'est l'histoire de toutes ces expéditions qui se succèdent depuis vingt ans avec le colonel Borgnis-Desbordes, le colonel Combes, le colonel Galliéni, le colonel Archinard, et qui ont fini par nous conduire sur le Niger, à Ségou, d'où nos canonnières ont paru à Tombouctou. C'est inévitable, et je vous défie, si vous voulez rester où vous êtes, de vous soustraire à cette marche en avant. Au Dahomey c'est la même chose... Je ne sais pas si vous serez forcés d'aller tout de suite à Abomey, ou si vous pourrez vous contenter de prendre Ouidah ; mais ce que je sais, c'est que vous n'en sortirez pas par le *statu quo*. C'est la même situation qu'au Soudan.

« Les deux questions peuvent être distinguées au point de vue politique, au point de vue parlementaire; mais au point de vue géographique elles sont liées, et, quelque mauvaise que soit la position de ce couloir du Dahomey entre les Allemands de Togo et les Anglais de Lagos, vous serez heureux, un jour, d'avoir sur le golfe de Bénin un débouché pour le commerce central. »

M. de Mun voyait si juste que le plan aux larges horizons qu'il exposait ainsi en 1892, compris et approuvé, se trouve être aujourd'hui une réalité.

UN NAVIRE DE LA NATION « AMIE »

Quand la France le voudra, elle pourra établir sur ses possessions un chemin de fer allant de Cotonou à Alger, de l'Atlantique à la Méditerranée.

Le grand orateur catholique indiquait, pour arriver plus efficacement à la réalisation d'un plan inspiré par les intérêts bien compris de la France, deux grands moyens : la création d'une armée coloniale et la formation de grandes compagnies de colonisation.

Mais il n'avait garde d'oublier la plus grande force qui soit au monde pour réduire la barbarie, la prédication de l'Évangile. A M. Pelletan, qui l'interrompait en lui rappelant comme un reproche l'action civilisatrice des missions religieuses, il repartit fièrement : « Puisque vous parlez des missions religieuses... Eh bien ! oui, tout le monde ici le sait aussi bien que moi, c'est un indispensable élément de colonisation, c'est le principal moyen d'établir l'influence et l'action de la France dans ces contrées lointaines ; comme l'écrivait le capitaine Binger : « Ce n'est pas quelques missionnaires, c'est une « légion qu'il nous faudrait ! »

Certes, après les événements que nous venons de raconter, nous n'y contredirons pas. Nous savons, par les éminents services que rendit le Père Dorgère à la cause de la patrie, quels prodiges un seul missionnaire peut accomplir. Et quelles merveilles ne verrions-nous pas se réaliser, si des légions de missionnaires unissaient leur dévouement à la bravoure de héros tels que Gouraud le vainqueur de Samory, et Marchand le noble vaincu de Fachoda !

Serait-ce former un rêve trop beau que d'espérer voir enfin les hommes qui ont la garde des destinées de la patrie, renoncer à tout esprit sectaire, reprendre les traditions chrétiennes du passé, faire appel à toutes les forces vives de la nation, et, dans une noble pensée de concorde, avec l'intelligence lumineuse des aspirations de tous, mettre la main du soldat et du marin dans celle du prêtre et du missionnaire, unir l'épée et la croix pour le triomphe de la civilisation catholique et pour la plus grande gloire de la France ?

VILLAGE DAHOMÉEN

TABLE DES MATIÈRES

IV. — L'ambassade à Abomey.

(1890)

V. — Les conférences de Ouidah.

(1890)

VI. — Ultimatum et traité.

(1890)

VII. — La Levée du Blocus.

(1890)

Pages.

VIII. — La pacification du Dahomey. (1890)

IX. — La Colonisation par l'apostolat des Missionnaires. (1890)

X. — La Convention du 3 octobre 1890 et les critiques de M. de Lanessan (1891)

TABLE DES ILLUSTRATIONS

IMPRIMERIE DES ORPHELINS-APPRENTIS D'AUTEUIL

F. Blétit, 40, rue La Fontaine, Paris-Auteuil.

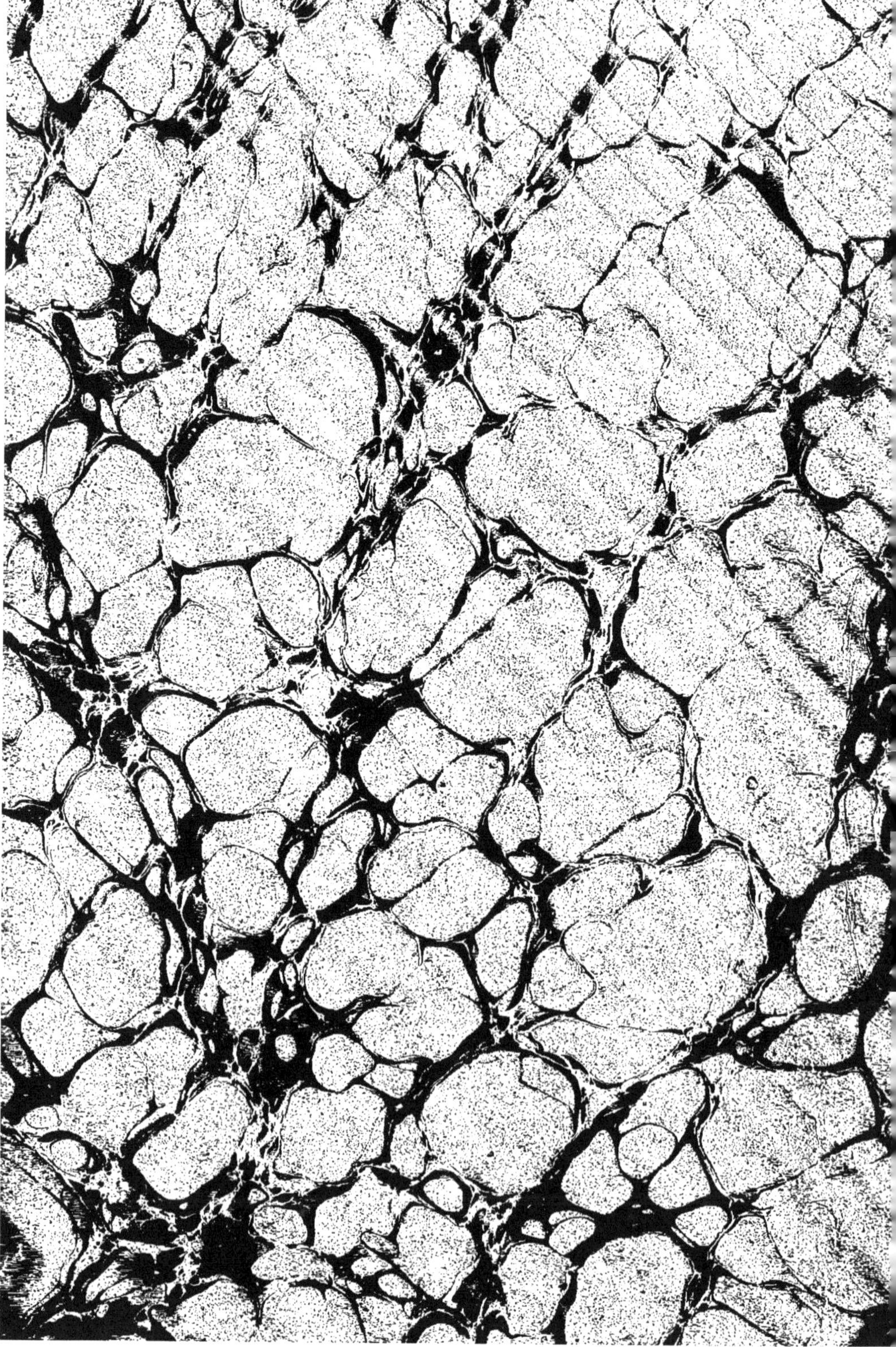

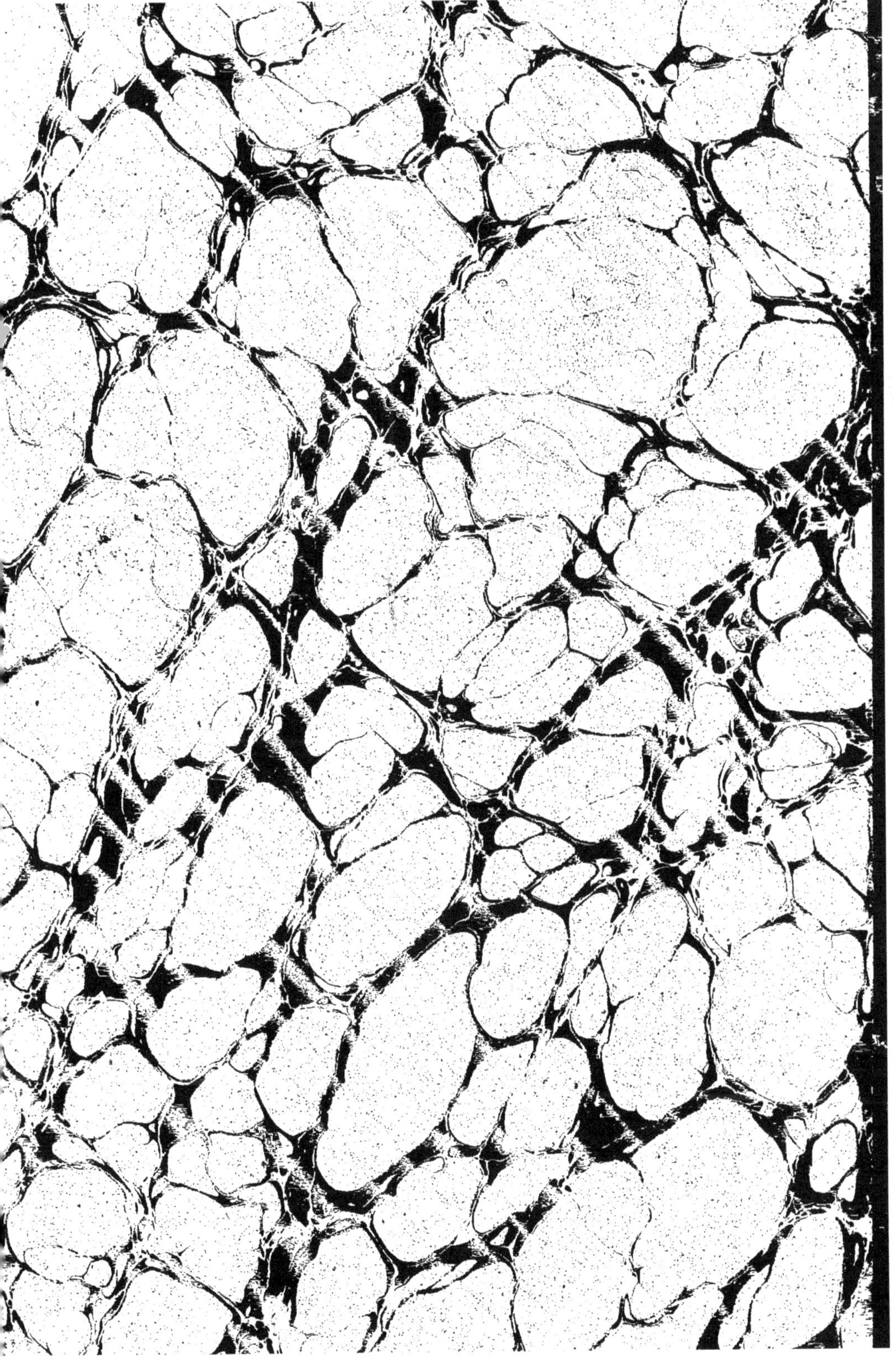

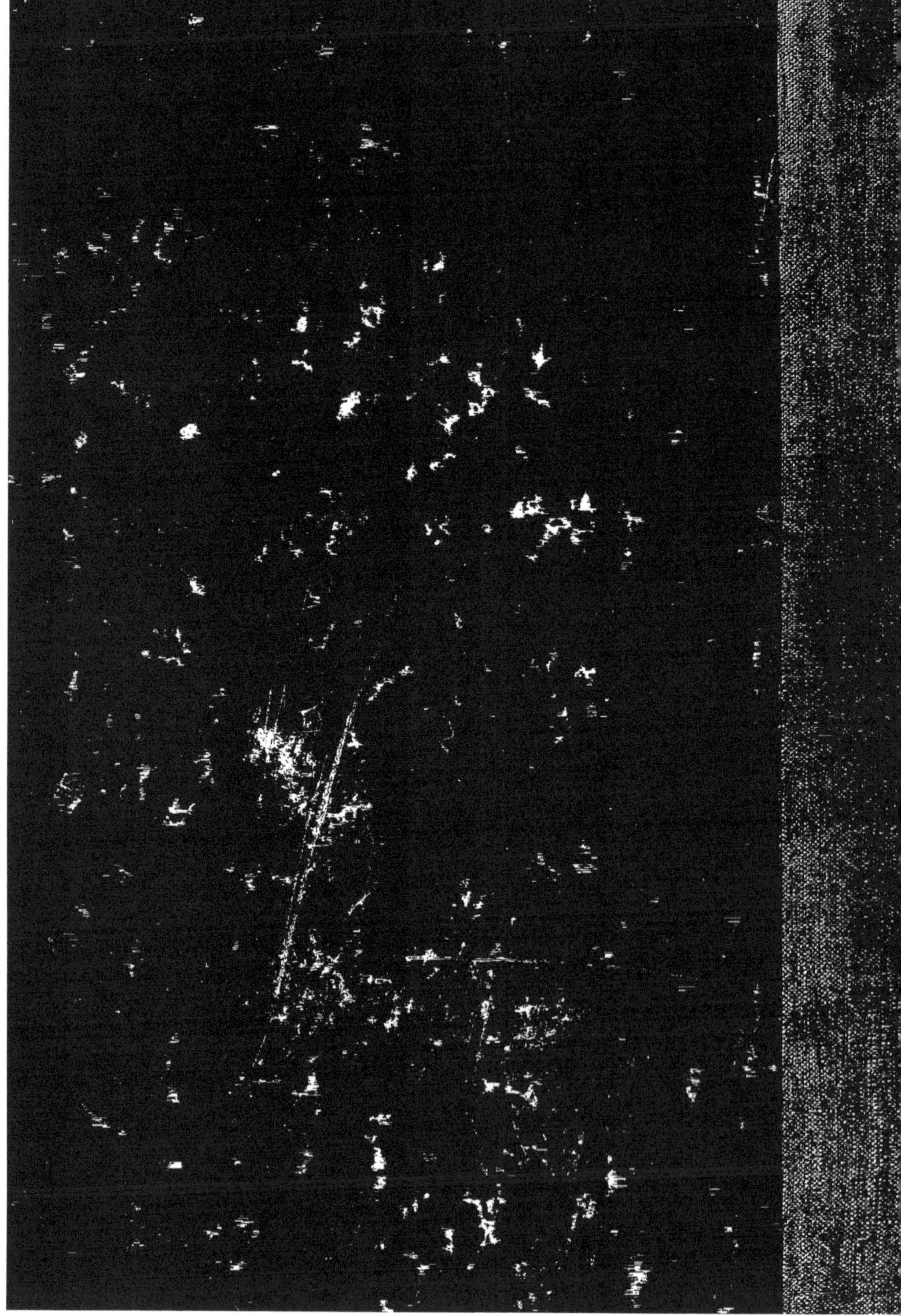

www.ingramcontent.com/pod-product-compliance
Ingram Content Group UK Ltd.
Pitfield, Milton Keynes, MK11 3LW, UK
UKHW012153240726
13966UKWH00002B/295